经典经济学管理学教材习题详解丛书

曼昆
《宏观经济学》
（第9版）学习精要 习题解析 补充训练

科兴教育经济学教学研究中心 ◎ 编

复旦大学出版社

前　言

学习经济学仅限于课堂是远远不够的。老师在课堂上每一节课所教授的知识,往往需要学生课前、课后花费几倍的时间才能消化和吸收,因此,课堂之外的自学显得特别重要。但如果只是反复看教材,常常会产生"边际效率递减"的情况。通过多种形式的归纳与总结、习题训练,既可以避免边际效率递减,又可以灵活掌握所学内容。正是基于这样的考虑,我们编写了本书。

本书每一章可划分为如下三大部分。

学习精要:这部分提炼出本章内容的要点,便于读者快速了解本章的知识框架以及重点、难点,协助读者做到提纲挈领,以便提高复习效率。

习题解析:这部分针对教材的书后练习题提供答案和解析,有助于读者自学。本书的答案和解析力求精练,尽量用简明扼要的语句让读者清晰地把握问题的关键点,以节省读者宝贵的时间。

补充训练:这部分针对课后习题未能覆盖或覆盖密度不足的重点、难点,提供一些补充练习题,便于读者在使用本书后能对所有重点、难点进行一轮较为完整的训练。补充训练题一般根据各大高校考研真题改编而成,既保留了考研真题的实质内容,又调整了表现形式,避免真题被读者已见过多次而失去培训效果的麻烦。

在课后题及补充题的解析中,我们列出了题目考查的知识点,以便读者查阅相关知识点,追根溯源,有针对性地复习课本知识。

同时,我们针对每道题提供了参考的重要级别及难度级别。重要级别1级为最低,3级为最高。判断重要级别时,我们主要参考两个因素:一是历年考研试题中该知识点出现的频率,二是该知识点对理解其他重要知识点的协助价值。难度级别我们主要用以下方法参考定位:1级表示基础题,考查读者对课本内容的记忆;2级表示提高

1

FOREWORD

题,考查读者运用课本基础知识进行思考的能力;3级表示难题或综合题,考查读者对课本知识进行较深入或较复杂思考的能力,或结合社会问题考查读者理论联系实际的分析能力,或考查读者融会贯通前后知识点进行分析的能力。

在本书的最后,我们用表格的形式列出了全部知识点,把知识点与两部分练习题编号一一对应起来,便于读者查阅。

本书是配合曼昆教授《宏观经济学》(第9版)的一本辅导书,又因本书的所有习题和解析本身都是完整的,所以又是一本宏观经济学学习精要与习题集。

由于编者水平有限,本书难免有疏漏之处,敬请各位专家及读者批评指正,并联系我中心客服275443204@qq.com。

科兴教育经济学教学研究中心
2020年1月

目 录

前言 ··· 1

1 宏观经济学科学 ··· 1
　【学习精要】 ··· 1
　【习题解析】 ··· 3
　【补充训练】 ··· 6

2 宏观经济学的数据 ··· 8
　【学习精要】 ··· 8
　【习题解析】 ·· 13
　【补充训练】 ·· 24

3 国民收入：源自何处，去向何方 ···························· 27
　【学习精要】 ·· 27
　【习题解析】 ·· 33
　【补充训练】 ·· 51

4 货币系统：它是什么？如何起作用？ ····················· 55
　【学习精要】 ·· 55
　【习题解析】 ·· 58
　【补充训练】 ·· 68

5 通货膨胀：起因、影响和社会成本 ························ 71
　【学习精要】 ·· 71
　【习题解析】 ·· 77
　【补充训练】 ·· 87

6 开放的经济 ·· 90
　【学习精要】 ·· 90
　【习题解析】 ·· 98
　【补充训练】 ·· 116

1

CONTENTS

7 失业 ·· 119
   【学习精要】·· 119
   【习题解析】·· 122
   【补充训练】·· 132

8 经济增长 I：资本积累与人口增长 ··· 135
   【学习精要】·· 135
   【习题解析】·· 140
   【补充训练】·· 151

9 经济增长 II：技术、经验和政策 ·· 156
   【学习精要】·· 156
   【习题解析】·· 161
   【补充训练】·· 175

10 经济波动导论 ··· 179
   【学习精要】·· 179
   【习题解析】·· 183
   【补充训练】·· 190

11 总需求 I：建立 IS-LM 模型 ·· 193
   【学习精要】·· 193
   【习题解析】·· 199
   【补充训练】·· 209

12 总需求 II：应用 IS-LM 模型 ·· 213
   【学习精要】·· 213
   【习题解析】·· 218
   【补充训练】·· 236

目 录

13 重访开放经济:蒙代尔-弗莱明模型与汇率制度 ………… 240
　【学习精要】……………………………………………… 240
　【习题解析】……………………………………………… 247
　【补充训练】……………………………………………… 266

14 总供给与通货膨胀和失业之间的短期取舍 ……………… 269
　【学习精要】……………………………………………… 269
　【习题解析】……………………………………………… 274
　【补充训练】……………………………………………… 289

15 一个经济波动的动态模型 ……………………………… 291
　【学习精要】……………………………………………… 291
　【习题解析】……………………………………………… 297
　【补充训练】……………………………………………… 306

16 理解消费者行为 ………………………………………… 308
　【学习精要】……………………………………………… 308
　【习题解析】……………………………………………… 314
　【补充训练】……………………………………………… 327

17 投资理论 ………………………………………………… 330
　【学习精要】……………………………………………… 330
　【习题解析】……………………………………………… 334
　【补充训练】……………………………………………… 342

18 关于稳定化政策的不同观点 …………………………… 344
　【学习精要】……………………………………………… 344
　【习题解析】……………………………………………… 347
　【补充训练】……………………………………………… 354

CONTENTS

19 政府债务和预算赤字 ·· 357
 【学习精要】 ··· 357
 【习题解析】 ··· 359
 【补充训练】 ··· 365

20 金融系统：机会与危险 ·· 367
 【学习精要】 ··· 367
 【习题解析】 ··· 368
 【补充训练】 ··· 374

1 宏观经济学科学

【学习精要】

一、学习重点

1. 宏观经济学的概念
2. 衡量经济状况的三个宏观经济变量
3. 宏观经济学与微观经济学

二、知识脉络图

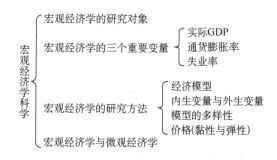

三、理论精要

▶ 知识点一　宏观经济学的研究对象

宏观经济学是对整体经济包括收入增长、价格变动和失业率的研究。宏观经济学家试图既解释经济事件,又设计改善经济运行状况的政策。

▶ 知识点二　三个重要的宏观经济变量

（1）实际国内生产总值（GDP）是指用以前某一年作为基期计算出来的当年全部最终产品的市场价值。

（2）通货膨胀率是报告期物价水平同基期物价水平的比率,用来衡量物价上涨的速度。一般用来衡量通货膨胀率的指数有消费者价格指数、生产者价格指数和GDP平减指数。

（3）失业率是衡量失去工作的劳动力的比例。就业者和失业者的总和称为劳动力,失业者占劳动力的百分比就是失业率。

▶ 知识点三　宏观经济学的研究方法

1. 经济模型

经济模型是指用来描述所研究经济事物的有关经济变量之间相互关系的理论结构。

模型的多样性：模型不能用来回答所有的问题。对于不同的问题，要用具有不同假设的不同模型来处理。当运用一个模型来处理问题时，要记住其基本假设，并判断这些假设对所要处理的问题是否合理。

2. 外生变量与内生变量

外生变量是指由模型以外的因素决定的变量，它本身不能用模型解释。

内生变量是指模型要解释的变量。

外生变量与内生变量的关系：外生变量决定内生变量，外生变量的变化会引起内生变量的变化。

一个模型的作用就是说明外生变量如何影响内生变量。图1.1揭示了内生变量和外生变量之间的关系：外生变量来自模型以外，并作为模型的投入；内生变量在模型内决定，并作为模型的产出。

图1.1　模型的运行

3. 价格（黏性与弹性）

黏性价格是指调整缓慢，而且并不总是能使供求均衡的价格。

弹性价格是指可以对供求变化做出即时调整的价格。

适用范围：黏性价格适用于研究短期经济行为，灵活性价格适用于研究长期的经济行为。

4. 市场出清模型/假设

经济学家通常假设一种物品或劳务的价格迅速变动，使供给量与需求量平衡，也就是假设市场处于供求均衡（市场出清）状态，但是，市场要出清，价格就必须随供求变动做出迅速调整，实际上，许多工资和价格的调整速度缓慢。

▶ 知识点四　宏观经济学与微观经济学

由于考察的对象和分析的着眼点不同，西方经济学大体上可以分为微观经济学和宏观经济学两大部分。微观经济学以单个经济单位（消费者或生产者）为研究对象，研究单个经济单位的经济行为，以及相应的经济变量的单项数值如何决定。宏观经济学以整个国民经济活动为研究对象，研究国民经济中物品与劳务的总量和资源的总体用量的决定及其变化。微观经济学和宏观经济学是有机联系的整体。一方面,总量是由个量构成的,微观经济学是宏观经济学的基础;另一方面,个量总是在一定的总量中运行的,只有了解了宏观经济学,才能更深刻地理解微观经济学。二者都是在假定制度(政治制度和经济制度)不变的条件下分析总量和个量的变化。微观经济学和宏观经济学并不是西方经济学中的两个流派,它们都有着不同学派的经济理论。现代宏观经济学是在凯恩斯的《就业、利息和货币通论》出版后迅速发展起来的,微观经济学的产生则可追溯到古典政治经济学。

总之,宏观经济学和微观经济学的联系包括两个方面:(1)二者相互补充;(2)二者假定的制度前提是一样的,即它们都研究资源的有效配置问题。宏观经济学和微观经济学的区别主要包括两个方面:(1)研究对象不同;(2)研究方法不同。

【习题解析】

一、关键概念

1. 宏观经济学是以整个国民经济活动为研究对象,主要考察就业总水平、国民总收入等经济总量,因此,宏观经济学也被称作就业理论或收入理论。

2. 实际 GDP 是用以前某一年作为基期计算出来的当年全部最终产品的市场价值。它衡量在两个不同时期经济中的产品产量的变化,以不同的价格或不变的金额来计算两个时期所产生的所有产品的价值。

3. 通货膨胀是指在一段时期内一个经济体中一般商品和劳务的价格持续、显著的上升,即指物价总水平的上升。

4. 通货紧缩是指在一段时期内,一个经济体中一般商品和劳务的价格持续、显著的下降。如果消费者价格指数(CPI)连跌三个月,则表示已出现通货紧缩。通货紧缩就是产能过剩或需求不足导致社会总物价水平在一段时间内持续下跌的现象。

5. 失业率是指在一定的年龄范围内,有工作能力、愿意工作但还没有找到工作的人所占劳动力的比例。

6. 衰退是指经济出现停滞或负增长。不同的国家对衰退有不同的定义,但美国以经济连续两个季度出现负增长为衰退的定义被广泛使用。而在宏观经济学中,通常定义为"在一年中,一个国家的国内生产总值(GDP)连续两个或两个以上季度下跌"。

7. 萧条是指人均 GDP 下降很严重。其判断标准是:实际 GDP 负增长超过 10%,或者经济衰退(实际 GDP 负增长)连续超过 3 年。

8. 模型是指用来描述所研究的经济事物的有关经济变量之间相互关系的理论结构。它是现代西方经济理论的一种分析方法,也称经济数学模型,是指用数学形式表示的经济过程或经济理论结构。

9. 内生变量是指模型要解释的变量。外生变量决定内生变量,外生变量的变化会引起内生变量的变化。

10. 外生变量是指由模型以外的因素决定的变量,它本身不能用模型解释。

11. 市场出清是指市场产品或服务的价格迅速调整,在调节供给和需求的过程中,市场机制能够自动地消除超额供给(供给大于需求)或超额需求(供给小于需求),使市场在短期内自发地趋于供给等于需求的均衡状态。

12. 弹性价格和黏性价格：弹性价格是指可以对供求变化做出即时调整的价格；反之,调整比较缓慢的价格被称为黏性价格。

13. 微观经济学是以单个经济单位(消费者或生产者)为研究对象,研究单个经济单位的经济行为,以及相应的经济变量的单项数值如何决定,也称为市场经济学或价格理论。微观经济学的中心理论是价格理论。

二、复习题

1. 解释宏观经济学和微观经济学之间的差别。这两个领域是如何相互关联的？

【重要级别】2　　　　　　　　【难度级别】1

【考查要点】宏观经济学与微观经济学

【参考答案】微观经济学以单个经济单位(消费者或生产者)为研究对象,研究单个经济单位的经济行为,以及相应的经济变量的单项数值如何决定。宏观经济学以整个国民经济活动为研究对象,研究国民经济中物品与劳务的总量和资源的总体用量的决定及其变化。微观经济学和宏观经济学是有机联系的整体。一方面,总量是由个量构成的,微观经济学是宏观经济学的基础；另一方面,个量总是在一定的总量中运行,只有了解了宏观经济学,才能更深刻地理解微观经济学。二者都是在假定制度(政治制度和经济制度)不变的条件下分析总量和个量的变化。微观经济学和宏观经济学并不是西方经济学中的两个流派,它们都有着不同学派的经济理论。现代宏观经济学是在凯恩斯的《就业、利息和货币通论》出版后迅速发展起来的,微观经济学的产生则可追溯到古典政治经济学。

总之,宏观经济学和微观经济学的联系包括两个方面：(1)二者相互补充；(2)二者假定的制度前提是一样的,即它们都研究资源的有效配置问题。宏观经济学和微观经济学的区别主要包括两个方面：(1)研究对象不同；(2)研究方法不同。

【科兴点评】宏观经济学与微观经济学之间既有区别又有联系,弄清它们之间的区别有利于建立经济学研究框架。

2. 为什么经济学家要建立模型？

【重要级别】2　　　　　　　　【难度级别】1

【考查要点】宏观经济学的研究方法/经济模型

【参考答案】经济学家通过经济模型来概括经济变量之间的关联。这些经济模型是从社会经济的许多细节中归纳出来的,它让我们可以把注意力集中在其中最重要的关联上。经济学家建立经济模型的原因主要有:(1)经济模型可以简洁、直接地描述所要研究的经济对象之间的关系;(2)由于实际经济不可控,而模型是可控的,经济学家可以依据研究需要,合理、科学地调整模型,研究各种经济情况;(3)经济模型一般是数学模型,而数学是全世界通用的科学语言,使用规范、标准的经济模型有利于经济学家正确地表达研究意图,便于学术交流。

3. 什么是市场出清模型?什么时候假设市场出清是合适的?

【重要级别】3　　　　　　　　【难度级别】1

【考查要点】宏观经济学的研究方法/市场出清模型

【参考答案】市场出清模型就是供给与需求可以在价格机制的调整下很快达到均衡的模型。市场出清模型的前提条件为价格是具有伸缩性(或弹性)的。现在一般认为,在研究长期问题时,假设价格具有伸缩性是合理的;而在研究短期问题时,最好假设价格具有刚性。因为从长期看,价格机制终将发挥作用,使市场供需平衡,即市场出清;而在短期,价格机制因受到其他因素的制约,难以很快使市场出清。

【科兴点评】市场出清是宏观经济学中很多模型的基本假设,理解其含义有利于理解各种模型。

三、问题与应用

1. 列举最近的新闻中出现的三个宏观经济问题?

【重要级别】1　　　　　　　　【难度级别】1

【考查要点】宏观经济学的研究对象

【参考答案】(1) 2019年6月18日下午5点,脸书加密货币项目Libra白皮书正式发布。Libra是一种不追求对美元汇率稳定,而追求实际购买力相对稳定的加密数字货币。最初由美元、英镑、欧元和日元这4种法币计价的一篮子低波动性资产作为抵押物。

(2) 2019年8月1日,北京时间凌晨两点,美联储经过两天的激烈讨论后,宣布降息25个基点,将联邦基准利率下调至2%～2.25%,这是美联储自2015年12月升息以来首次降息。

(3) 2019年9月12日,欧洲央行宣布降息,将欧元区隔夜存款利率下调10个基点至-0.50%。同时,欧洲央行还宣布从11月1日起重启资产购买计划,规模为每月200亿欧元。

2. 你认为界定一门科学的特征是什么?你认为宏观经济学应该被称为科学吗?为什么?

【重要级别】1　　　　　　　　【难度级别】1

【考查要点】宏观经济学与微观经济学

【参考答案】(1)一般认为,一门科学所具有的特征就是使用科学方法进行调查来建立稳定的关系。科学家们通过那些通常由可控的实验设备提供的信息来支持或证明假说的成立。(2)宏观经济学在一定程度上可以被称为科学。经济学家在使用实验设备时却有更多的限制。他们不能将可控制的设备应用于经济学,而必须依赖经济学自然原理的发展来搜集信息。在某种程度上,经济学家们使用科学方法进行调查,既设立假说又检测它们。因此,经济学具有科学的特征。

3. 用供给和需求模型解释冰冻酸奶价格的下降会如何影响冰激凌的价格和销售量。在你的解释中,指出外生变量与内生变量。

【重要级别】1 【难度级别】2

【考查要点】宏观经济学的研究方法/外生变量与内生变量

【参考答案】建立冰激凌的供求模型。假设冰激凌的数量需求不仅取决于冰激凌的价格和人们的收入,而且与冰冻酸奶有关,冰激凌的需求函数为 $Q^d = D(P_{IC}, P_{FY}, Y)$,其中,$Q^d$ 为冰激凌的需求量,P_{IC} 为冰激凌的价格,P_{FY} 为冰冻酸奶的价格,Y 为收入。

因为冰激凌与冰冻酸奶为替代产品,当冰冻酸奶的价格上升时,对冰激凌的需求量将减少。

冰激凌的供给函数为 $Q^s = S(P_{IC})$,其中,Q^s 为冰激凌的供给量。

均衡状态下,供给等于需求,即 $Q^s = Q^d$。在这个供给和需求模型中,收入 Y 和冰冻酸奶的价格 P_{FY} 都是外生变量,而冰激凌的需求量 Q^d、冰激凌的供给量 Q^s 和冰激凌的价格 P_{IC} 都是内生变量。当冰冻酸奶的价格下降时,冰激凌需求曲线发生外生变化,引起曲线的移动,新形成的均衡拥有一个更低的价格和更少的冰激凌数量。

【科兴点评】内生变量是模型内部的变量,在曲线上表现为点的移动;外生变量的变化则导致曲线的移动。

4. 你支付的理发价格变动得频繁吗?关于市场出清模型对分析理发市场的有用性,你的回答意味着什么?

【重要级别】1 【难度级别】2

【考查要点】宏观经济学的研究方法/价格(黏性与弹性)

【参考答案】短期来讲,理发一次的价格是不经常发生变化的;而从长期来讲,如5年、10年甚至更长的时间,理发一次的价格是变化的。即短期理发的价格是黏性的;而从长期来看,理发的价格随着市场的供给和需求的变化而变化,即价格具有弹性。

【补充训练】

1. 大多数经济学家相信,价格(   )。

A. 在长期和短期都具有黏性

B. 在短期具有弹性,在长期大部分具有黏性

C. 在长期和短期都具有弹性

D. 在长期具有弹性,在短期大部分具有黏性

【重要级别】1　　　　　　　　　　　　　【难度级别】2

【考查要点】宏观经济学的研究方法/价格(黏性与弹性)

【参考答案】D。大多数经济学家认为价格在长期具有弹性,在短期大部分具有黏性。这可以作为结论记住。

2. 宏观经济学区别于微观经济学的主要特点是(　　)。

　　A. 加总的应用

　　B. 强调总量(如总消费、总储蓄、总投资、总产出)的作用

　　C. 强调总量(如总消费、总储蓄、总投资、总产出)的相互作用与关系

　　D. 以上都是

【重要级别】1　　　　　　　　　　　　　【难度级别】1

【考查要点】宏观经济学与微观经济学

【参考答案】D。宏观经济学是对整体经济包括收入增长、价格变动和失业率的研究。宏观经济学家试图既解释经济事件,又设计改善经济运行状况的政策。微观经济学主要研究个体消费者、企业或者产业的经济行为,及其生产和收入分配。

3. 通常用来计算实际国内生产总值的价格指数为(　　)。

　　A. 消费者价格指数　　　　　　　B. 生产者价格指数

　　C. 原材料价格指数　　　　　　　D. GDP 平减指数

【重要级别】1　　　　　　　　　　　　　【难度级别】1

【考查要点】三个重要的宏观经济变量

【参考答案】D。GDP 平减指数＝名义 GDP/实际 GDP。GDP 平减指数和各项价格指数都能衡量物价的变动,但本题中计算实际国内生产总值的价格指数为 GDP 平减指数。

2 宏观经济学的数据

---------【学习精要】---------

一、学习重点

1. 国内生产总值的概念
2. 计算 GDP 的规则
3. GDP 平减指数
4. 消费者价格指数
5. 失业

二、知识脉络图

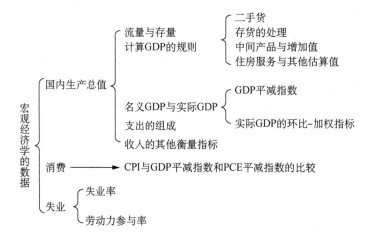

三、理论精要

▶ 知识点一　国内生产总值

1. 国内生产总值(GDP)的概念

国内生产总值(Gross Domestic Product，GDP)是指一个国家(或一个地区)在一定时期(通常为一年)内在本国领土范围所生产的全部最终产品和劳务的市场价值总和。它是国内所赚到的总收入，包括外国人拥有的生产要素赚到的收入，也用于国内生产的物品与劳务的总支出。GDP 一般通过支出法和收入法进行计算。

2. *流量与存量*

流量是指一定时期内发生的变量,衡量每一单位时间内发生的数量。

存量衡量一定时点上测算的变量,衡量一个既定时点上的数量。

3. *国内生产总值的内涵*

(1) 国内生产总值是一定时期内生产的最终产品和劳务的价值,因而是流量,而不是存量。

(2) 国内生产总值只计算最终产品和劳务的价值,而不包括中间产品的价值。

(3) 国内生产总值是一定时期内生产而不是出售的最终产品的价值。

(4) 国民生产总值和国内生产总值是有差别的。前者指一国拥有的生产要素所生产的价值,而不管这些要素是在国内还是在国外生产的价值,都是以人口作为统计标准,属国民概念,是衡量国民所赚到的总收入;后者指一国范围内所生产的价值,它以领土作为统计标准,属地域概念,其中包括一部分外国的生产要素在本国生产的价值,是衡量在国内生产的价值,即不管价值是由国内还是国外的所有者所拥有的生产要素生产的,只要在本国地域内,都应计入 GDP。

4. *名义 GDP 和实际 GDP*

(1) 名义 GDP 是指按现期价格衡量的物品与劳务的价值。

(2) 引起名义 GDP 变化的两个因素:(1)商品和劳务实际产出量的变化;(2)市场价格的变化。

(3) 实际 GDP 是指用不变价格衡量的物品与劳务的价值。

(4) 名义 GDP 是用生产物品和劳务的当年价格计算的全部最终产品的市场价值。利用名义 GDP 可能会高估或者低估实际生产率。而实际 GDP 是用以前某一年作为基期价格计算出来的当期全部最终产品的市场价值。它衡量在两个不同时期经济中的物资产量的变化,以相同的价格或不变的金额来计算两个时期所生产的所有产品的价值。

5. *GDP 平减指数*

(1) GDP 平减指数是名义 GDP 与实际 GDP 的比率。其计算公式为:

$$\text{GDP 平减指数} = \frac{\text{名义 GDP}}{\text{实际 GDP}}$$

GDP 平减指数反映了经济中物价总水平的变动,这个指数与消费者价格指数(CPI)不同,因为它的权数随不同的商品所占份额的改变而改变。

虽然该指数能比较准确地反映一般物价水平的变动趋势,但是资料较难收集,需要对未在市场上发生交易的商品和劳务进行换算。

(2) 名义 GDP、实际 GDP 与 GDP 平减指数的关系。

$$\text{名义 GDP} = \text{实际 GDP} \times \text{GDP 平减指数}$$

名义GDP衡量经济中产出的现期价值,实际GDP衡量按不变价格评估的产出,GDP平减指数衡量相对于基年价格的产出的价格。

▶ 知识点二 国民收入核算

1. 支出法

支出法也叫最终产品法。从使用角度考察,GDP是在一个国家或地区的领土上,在一定时期内居民、厂商、政府和国外部门购买最终产品和劳务的支出总额。其计算公式为:

$$GDP = C + I + G + NX$$

其中,C为消费支出;I为投资支出;G为政府购买;NX为净出口,且$NX = X - M$。

国民收入的构成见表2.1所示。

表2.1 国民收入的构成

消费支出(C)	投资支出(I)	政府购买(G)	净出口(NX)
非耐用品支出 耐用品支出 劳务	企业固定投资 居民固定投资 存货投资	联邦、州和地方政府购买的物品和劳务(不包括向个人的转移支付)	净出口=出口-进口

2. 收入法(生产要素法、成本法)

收入法指用要素收入即企业生产成本核算国内生产总价值。严格来说,最终产品市场价值除了生产要素收入构成的成本之外,还包括间接税、折旧、公司未分配利润等。其计算公式为:

$$GDP = 工资 + 利息 + 租金 + 利润 + 间接税和企业转移支付 + 折旧$$

其中,工资、利息、租金是最典型的要素收入。工资中还包括所得税、社会保险税;利息是指提供资金给企业使用而产生的利息,所以需要剔除政府公债利息和消费信贷利息;租金除了租赁收入外,专利和版权的收入也应归入其中。

利润是税前利润,包括公司所得税、红利、未分配利润等。

企业转移支付包括对非营利组织的慈善捐款和消费者的呆账;间接税包括货物税、销售税、周转税等。

3. 两种计算方法的联系

支出法衡量一个经济的支出,收入法衡量一个经济的收入。这两种方法衡量的数量是相等的:对整个经济来说,收入必定等于支出。

4. GDP指标的缺陷

(1) 不能衡量全部经济活动的成果(如家务劳动);

(2) 不能反映人们闲暇时间的增加或减少;

(3) 不能反映地下经济;

(4) GDP 表明社会的产品和劳务的价值总量,但不能说明它具体包含什么商品(如导弹、面包、防盗窗等);

(5) GDP 无法反映经济活动对环境的破坏。

5. GDP 计算中一些项目的处理

(1) 二手货:GDP 衡量现期生产的物品与劳务的价值,二手货并不是经济中收入的增加,因此,二手货的出售并不包括在 GDP 中。

(2) 存货的处理:当一个企业增加其物品的存货时,这种存货投资作为企业所有者的支出来计算。因此,存货生产和最终物品生产一样增加了 GDP。但是,出售存货是正支出(购买)和负支出(存货负投资)的结合,因此,并不影响 GDP。

(3) 中间物品与增值:GDP 只包括最终物品的价值,因此,中间物品并不计入 GDP,但 GDP 是经济中所有企业的总增值。

(4) 住房服务与其他估算:在计算 GDP 时,大多数物品和劳务都可以根据其市场价格来估价,但一些物品不在市场上销售,从而也就没有市场价格,如住房服务(包括自住房屋)。GDP 核算包括这些物品与劳务的价值,在这种情况下,所使用的方法就是估算法,即对它们的价值进行估算。

▶ 知识点三 消费者价格指数

1. 概念

消费者价格指数是物价总水平的一种衡量指标,也称零售价格指数和生活费用指数,表示固定一篮子消费品的费用相对于基年同样一篮子消费品的费用。它是反映消费品(包括劳务)价格水平变动状况的一种价格指数,一般用加权平均法来计算,根据若干种主要日用消费品的零售价格以及服务费用计算。其计算公式为:

$$CPI = \frac{\sum p_1 q_0}{\sum p_0 q_0}$$

同样,生产价格指数衡量的是企业而不是家庭购买的典型一篮子物品的价格。

2. CPI 与 GDP 平减指数和 PCE 平减指数的比较

CPI 与 GDP 平减指数之间的区别:(1)GDP 平减指数衡量所生产的所有物品与劳务的价格,而 CPI 只衡量消费者购买的物品与劳务的价格。(2)GDP 平减指数只包括国内生产的物品,进出口并不是 GDP 的一部分,因此也不反映在 GDP 平减指数上;而 CPI 则包括消费者所购买的无论是国内还是国外的所有物品。(3)二者衡量经济中许多价格加总的方法不同,CPI 确定不同物品价格的固定加权数,而 GDP 平减指数确定可变的加权数。也就是说,CPI 使用固定的一篮子物品来计算,而 GDP 平减指数允许一篮子物品随 GDP 组成部分的变动而变动。

个人消费支出的隐性平减指数简称 PCE 平减指数。PCE 平减指数＝名义消费者支出/实际消费者支出。

PCE 平减指数和 CPI 都包括消费者购买的产品和服务的价格,而将属于投资和政府购买的产品和服务的价格排除在外;两者都包括进口产品的价格。

与 GDP 平减指数一样,PCE 平减指数允许产品篮子随着消费者支出的构成的变动而变动。

综上所述,PCE 平减指数所具有的属性是 CPI 和 GDP 平减指数的混合。

3. 拉氏指数与帕氏指数

拉氏指数(拉斯拜尔指数)是根据固定的一篮子物品衡量物价水平的指标。

帕氏指数是根据变动的一篮子物品衡量物价水平的指标。

拉氏指数倾向于高估生活费用的上升,因为这一指数没有考虑到物品之间的替代性;帕氏指数倾向于低估生活费用的增加,尽管这个指数考虑到不同物品之间的替代性,但并没有反映出这种替代可能引起消费者经济福利的减少。CPI 属于拉氏指数,因为它是由确定的一组商品计算的;GDP 平减指数属于帕氏指数,因为它是由变化了的一组商品计算的。

▶ 知识点四 失业的衡量

一个经济中的人可以被归为三种类型:就业、失业和不属于劳动力。

(1) 劳动力为就业者与失业者之和,即:

$$劳动力 = 就业者人数 + 失业者人数$$

丧失信心的工人不属于劳动力。

(2) 失业率是指失业人数占劳动力总数的百分比,它是衡量经济中失业状况的最基本指标。计算公式为:

$$失业率 = \frac{失业人数}{劳动力总数} \times 100\%$$

式中,劳动力是指失业人数和就业人数之和。

劳动力参与率为劳动力的人数与成年人口数的百分比。计算公式为:

$$劳动力参与率 = \frac{劳动力人数}{成年人口数} \times 100\%$$

劳动力参与率可以通过现期人口调查得到,也可以通过对雇用工人的机构调查得出。

(3) 奥肯定理是指失业率与实际国民收入增长率之间关系的经验统计规律。奥肯定理的一个重要结论是,实际 GDP 必须保持与潜在 GDP 同样快的增长速度,以防止失业率上升。如果政府想让失业率下降,那么,该经济社会的实际 GDP 的增长速度必须快于潜在 GDP 的增长速度。

失业率与实际 GDP 之间呈负相关关系,其计算公式为:

$$实际 GDP 变动的百分比 = 3\% - 2 \times 失业率的变动率$$

根据奥肯定理,失业率每上升1个百分点,实际GDP一般减少1个百分点。

【习题解析】

一、关键概念

1. 国内生产总值是指一个国家(或一个地区)在一定时期(通常为一年)内在本国领土范围内所生产的全部最终产品和劳务的市场价值总和。它是国内所赚到的总收入,包括外国人拥有的生产要素赚到的收入,也用于国内生产的物品与劳务的总支出。GDP一般通过支出法和收入法进行计算。

2. 国民收入核算是用于衡量GDP和许多相关统计数字的核算体系,是以整个国民经济或社会再生产为对象的宏观核算。它以一定的经济理论为指导,综合运用统计和会计的方法,对一个国家或地区在一定的经济运行过程中进行系统、科学的定量描述,为经济分析和国家实行宏观经济调控、制定经济政策或计划管理提供重要的客观依据。

3. 存量与流量:存量衡量一个给定时点上测算的量,而流量衡量每一单位时间内发生的数量。经济中的大多数变量是流量,如总消费、GDP,另一些是存量,如资本总量、人口总量等。二者是国民经济核算体系中记录经济信息的两种形式。

4. 增加值:一个企业的增加值等于该企业产出的价值减去企业购买的中间产品的价值。对整个经济来说,所有增加值之和必等于所有最终产品与劳务价值总和,因此,GDP也是经济中所有企业的总增加值。它可以按生产法计算,也可以按收入法计算。按生产法计算,它等于总产出减中间投入;按收入法计算,它等于劳动者报酬、生产税净额、固定资产折旧和营业盈余之和。

5. 估算价值:在计算GDP时,大多数产品与劳务都能够根据其市场价值来估价,但一些产品因为不在市场上销售,从而也就没有市场价格。如果GDP要包括这些产品与服务的价值,就必须使用其价值的估计值,这种估计值就被称为估算值。

6. 名义GDP和实际GDP:名义GDP是用现期价格衡量生产的物品和劳务的价值,而实际GDP是用一组不变价格(通常以某一年作为基期的价格)计算出来的当期全部最终产品的市场价值。名义GDP的高低受价格因素的影响,使用名义GDP可能会高估或者低估实际生产率。而实际GDP衡量在两个不同时期经济中的物资产量的变化。

7. GDP平减指数又称GDP的隐含价格平减指数,等于名义GDP和实际GDP的比率,即GDP平减指数=名义GDP/实际GDP。GDP平减指数反映了经济中物价总水平的变动。

8. 国民收入核算恒等式:GDP是消费、投资、政府购买和净出口之和,每一美元的GDP都属于这些项目中的一个。$Y = C + I + G + NX$,这个等式被称为国民收入核算恒等式。

9. 消费是消费者个人购买的产品和服务的价值,它是国民收入核算恒等式中的一个项目。消费分为三个子项目：非耐用品、耐用品及服务。非耐用品是使用持续时间较短的产品，如食物和衣服；耐用品是使用持续时间长的产品，如汽车和电视；服务包括个体和企业为消费者所做的工作。决定消费的因素有很多，主要因素是可支配收入、利率、价格水平、收入分配等。

10. 投资包括为未来使用而购买的产品。投资分为三个子项目：企业固定投资、住房固定投资及存货投资。

11. 政府购买是指一国中央和地方政府购买的产品和服务，它是国民收入核算恒等式中的一个项目。政府购买包括诸如军事设备、高速公路和政府工作人员提供的服务等项目，但是并不包括向个人的转移支付，如社会保障和福利。因为转移支付是再分配已有的收入，并不用于交换产品和服务，所以不是 GDP 的一部分。

12. 净出口是本国向其他国家出口的产品和服务的价值减外国人向本国提供的产品和服务的价值。

13. 消费者价格指数(CPI) 是物价总水平的一种衡量指标，也称零售价格指数和生活费用指数，表示固定一篮子消费品的费用相对于基年同样一篮子消费品的费用。它是反映消费品（包括劳务）价格水平变动状况的一种价格指数，一般用加权平均法来计算。它是根据若干种主要日用消费品的零售价格以及服务费用而计算。其计算公式为：$CPI = \dfrac{\sum p_1 q_0}{\sum p_0 q_0}$。

14. PCE 平减指数是名义消费支出与实际消费支出的比值。PCE 平减指数在某些方面与 CPI 相似，在另一些方面与 GDP 平减指数相似。和 CPI 一样，PCE 平减指数只包括消费者购买的产品和服务的价格，而将属于投资和政府购买的产品和服务的价格排除在外。和 CPI 一样的另一点是，PCE 平减指数包括了进口品的价格。但是，与 GDP 平减指数一样，PCE 平减指数允许产品篮子随着消费者支出的构成的变动而变动。

15. 劳动力是指就业者与失业者之和，即劳动力总数＝就业者人数＋失业者人数。

16. 失业率是指失业人数占劳动力总数的百分比，它是衡量经济中失业状况的最基本指标。用公式表示为：失业率＝（失业人数/劳动力总数）×100%。公式中的劳动力总数是指失业人数和就业人数之和。

17. 劳动力参与率是指劳动力的人数与成年人口数的百分比，用公式表示为：劳动力参与率＝（劳动力人数/成年人口数）×100%。

二、复习题

1. 列出 GDP 衡量的两样东西。GDP 怎么能同时衡量这两样东西呢？
【重要级别】3　　　　　　　　【难度级别】2
【考查要点】国内生产总值/GDP 的概念；国民收入核算/两种计算方法的联系
【参考答案】(1)GDP 主要衡量经济中所有人的总收入和对经济物品与劳务产出的总

支出。(2)GDP能够同时衡量这两个方面的原因是这两个量实际上相同。对整个经济来说，收入必定等于产出。从会计的角度来看，收入意味着对方的支出。

2. GDP的四个组成部分是什么？对每个组成部分举一个例子。
【重要级别】3　　　　　　　　　【难度级别】2
【考查要点】GDP的组成部分
【参考答案】GDP是消费、投资、政府购买和净出口之和。

(1) 消费：是指家庭在产品和服务上的支出构成。产品是有形的东西，又分为耐用品和非耐用品。耐用品是持续时间长的产品，如汽车和电视机；非耐用品是持续时间短的产品，如食品和衣服。

(2) 投资：是指由为未来使用而购买的产品，分为企业固定投资、住房固定投资以及存货投资三个子类别。例如，家庭和房东对住房的购买就属于投资中的住房投资。

(3) 政府购买：是指联邦、州和地方政府购买的产品和服务。例如，政府对军事设备、高速公路和政府工作人员提供的服务等项目的支出。

(4) 净出口：是指一国卖给其他国家的产品和服务的价值(出口)减去外国卖给该国的产品和服务的价值(进口)。例如，2013年美国出口22 600亿美元产品和服务，进口27 570亿美元产品和服务，则美国2013年度净出口为－4 970亿美元。

3. 消费者价格指数衡量什么？列举出它与GDP平减指数不同的三个方面。
【重要级别】2　　　　　　　　　【难度级别】2
【考查要点】消费者价格指数/概念以及与GDP平减指数的区别
【参考答案】消费者价格指数(Consumer Price Index，CPI)，是反映与居民生活有关的产品及劳务价格的物价变动指标，通常作为观察通货膨胀水平的重要指标。

$$CPI = \frac{\sum p_1 q_0}{\sum p_0 q_0}$$

它有拉氏指数和帕氏指数之分，区分这两个指数的关键是所确定的一篮子物品是否可变。拉氏指数是用一篮子固定产品计算的价格指数，倾向于高估生活费用的上升；帕氏指数是用一篮子固定产品计算的价格指数，倾向于低估生活费用的增加。

CPI和GDP平减指数之间的三个关键差别在于：

① GDP平减指数衡量所生产的所有产品与劳务的价格，而CPI只衡量消费者购买的产品和服务的价格。

② GDP平减指数只包括国内生产的产品，进口品并不是GDP的一部分，也不反映在GDP平减指数上，而CPI则包括消费者所购买的所有物品，无论国内还是国外。

③ 二者衡量经济中许多价格加总的方法不同，CPI确定不同物品价格的固定加权数，而GDP平减指数确定可变的加权数。也就是说，CPI使用固定的一篮子物品来计算，而GDP平减指数允许一篮子物品随GDP组成部分的变动而一直变动。

4. CPI 与 PCE 平减指数的相似和不同之处是什么？

【重要级别】3　　　　　　　　　　【难度级别】2

【考查要点】CPI 与 PCE 平减指数的异同

【参考答案】相似之处：都只包括消费者购买的产品和服务的价格，而排除属于投资和政府购买的产品和服务的价格；都包括进口产品的价格。不同之处：PCE 平减指数允许产品篮子随着消费者支出的构成变动而变动，而 CPI 是用固定一篮子产品来计算的。

5. 列出劳工统计局对经济中每个人归类所使用的三种类型。劳工统计局如何计算失业率？

【重要级别】2　　　　　　　　　　【难度级别】2

【考查要点】失业的衡量/失业率

【参考答案】美国劳工统计局把每个人分成下列三种类型中的一种：就业、失业或者不属于劳动力。对于劳工统计局，失业率，即失业人数的百分比，其计算公式为：失业率 = $\frac{失业人数}{劳动力总数} \times 100\%$。

6. 描述劳工统计局衡量就业总量的两种方法。

【重要级别】1　　　　　　　　　　【难度级别】2

【考查要点】失业的衡量/失业率

【参考答案】劳工统计局的两种统计方法为：一种是从家庭调查中得到的有工作的概数，另一种是从营业所调查中得到的企业工资名单上工人的概数。两种方法所得到的结果一般情况下正相关，但可能会由于如自我雇用、家庭就业、移民等发生偏离。

三、问题与应用

1. 访问经济分析局的网站，找到最近一个季度的实际 GDP 增长率。访问劳工统计局的网站，找到去年的通货膨胀率和最近一个月的失业率。你如何解释这些数据？

【重要级别】1　　　　　　　　　　【难度级别】1

【考查要点】国内生产总值；消费者价格指数；失业的衡量

【参考答案】(1) 2019 年第二季度实际 GDP 增长率是 3.1%。据统计数据分析，本季度增长率的提升主要源于个人消费支出的增加。

(2) 截至 2018 年 12 月，美国非农新增就业人口达到 31.2 万人，创 10 个月最大增幅，超过市场预期。其失业率已经长期维持在低位，约为 3.9%。这应该与特朗普减税刺激就业政策有很大的关系。

(3) 2019 年 11 月，非农就业总人数增加 26.6 万人，失业率 3.5%，变化不大。在医疗保健、专业和技术服务方面取得了显著的工作进展。制造业就业率上升，反映了工人从罢工中返回。

2. 一个农民种植了 1 蒲式耳小麦，以 1 美元的价格把它卖给一个磨坊主。该磨坊主

把小麦磨成面粉,然后以 3 美元的价格卖给一个面包师。该面包师用面粉制作面包,并以 6 美元的价格卖给一个工程师。该工程师吃了面包。每个人的增加值是多少?这个面包对 GDP 的贡献是多少?

【重要级别】3　　　　　　　　　【难度级别】2

【考查要点】国民收入核算/GDP 计算中一些项目的处理

【参考答案】每个人的增加值是商品的价值减去生产该物品所需材料的价值。因此,农民的增值是 1 美元。磨坊主的增值是 2 美元:他以 3 美元的价格将面粉卖给面包师,而花了 1 美元买小麦。面包师的增值是 3 美元:他以 6 美元的价格将面包卖给工程师,而花了 3 美元买面粉。GDP 就是增值的总和,即 1+2+3=6(美元)。

可以看出,用此方法计算的 GDP 也等于最终物品即面包的价值。

【科兴点评】GDP 衡量的是最终产品的市场价值(6 美元),等于产品产出前各个环节的增加值的总和。

3. 假设一个妇女嫁给了其男管家。在他们结婚之后,她的丈夫继续像以前一样照顾她,她也继续像以前一样养活他(但是作为丈夫而不是雇员)。他们的婚姻如何影响 GDP?你认为它应该如何影响 GDP?

【重要级别】3　　　　　　　　　【难度级别】3

【考查要点】国民收入核算/GDP 指标的缺陷

【参考答案】从 GDP 衡量的内容来看,当那个妇女嫁给其男管家时,GDP 的下降数额等于男管家的工资,因为男管家的工资没有了,所以总收入 GDP 随之下降。这是因为 GDP 没有真正衡量所有物品和劳务的价值。如果 GDP 完美地衡量所有经济中的产出,则 GDP 的数值不变,因为经济活动的总量并没有发生变化。然而,真实的 GDP 只是经济活动的一个不完整的指标,一些物品和劳务的价值被遗漏了。一旦男管家的工作变成家务活,他的劳务就不计入 GDP 了。正如该例所示,GDP 并不包括家庭任何产出的价值。同样,GDP 也不包括诸如耐用品的估算租金及非法交易的物品和劳务。

但是,如果 GDP 能真正衡量所有的商品和劳务的价值,那么他们的结婚将不会影响 GDP,因为经济活动总体没有改变。

【科兴点评】读者需要将 GDP 的各个部分所涵盖的内容清晰地记清楚,GDP 一定程度上是一个经济体所有经济活动的一个不准确的衡量。

4. 把下列交易归入支出的四个部分之一:消费、投资、政府购买和净出口。

a. 波音公司向空军出售一架飞机。

b. 波音公司向美利坚航空公司出售一架飞机。

c. 波音公司向法兰西航空公司出售一架飞机。

d. 波音公司向阿米莉亚·埃尔哈特(Amelia Earhart)(1898—1937 年,美国最早的飞行员——译者注)出售一架飞机。

e. 波音公司制造了一架用于明年出售的飞机。

【重要级别】3　　　　　　　　　　【难度级别】3

【考查要点】国民收入核算/支出法

【参考答案】a. 波音公司向空军出售一架飞机属于政府购买。

b. 波音公司向美利坚航空公司出售一架飞机属于投资,因为航空公司要用飞机进行载客。

c. 波音公司向法兰西航空公司出售一架飞机属于净出口。

d. 波音公司向阿米莉亚·埃尔哈特(注意,这是一个个人)出售了一架飞机属于消费,因为出售的对象是最终的消费者,消费者不再用飞机来投资。

e. 波音公司制造了一架用于下一年出售的飞机属于投资,即存货投资。

【科兴点评】GDP 的核算是宏观经济学中较为基础却很重要的部分。对于经济政策的制定对 GDP 的影响等,涉及 GDP 的衡量问题。

5. 找出有关 GDP 及其组成部分的数据,计算在 1950 年、1980 年和能得到数据的最近一年下列组成部分在 GDP 中所占的百分比。

　　a. 个人消费支出

　　b. 私人国内总投资

　　c. 政府购买

　　d. 净出口

　　e. 国防购买

　　f. 进口

你看出了这些数据存在任何稳定的关系吗?你看出了什么趋势吗?[提示:你也可以在经济分析局的网站 www.bea.gov 找到这些数据。]

【重要级别】3　　　　　　　　　　【难度级别】3

【考查要点】国民收入核算/支出法

【参考答案】假定取得数据的年份为 2005 年,a~f 的数据都可以从经济分析局的网站下载得到。把每一部分的数据除以名义 GDP,再乘以实际 GDP,乘以 100%,就得到下列百分数(见表 2.2)。

表 2.2

年份 项目	1950	1980	2005
a. 个人消费支出	65.5%	62.8%	70.1%
b. 私人国内总投资	18.4%	20.8%	20%
c. 政府购买	15.9%	5.15%	4.1%
d. 净出口	0.2%	0.5%	−5.1%
e. 国防购买	6.7%	6.2%	3.4%
f. 进口	3.9%	11.1%	14.6%

通过观察表2.2的数据,可以发现经济有如下一些变化趋势:

a. 个人消费支出占GDP的2/3左右,该份额从1950年到2005年升高了14.6个百分点。

b. 私人国内总投资占GDP的份额从1950年到2005年呈下降趋势,但是随后又反弹。

c. 政府购买的份额从1950年到2005年逐年下降。

d. 净出口在1950年和1980年为正值,在2005年为负值。

e. 国防购买份额从1950年到2005年是下降的。

f. 从1950年到2005年,进口相对于GDP迅速增长。

6. 蒂娜是蒂娜除草有限公司的唯一老板。某一年,该公司从客户那里得到了 **1 000 000** 美元的除草收入。公司设备价值折旧了 **125 000** 美元。公司支付给工人的报酬为 **600 000** 美元,工人交纳了 **140 000** 美元税收。公司交纳了 **50 000** 美元所得税,给蒂娜支付了 **150 000** 美元股息,蒂娜支付了 **60 000** 美元股息税,公司留存了 **75 000** 美元收入供未来扩张使用。这一经济活动对以下各项的贡献是多少?

a. GDP

b. NNP

c. 国民收入

d. 雇员报酬

e. 业主收入

f. 公司利润

g. 个人收入

h. 个人可支配收入

【重要级别】4 　　　　　　　　【难度级别】3

【考查要点】国民收入核算

【参考答案】a. GDP=1 000 000 美元

b. NNP=GNP−折旧=1 000 000−125 000=875 000(美元)

c. 国民收入=875 000 美元

d. 雇员报酬=600 000 美元

e. 业主收入=150 000 美元

f. 公司利润=公司收入−工人工资−债权人利息=1 000 000−600 000−150 000
　　　=250 000(美元)

g. 个人收入=875 000−50 000−75 000=750 000(美元)

h. 个人可支配收入=个人收入−个人税收=750 000−140 000−60 000
　　　=550 000(美元)

【科兴点评】要掌握好GDP、NNP等国民收入核算中的重要概念。

7. 考虑一个生产和消费热狗与汉堡的经济。表 2.3 是两个不同年份的数据。

表 2.3

产品	2010 年		2015 年	
	数 量	价 格	数 量	价 格
热狗	100	2 美元	250	4 美元
汉堡	200	3 美元	500	4 美元

a. 把 2010 年作为基年，计算每年的以下统计值：名义 GDP、实际 GDP、GDP 的隐性价格平减指数以及 CPI 这种固定加权价格指数。

b. 在 2010 年到 2015 年之间，价格上涨了多少百分比？对每种产品以及 GDP 平减指数和 CPI 这两个总体价格水平的衡量指标，给出你的答案。比较这两个拉氏和帕氏价格指数（以上两个价格指数分属拉氏和帕氏价格指数）给出的答案，解释其差别。

【重要级别】4 　　　　　　　　【难度级别】3

【考查要点】国内生产总值/名义 GDP 和实际 GDP

【参考答案】a.（1）名义 GDP 是用现期价格衡量的生产的物品和劳务的价值，因此，2010 年和 2015 年的名义 GDP 分别为：

$$\text{名义 GDP}_{2010} = P^{2010}_{热狗} \times Q^{2010}_{热狗} + P^{2010}_{汉堡} \times Q^{2010}_{汉堡}$$
$$= 200 \times 2 + 200 \times 3$$
$$= 1\,000（美元）$$
$$\text{名义 GDP}_{2015} = P^{2015}_{热狗} \times Q^{2015}_{热狗} + P^{2015}_{汉堡} \times Q^{2015}_{汉堡}$$
$$= 250 \times 4 + 500 \times 4$$
$$= 3\,000（美元）$$

（2）实际 GDP 是以一组不变的价格计算的物品和劳务的总价值，它表明，如果数量变化而价格不变时，产品的支出会如何变动，本题中，2015 年的实际 GDP 可以用基期即 2010 年的价格进行衡量，即：

$$\text{实际 GDP}_{2010} = P^{2010}_{热狗} \times Q^{2010}_{热狗} + P^{2010}_{汉堡} \times Q^{2010}_{汉堡}$$
$$= 2 \times 200 + 3 \times 200 = 1\,000（美元）$$
$$\text{实际 GDP}_{2015} = P^{2010}_{热狗} \times Q^{2015}_{热狗} + P^{2010}_{汉堡} \times Q^{2015}_{汉堡}$$
$$= 2 \times 250 + 3 \times 500$$
$$= 2\,000（美元）$$

（3）GDP 的隐性价格平减指数用来比较产出的所有的物品和劳务的当前价格以及同样物品和劳务在基年的价格，它反映了经济中物价总水平的变动。计算公式如下：

$$\text{GDP 平减指数} = \frac{\text{名义 GDP}}{\text{实际 GDP}} = \frac{3\,000}{2\,000} = 1.5$$

(4) 消费者价格指数(CPI)衡量固定一篮子消费品的费用相对于基年同样一篮子消费品的费用。这个指数告诉我们,相对于基期,购买一篮子产品与服务所花的钱要比当期购买同样一篮子产品与服务花更多还是更少的钱。如果以 2010 年为基年,2015 年的 CPI 是 2015 年物价的平均值,但是以 2010 年生产的一篮子物品来计算。

CPI_{2015} 的计算如下:

$$\text{CPI}_{2015} = \frac{200 \times 4 + 200 \times 4}{200 \times 2 + 200 \times 3} = 1.6$$

b. 隐性价格平减指数是一个帕氏指数,它是用可变的一篮子物品来计算的;而 CPI 是一个拉氏指数,因为它是用固定的一篮子物品来计算的。2015 年的 GDP 平减指数是 1.5,表明 2015 年物价比 2010 年上升了 50%。而 2015 年的 CPI 是 1.6,表明 2015 年的物价水平比 2010 年上升了 60%。

二者产生差别的原因在于:拉氏指数确定不同物品价格的固定加权数,而帕氏指数则确定可变的加权数。因此,在汉堡价格上涨 1.33 倍而热狗价格上涨 2 倍的情况下,热狗与汉堡之间的相对价格将上涨,但拉氏指数的加权数固定,不能反映由于相对价格发生变动而导致的购买数量的变动,因此由拉氏指数计算出来的价格指数比由帕氏价格计算的价格指数要大。

【科兴点评】读者需要区分 GDP 平减指数和 CPI 的概念及其代表的含义。

8. 阿贝只消费苹果。在第 1 年,红苹果的价格是每个 1 美元,青苹果每个 2 美元,阿贝买了 10 个红苹果。在第 2 年,红苹果的价格是每个 2 美元,青苹果每个 1 美元,阿贝买了 10 个青苹果。

a. 计算每年苹果的消费者价格指数。假设第 1 年是基年,即消费者篮子固定的年份。从第 1 年到第 2 年,你计算的指数如何变动?

b. 计算阿贝每年对苹果的名义支出。从第 1 年到第 2 年,名义支出如何变动?

c. 把第 1 年作为基年,计算阿贝每年对苹果的实际支出。从第 1 年到第 2 年,实际支出有什么变动?

d. 把隐性的价格平减指数定义为名义支出除以实际支出,计算每年的价格平减指数。从第 1 年到第 2 年,价格平减指数有什么变动?

e. 假设阿贝吃红苹果或青苹果同样快乐。阿贝的真实生活成本增加了多少?比较这一答案和你对 a 和 d 的答案。关于拉氏和帕氏价格指数,这个例子告诉了你什么?

【重要级别】3　　　　　　【难度级别】3

【考查要点】国内生产总值/GDP 平减指数;消费者价格指数/概念;消费者价格指数/拉氏指数与帕氏指数

【参考答案】a. 设第一年为基年,则第一年的 CPI=1,计算第二年的消费者价格指数为:

$$\text{CPI}^2 = \frac{(P_\text{红}^2 \times Q_\text{红}^1) + (P_\text{青}^2 \times Q_\text{青}^1)}{(P_\text{红}^1 \times Q_\text{红}^1) + (P_\text{青}^1 \times Q_\text{青}^1)} = \frac{(2 \times 10) + (1 \times 0)}{(1 \times 10) + (2 \times 0)} = 2$$

即第二年的 CPI 是第一年的两倍,第二年的生活物价水平比第一年高出一倍。

b. 在第一年和第二年期间,阿贝首先以单价 1 美元买了 10 个苹果:

$$\text{名义支出}^2 = (P_\text{红}^2 \times Q_\text{红}^2) + (P_\text{青}^2 \times Q_\text{青}^2) = (2 \times 0) + (1 \times 10) = 10(\text{美元})$$

可以看出他的名义支出为 10 美元,保持不变。

c. 在第一年(基年),他的实际支出等于其名义支出,即 10 美元。第二年,他消费了 10 个青苹果,以第一年的单价 2 美元计算:

$$\text{真实支出}^2 = (P_\text{红}^1 \times Q_\text{红}^2) + (P_\text{青}^1 \times Q_\text{青}^2) = (1 \times 0) + (2 \times 10) = 20(\text{美元})$$

可以看出,其实际支出为 20 美元,因此,阿贝的实际支出会从 10 美元上升到 20 美元。

d. 隐性的价格平减指数可定义为第二年的名义支出除以第二年的实际支出。即:

$$\text{隐性的价格平减指数}^2 = \frac{\text{名义支出}^2}{\text{实际支出}^2} = 10/20 = 0.5$$

由于物价水平的降低,因而使得名义支出小于实际支出。

e. 如果阿贝认为红苹果和青苹果给他带来相同的效用,即红苹果与青苹果对阿贝来说无差异,则阿贝的生活成本应不变,因为两年中他都是花 10 美元消费 10 个苹果,不论什么颜色。然而,根据 CPI,生活成本已经翻倍了。这是因为只考虑红苹果的价格已经翻倍,CPI 忽略了青苹果价格的下降,因为青苹果不在第一年的消费组合里。对应于 CPI,隐性价格平减指数说明生活成本已经减半。从中可以看出,CPI 拉氏指数高估了生活成本,而帕氏指数则低估了生活成本的上升。

【科兴点评】两种指数同样的变化,因基期不同所产生的结果和含义也会不同,读者需要记清两种指数在价格和产出上的不同。

9. 考虑一个由 100 人组成的经济。这 100 人分成如下几个群体:25 人有全职工作,20 人有一份兼职工作,5 人有两份兼职工作,10 人想工作且正在找工作,10 人想工作但丧失信心并放弃找工作了,10 人经营自己的生意,10 人退休了,还有 10 个人是小孩。

a. 计算劳动力和劳动力参与率。

b. 计算失业者人数和失业率。

c. 用两种方法计算总就业量:一种是按家庭调查来衡量,另一种是按机构调查来衡量。

【重要级别】4 　　　　　　　　　　【难度级别】3

【考查要点】失业率的计算方法

【参考答案】a. 劳动力 = 就业人数 + 失业人数

劳动力参与率 = (劳动力人数/成年人口人数) × 100%

劳动力 = 25 + 20 + 5 + 10 + 10 = 70

劳动力参与率 = (70/80) × 100% = 87.5%

b. 失业者人数等于想找工作但是还没有找到工作的人数,即失业者人数 = 10。

c. 按家庭调查计算的总就业量为:

$$N_1 = 25 + 20 + 5 + 10 = 60$$

按机构调查计算的总就业量为:

$$N_2 = 25 + 20 + 5 + 5 = 55$$

10. 在参议员罗伯特·肯尼迪(Robert Kenndy)1968年竞选总统时的一篇演讲中,他就GDP讲了以下一段话:"(GDP)并没有考虑到孩子们的健康、他们的教育质量或者他们游戏的快乐。它没有包括我们的诗歌之美好或者婚姻之稳固,没有包括我们关于公共问题争论的智慧或者我们公务员的正直。它既没有衡量出我们的勇气与智慧,也没有衡量出我们对祖国的热爱。简言之,它衡量一切,但并不包括使我们的生活有意义的东西,它可以告诉我们有关美国的一切,但没有告诉我们,为什么我们以作为美国人而骄傲。"

罗伯特·肯尼迪的话正确吗?如果正确,我们为什么要关注GDP?

【重要级别】2　　　　　　　　　【难度级别】2

【考查要点】国内生产总值

【参考答案】对于经济发达的国家而言,他的话在一定程度上是对的。因为正如肯尼迪所指出的,GDP只是经济活动和社会福利的不完美的指标。另外,GDP也忽略了诸如汽车、冰箱、割草机等耐用消费品的估算租金和作为家务活动产出的物品和劳务,如做饭和清洁,以及非法活动所生产和出售的物品。但这些GDP计量的不完美并不降低GDP的用处。只要这些计量事项随着时间推移保持固定,那么GDP在比较年度之间的经济活动中是有用的。而且一个庞大的GDP能保证我们的孩子得到更好的医疗服务、更多的新书和玩具。

因此,对于像中国这样的发展中国家而言,尽管我们应该重视GDP指标的以上不足,但摆在我们面前的主要任务是发展问题。也就是说,我们目前的主要任务是发展生产力,进一步丰富社会产出,即提高GDP。只有这样,我们才有足够的社会财富来进一步提高社会福利水平。

11. 考虑下列每一个事件可能如何增加或减少实际GDP。对于每个事件,你认为社会中人均福利很可能与实际GDP同方向变动吗?为什么?

a. 佛罗里达的飓风迫使迪士尼乐园停业一个月。

b. 新的、更容易种植的小麦品种的发现增加了农场的收成。

c. 工会和经理之间敌对状态的加剧引起了罢工的爆发。

d. 整个经济中的企业都经历着需求的减少,导致企业解雇工人。

e. 国会通过了新的环境法，该法禁止企业使用排放大量污染的生产方法。

f. 更多的高中生辍学从事除草的工作。

g. 全国的父亲减少工作周数，把更多的时间用于与孩子相处。

【重要级别】3　　　　　　　　【难度级别】3

【考查要点】国民收入核算/支出法

【参考答案】a. 实际 GDP 衡量的是一定时期内一国产品和服务产出的最终市场价值。迪士尼乐园停业一个月，导致服务产出减少，从而使实际 GDP 减少。同时，这也导致了经济福利的下降，因为迪士尼的工人和股东收入下降（国民收入核算的收入方）和人们对迪士尼消费的下降（国民收入核算的支出方）。所以 GDP 与经济福利呈现了相似的变动。

b. 新的优良品种的小麦的开发，使相同的资本和劳动力产出了更多的小麦，产出增加必然导致实际 GDP 上升，同时这也使社会经济福利有所上升，因为人们能够消费更多的小麦（如果人们不想消费更多的小麦，农民和土地可以转为生产他们需要的其他东西）。

c. 同 a 的答案，罢工会使就业和产出减少，从而导致实际 GDP 下降，同时使社会经济福利减少。

d. 解雇工人，使劳动力闲置，使产出减少，从而导致实际 GDP 下降，同时减少了经济福利。因为工人收入下降（收入方），可供人们购买的产出减少（支出方）。

e. 实际 GDP 可能下降。工人转变生产方式，使产出减少，污染也减少，经济福利可能上升，经济生产可计量的产出减少了，但空气更加清洁。清洁的空气由于不在市场交易，因而不出现在 GDP 中，但仍然是一种有价值的物品。

f. 实际 GDP 上升。因为高中生从不生产物品和劳务的活动中转到市场活动。然而，经济福利可能下降。在理想的国民收入核算中，上学是作为投资出现的，因为它可以提高未来工人的生产率。真实的国民收入核算是不计入这种类型的投资的。还必须注意，未来的 GDP 可能下降，因为学生受到较少的教育。

g. 全国的父亲减少工作必然导致产出减少，从而实际 GDP 减少，但父亲们将更多的时间花在孩子身上，这又会使经济福利增加。可以看出，实际 GDP 不一定与经济福利同方向变化。

【科兴点评】注意实际 GDP 与名义 GDP 之间的区别，名义 GDP 会受到价格变动即通货膨胀的影响。

【补充训练】

1. 假定有两个国家 A 和 B，A 国的产出全部来源于生产一最终产品 F，而 B 国的产出全部来源于生产一中间产品 E 给 A 国生产 F。如果产品 F 的总价值为 100，而 A 国的 GDP 为 60，那么 B 国的 GDP 为 40。（　　）

【重要级别】3　　　　　　　　　　【难度级别】2

【考查要点】国内生产总值/概念；国民收入核算/GDP 计算中一些项目的处理

【参考答案】正确。

【科兴点评】GDP 衡量的是一国国内在一年中的最终产出的市场价值,不同的国家有不同的 GDP。

2. 假定在一个封闭经济中只有消费,没有政府、投资及存货积累,那么 GDP 平减指数与 CPI 是相等的,因为二者都是根据相同的商品来计算的。（　　）

【重要级别】3　　　　　　　　　　【难度级别】2

【考查要点】消费者价格指数/CPI 与 GDP 平减指数

【参考答案】错误。

【科兴点评】即使经济中只有消费,GDP 平减指数与 CPI 也是不相等的。CPI 衡量的是城市消费者购买的、固定的一篮子物品和劳务的成本,而 GDP 平减指数是用整个经济中的商品来衡量的。

3. 如果 A 国经济在 2000 年（基期）的 GDP 为 2 000 亿元,在 2001 年的 GDP 平减指数增加了一倍,而实际 GDP 增加 50%,那么 2001 年的名义 GDP 等于(　　)亿元。

A. 8 000　　　　B. 4 000　　　　C. 6 000　　　　D. 3 000

【重要级别】3　　　　　　　　　　【难度级别】2

【考查要点】国内生产总值/名义 GDP 和实际 GDP

【参考答案】C。根据定义,GDP 平减指数=名义 GDP/实际 GDP,现在实际 GDP=2 000×(1+50%)=3 000(亿元),所以名义 GDP=2×3 000=6 000(亿元)。

4. 根据国民收入核算的原则,家庭用于教育的人力资本投资(　　)。

A. 属于消费支出　　　　　　　B. 属于政府支出
C. 属于投资支出　　　　　　　D. 不计入国民生产总值

【重要级别】3　　　　　　　　　　【难度级别】2

【考查要点】国民收入核算/支出法

【参考答案】A。家庭的所谓"投资"中,只有购买住房算作经济学上的投资,其他都属于消费或储蓄范畴。

【科兴点评】注意投资的核算范围,具体的会在后面的宏观经济学的微观解释相关章节有所阐述,读者也可以参考其他经济学辅导教材。

5. 下列哪一项计入 GDP 中？(　　)

A. 购买一台用过的旧电视机　　　B. 购买普通股票
C. 汽车制造厂买进 10 吨钢板　　　D. 银行向企业收取一笔贷款利息

【重要级别】3　　　　　　　　　　【难度级别】2

【考查要点】国民收入核算/支出法；国民收入核算/收入法

【参考答案】D。A 选项旧电视机在其生产年份已经计算过了,不宜重复计算；B 选项二级市场上购买股票只是资产所有权的转移,而不是当期的生产值,因而是不计入GDP的;C选项GDP测度的是最终产品的价值,中间产品价值不计入,汽车制造厂的钢板是中间产品原料,所以也不应计入GDP。

6. 迷你国只有两家企业。企业甲生产小麦,企业乙生产面包。2011年,企业甲生产50 000千克小麦,以3元的价格卖给企业乙20 000千克,以单价3元的价格出口25 000千克,剩余的5 000千克以单价3元的价格作为库存。企业甲支付工资50 000元。企业乙生产50 000个面包,以单价2元的价格全部卖给本国。企业乙支付工资20 000元。除了从本国购入的50 000个面包,迷你国还以单价1元的价格进口15 000个面包。

(1) 用支出法求出迷你国2011年的GDP;

(2) 用生产法求出迷你国2011年的GDP;

(3) 以2010年为基年,2011年的实际GDP为180 000元,求出2011年该国的GDP平减指数和通货膨胀率。

【重要级别】3 　　　　　【难度级别】2

【考查要点】国民收入核算/支出法;国民收入核算/收入法

【参考答案】(1) 支出法:$C = 50\,000 \times 2 + 15\,000 \times 1 = 115\,000$

$I = 5\,000 \times 3 = 15\,000$

$G = 0$

$NX = (25\,000 \times 3 - 15\,000 \times 1) = 60\,000$

故 $Y = C + I + G + NX = 190\,000$

(2) 生产法:$Y = 50\,000 \times 3 + (50\,000 \times 2 - 3 \times 20\,000) = 190\,000$

(3) 2011年GDP平减指数 $= \dfrac{190\,000}{180\,000} = \dfrac{19}{18}$

2011年通货膨胀率 $\pi = \dfrac{190\,000 - 180\,000}{180\,000} = \dfrac{1}{18}$

3 国民收入:源自何处,去向何方

【学习精要】

一、学习重点

1. 生产函数
2. 竞争性企业面临的决定
3. 边际产量递减

二、知识脉络图

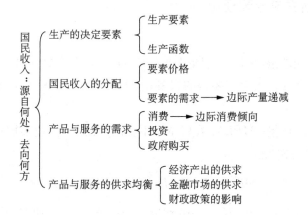

三、理论精要

▶ 知识点一　产品与服务的供给

1. 生产要素和生产函数

生产要素是指用于生产物品与劳务的投入。两种最重要的生产要素是资本(K)和劳动(L)。

通常,生产要素被分为两大类:原始生产要素和中间生产要素(或者叫中间产品)。原始生产要素的所有者是消费者,在经济学中,原始生产要素包括四种:劳动、资本、土地、企业家才能;而中间生产要素是厂商生产出来又投入生产过程中的产品。

生产函数表示生产要素决定生产的物品与劳务的数学关系,可以用 $Y=F(K,L)$ 来表示。它反映了把资本和劳动力变为产出可以获得的技术。

若所有生产要素增加的百分比等于产出增加的百分比,则这个生产函数就具有不变的规模报酬;若产出增加的百分比小于所有生产要素增加的百分比,则这个生产函数是规模报酬递减的函数;若产出增加的百分比大于所有生产要素增加的百分比,则这个生产函数是规模递增的函数。

2. 本章有几个重要的假定

(1) 生产要素资本和劳动都是固定的: $K=\bar{K}, L=\bar{L}$;

(2) 生产要素得到充分利用;

(3) 生产函数的规模报酬不变。

3. 产品与服务的供给

生产要素和生产函数共同决定了所供给的物品与劳务的数量,物品与劳务的数量等于经济的产出。由于生产要素的量是固定的,技术是稳定的,因而经济的产出 Y 也是固定的。即经济中物品与劳务的供给为:

$$Y = F(\bar{K}, \bar{L}) = \bar{Y}$$

▶ 知识点二 新古典分配理论

1. 概念

(1) 新古典分配理论,是指研究国民收入如何在生产要素之间进行分配的现代理论。

(2) 要素价格是支付给生产要素的报酬量(工人赚到的工资和资本所有者所赚到的租金之和)。

(3) 劳动的边际产量(MPL):在资本量不变的情况下,企业多雇用一单位劳动所得到的额外产量。其公式为:

$$MPL = F(K, L+1) - F(K, L)$$

(4) 资本的边际产量(MPK):在劳动量不变的条件下,企业多得到一单位资本所得到的额外的产出量。其公式为:

$$MPK = F(K+1, L) - F(K, L)$$

(5) 实际工资是用产品而不是用货币衡量的工资,它等于名义工资与价格水平的比值(W/P)。实际工资是企业雇佣劳动力的成本。

(6) 资本的实际租赁价格(R/P),是用物品单位而不是用货币衡量的租赁价格。追求利润最大化的企业,其资本的边际产量(MPK)必须等于实际租赁价格。

(7) 经济利润是指企业所有者在支付了所有生产要素报酬后剩下的收益量。它是指属于企业所有者的、超过生产过程中所运用的所有要素的机会成本的一种收益。

$$经济利润 = Y - (MPL \times L) - (MPK \times K)$$

(8) 会计利润是指企业所有者在支付了除资本以外所有要素报酬之后剩下的收益

量。它是厂商的总收益与会计成本的差,也就是厂商在申报应缴纳所得税时的账面利润。它等于经济利润与资本利润之和。

2. 重要的假定

(1) 企业具有竞争性,即企业是价格的接受者,企业的产出价格和投入价格都是既定的。

(2) 生产函数的边际产量递减,即在资本量(劳动量)不变的情况下,随着劳动量(资本量)的增加,劳动(资本)的边际产量是递减的。

(3) 欧拉定理:如果生产函数是规模报酬不变的,那么经济利润必为零。

3. 劳动需求和资本需求的决定

由于竞争性企业追求利润最大化,因而劳动需求和资本需求是由以下过程决定的:

$$\text{MAX 利润} = \text{收益} - \text{劳动成本} - \text{资本成本}$$

即:

$$\text{MAX} \pi = P \times F(K, L) - W \times L - R \times K$$

$$\Rightarrow \frac{\partial \pi}{\partial L} = P \times MPL - W = 0$$

$$\frac{\partial \pi}{\partial K} = P \times MPK - R = 0$$

$$\Rightarrow P \times MPL = W \quad P \times MPK = R$$

$$\Rightarrow MPL = W/P \quad MPK = R/P$$

因此,MPL 曲线就是企业的劳动需求曲线;MPK 曲线就是企业的资本需求曲线。

总之,竞争性的、追求利润最大化的企业关于雇用多少劳动和租用多少资本都遵循一个简单的规则:企业需求的每一种生产要素直到其要素的边际产量减少到等于其实际要素价格时为止。

4. 国民收入的划分

$$\text{经济利润} = Y - (MPL \times L) - (MPK \times K)$$

$$\Rightarrow Y = (MPL \times L) + (MPK \times K) + \text{经济利润}$$

即总收入分为劳动的收益、资本的收益及经济利润。

根据欧拉定理,在生产函数规模报酬不变的情况下,经济利润为零,可以得到:

$$Y = F(K, L) = (MPL \times L) + (MPK \times K)$$

从而可以得到会计利润。

$$\text{会计利润} = \text{经济利润} + (MPK \times K)$$

由此可知,国民收入核算中的"利润"大部分应该是资本收益,总产出在资本收益和劳动收入之间的分配取决于它们的边际生产率。

▶ 知识点三　产品与服务的需求

1. 需求的决定因素

产品与服务的需求可以见表 3.1 所示。

表 3.1

GDP 的组成部分	消费(C)	投资(I)	政府购买(G)
函数表达形式	$C=C(Y-T)=a+b(Y-T)$，其中，b 为边际消费倾向，a 为自发消费量	$I=I(r)=e-dr$，其中，e 为自发投资量，系数 d 反映投资变化对利率变化的敏感度	$G=\bar{G}$
特点	消费函数是关于可支配收入的函数，其斜率即为边际消费倾向 $MPC(0\leqslant MPC\leqslant 1)$	投资函数是关于实际利率 r 的减函数	政府购买和税收是外生固定的

转移支付不包括在政府购买(G)中，在上面的表达式中，T 等于税收减转移支付，可支配收入($Y-T$)既包括税收的负效应，也包括转移支付的正效应。

综上可得，经济中物品与劳务的需求为：$\bar{Y}=C(\bar{Y}-\bar{T})+I(r)+\bar{G}$，其中，可支配收入为 $\bar{Y}-\bar{T}$。因为产出 $\bar{Y}$ 不变，税收由政府的政策决定，可看成外生变量。

2. 名义利率和实际利率

名义利率为没有根据通货膨胀调整的储蓄收益与借贷成本。名义利率是考虑了通货膨胀的利率。

实际利率为根据通货膨胀调整之后的储蓄收益与借贷成本。实际利率对经济起实质性影响，但通常在经济调控下能够操作的只是名义利率。

两者的关系为：

$$名义利率＝实际利率＋通货膨胀率$$

本章中的投资取决于实际利率。

3. 平衡预算、预算赤字与预算盈余（见图 3.1）

政府预算 $\begin{cases} 预算赤字：G>T \\ 平衡预算：G=T \\ 预算盈余：G<T \end{cases}$

图 3.1　政府预算的类型

▶ 知识点四　产品与服务供求的均衡

在产品与服务供求的均衡中，利率起着至关重要的作用，可以表现为两个方面：(1)考虑利率如何影响产品与服务的供求；(2)考虑利率如何影响可贷资金的供求。

产品与服务供求均衡的推导过程如下：

方法一:经济产出的供求
物品与劳务供给:

$$Y = F(\bar{K}, \bar{L}) = \bar{Y}$$

物品与劳务需求:

$$Y = C(\bar{Y} - \bar{T}) + I(r) + \bar{G}$$

经济均衡时:

$$供给 = 需求$$
$$\Rightarrow \bar{Y} = C(\bar{Y} - \bar{T}) + I(r) + \bar{G}$$

从这个方程可以看出,只有实际利率 r 是唯一仍未决定的变量,故它必须调整到确保物品的需求等于供给。利率越高,投资水平越低,从而物品与劳务的需求越小。如果利率极高,投资极低,产出的需求就小于供给;如果利率极低,投资极高,需求就大于供给;在处于均衡利率时,物品与劳务的需求等于供给。

方法二:可贷资金的供求
由国民收入核算恒等式:

$$Y = C + I + G$$
$$\Rightarrow Y - C - G = I$$
$$\Rightarrow (Y - T - C) + (T - G) = I$$

式中,$Y - T - C$ 为私人储蓄,$T - G$ 为政府储蓄。

$$\Rightarrow 国民储蓄(S) = 私人储蓄 + 政府储蓄$$
$$\Rightarrow \bar{Y} - C(\bar{Y} - \bar{T}) - \bar{G} = I(r)$$
$$\bar{S} = I(r)$$

此方程式的图形如图 3.2 所示。

在这个方程中,可以把可贷资金(储蓄)看作物品,把利率看作价格,从而可以把图 3.2 看作一个供求图,储蓄是可贷资金的供给,投资是可贷资金的需求。

利率一直调整到企业进行的投资量等于家庭进行的储蓄量时为止。如果利率极低,投资的量大于家庭储蓄的量(贷款的需求量大于供给量),从而利率上升;如果利率极高,家庭储蓄的量大于企业投资的量(贷款的供给量大于需求量),从而利率下降;均衡利率在这两条曲线相交之处。在处于均衡利率时,家庭进行的储蓄与企业进行的投资平衡,而且贷款的供给

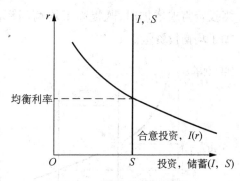

图 3.2　储蓄、投资和利率

量等于需求量。

▶ 知识点五 模型的动态学

1. 财政政策的影响

（1）政府购买的增加。

由图 3.3 可以看出，政府购买的增加，使得公共储蓄减少，从而储蓄曲线向左移动，当达到后面的均衡时，利率上升。

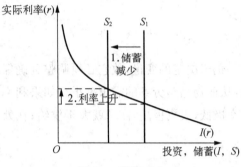

图 3.3 储蓄减少

因此，政府购买的增加引起利率上升和投资减少，可以说政府购买挤出了投资。

（2）税收的减少。

税收减少，增加了消费者的可支配收入，从而增加了消费。由于产出不变，必然导致投资减少，从而利率上升，因此税收的减少也挤出了投资。

2. 投资需求的变动

投资需求增加的原因：一个是技术创新，另一个就是政府通过税法对投资进行鼓励。

投资需求增加会使投资曲线向右平移（如图 3.4 所示），由于储蓄是固定不变的，所以投资需求的增加使利率上升，投资量不变。即由于存在固定的可贷资金供给，投资需求的增加仅仅提高了均衡利率。

当储蓄是利率的函数即 $S=S(r)$ 时，储蓄曲线将向右上方倾斜，而不是垂直。因此，当投资需求增加时，既提高了均衡利率，又增加了均衡投资量。

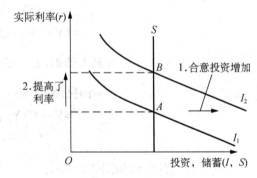

图 3.4 投资需求的变动

3. 边际消费倾向的变动

当边际消费倾向增大时，比如消费者信心增加，这样国民储蓄 $S=Y-C(Y-T)-G$，当 Y、G、T 为外生不变时，其消费会变大，从而使得储蓄减少，见图 3.5。

$S=I(r)$，当 S 减少时，会使利率 r 增大。

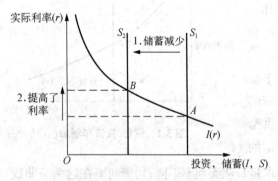

图 3.5 边际消费倾向的变动

▶ 知识点六　柯布-道格拉斯生产函数

柯布-道格拉斯生产函数（C-D function）描述了经济中如何把资本和劳动转化为 GDP，其形式为：

$$Y=F(K,L)=AK^{\alpha}L^{1-\alpha}$$

式中，A 衡量了现有技术的生产率。

柯布-道格拉斯生产函数的特征为：

$$F(tK,tL)=A(tK)^{\alpha}(tL)^{1-\alpha}=tAK^{\alpha}L^{1-\alpha}=tY$$

可以得出柯布-道格拉斯函数为规模报酬不变。

$$MPL=(1-\alpha)AK^{\alpha}L^{-\alpha}=(1-\alpha)Y/L$$
$$MPK=\alpha AK^{\alpha-1}L^{1-\alpha}=\alpha Y/K$$

式中，Y/L 为平均劳动生产率，Y/K 为平均资本生产率。

资本量增加，提高了 MPL 并减少了 MPK；劳动量增加，减少了 MPL 并提高了 MPK，提高参数 A 同比例地提高了两种要素的边际产量，同时，边际生产率与其平均生产率也是同比例变化。

由前面讲到的国民收入分配模型可以知道：国民收入可以分为劳动的收入及资本的收入，在柯布-道格拉斯函数中，产出中劳动的份额为 $1-\alpha$；资本的份额为 α。劳动收入和资本收入的比率为 $(1-\alpha)/\alpha$。由此可以看出，要素的份额只取决于参数 α，而与资本量、劳动量或者技术状况 A 无关。

【习题解析】

一、关键概念

1. 生产要素是指进行社会生产经营活动时所需要的各种社会资源，它包括劳动力、土地、资本、技术、信息等内容，而且这些内容随着时代的发展也在不断地发展和变化。

2. 生产函数是指一定时期内在技术水平不变的条件下生产中所使用的各种生产要素的数量与所能生产的最大产量之间的关系。它既可以用于描述某个企业或行业的生产特征，也可以作为总生产函数应用于整个经济。

3. 规模报酬不变是指产量增加比例等于各种生产要素增加的比例，即投入扩大某一倍数，产出也扩大相同的倍数。对于生产函数 $Y=F(K,L)$ 而言，若 $zY=F(zK,zL)$ 成立，则该生产函数为规模报酬不变的生产函数，其中 z 为一常数。

4. 要素价格是支付给生产要素的报酬，包括支付给工人的工资和支付给资本所有者的租金。要素价格是由要素的供求所决定的,假设经济中的生产要素是固定的,供给曲线则是一条垂直线,需求曲线向下倾斜,供给曲线与需求曲线的交点决定了要素的均衡价格。

5. 竞争性企业是经济学中对一般企业所做的一个假设,竞争性企业对市场价格完全没有影响,它仅仅是价格的被动接受者。经济学中的完全竞争是不受任何阻碍和干扰的市场结构。

6. 利润是指经济利润,企业支付了生产要素报酬后留下来的收入是企业所有者的经济利润。

7. 劳动的边际产量是指在其他条件包括生产函数和其他投入不变的情况下,企业多雇佣一单位劳动所增加的产量,即 $MPL=F(K,L+1)-F(K,L)$,右边第一项是用 K 单位资本和 $L+1$ 单位劳动所生产的产出量,第二项是用 K 单位资本和 L 单位劳动所生产的产出量。

8. 边际产量递减是指在技术水平不变的条件下,增加某种生产要素的投入。当该生产要素投入的数量增加到一定程度后,增加一单位该要素所带来的产量增加量是递减的。边际收益递减规律是以技术水平和其他生产要素的投入数量保持不变为条件的。此外,只有当可变投入增加到一定程度后,边际产量才递减。

9. 实际工资是用产品而不是用货币衡量的工资,它等于名义工资与价格水平的比值,即 $w=W/P$。实际工资是企业雇佣劳动的成本。追求利润最大化的企业为劳动的边际产量(MPL)等于实际工资(w)。

10. 资本的边际产量是指在其他条件包括劳动投入和生产函数等不变的情况下,资本多投入一单位所增加的边际产出量,即 $MPK=F(K+1,L)-F(K,L)$。

11. 资本的实际租赁价格是用产品而不是用货币衡量的租赁价格。它等于名义租赁价格 R 与价格 P 的比值。追求利润最大化的企业为边际产量(MPK)等于实际租赁价格(r)。

12. 经济利润和会计利润:经济利润是指超过生产过程中所运用的所有要素的机会成本的一种收益,即经济利润 $=Y-(MPL\times L)-(MPK\times K)$;而会计利润是厂商的总收益与会计成本的差,也就是厂商在申报应缴纳所得税时的账面利润,它等于经济利润和资本利润之和。经济利润=超额利润=会计利润-正常利润=会计利润-内隐成本。

13. 柯布-道格拉斯生产函数,即 C-D 生产函数,是由数学家柯布和经济学家道格拉斯于 20 世纪 30 年代初一起提出来的,用来预测国家和地区的工业系统或大企业的生产,分析发展生产途径的一种经济数学模型,简称生产函数。它的基本形式为:$F(K,L)=AK^{\alpha}L^{1-\alpha}$。

14. 可支配收入,全称"国民可支配收入"或"居民可支配收入",是反映居民家庭的全部现金收入中能用来安排家庭日常生活的那部分收入,即支付了所有税收后的收入($Y-T$),家庭将可支配收入分别用于消费和储蓄。

15. 消费函数是指消费与决定消费的各种因素之间的依存关系。但凯恩斯理论假定,在影响消费的各种因素中,收入是消费的唯一决定因素,收入的变化决定消费的变化。随着收入的增加,消费也会增加,但是消费的增加没有收入增加得多。收入和消费两个经济变量之间的这种关系叫作消费函数或消费倾向。如果用 C 代表消费,Y 代表收入,则 $C=C(Y)$,表示消费是收入的函数。

16. 边际消费倾向是指增加的消费和增加的收入之间的比率,也就是增加一单位的收入与用于增加的消费部分的比率,用公式表示就是:$MPC=\Delta C/\Delta Y$。

17. 利率又称利息率。它表示一定时期内利息量与本金的比率,通常用百分比表示,按年计算则称为年利率。其计算公式是:利息率=利息量/本金/时间×100%。利率,就其表现形式来说,是指一定时期内利息额同借贷资本总额的比率。

18. 名义利率是指央行或其他提供资金借贷的机构所公布的未根据通货膨胀因素调整的利率,即利息(报酬)的货币额与本金的货币额的比率。

19. 实际利率是指物价水平不变,从而货币购买力不变条件下的利息率。名义利率与实际利率存在着下述关系:(1)当计息周期为一年时,名义利率和实际利率相等;当计息周期短于一年时,实际利率大于名义利率;(2)名义利率不能完全反映资金的时间价值,实际利率真实地反映了资金的时间价值;(3)以 i 表示实际利率,r 表示名义利率,p 表示价格指数,那么名义利率与实际利率之间的关系可以简化为 $r=i-p$。名义利率越大,周期越短,实际利率与名义利率的差值就越大。

20. 国民储蓄(储蓄)是国民可支配总收入减去最终消费支出后的差额。它衡量一个国家在不举借外债的情况下可用于投资的最大资金量。国民储蓄包括政府储蓄、企业储蓄和居民储蓄三个部分,其中,在国外的统计文献中一般把企业储蓄和居民储蓄之和称作私人储蓄。

21. 私人储蓄是社会公众或居民将个人可支配收入扣去消费以后余下的部分。它由居民储蓄和企业储蓄两部分构成。

22. 公共储蓄也称政府储蓄,是财政收入与财政支出的差额。若财政收入大于财政支出,则称财政盈余,为正储蓄;如果财政收入小于财政支出,则称财政赤字,为负储蓄。

23. 可贷资金是可贷给资金需求者的资金。它的供给主要来自储蓄,需求来自投资。可贷资金的供给和需求决定了均衡利率。

24. 挤出是指政府购买增加引起利率上升,从而使私人消费或投资减少。挤出效应作用的机制是:(1)政府支出增加,商品市场上竞争加剧,价格上涨,实际货币供应量减少,因而用于投机目的的货币量减少;(2)用于投机目的的货币量减少,引起债券价格下降、利率上升,结果使投资减少。由于存在着货币幻觉,因而在短期内将会增加产量;但在长期内,如果经济已经处于充分就业状态,那么增加政府支出只能挤占私人支出。货币主义者认为,当政府增加支出而没有增加货币供给时,实际上是用政府支出代替私人支出,总需求不变,生产也不会增长。因此,货币主义者认为财政政策不能刺激经济增长。

二、复习题

1. 什么决定了一个经济生产的产出量?

【重要级别】3　　　　　　　　【难度级别】1

【考查要点】产品与服务的供给

【参考答案】生产要素的多少和生产技术的高低决定了经济的产出量。生产要素是用于生产物品和劳务的投入,两种最重要的生产要素是资本和劳动。生产技术决定了在既定的资本和劳动条件下经济的产出量。生产要素的增加和生产技术的进步都可导致产出的增加。

2. 解释一个竞争性的、利润最大化的企业如何决定每种生产要素的需求量?

【重要级别】3　　　　　　　　【难度级别】1

【考查要点】新古典分配理论/劳动需求和资本需求的决定

【参考答案】竞争性的、以利润最大化为目标的厂商将雇佣劳动,直到劳动边际产量等于实际工资,厂商将使用资本直到资本的边际产量等于资本的实际租赁价格。作为竞争的、追求利润最大化的企业,它决定每种要素的需求量,在于这种要素能为它带来多大的利润。当一个厂商决定使用多少生产要素时,它考虑的是这种决定是如何影响其利润的。例如,雇佣额外以单位劳动增加产出因而也提高了收入。这时,厂商会比较额外的收入和雇佣工人额外的成本。厂商的额外收入取决于劳动的边际产量(MPL)和所生产的物品的价格(P)。一单位额外劳动生产了 MPL 单位的额外产出,以单价 P 出售。因此,厂商的额外收入就是 $P \times MPL$。而雇佣额外一单位劳动的成本是工资 W。这样,雇佣决策对利润有如下影响:Δ 利润 $= \Delta$ 收入 $- \Delta$ 成本 $= (P \times MPL) - W$。

如果额外收入 $P \times MPL$ 大于雇佣成本 W,那么利润就会增加,厂商将继续雇佣劳动,直到 MPL 的下降使 Δ 利润为零;如果 $P \times MPL = W$,则 Δ 利润为 0,也可以写成 $MPL = W/P$。

3. 在收入分配中规模报酬不变的作用是什么?

【重要级别】3　　　　　　　　【难度级别】2

【考查要点】新古典分配理论/国民收入的划分

【参考答案】在收入分配中,规模报酬不变意味着投入要素增加 n 倍,产出也增加 n 倍。如果生产函数规模报酬不变,那么经济中竞争性的追求利润最大化的厂商的总收入(或总产出)在劳动和资本之间分配,即 $MPL \times L$ 和 $MPK \times K$。也就是说,在规模报酬不变的情况下,经济利润为零,经济中的收入在生产要素中得到完全分配。

4. 写出资本回报是总收入的 1/4 的柯布-道格拉斯生产函数。

【重要级别】3　　　　　　　　【难度级别】2

【考查要点】柯布-道格拉斯生产函数

【参考答案】在柯布-道格拉斯生产函数中,产出中劳动的份额为 $1-\alpha$,资本的份额为

α，资本收益是总收入的 1/4，意味着 $\alpha=1/4$，则生产函数为 $Y=AK^{1/4}L^{3/4}$，其中 A 为任意大于零的常数。

5. 什么决定了消费和投资?

【重要级别】3　　　　　　　　　　　【难度级别】2

【考查要点】产品与服务的需求/需求的决定因素

【参考答案】消费取决于国民收入、可支配收入。决定投资的因素有实际利率。

6. 解释政府购买和转移支付之间的差别。每种情况举出两个例子。

【重要级别】2　　　　　　　　　　　【难度级别】1

【考查要点】产品与服务的需求/需求的决定因素

【参考答案】政府购买是政府直接采购的物品和劳务，如政府购买导弹、修建公路、提供空中管制的服务，这些都计入 GDP；转移支付是政府对个人的支付，是再分配已有的收入，并没有物品和劳务的交换，不在 GDP 中计算，如政府对老年人的社会保障支付、事业保险和军人福利。

7. 什么使经济中产品与服务的需求与供给相等?

【重要级别】2　　　　　　　　　　　【难度级别】1

【考查要点】产品与服务供求的均衡

【参考答案】实际利率的变动使经济中的物品和劳务的需求与供给相等。消费、投资和政府购买决定了经济产出的需求，而生产要素和生产函数决定产出的供给。实际利率的调整确保了经济中的需求等于供给。在均衡利率下，物品和劳务的需求等于供给。在经济学中，把企业的非意愿存货视为企业的投资，而投资是由实际利率来进行调节的。因此，经济系统的供给与需求之间的平衡是由实际利率的变动来实现的。

8. 解释当政府增加税收时，消费、投资和利率会发生什么变动。

【重要级别】2　　　　　　　　　　　【难度级别】1

【考查要点】模型的动态学/财政政策的影响

【参考答案】政府增加税收，可支配收入降低，因而消费随之下降。消费减少的数量等于税收增量乘以边际消费倾向（MPC）。边际消费倾向越高，增税对消费的副作用越大。而产出因为生产要素和生产技术固定不变，政府购买也不变，消费的减少由投资的增加来抵消。而投资要增加，实际利率必须下降。因此，增税导致消费减少、投资增加和实际利率降低。

三、问题与应用

1. 用新古典分配理论预期下列每个事件对实际工资和资本实际租赁价格的影响：

　　a. 移民潮增加了劳动力。

　　b. 地震摧毁了部分资本存量。

　　c. 技术进步改善了生产函数。

d. 高通货膨胀令经济中所有要素和产出的价格翻倍。

【重要级别】2　　　　　　　　　【难度级别】1

【考查要点】新古典分配理论

【参考答案】$MPL = A(1-\alpha)(K/L)^{\alpha} = w$

$MPK = A\alpha(L/K)^{1-\alpha} = R/P$

a. 移民潮增加了劳动力供给,根据新古典分配理论,实际工资等于劳动边际产量。由于劳动的边际报酬递减,劳动力的增加,引起 MPL 下降,实际工资下降。这就使实际工资降低,实际租赁价格上升。

b. 地震摧毁了部分资本存量(并奇迹般地没有出现人员伤亡,劳动力不变),资本的边际产量上升,实际租赁价格上升,实际工资上升。

c. 技术进步改善了生产函数,提高资本和劳动的边际产量,实际工资和实际租赁价格都上升。因为技术进步意味着同样多的劳动和资本将生产更多的产品。

d. 当名义工资 W、名义资本租赁价格 R 和物价 P 都变为原来的两倍时,根据实际工资和资本实际租赁价格的计算公式,可知此时实际工资和资本实际租赁价格都保持不变。

【科兴点评】注意实际工资的定义,与名义工资的差别以及影响因素。

2. 假定中世纪欧洲的生产函数是 $Y = K^{0.5}L^{0.5}$,其中 K 是土地数量,L 是劳动数量。该经济一开始有 100 单位土地和 100 单位劳动。用计算器和本章的方程求出以下每个问题的答案:

a. 该经济生产多少产出?

b. 工资和土地的租赁价格是多少?

c. 劳动收到的产出份额是多少?

d. 如果有一半的人口因为一场瘟疫而病死了,那么新的产出水平是多少?

e. 新的工资和土地租赁价格是多少?

f. 劳动现在收到的产出份额是多少?

【重要级别】4　　　　　　　　　【难度级别】4

【考查要点】新古典分配理论;柯布-道格拉斯生产函数

【参考答案】a. $Y = K^{0.5}L^{0.5}$,$K=100$,$L=100$,得 $Y = 100^{0.5}100^{0.5} = 100$,即该经济生产产出为 100。

b. $W = MPL$,$R = MPK$(W 表示工人的实际工资,R 表示实际土地租赁价格),有 $W = 0.5$,$R = 0.5$。

c. 劳动收到的总产出为 $LMPL = 50$,劳动收到的产出份额 = 劳动收到的产出/总产出 $= LMPL/Y = 0.5$。

d. 如果有一半的人因为瘟疫而病死了,则 $L^* = 50$,$Y^* = 50\sqrt{2}$,即新的产出水平为 $50\sqrt{2}$。

e. $W = MPL$,$R = MPK$(W 表示工人的实际工资,R 表示实际土地租赁价格),则有

$W^* = 0.5\sqrt{2}$，$R^* = 0.5\sqrt{2}$。

f. 根据劳动收到的产出份额等于 α，得出劳动现在收到的产出份额仍是 50%。

【科兴点评】柯布-道格拉斯生产函数是一个重要的生产函数，且具有很多特殊的优良性质，读者需要好好掌握。本题考查了实际工资、实际租赁价格等，读者需要理解其概念并能从生产函数中推导。

3. 如果资本和劳动各增加 10% 而引起的产出增加少于 10%，我们说生产函数表现出规模报酬递减(decreasing returns to scale)的性质。如果资本和劳动各增加 10% 而引起的产出增加多于 10%，我们说生产函数表现出规模报酬递增(increasing returns to scale)的性质。为什么生产函数可能表现出规模报酬递减或递增呢？

【重要级别】2　　　　　　　【难度级别】1

【考查要点】产品与服务的供给/生产要素和生产函数

【参考答案】(1) 如果以相同的百分比增加生产要素投入而产出的增加少于这个百分比，生产函数就表现为规模递减。如果在生产函数中含有像土地这样一个固定要素，而这种要素随着经济体的膨胀变得更加稀缺了，这种情况就会发生。

(2) 如果以相同的百分比增加要素投入而产出的增加大于这个百分比，该生产函数就表现为规模报酬递增。比如，双倍的资本和劳动投入创造出多于双倍的产出，那么生产函数就表现为规模报酬递增。这在劳动的专业化水平大于人口增长时是可能出现的。比如，一个工人制造汽车，他必须花很长的时间，因为他需要学习很多的技能，经常改变工作任务和工具，这一切都是相当慢的。但是如果许多人一起制造汽车，每个人都能专注于一项特定的任务就变得很快。

4. 假设某经济的生产函数是参数 $\alpha = 0.3$ 的柯布-道格拉斯生产函数。

a. 资本和劳动得到的收入比例是多少？

b. 假定移民使劳动力增加了 10%。总产出会发生什么变化（用百分比表示）？资本的租赁价格呢？实际工资呢？

c. 假定来自国外的资本捐赠使资本存量增加了 10%。总产出会发生什么变化（用百分比表示）？资本的租赁价格呢？实际工资呢？

d. 假设技术进步使参数 A 的值提高了 10%。总产出会发生什么变化（用百分比表示）？资本的租赁价格呢？实际工资呢？

【重要级别】4　　　　　　　【难度级别】4

【考查要点】新古典分配理论；柯布-道格拉斯生产函数

【参考答案】a. 柯布-道格拉斯生产函数：$Y = AK^\alpha L^{1-\alpha}$，求导得出该生产函数的边际产量为：

$$MPL = A(1-\alpha)(K/L)^\alpha$$
$$MPK = A\alpha(L/K)^{1-\alpha}$$

利润最大化的厂商雇佣劳动,直到劳动边际产量等于实际工资,租赁资本直到资本的边际产量等于实际租赁价格。利用这个和柯布-道格拉斯生产函数的边际产量,我们有:

$$W/P = MPL = (1-\alpha)Y/L$$
$$R/P = MPK = \alpha Y/K$$

从而有:

$$(W/P)L = MPL \times L = (1-\alpha)Y$$
$$(R/P)K = MPK \times K = \alpha Y$$

注意,$(W/P)L$ 和 $(R/P)K$ 分别是工资和资本报酬。给定 $\alpha=0.3$,可知劳动获得 70% 的总产出(即 $1-0.3$),资本获得 30% 的总产出。

可以看出,柯布-道格拉斯生产函数中的参数 α 的经济含义为收入在两种生产要素中的分配比率。

b. (1) 柯布-道格拉斯生产函数:$Y=AK^\alpha L^{1-\alpha}$,令 Y_1 为最初产出,Y_2 为最后产出,$\alpha=0.3$,劳动力增加 10%:

$$Y_1 = AK^{0.3}L^{0.7}$$
$$Y_2 = AK^{0.3}[(1+10\%)L]^{0.7}$$

用 Y_2 除以 Y_1:

$$Y_2/Y_1 = \frac{AK^{0.3}(1.1L)^{0.7}}{AK^{0.3}L^{0.7}} = 1.1^{0.7} = 1.069$$

即产出增加 6.9%。为了计算劳动力增加如何影响资本的租赁价格,考虑关于实际资本租赁价格 (R/P) 的方程式:

$$R/P = MPK = \alpha AK^{\alpha-1}L^{1-\alpha}$$

$\alpha=0.3$,劳动力 L 增加 10%,令 $(R/P)_1$ 等于资本租赁价格的最初值,$(R/P)_2$ 等于劳动力增加 10% 后的资本租赁价格。为了计算 $(R/P)_2$,用 $1.1L$ 表示劳动力增加 10%。

$$(R/P)_1 = 0.3\,AK^{-0.7}L^{0.7}$$
$$(R/P)_2 = 0.3\,AK^{-0.7}(1.1L)^{0.7}$$

租赁价格增加的百分比为 $(R/P)_2/(R/P)_1 = 1.069$,因此,租赁价格上升了 6.9%。

(2) 计算劳动力增加如何影响实际工资,考虑下列方程:

$$W/P = MPL = (1-\alpha)AK^\alpha L^{-\alpha}$$

$\alpha=0.3$,L 增加 10%,$(W/P)_1$ 和 $(W/P)_2$ 分别表示原来实际工资和 L 增加后的实际工资。

$$(W/P)_1 = (1-0.3)AK^{0.3}L^{-0.3}$$
$$(W/P)_2 = (1-0.3)AK^{0.3}(1.1L)^{-0.3}$$

用 $(W/P)_2$ 除以 $(W/P)_1$，可得：

$$\frac{(W/P)_2}{(W/P)_1} = \frac{(1-0.3)AK^{0.3}(1.1L)^{-0.3}}{(1-0.3)AK^{0.3}L^{-0.3}} = 1.1^{-0.3} = 0.972$$

所以实际工资下降了 2.8%。

c. 利用与 b 中相同的步骤，得出当资本存量增加 10% 时，总产出会增加 2.9%，资本的租赁价格下降 6.5%，实际工资增加 2.9%。计算如下：

首先，设：

$$Y_1 = AK^{0.3}L^{0.7}$$
$$Y_2 = A(1.1K)^{0.3}L^{0.7}$$

因此有：

$$\frac{Y_2}{Y_1} = \frac{A(1.1K)^{0.3}L^{0.7}}{AK^{0.3}L^{0.7}} = (1.1)^{0.3} = 1.029$$

该方程表明产出增长 2.9%。如果 $\alpha = 0.5$，则意味着资本和劳动增加相同的比例，但资本增加引起产出的增长幅度小于劳动增加引起产出的增长幅度。

同样，用相同的思路计算资本实际租赁价格的变化：

$$\frac{(R/P)_2}{(R/P)_1} = \frac{0.3A(1.1K)^{-0.7}L^{0.7}}{0.3AK^{-0.7}L^{0.7}} = 1.1^{-0.7} = 0.935$$

由此可见，由于资本边际报酬递减，资本实际租赁价格下降了 6.5%，也就是说，当资本增加时，其边际产量下降。

最后，实际工资变化为：

$$\frac{(W/P)_2}{(W/P)_1} = \frac{0.7A(1.1K)^{0.3}L^{0.3}}{0.7AK^{0.3}L^{0.3}} = 1.1^{0.3} = 1.029$$

因此，实际工资上升了 2.9%，因为资本的增加提高了现有工人的边际劳动率。（注意，工资和产出都增加了相同的数值，劳动的份额不变。这是柯布-道格拉斯技术参数的特征。）

d. 利用同样的公式，产出的变化是：

$$\frac{Y_2}{Y_1} = \frac{(1.1A)K^{0.3}L^{0.7}}{AK^{0.3}L^{0.7}} = 1.1$$

该式表明产出增长 10%，同样：

$$\frac{(R/P)_2}{(R/P)_1} = \frac{0.3(1.1A)K^{-0.7}L^{0.7}}{0.3AK^{-0.7}L^{0.7}} = 1.1$$

$$\frac{(W/P)_2}{(W/P)_1} = \frac{0.7(1.1A)K^{0.3}L^{-0.3}}{0.7AK^{0.3}L^{-0.3}} = 1.1$$

因此,资本的租赁价格和实际工资也提高10%。

【科兴点评】柯布-道格拉斯生产函数是一个重要的生产函数,且具有很多特殊的优良性质,读者需要好好掌握。本题考查了实际工资、实际租赁价格等,读者需要理解其概念,并能够从生产函数中推导。

5. 图3.5(见教材)显示,在美国的数据中,劳动收入在总收入中所占比例随着时间的推移大体保持不变。表3.1(见教材)显示实际工资的趋势和劳动生产率的趋势几乎同步。这些事实是如何联系的?如果第二个事实不是真实的,第一个事实可能是真实的吗?利用劳动份额的数学表达式对你的答案做出解释。

【重要级别】3　　　　　　　　【难度级别】3

【考查要点】新古典分配理论

【参考答案】第一个事实中,劳动收入为$(W/P)L$占总收入Y的比例是保持不变的。用代数式表示即$(W/P)L = \alpha Y$,α为一个相对固定的实数。将其变形为$W/P = \alpha Y/L$,即第二个事实,实际工资为等式左边,劳动生产率为等式右边。实际工资的变化与劳动生产率(Y/L)的变化是一致的。

如果第二个事实不是真实的,比如,实际工资增大,而劳动生产率仍然保持原来的比例。劳动生产率保持原来的比例意味着劳动数量和总收入都保持不变或者同步变化,那么对于第一个事实$(W/P)L$与Y的比值不可能为一个固定值,即第二个事实不真实,那么第一个也不会真实。

6. 根据新古典分配理论,一个工人的实际工资反映了她的生产率。让我们用这一见解考察两组工人的收入:农民和理发师。用W_f和W_b表示农民和理发师的名义工资P_f和P_b表示食物和理发的价格,A_f和A_b表示农民和理发师的边际生产率。

a. 对于这6个变量中的每一个,尽可能精确地说出用来衡量它们的单位。(提示:每个答案的形式为"X/单位Y"。)

b. 在过去一个世纪中,由于技术进步,农民的生产率A_f大幅度提高。根据新古典分配理论,农民的实际工资W_f/P_f应该发生了什么变动?这一实际工资是用什么单位来衡量的?

c. 在同一时期中(过去的一个世纪),理发师的生产率A_b没有改变。理发师的实际工资W_b/P_b应该发生了什么变动?这一实际工资是用什么单位来衡量的?

d. 假设在长期工人可以在当农民和当理发师之间自由流动。这种流动性对农民和理发师的工资W_f和W_b意味着什么呢?

e. 你前面的回答对理发和食物的相对价格P_b/P_f意味着什么呢?

f. 假定理发师和农民消费相同的产品和服务篮子。谁从农业技术进步中受益——是农民还是理发师? 解释你的答案与 b 和 c 两小问中实际工资的结果有多一致。

【重要级别】3　　　　　　　　　【难度级别】2

【考查要点】新古典分配理论

【参考答案】根据新古典分配理论：

$$MPL = A(1-\alpha)(K/L)^{\alpha} = w$$
$$MPK = A\alpha(L/K)^{1-\alpha} = R/P$$

a. W_f 和 W_b 表示农民和理发师的名义工资，单位分别为元/单位粮食，元/单位理发；P_f 和 P_b 表示食物和理发的价格，单位分别为元/单位粮食，元/单位理发；A_f 和 A_h 表示农民和理发师的边际生产率，单位分别为粮食/单位劳动，理发/单位劳动。

b. 根据新古典分配理论，农民的边际生产率 A_f 提高导致农民的实际工资提高。农民的实际工资是用农产品来衡量的。如果名义工资以美元计算，则实际工资为 W/P_F，P_F 以美元计量的农产品价格。

c. 理发师的生产率没有改变，所以他们的实际工资不变。理发师的实际工资是用理发师实际提供的理发服务多少来衡量的。如果名义工资以美元计算，则实际工资为 W/P_H，P_H 是以美元计量的理发价格。

d. 如果工人可以在当农民和当理发师之间自由流动，那么他们将会在每个部门得到相同的工资。

e. 如果两个部门的名义工资均为 W，但是以农产品计量的实际工资大于以理发计量的实际工资，那么理发和食物的相对价格 P_b/P_f 必定已经上升。

f. 综合以上各点，技术进步首先将使农民受益，但如果市场是完善的，农民与理发师之间可以自由流动，则理发师也将从技术进步中受益。因此，最终的结果必然是两个行业的实际工资相等，农民和理发师均获益。

【科兴点评】研究有关国民收入如何在生产要素之间进行分配的现代理论，被称为新古典分配理论。在新古典分配理论中，要素物价等于生产要素的边际产量。

7. (本题要求运用微积分) 考虑有三种投入的柯布-道格拉斯生产函数。K 是资本(机器数量)，L 是劳动(工人人数)，H 是人力资本(工人中具有大学学位的人数)。生产函数是: $Y = K^{1/3}L^{1/3}H^{1/3}$。

a. 推导出劳动的边际产量的表达式。人力资本量的增加怎样影响劳动的边际产量?

b. 推导出人力资本的边际产量的表达式。人力资本量的增加怎样影响人力资本的边际产量?

c. 支付给劳动的收入份额是多少? 支付给人力资本的收入份额是多少? 在这个经济的国民收入核算中，你认为工人会得到多大份额的总收入? (提示：考虑人力资本的回报体现在哪里。)

d. 一个非技能型工人的报酬等于劳动的边际产量,而一个技能型工人的报酬等于劳动的边际产量加上人力资本的边际产量。运用你得到的 a 与 b 小问的答案,找出技能型工人与非技能型工人工资的比率。人力资本量增加如何影响这个比率?请做出解释。

e. 一些人认为,政府提供的大学奖学金是一种创造一个更加平等的社会的途径。另一些人则认为,大学奖学金只能帮助那些能上大学的人。你对前面问题的回答能够解释这一争论吗?

【重要级别】3　　　　　　　　　【难度级别】4

【考查要点】新古典分配理论;柯布-道格拉斯生产函数

【参考答案】a. 求导,得劳动边际产量 $MPL = \frac{1}{3}K^{1/3}H^{1/3}L^{-2/3}$。

即人力资本的增加,导致了劳动边际产量升高,现有工人劳动生产率上升。

b. 同理,人力资本边际产量 $MPH = \frac{1}{3}K^{1/3}L^{1/3}H^{-2/3}$,由于人力资本边际报酬递减,人力资本的增加,导致 MPH 下降。

c. 产出支付给劳动的总数额就是实际工资(在完全竞争条件下为劳动边际产量)和劳动数量的乘积。该乘积除以产出总数额就是劳动份额:

$$劳动份额 = \frac{\left(\frac{1}{3}K^{1/3}H^{1/3}L^{-2/3}\right)L}{K^{1/3}H^{1/3}L^{1/3}} = \frac{1}{3}$$

用同样的方法计算人力资本份额:

$$人力资本份额 = \frac{\left(\frac{1}{3}K^{1/3}L^{1/3}H^{-2/3}\right)H}{K^{1/3}H^{1/3}L^{1/3}} = \frac{1}{3}$$

因此,劳动占有产出的 1/3 份额,人力资本占有 1/3 的份额,由于人力资本归工人自己拥有,所以劳动得到 2/3 的产出份额。

d. 因此,技能型工人的工资和非技能型工人的工资之比是:

$$\frac{W_{技能型}}{W_{非技能型}} = \frac{MPL + MPH}{MPL}$$

$$= \frac{\frac{1}{3}K^{1/3}L^{-2/3}H^{1/3} + \frac{1}{3}K^{1/3}L^{1/3}H^{-2/3}}{\frac{1}{3}K^{1/3}L^{-2/3}H^{1/3}}$$

$$= 1 + \frac{L}{H}$$

注意,该比例总是大于 1,技能型工人的工资比非技能型工人的工资高。另外,当 H

增加时,该比例下降,因为人力资本的边际报酬递减,同时提高了非技能型工人的边际产量。

e. 如果更多的大学提供奖学金,这将提高人力资本 H,有利于创造一个更加平等的社会。该政策提高了非熟练工人的绝对工资,因为当熟练工人数量增加时,劳动的边际产量也会增加,人力资本的边际产量会减少。同时,该政策降低了教育回报,缩小了受教育程度较高和较低的工人之间的工资差距。

【科兴点评】题目难度不是很大,重要的是读者做题时能够理解其中的概念,如劳动的边际产量,然后通过生产函数和已知条件计算就可以了。

8. 政府增加税收 1 000 亿美元。如果边际消费倾向是 0.6,以下各项会发生什么变化? 它们会增加还是会减少? 增加或减少的数量是多少?

a. 公共储蓄。

b. 私人储蓄。

c. 国民储蓄。

d. 投资。

【重要级别】3   【难度级别】3

【考查要点】产品与服务的需求

【参考答案】a. 政府增加税收 1 000 亿美元对公共储蓄、私人储蓄和国民储蓄的影响可用下式分析:

$$国民储蓄=私人储蓄+公共储蓄$$
$$=[Y-T-C(Y-T)]+(T-G)$$
$$=Y-C(Y-T)-G$$

加税导致公共储蓄等量增加。税收增加 1 000 亿美元,公共储蓄也增加 1 000 亿美元。

b. 加税使可支配收入减少了 1 000 亿美元。由于边际消费倾向 MPC 是 0.6,消费降低了[0.6×1 000=]600 亿美元,因此:

$$\Delta 私人储蓄=-1\,000-0.6\times(-1\,000)=-400(亿美元)$$

所以私人储蓄下降了 400 亿美元。

c. 因为国民储蓄是私人储蓄和公共储蓄之和,所以 1 000 亿美元的加税导致国民储蓄上升了 600 亿美元。

d. 为了分析加税对投资的影响,我们利用国民收入核算恒等式:

$$Y=C(Y-T)+I(r)+G$$

变形为:

$$Y-C(Y-T)-G=I(r)$$

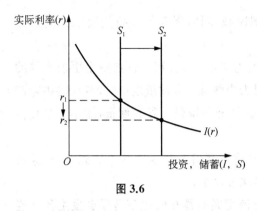

图 3.6

方程的左边是国民储蓄,该方程揭示了国民储蓄等于投资。既然国民储蓄增加600亿美元,投资也增加600亿美元。投资增加是怎样发生的呢?我们知道投资取决于实际利率,投资增加,实际利率必须下降。该函数关系如图3.6所示。

加税使国民储蓄上升,所以可贷资金供给曲线向右移动,均衡的实际利率下降,投资增加。

【科兴点评】读者要区分这几个概念,并能够计算。边际消费倾向在计算时是个重要的变量。

9. 假设消费者信心的提高增加了消费者对未来收入的预期,从而增加了他们现在希望消费的数量。这可以解释为消费函数向上移动。这种移动如何影响投资和利率?

【重要级别】3　　　　　　　　【难度级别】2

【考查要点】模型的动态学/边际消费倾向的变动

【参考答案】消费函数使利率上升,投资减少。

国民储蓄＝私人储蓄＋公共储蓄＝$[Y-T-C(Y-T)]+(T-G)$,如果消费者提高当前消费,私人储蓄从而国民储蓄部分下降。

消费增加降低了私人储蓄,从而国民储蓄也下降,图3.7描述了实际利率和储蓄与投资的函数关系。可贷资金供给曲线向左移动,实际利率提高,投资减少。

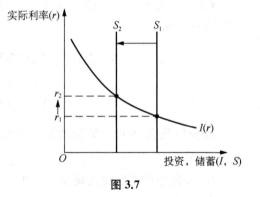

图 3.7

【科兴点评】做这类题目的时候首先要理清各个变量要素之间的关系,然后借助于图形分析即可。

10. 考虑由下列方程描述的一个经济:

$$Y=C+I+G$$
$$Y=8\,000$$
$$G=2\,500$$
$$T=2\,000$$
$$C=100+2/3(Y-T)$$
$$I=1\,200-100r$$

a. 在这一经济中,计算私人储蓄、公共储蓄和国民储蓄。

b. 找出均衡利率。

c. 现在假设 G 减少了 **500**,计算私人储蓄、公共储蓄和国民储蓄。

d. 找出新的均衡利率。

【重要级别】3　　　　　　　　【难度级别】3

【考查要点】产品与服务供求的均衡

【参考答案】a. 私人储蓄为:$S_{私人}=Y-T-C=8\,000-2\,000-[1\,000+2/3\times(8\,000-2\,000)]=1\,000$

公共储蓄为:$S_{公共}=T-G=2\,000-2\,500=-500$

国民储蓄=私人储蓄+公共储蓄,即 $S=S_{私人}+S_{公共}=1\,000-500=500$

b. 均衡利率是可贷资金市场出清时 r 的值。因为国民储蓄是500,所以令储蓄等于投资,即:

$$S=I$$
$$500=1\,200-100r$$
$$r=7$$

即均衡利率为7%。

c. 当政府购买(G)增加而私人储蓄保持不变时(G 不出现在私人储蓄中),政府储蓄(公共储蓄)下降,把新的 G 代入上述方程:

$$S_{私人}=1\,000$$
$$S_{公共}=T-G=2\,000-2\,000=0$$

因为 $S=S_{私人}+S_{公共}=1\,000+0=1\,000$,国民储蓄为 $1\,000$。

d. 均衡利率再次使可贷资金市场出清,根据均衡等式 $S=I$:

$$1\,000=1\,200-100r$$
$$r=2$$

即新的均衡利率为2%。

【科兴点评】读者要理解公共储蓄、私人储蓄、国民储蓄以及分析当储蓄随利率或其他因素变化时储蓄的组成结构的变化。

11. 假设政府等量地增加税收和政府购买。作为对这种保持预算平衡的变动的反应,利率和投资会发生什么变动?解释你的答案会如何取决于边际消费倾向。

【重要级别】4　　　　　　　　【难度级别】3

【考查要点】模型的动态学/财政政策的影响

【参考答案】国民储蓄的核算等式:

$$\text{国民储蓄}=\text{私人储蓄}+\text{公共储蓄}$$
$$=[Y-T-C(Y-T)]+(T-G)$$

其中，Y 是由生产要素所确定。消费的变化等于边际消费倾向（MPC）和可支配收入的变化之积，所以当政府等量增加税收和政府购买时，即 $\Delta T = \Delta G$：

$$\Delta 国民储蓄 = [-MPC \times (-\Delta T) - \Delta T] + (\Delta T - \Delta G)$$
$$= [-\Delta T + MPC \times \Delta T] + 0$$
$$= (MPC - 1) \times \Delta T$$

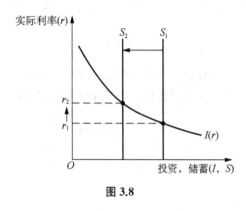

图 3.8

可以看出，答案取决于边际消费倾向。即 T 和 G 的等量增加对储蓄的影响取决于边际消费倾向的大小。MPC 越接近 1，储蓄下降越小。比如，若 MPC = 1，那么消费的减少等于政府购买的增加，所以国民储蓄不变。MPC 越接近 0，对储蓄的影响越大。因为我们假设 MPC 小于 1，所以国民储蓄随 T 和 G 的等量增加而下降。

储蓄的减少意味着可贷资金供给曲线向左移动（如图 3.8 所示），实际利率上升，投资下降。

【科兴点评】边际消费倾向会在税收变化时影响消费者的消费支出，从而对私人储蓄产生影响，改变国民储蓄，影响国民收入的均衡。详细的财政政策与乘数知识见第 10 章。

12. 当政府通过投资税收抵免这类政策以补贴投资时，这种补贴常常只适用于某些类型的投资。本题请你考虑这种变动的效应。假定经济中有两种类型的投资：企业投资和住房投资。利率调整使得国民储蓄和总投资（企业投资和住房投资之和）达到平衡。现在假定政府只对企业投资实行税收抵免。

a. 这一政策如何影响企业投资的需求曲线？如何影响住房投资的需求曲线？

b. 画出经济中可贷资金的供给与需求曲线。该政策如何影响可贷资金的供给和需求？均衡利率会发生什么变动？

c. 比较原来的均衡与新均衡。这种政策如何影响总投资量？如何影响企业投资量？如何影响住房投资量？

【重要级别】3　　　　　【难度级别】4

【考查要点】模型的动态学

【参考答案】a. 当政府用投资税收抵免这类政策以补贴投资时，企业投资需求曲线会向右移动，而不影响住房投资需求曲线。企业投资需求曲线外移，因为在任意给定的利率下，补贴增加了可获利投资机会的数量。住房投资需求曲线与投资税收抵免无关，因而保持不变。

b. 企业投资需求曲线会向右移动，使经济中总投资需求曲线外移，而住房投资不变，所以整个投资需求曲线外移，结果实际利率上升（见图 3.9）。

c. 政府用投资税收抵免不会影响总投资量,但会使企业投资量增加,住房投资量减少,因为储蓄的供给完全无弹性,所以投资总量不变。投资税收抵免使企业投资上升,却被住房投资的减少所抵消,即更高的利率意味着住房投资的下降(沿着投资需求曲线移动)。然而,企业投资曲线的外移使得企业投资增加的数量和住房投资下降的数量正好相等,图 3.10 显示了这样的变化。

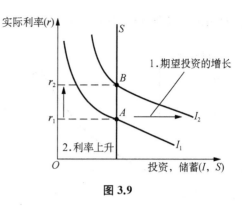

图 3.9

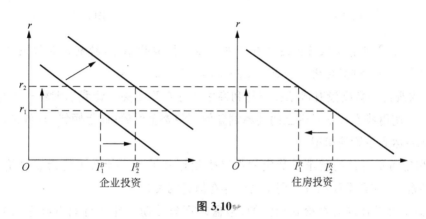

图 3.10

【科兴点评】在分析中读者要分清内在变量和外在变量,它们在不同的模型中是不一样的。税收政策对投资的影响是一种外在的影响,在图形中一般表现为曲线的平移。

13. 假定消费取决于利率,这会如何改变影响本章得到的关于政府购买的增加对投资、消费、国民储蓄和利率的影响的结论?(如果会改变的话)

【重要级别】4 　　　　　　　【难度级别】3

【考查要点】模型的动态学

【参考答案】政府支出的增加会减少国民储蓄,因而提高利率,投资被挤出,投资减少的数量和政府支出增加的数量相等。同样,减税提高了可支配收入,因而提高了消费,消费的增加转化为国民储蓄的减少,这也挤出了投资。

若消费取决于利率,那么储蓄也是如此。利率越高,储蓄越多。因此当利率升高时,储蓄增加、消费减少的假设是合理的。储蓄与利率存在正向相关关系,图 3.11 描述了利率和储蓄的函数关系。

当政府购买增加时,在任何给定的利率水平上,国民储蓄减少的数量正好等于政府购买增加的数量。如图 3.12,储蓄函数向上移动,投资下降,下降幅度小于政府购买的增加量,这是由于更高的利率引起了消费的下降和储蓄的增加。因此,消费对利率越敏感,政府购买对投资的挤出就越小。

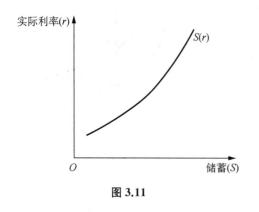

图 3.11

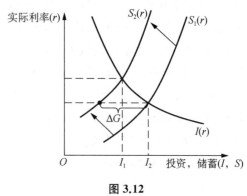

图 3.12

【科兴点评】读者要理解曼昆经济学中的各个模型的推导，特别是其假设的前提，这样才可以在条件或前提变化后能够灵活运用其中的分析思路。

14. 宏观经济数据没有显示投资与利率之间存在强相关。让我们考察一下为什么可能是这样。使用我们在本章建立的利率调整使可贷资金供给(向上倾斜)与可贷资金需求(向下倾斜)达到平衡的模型。

a. 假定可贷资金的需求是稳定的但其供给逐年波动。什么可能造成供给的波动？在这种情况下，你会发现投资与利率之间存在何种相关？

b. 假定可贷资金的供给是稳定的，但需求逐年波动。什么可能引起需求的这些变动？在这种情况下，你会发现投资与利率之间有何种相关？

c. 假定这个市场上的供给和需求都随时间波动。如果你要绘出一幅投资与利率的散点图，你将发现什么？

d. 对你来说，以上三种情况中哪一种在经验上最现实？为什么？

【重要级别】3　　　　　　　　【难度级别】3

【考查要点】产品与服务供求的均衡

【参考答案】a. 如图 3.13 所示，可贷资金的需求是稳定不变的，而其供给是逐年波动的，其图像会上下移动。供给波动的原因可能与国家的相关政策有关，如政府购买的变动较大，或者与人们的消费习惯相关。在这样的情况下，利率与投资存在负相关，即 r 越大，则 I 越小。

b. 如图 3.14 所示，由于可贷资金的供给是不变的，因而其图像是不变的，可贷资金的需求是逐年波动的，因而其图像会上下移动。其需求逐年变动的原因可能与技术进步相关，从而使得每年的投资不同。在这样的情况下，

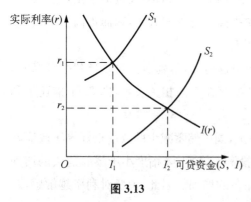

图 3.13

利率与投资存在正相关,即 r 越大,则 I 越大。

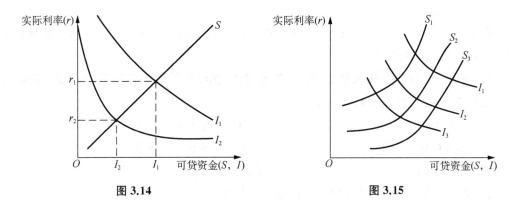

图 3.14　　　　　　　　　　　图 3.15

c. 如图 3.15 所示,如果可贷资金的供给与需求都是逐年波动的,则其图像都是上下移动的,从而其均衡点的位置是不固定的。在这种情况下,利率与投资没有非常明确的相关关系。

d. 在三种情况中,第三种在经验上最现实,因为可贷资金的供给与需求都是固定的,而且是随经济的各项事项发生变动的,从而使得利率与投资并没有直接的相关关系。

【科兴点评】读者要理解可贷资金供求的均衡条件,以及当各项条件发生变化时如何引起最后结果的改变。

【补充训练】

1. 在收入既定的古典模型中,如果产品和服务的需求小于供给,那么利率将(　　)。

A. 保持不变

B. 可能提高也可能降低,取决于消费和投资的大小

C. 降低

D. 提高

【重要级别】3　　　　　　　　　　【难度级别】2

【考查要点】产品与服务供求的均衡

【参考答案】C。此时产品市场的总需求小于总供给,只有降低利率、增加需求,才能维持产品市场的均衡,故选 C。

2. 如果异常自然灾害使经济的资本存量减少,但是没有对劳务产生任何伤害,那么实际工资将(　　)。

A. 上升　　　　　　　　　　　　B. 下降

C. 不变　　　　　　　　　　　　D. 上升或者下降

【重要级别】3　　　　　　　　　　【难度级别】2

【考查要点】新古典分配理论/劳动需求和资本需求的决定

【参考答案】B。实际工资等于劳动的边际产出，由于资本存量减少，因而劳动的边际产出将减少，实际工资将下降。

【科兴点评】读者可通过柯布-道格拉斯生产函数求边际产出的表达式后，分析资本的变化对实际工资的影响。

3. 政府一次性提高收入税1 000亿美元，新古典经济的调整使得产出不变。如果边际消费倾向$MPC=0.6$，则私人储蓄（　　）。

A. 降低400亿美元　　　　　　　　B. 提高400亿美元

C. 提高600亿美元　　　　　　　　D. 降低600亿美元

【重要级别】3　　　　　　　　　　【难度级别】2

【考查要点】产品与服务的需求/需求的决定因素

【参考答案】A。由边际消费倾向为0.6可以得到边际储蓄倾向为0.4，简单计算即得到答案。

4. 已知下列资料，国内生产总值为6 000亿元，总投资为800亿元，净投资为300亿元，消费为400亿元，政府购买为1 100亿元，政府预算盈余为300亿元，试计算：

(1) 国内生产净值；

(2) 净出口；

(3) 政府税收减去政府转移支付后的收入；

(4) 个人可支配收入；

(5) 个人储蓄。

【重要级别】3　　　　　　　　　　【难度级别】3

【考查要点】产品与服务的需求/需求的决定因素

【参考答案】(1) 根据定义，国内生产净值＝国内生产总值－资本折旧，其中，国内生产总值为6 000亿元，资本折旧＝总投资－净投资＝500亿元，因此，国内生产净值为5 500亿元。

(2) 根据国内生产总值核算的支出法有：国内生产总值＝消费＋投资＋政府购买＋净出口，其中，国内生产总值为6 000亿元，消费为400亿元，投资为800亿元，政府购买为1 100亿元，因此，净出口为3 700亿元。

(3) 政府税收减去政府转移支付后的收入＝政府购买＋政府预算盈余，其中，政府购买为1 100亿元，政府预算盈余为300亿元，因此，政府税收减去政府转移支付后的收入为1 400亿元。

(4) 个人可支配收入＝国内生产净值－政府税收＋政府转移支付＝国内生产净值－（政府税收－政府转移支付），其中，国内生产净值为5 500亿元，政府税收－政府转移支付为1 400亿元，因此，个人可支配收入为4 100亿元。

(5) 个人储蓄＝个人可支配收入－消费，其中，个人可支配收入为4 100亿元，消费为400亿元，因此，个人储蓄为3 700亿元。

【科兴点评】读者需要对国民收入计算中的一些概念加以区分、理解和记忆,按照概念进行计算就可以了。

5. 一个经济体充分就业下产出为 7 000。政府购买(G)为 1 500。意愿消费 $C_d = 3\,000 - 2\,000r + 0.10Y$ 和意愿投资 $I_d = 2\,100 - 4\,000r$,其中,Y 为产出,r 为实际利率。

(1) 将 S_d 表示为 r 和 Y 的函数;

(2) 求均衡实际利率;

(3) 如果平均教育水平提高,导致未来资本的边际生产率提高,利用储蓄-投资曲线来解释均衡时的储蓄、投资和实际利率的变动。

【重要级别】3 　　　　　　　　【难度级别】3

【考查要点】产品与服务供求的均衡

【参考答案】(1) $S_d = Y - C_d - G = Y - (3\,000 - 2\,000r + 0.10Y) - 1\,500 = 0.9Y - 4\,500 + 2\,000r$

(2) 均衡条件为:$S_d = I_d$。当 $Y = 7\,000$ 时,

$$S_d = 0.9Y - 4\,500 + 2\,000r$$
$$= 6\,300 - 4\,500 + 2\,000r$$
$$= 1\,800 + 2\,000r$$

均衡时,$S_d = I_d$,意味着 $1\,800 + 2\,000r = 2\,100 - 4\,000r$,$r = 0.05$ 或者 5%。

(3) 如果资本未来的边际生产率提高,企业增加投资,因此,投资曲线向右移动,使得均衡的实际利率、意愿投资和意愿储蓄都增加。

【科兴点评】读者要能根据不同的条件计算国民均衡,并能够运用图形分析均衡的变化。

6. 假设某经济社会的消费函数 $C = 30 + 0.8Y_d$,税收 $T = 50$,投资 $I = 60$,政府购买 $G = 50$,净出口函数 $NX = 50 - 0.05Y$,试求:

(1) 均衡收入和净出口余额;

(2) 投资乘数;

(3) 投资从 60 增加到 70 时的均衡收入和净出口余额;

(4) 净出口函数从 $NX = 50 - 0.05Y$ 变为 $NX = 40 - 0.05Y$ 时的均衡收入和净出口余额;

(5) 变动国内自发支出 10 和变动自发性净出口 10 对净出口余额的影响,何者大一些?

【重要级别】3 　　　　　　　　【难度级别】3

【考查要点】产品与服务供求的均衡

【参考答案】(1) 可支配收入:$Y_d = Y - T = Y - 50$;消费函数为 $C = 30 + 0.8(Y - 50) = 30 + 0.8Y - 40 = -10 + 0.8Y$。

根据四部门收入支出模型有：$Y=C+I+G+NX$，把消费函数、投资、政府支出及净出口函数代入方程式可以得到：$Y=-10+0.8Y+60+50+50-0.05Y$，求解方程可以得到：$Y=600$。

把均衡收入代入净出口函数可以得到：净出口余额$(NX)=50-0.05\times 600=20$。

（2）投资乘数表示增加1个货币单位会引起收入增加多少。

投资乘数$k=1/(1-MPC)=1/(1-0.8)=5$。

（3）$Y=C+I+G+NX$，将消费函数、投资、政府支出及净出口函数代入方程式可以得到$Y=-10+0.8Y+70+50+50-0.05Y$，求解方程可以得到：$Y=640$。

把均衡收入代入净出口函数可以得到：净出口余额$(NX)=50-0.05\times 640=18$。

（4）$Y=C+I+G+NX$，将消费函数、投资、政府支出及净出口函数代入方程式可以得到：$Y=-10+0.8Y+60+50+40-0.05Y$，求解方程可以得到：$Y=560$。

把均衡收入代入净出口函数可以得到：净出口余额$(NX)=40-0.05\times 560=12$。

（5）变动国内自发支出10相当于增加国内投资10；变动自发性净出口10相当于净出口函数从$NX=50-0.05Y$变为$NX=40-0.05Y$。从第三问和第四问可得，后者对净出口余额影响会更大。

【科兴点评】题目不难，思路清晰便能轻松求解。关于乘数的更多知识可参见第11章。

4 货币系统：它是什么？如何起作用？

【学习精要】

一、学习重点

1. 货币的本质、职能、类型以及演变
2. 货币供给
3. 货币政策工具

二、知识脉络图

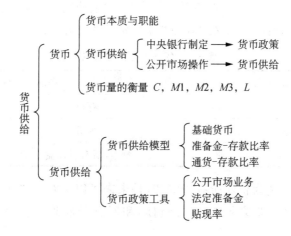

三、理论精要

▶ 知识点一　货币

（1）概念：货币是很容易用于交易的资产存量。

（2）货币的职能：价值储藏、计价单位、交换媒介。

（3）货币的类型：法定货币和商品货币。没有内在价值的货币称为法定货币，有某种内在价值的商品作为货币称为商品货币。

（4）货币的供给：指在一定时期内，社会上可以得到的货币量。影响货币供给的因素有中央银行的政策取向和公众行为。中央银行控制货币供给是通过运用货币政策工具实现的。

(5) 货币的衡量指标主要有5种,如表4.1所示。

表4.1 货币衡量指标

符号	包含的资产
C	通货
M1	通货加活期存款、旅行存款和其他支票存款
M2	M1加零星货币市场共同基金金额、储蓄存款(包括货币市场存款账户),以及小额定期存款
M3	M2加大额定期存款、回购协定、欧洲美元,以及只为机构服务的货币市场共同基金余额
L	M3加其他流动资产,如储蓄债券和短期财政部有价证券

研究货币对经济影响的最常用的衡量指标是$M1$、$M2$。

▶ **知识点二 银行资本、杠杆和资本要求**

银行资本是指商业银行自身拥有的或能永久支配、使用的资金,是银行从事经营活动必须注入的资金,银行的所有者必须有一些金融资源才能开业。

表4.2 银行的资产负债表

资产		负债和所有者权益	
准备金	200	存款	750
贷款	500	债券	200
证券	300	资本(所有者权益)	50

如表4.2所示,左边为企业所有的资产,是未来可以为企业带来一定经济利益的项目;右边为权益类项目,即债务者权益(负债)和所有者权益(资本)。要区分好资本和资产。

杠杆率是银行的总资产与银行的资本的比值,如表4.2的杠杆率=1 000/50=20。这意味着对银行所有者投入每一单位资本,银行拥有20单位的资产。

如果银行的资产发生减值,那么由于存款者和债券持有者有优先偿付的法律责任,必然会使银行所有者的资本减少。当其资产减值超过一定范围,那么最终银行可能资不抵债,面临破产。

银行监管者对银行施加限制使其必须持有足够的资本,这种资本要求的目标是保证银行能够偿付他们的存款者,保障存款者的权益。

▶ **知识点三 货币供给理论**

货币供给包括公众手中的通货C和家庭在银行中用于交易需求的存款D。即货币供给＝通货＋活期存款，$M=C+D$。

准备金是银行从储户手中得到但不能借贷的存款。百分之百准备金银行是所有存款都作为准备金持有。在这种制度下，银行只是接受存款，把货币放在准备金中，并把货币保留到存款者提取或根据余额开支票时为止。因此，在这种制度下，银行体系就不影响货币供给，货币供给完全是由中央银行控制的。

部分准备金银行是指银行只把它们的部分存款作为准备金制度，在这种制度下，银行将部分存款作为准备金，而将其余存款用于向企业或个人发放贷款或投资，若得到贷款的人再将贷款存入其他银行，从而使其他银行增加了发放贷款或投资的资金，这一过程持续下去，使得更多的货币被创造出来了。

百分之百准备金银行体系不影响货币供给，部分准备金银行体系可以创造货币。

部分准备金银行体系的货币创造乘数 $=1/rr$，rr 为准备金-存款比率，即对于1美元准备金通过部分准备金银行可创造 $(1/rr)$ 美元的货币供给，同理，减少1美元准备金通过部分准备金银行可减少 $(1/rr)$ 美元的货币供给。

货币供给模型有三个变量：

① 基础货币 B。公众以通货形式持有的货币 C 和银行以准备金持有的货币 R 的总量，即 $B=C+R$。

② 准备金-存款比率 rr。银行准备金在其持有存款中的比例，即 $rr=R/D$。

③ 通货-存款比率 cr。人们持有的通货量在活期存款持有量中的比例，即 $cr=C/D$。

于是，$M/B=(C+D)/(C+R)=(C/D+1)/(C/D+R/D)=(cr+1)/(cr+rr)$，那么：

$M=[(cr+1)/(cr+rr)]\times B$。

$M=(cr+1)/(cr+rr)$ 称为货币乘数，则 $M=m\times B$。

结论：① 货币供给与基础货币 B 是同比例的；

② 准备金-存款比率 rr 越低，货币乘数 m 越大，货币供给越多；

③ 通货-存款比率 cr 越低，货币乘数 $m=1+(1-rr)/(cr+rr)$ 越大，货币供给越多。

知识点四　货币政策工具

中央银行可以运用三种货币政策工具来影响货币供给：

① 公开市场业务。中央银行通过买卖政府债券，影响基础货币，进而影响货币供给。

② 法定准备金率。中央银行对最低准备金-存款的规定影响货币乘数，进而影响货币供给。

③ 贴现率。中央银行向银行贷款时收取的利率，影响基础货币和货币供给。

【习题解析】

一、关键概念

1. 货币：任何一种能执行交换媒介、价值尺度、延期支付标准和完全流动的财富储藏手段等功能的商品,都可看作货币。从商品中分离出来固定充当一般等价物的商品,就是货币。货币是商品交换发展到一定阶段的产物。货币的本质就是一般等价物。

2. 价值储藏手段是货币暂时离开流通领域,被人们作为地理的价值形态和社会财富的一般代表储存起来的职能。它是货币的一项重要职能。

3. 计价单位是指货币提供了可以表示物价和记录债务的单位的职能。货币具有表现商品价值、衡量商品价值量的功能作用。计价单位是货币首要的基本职能。

4. 交换媒介是指货币作为对商品和劳务交易进行支付的中介,是货币的一项重要职能。货币作为交换手段,把物物直接交换分割成买、卖两个环节,降低了物物直接交换的交易成本,极大地提高了交换的效率。

5. 法定货币是指不代表实质商品或货物,发行者也没有将货币兑现为实物的义务,只依靠政府的法令使其成为合法通货的货币。法定货币的价值来自拥有者相信货币将来能维持其购买力。货币本身并无内在价值(intrinsic value)。国家在法律上赋予强制流通能力的货币,当用它来偿还公、私债务时,债权人不得拒绝。简言之,法定货币即法律规定通用的货币。

6. 商品货币是把某种内在价值的商品作为货币,或说是从商品世界中分离出来、独占一般等价物地位、专门充当一般等价物的特殊商品。最普遍的商品货币的例子是黄金。

7. 金本位制就是以黄金为本位币的货币制度。在金本位制下,每单位的货币价值等同于若干重量的黄金(即货币含金量);当不同国家使用金本位时,国家之间的汇率由它们各自货币的含金量之比——铸币平价(mint parity)来决定。金本位制于19世纪中期开始盛行。在历史上,曾有过三种形式的金本位制:金币本位制、金块本位制、金汇兑本位制。其中金币本位制是最典型的形式,就狭义来说,金本位制即指该种货币制度。

8. 货币供给(money supply)是指某一国或货币区的银行系统向经济体中投入、创造、扩张(或收缩)货币的金融过程。货币供给是指一个国家在某一特定时点上由家庭和厂商持有的政府和银行系统以外的货币总和。影响货币供给的因素有中央银行的政策取向和公众行为。

9. 货币政策:狭义货币政策指中央银行为实现既定的经济目标(稳定物价、促进经济增长、实现充分就业和平衡国际收支)运用各种工具调节货币供给和利率,进而影响宏观经济的方针和措施的总和;广义货币政策指政府、中央银行和其他有关部门所有有关货币方面的规定和采取的影响金融变量的一切措施,包括金融体制改革,也就是规则的改变等。

10. 中央银行是居于一个国家金融体系中心地位的金融机构或组织,它控制全国货币供给,实施国家货币政策,统领一国金融机构体系,是"发行的银行""银行的银行"。

11. 联邦储备系统是美国的中央银行。主要职能是制定和执行货币政策,它的三大传统货币政策工具是公开市场操作、法定储备金率和再贴现率。

12. 公开市场操作是指中央银行通过买进或卖出有价证券吞吐基础货币、调节货币供应量的活动。与一般金融机构所从事的证券买卖不同,中央银行买卖证券的目的不是为了盈利,而是为了调节货币供应量。根据经济形势的发展,当中央银行认为需要收缩银根时,便卖出证券,相应地收回一部分基础货币,减少金融机构可用资金的数量;相反,当中央银行认为需要放松银根时,便买进证券,扩大基础货币供应,直接增加金融机构可用资金的数量。

13. 通货是指处于流通中的纸币、铸币、信用货币这些现实货币的通称。泛指在流通领域中充当流通手段或支付手段的纸币、硬币、支票、银行本票等,主要指国家发行的法定货币。如人民币是中国的通货,美元是美国的通货,英镑(欧元)是英国的通货等。通货能否保持稳定,取决于纸币发行的总量能否与流通中的货币实际需要量相适应。

14. 活期存款指无须任何事先通知,存款户即可随时提取和转让的一种银行存款,其形式有支票存款账户、保付支票、本票、旅行支票和信用证等。活期存款占一国货币供应的最大部分,也是商业银行的重要资金来源。鉴于活期存款不仅有货币支付手段和流通手段的职能,还具有较强的派生能力,商业银行在任何时候都必须把活期存款作为经营的重点。

15. 准备金是银行得到的但没有贷放出去的存款,为了应付客户提取存款和正常的贷款要求而准备的资金。它分为法定准备金和超额准备金。前者是法律规定商业银行必须将存款的一定比例交存中央银行所形成的准备金,而后者是超过法定准备金的那部分准备金。

16. 百分之百准备金银行制度是指银行将所有存款都作为准备金持有的制度。在这种制度下,银行只是接受存款,把货币放在准备金中,并把货币保留到存款者提取或根据余额开支票时为止。因此,在这种制度下,银行体系就不影响货币供给,货币供给完全是由中央银行控制的。

17. 资产负债表是公司有关资产和负债的会计报表,是一张平衡表。根据会计学上复式记账方法,公司的资产和负债双方在账面上必须平衡,所以资产负债表是资产和负债的平衡表。资产作为会计上的借方列在表的左方,负债作为贷方列在右方,两边的总金额必须相等。

18. 部分准备金银行制度是指银行只把它们的部分存款作为准备金的制度。在这种制度下,银行将部分存款作为准备金,而将其余存款用于向企业或个人发放贷款或投资,若得到贷款的人再将贷款存入其他银行,从而使其他银行增加了发放贷款或投资的资金,这一过程持续下去,使得更多的货币被创造出来了。

19. 金融中介化是指从储蓄者向借贷者转移资金的过程。经济中有许多机构作为金融中介发生作用,如股票市场、债券市场和银行体系。但是,银行是唯一直接影响货币供给的金融中介机构。

20. 银行资本是指商业银行自身拥有的或能永久支配、使用的资金,是银行从事经营活动必须注入的资金。从所有权看由两部分构成:一部分是银行资本家投资办银行的自有资本,另一部分是吸收存款的借入资本。借入资本是银行资本的主要部分。

21. 杠杆是指以投资为目的,使用借来的钱补充现有的资金。

22. 资本要求是指银行监管者对银行施加银行必须持有足够资本的限制。

23. 基础货币是经过商业银行的存款业务而能扩张或收缩货币供应量的货币,是公众以通货形式持有的货币 C 和银行以准备金形式持有的货币 R 的总量。

24. 存款准备金率是银行准备金在其持有的存款中的比例。它由银行的经营政策和管制银行的法律决定。

25. 通货存款比是人们持有的通货量 C 对其活期存款持有量 D 的比例,是货币乘数的基本决定因素。它的比率越小,货币乘数就越大。这是因为该比率越小,高能货币存量中被用作通货的比例就越小,因而做准备金的比例就越大。

26. 货币乘数指中央银行创造一单位的基础货币所能增加的货币增加量,$m = (cr + 1)/(cr + rr)$。

27. 高能货币是经过商业银行的存款业务而能扩张或收缩货币供应量的货币。一般中央银行通过调节基础货币的数量就能数倍扩张或收缩货币供应量。由于基础货币对货币供给有乘数效应,所以,基础货币有时被称为高能货币。

28. 贴现率一般是指"折现率",即商业银行同客户办理贴现业务时所使用的利率,在计算资金的时间价值时将终值转化为现值的利息率,在票据的贴现业务中将未到期的票据进行贴现时所使用的利息率。它是贴现利息与贴现的票据面额之间的比率。

29. 法定准备金率是指中央银行规定的各商业银行和存款机构交存的存款准备金占其存款总额的比率,它是中央银行三大传统货币政策工具之一。

30. 超额准备金是指商业银行或存款机构在货币当局规定除必须交纳的法定准备金之外还保留的那部分准备金。它等于总的准备金减去法定准备金。商业银行等拥有它的主要目的是解决意外的大额提款等或更好的投资。它制约着银行体系创造货币的能力。

31. 准备金利息:当一家银行以在美联储的存款形式持有准备金时,美联储现在开始就这些存款给该银行支付利息。这一变化给美联储提供了又一种影响经济的工具。准备金利率越高,银行持有的准备金就越多。因此准备金利率的上升将倾向于增加存款准备金率,降低货币乘数和货币供给。

二、复习题

1. 描述货币的职能。

【重要级别】1 　　　　　　　　【难度级别】1

【考查要点】货币/货币的职能

【参考答案】价值尺度,货币用来衡量和表现商品价值的一种职能,是货币的最基本、最重要的职能;流通手段,货币充当商品交换媒介的职能;贮藏手段,货币退出流通领域充当独立的价值形式和社会财富的一般代表而储存起来的一种职能。货币能够执行贮藏手段的职能,是因为它是一般等价物,可以用来购买一切商品,因而货币贮藏就有必要了。

2. 什么是法定货币?什么是商品货币?
【重要级别】1　　　　　　　　【难度级别】1
【考查要点】货币/货币的类型
【参考答案】(1) 法定货币是指不代表实质商品或货物,发行者亦没有将货币兑现为实物的义务,只依靠政府的法令使其成为合法通货的货币。法定货币的价值来自拥有者相信货币将来能维持其购买力。货币本身并无内在价值(intrinsic value)。国家在法律上赋予强制流通能力的货币,当用它来偿还公、私债务时,债权人不得拒绝。简言之,法定货币即法律规定通用的货币。

(2) 商品货币是一种有某种内在价值的商品。它是从商品世界中分离出来独占一般等价物地位,专门充当一般等价物的特殊商品。用作货币的金子,就是一种商品货币。

3. 什么是公开市场操作?它们如何影响货币供给?
【重要级别】1　　　　　　　　【难度级别】1
【考查要点】货币政策工具
【参考答案】公开市场操作是美联储对政府债券的买卖。当美联储从公众手中购买债券时,它为债券支付的美元就增加了基础货币,从而增加了货币供给。当美联储向公众抛售债券时,它收到的美元就减少了基础货币,从而减少了货币供给。公开市场操作是美联储最经常使用的政策工具。实际上,美联储几乎每个工作日都在纽约债券市场上进行公开市场操作。

4. 解释银行如何创造货币。
【重要级别】2　　　　　　　　【难度级别】2
【考查要点】货币供给理论
【参考答案】在部分准备金的银行制度下,银行能够创造货币的原因是银行只把它们的部分存款作为准备金,将其他存款用于发放贷款或者投资。即银行创造货币的机理在于其实行部分准备金制度。假设货币供给等于通货与存款之和,若初始通货为 B,银行的法定存款准备金率为 rr,那么通过银行体系的作用,货币供给量就会比基础货币供给量 B 大,具体推导如下:

$$初始存款\ B \to 第一银行的存款\ B$$
$$\downarrow$$
$$第一银行贷款(1-rr)B \to 货币供给第一次增加,同时第二银行获得存款(1-rr)B$$
$$\downarrow$$
$$第二银行贷款(1-rr)^2B \to 货币供给第二次增加,同时第三银行获得存款(1-rr)$$

这样，总货币供给大于基础货币供给 B，所以就说银行体系通过部分准备金制度创造了货币供给。

【科兴点评】货币供给模型有三个外生变量：

(1) 基础货币。B 是公众以通货形式持有的货币 C 和银行以准备金形式持有的货币 R 的总量。它由联储直接控制。

(2) 准备金-存款比率。rr 是银行准备金在其持有的存款中的比例。它由银行的经营政策和管制银行的法律决定。

(3) 通货-存款比率。cr 是人们持有的通货量 C 对其活期存款持有量 D 的比例。它反映了家庭对其希望持有的货币形式的偏好。

我们可以得出：$M/B = (C+D)/(C+R)$

式子右边的分子和分母都除以 D，得到：$\dfrac{M}{B} = \dfrac{C/D+1}{C/D+R/D} \times \dfrac{M}{B} = \dfrac{C/D+1}{C/D+R/D}$

把 B 从等式的左边移到右边，得到：$M = \dfrac{cr+1}{cr+rr} \times B$

比例因子 $\dfrac{cr+1}{cr+rr}$ 用 m 来表示，被称为货币乘数。我们可以写出：$M = m \times B$。

每一美元基础货币产生 m 美元货币。由于基础货币对货币供给有乘数效应，所以基础货币有时被称为高能货币。

5. 美联储影响货币供给的方式有哪些？

【重要级别】3　　　　　　【难度级别】2

【考查要点】货币政策工具

【参考答案】美联储影响货币供给的三种方法是：公开市场业务、法定准备金率、再贴现率。

(1) 公开市场业务是美联储通过买卖政府债券来控制货币供给的方法。当美联储从公众手中购买债券时，为债券支付的美元就增加了基础货币，从而增加了货币供给。当美联储向公众出售债券时，得到了美元，这就减少了基础货币供给。

(2) 法定准备金率是美联储对银行最低准备金-存款比率的规定，rr 提高，则货币乘数变小，货币供给量减少。

(3) 再贴现率是当美联储向银行发行贷款时所采取的利率。再贴现率越低，银行在美联储贴现窗口所借的款就越多，于是基础货币发放就越多，增加了货币供给。

6. 为什么银行危机可能引起货币供给的减少？

【重要级别】2　　　　　　【难度级别】2

【考查要点】货币供给理论

【参考答案】银行危机能够引起货币供给减少的原因在于，银行危机大大降低了货币乘数，从而引起货币供给的减少。根据 $M = \dfrac{cr+1}{cr+rr} B$，当出现银行危机时，公众对银行体系信心的大大降低,这就提高了通货-存款比率。人们把通货而不是存款作为更合意的货币形式。此外,银行危机使得银行家更为谨慎而提高了准备金-存款比率。所有这些变动都大大降低了货币乘数,从而使得货币供给量下降。

【科兴点评】银行体系创造货币的能力是银行与其他金融机构之间的主要差别。金融机构的重要职能是把经济中的资源从那些希望为了未来把自己部分收入储蓄起来的人那里转移到希望借贷购买投资品以用于未来生产的家庭和企业手中。从储蓄者向借款者转移资金的过程被称为金融中介。经济中许多机构作为金融中介发生作用,最著名的例子是股票市场、债券市场和银行体系。然而,在这些金融市场机构中,只有银行在法律上有权创造作为货币供给一部分的资产,如支票账户。因此,银行是唯一直接影响货币供给的金融机构。

三、问题与应用

1. 货币的三种职能是什么？下列各项能满足哪些职能？不能满足哪些职能？
a. 信用卡；
b. 伦勃朗的油画；
c. 地铁票。

【重要级别】2　　　　　　　　【难度级别】2

【考查要点】货币/货币的职能

【参考答案】首先我们知道货币的三大职能:价值储藏、交换媒介和计价单位。

a. 信用卡可作为交换媒介,因为它可以和物品与劳务相交换。信用卡还可以看作价值储藏的手段(负价值储藏),因为你可以用信用卡进行负债。信用卡不是计价单位,不能用来衡量其他物品的价格。

b. 伦勃朗的油画只有价值储藏的手段,不具备其他两种职能。

c. 地铁票在地铁系统里满足货币的三种职能。然而在地铁系统外,它并不被一般用作计价单位或交换媒介,因此不是一种货币形式。

【科兴点评】货币的三大职能也定义了货币,使货币区分于其他价值储藏或交换媒介。

2. 解释以下每一事件如何影响基础货币、货币乘数和货币供给。
a. 美联储在公开市场操作中购买债券；
b. 美联储提高它对银行持有的准备金支付的利率；
c. 美联储减少它通过短期标售工具给银行的贷款；
d. 关于电脑病毒对 ATM 机的攻击的谣言增加了人们持有的通货(而不是活期存款)的数量；
e. 美联储驾驶直升机在纽约市第五大道空投新发行的面值 100 美元的钞票。

【重要级别】2　　　　　　　　【难度级别】2

【考查要点】货币政策工具

【参考答案】a. 美联储在公开市场操作中购买债券:基础货币增加,货币乘数不变,货币供给增加。

b. 美联储提高它对银行持有的准备金支付的利率:基础货币不变,准备金率上升,货币乘数下降,货币供给下降。

c. 美联储减少它通过短期标售工具给银行的贷款:货币乘数不变,基础货币减少,货币供给减少。

d. 关于电脑病毒对 ATM 机的攻击的谣言增加了人们持有的通货(而不是活期存款)的数量:通货存款比变高,货币乘数降低,货币供给减少。

e. 美联储驾驶直升机在纽约市第五大道空投新发行的面值 100 美元的钞票:公众手中的基础货币量增加,货币乘数不变,货币供给增加。

【科兴点评】读者要能熟练掌握货币政策工具对货币供给量的影响。

3. 一个经济有 1 000 张面值 1 美元的钞票这么多基础货币。计算情形 a 至 d 的货币供给,然后回答问题 e。

a. 所有货币都作为通货持有。

b. 所有货币都作为活期存款持有,银行持有 100% 的存款作为准备金。

c. 所有货币都作为活期存款持有,银行持有 20% 的存款作为准备金。

d. 人们持有相同数量的通货和活期存款,银行持有 20% 的存款作为准备金。

e. 中央银行决定将货币供给增加 10%。在以上四种情形的每一种,它应该增加多少基础货币?

【重要级别】3   **【难度级别】**3

【考查要点】货币供给的计算

【参考答案】a. 货币供给=通货+活期存款,即 $M=C+D$,其中 $C=1\,000$ 美元;$D=0$,带入解得 $M=1\,000$ 美元。

b. 根据题意有:$C=0$;$D=1\,000$ 美元,$rr=100\%$,$cr=0$,$R=D\times rr$,可得 $R=1\,000\times 100\%=1\,000$ 美元。又因为 $M=\dfrac{cr+1}{cr+rr}\times B$,$B=C+R$,解得 $M=1\,000$ 美元。

c. 根据题意有:$C=0$,$D=1\,000$ 美元,$rr=20\%$,$cr=0$,$R=D\times rr$,可得 $R=1\,000\times 20\%=200$ 美元。又因为 $M=\dfrac{cr+1}{cr+rr}\times B$,$B=C+R$,解得 $M=1\,000$ 美元。

d. 根据题意有:$C=500$ 美元,$D=500$ 美元,$rr=20\%$,$cr=1$,$R=D\times rr$,可得 $R=500\times 20\%=100$ 美元。又因为 $M=\dfrac{cr+1}{cr+rr}\times B$,$B=C+R$,解得 $M=1\,000$ 美元。

e. 在 a 中,中央银行基础货币应增加 10%,即增加 100 美元的基础货币;

在 b 中,中央银行基础货币应增加 10%,即增加 100 美元的基础货币;

在 c 中,中央银行基础货币应增加 10%,即增加 20 美元的基础货币;

在 d 中,中央银行基础货币应增加 10%,即增加 60 美元的基础货币;

【科兴点评】本题考察货币供给量的计算问题,读者要熟练掌握计算公式。

4. 在威克纳姆(Wiknam)国,人们持有 1 000 美元通货和 4 000 美元活期存款。所有的活期存款都存在叫做威克银行的唯一一家银行。存款准备金率为 0.25。

 a. 货币供给、基础货币和货币乘数各为多少?

 b. 假设威克银行是一家简单的银行:它吸收存款,发放贷款,没有资本。画出该银行的资产负债表。该银行未清偿的贷款的价值是多少?

 c. 威克纳姆国的中央银行想将货币供给增加 10%。它在公开市场操作中应该购买还是出售政府债券?假设货币乘数不变,计算中央银行需要进行交易的规模(用美元表示)。

【重要级别】3   【难度级别】3

【考查要点】货币供给模型/资产负债表

【参考答案】a. 根据题意有:$C=1\,000$ 美元,$D=4\,000$ 美元,$rr=0.25$,$cr=C/D=0.25$,$B=C+R$,$R=D\times rr$,可得 $R=4\,000\times 25\%=1\,000$ 美元,$B=1\,000+1\,000=2\,000$ 美元。又因为 $M=\dfrac{cr+1}{cr+rr}\times B$,解得 $M=5\,000$ 美元。

b.
资产负债表

资产	负债
准备金 1 000 美元	存款 4 000 美元
贷款 3 000 美元	

根据资产负债表可得,该银行未清偿的贷款价值是 3 000 美元。

c. 威克纳姆国的中央银行想将货币供给增加 10%。它在公开市场操作中应该购买政府债券。$M=\dfrac{cr+1}{cr+rr}\times B=mB$,假设货币乘数 m 不变,则基础货币量 B 需要增加 10% 才能使得货币供给增加 10%,即 $2\,000\times 10\%=200$ 美元,因此中央银行在公开市场操作中应该购买 200 美元的政府债券。

5. 在帕尼夏(Panicia)这个经济中,基础货币为 1 000 美元。人们以通货的形式持有 1/3 的货币(从而 2/3 的货币作为银行存款持有)。银行持有 1/3 的存款作为准备金。

 a. 存款准备金率、通货存款比、货币乘数和货币供给各为多少?

 b. 有一天,人们开始对银行体系感到担心,于是,现在人们想以通货的形式持有一半的货币。如果中央银行不采取任何措施。新的货币供给是多少?

 c. 面对这一恐慌,如果中央银行想实施公开市场操作来将货币供给维持在原来的水平,它购买还是出售政府债券?计算中央银行需要进行交易的规模(用美元表示)。

【重要级别】3   【难度级别】3

【考查要点】货币供给的计算/货币政策工具的运用

【参考答案】a. 由题得:

$$B = 1\,000 \text{ 美元}$$
$$C = 1\,000/3 \text{ 美元}$$
$$D = 2\,000/3 \text{ 美元}$$
$$rr = 1/3$$
$$cr = C/D = 0.5$$
$$m = (cr+1)/(cr+rr) = (0.5+1)/(0.5+1/3) = 1.8$$
$$M = mB = 1.8 \times 1\,000 = 1\,800 \text{ 美元}$$

可得货币供给是 1 800 美元。

b. 由题得：

$$B = 1\,000 \text{ 美元}$$
$$C = 1\,000/2 = 500 \text{ 美元}$$
$$D = 1\,000/2 = 500 \text{ 美元}$$
$$rr = 1/3$$
$$cr = C/D = 1$$
$$m = (cr+1)/(cr+rr) = (1+1)/(1+1/3) = 1.5$$
$$M = mB = 1.5 \times 1\,000 = 1\,500 \text{ 美元}$$

可得新的货币供给是 1 500 美元。

c. 面对这一恐慌，如果中央银行想实施公开市场操作来将货币供给维持在原来的水平，它应该买入政府债券从而增加市场上的货币供给。$M = \dfrac{cr+1}{cr+rr} \times B = mB$，通货存款比上升导致 m 减小，要保持 M 不变，需要增加 B，计算得 $B = 1\,200$ 美元。因此中央银行应该在市场上买入 200 美元的政府债券。

6. 正如本章的一个案例研究所讨论的，因为通货存款比和存款准备金率都上升了，1929—1933 年货币供给出现下降。运用货币供给模型和（教材中）表 4.2 中的数据回答以下有关这一时期的假设性问题。

　　a. 如果通货存款比上升，但存款准备金率保持不变，货币供给会发生什么变动？

　　b. 如果存款准备金率上升，但通货存款比保持不变，货币供给会发生什么变动？

　　c. 这两种变动中哪一种要更多地对货币供给的下降负责？

【重要级别】3　　　　　　　　【难度级别】2

【考查要点】货币供给模型

【参考答案】a. 货币供给模型为 $M = \dfrac{cr+1}{cr+rr} \times B$，$\dfrac{\partial M}{\partial cr} = \dfrac{rr-1}{(cr+rr)^2} \times B < 0$，货币供给量和通货存款比反方向变动。因此，如果通货存款比上升，但存款准备金率保持不变，货币供给减少。

b. 货币供给模型为 $M = \dfrac{cr+1}{cr+rr} \times B$, $\dfrac{\partial M}{\partial rr} = -\dfrac{cr+1}{(cr+rr)^2} \times B < 0$, 货币供给量和存款准备金率反方向变动。因此, 如果存款准备金率上升, 但通货存款比保持不变, 货币供给会减少。

c. 根据货币供给模型和表 4.2 中的数据可以验证, 存款准备金率上升要更多地对货币供给下降负责。

【科兴点评】本题考察 rr 和 cr 变动如何影响货币供给量, 读者应熟记结论: rr, cr 上升均导致货币供给量下降。

7. 为了增加税收收入, 美国政府在 1932 年对根据银行账户存款签发支票征收 2 美分的税收(按今天的美元计, 这一税收相当于每张支票 34 美分左右。)

a. 你认为这一支票税如何影响通货存款比? 请解释。

b. 使用部分准备金银行制度下的货币供给模型讨论这一税收如何影响货币供给。

c. 许多经济学家认为, 货币供给的下降对 20 世纪 30 年代的大萧条的严重性负有部分责任, 从这个视角来看, 在大萧条中期征收这一支票税是一项好政策吗?

【重要级别】2　　　　　　　　【难度级别】2

【考查要点】货币供给模型

【参考答案】a. 如果政府对公众的银行账户存款征收支票税则会导致人们更愿意持有通货, 这样一来便会提高通货存款比。

b. 部分准备金银行制度下的货币供给模型为: $M = \dfrac{cr+1}{cr+rr} \times B$, 因为 $\dfrac{\partial M}{\partial cr} = \dfrac{rr-1}{(cr+rr)^2} \times B < 0$, 所以货币供给和通货存款比变动方向相反, 因此通货存款比上升会导致货币供给减少。

c. 许多经济学家认为, 货币供给的下降对 20 世纪 30 年代的大萧条的严重性负有部分责任, 从这个视角来看, 在大萧条中期征收这一支票税会导致货币供给减少, 因此不是一项好政策。

【科兴点评】本题考查政府政策对货币供给的影响。

8. 给出一个杠杆率为 20 的银行资产负债表的例子。如果银行资产价值上升 2%, 那么这家银行的所有者权益的价值会如何变化? 若要使该银行的资本减少到零, 银行资产价值要有多大的下降?

【重要级别】2　　　　　　　　【难度级别】2

【考查要点】银行资本、杠杆和资本要求

【参考答案】杠杆率=银行的总资产/银行的资本。如果银行资产价值上升 2%, 那么这家银行的所有者权益的价值也随之上升 2%。当银行的资产价值减少 5% 时, 银行资本减至零。

9. 吉米·保罗·米勒开办了自己的银行, 取名 JPM(其姓名首字母)。作为银行所有者,吉米投入了 2 000 美元自己的钱。然后,JPM 从吉米的叔叔那里借了 4 000 美元的长期贷款,从其邻居那里吸纳了 14 000 美元活期存款,购买了 7 000 美元美国国库券,借了 10 000 美元给本地企业用于新投资,剩下的银行资产被作为准备金存在美联储。

a. 画出 JPM 的资产负债表。该银行的杠杆率是多少?

b. 一场经济衰退导致 5%的本地企业宣布破产和拖欠贷款。画出 JPM 的新资产负债表。JPM 的资产价值下降了多少百分比?资本下降了多少百分比?

【重要级别】3　　　　　　　　　　【难度级别】3

【考查要点】资产负债表/银行资本、杠杆和资本要求

【参考答案】a. 根据题得:

JPM 的资产负债表

资产	负债和所有者权益
准备金 3 000 美元	存款 14 000 美元
贷款 10 000 美元	债务 4 000 美元
国库券 7 000 美元	资本(所有者权益)2 000 美元

因为杠杆率=银行的总资产/银行的资本,所以有:

$$杠杆率=(3\,000+10\,000+7\,000) 美元 /2\,000 美元=10$$

b. 一场经济衰退导致 5%的本地企业宣布破产和拖欠贷款,从而导致资产这一项里面的贷款金额减少 5%变为 9 500 美元;资本(所有者权益)减少为 1 500 美元。新的资产负债表为:

JPM 的新资产负债表

资产	负债和所有者权益
准备金 3 000 美元	存款 14 000 美元
贷款 9 500 美元	债务 4 000 美元
国库券 7 000 美元	资本(所有者权益)1 500 美元

根据资产负债表可得,JPM 新的资产价值为 19 500 美元,较原来的资产价值下降了 2.5%;资本变为 1 500 美元,较原来的资本下降了 25%。

【科兴点评】读者应熟练掌握资产负债表的相关内容。

【补充训练】

1. 判断题:银行体系可以创造货币,也可以创造财富。(　　)

【重要级别】2　　　　　　　　　　【难度级别】2

【考查要点】货币供给理论

【参考答案】错误。银行贷款可以使得借款人有进行交易的能力,但借款人也需承担偿债义务,所以贷款并没有使借款人更加富有。银行体系创造货币增加了经济的流动性,但没有增加经济的财富。

【科兴点评】读者要区别货币和财富的概念

2. 央行在实施货币政策时遇到的问题之一是( )。

A. 它能控制高能货币的供给,但不能一直准确地预测货币乘数的大小

B. 它可以控制货币乘数的大小,但不能一直控制高能货币的数量

C. 它不能通过公开市场操作影响利率

D. 它可以设定贴现率,但不能影响利率,利率由市场决定

【重要级别】2　　　　　　　　【难度级别】2

【考查要点】准货币

【参考答案】A。货币乘数不仅仅与准备金-存款比率有关,而且与通货-存款比率有关,央行可通过控制准备金-存款比率控制高能货币的供给,但不能控制通货-存款比率,所以不能准确预测货币乘数的大小。

【科兴点评】准货币的存在使得货币需求不稳定,从而使货币政策更加复杂。由于货币与准货币接近于相互替代,两种资产之间的变动有时不一定反映支出的变动,因此货币流通速度变得不稳定,货币量也给出了有关总需求的虚假信号。

3. 判断题:通货-存款比率或准备金-存款比率上升1%,对货币供给的减少影响前者更大。( )

【重要级别】2　　　　　　　　【难度级别】2

【考查要点】货币供给理论

【参考答案】错误。后者更大,由 $m = (cr+1)/(cr+rr)$,m 对 rr 求导,则 $m'_{rr} = -(cr+1)/(cr+rr)^2$

由 $m = 1 + (1-rr)/(cr+rr)$,m 对 cr 求导,则 $m'_{cr} = -(1-rr)/(cr+rr)^2$,显然 $m'_{rr} > m'_{cr}$(不考虑负号),因此通货-存款比率的变动对货币供给的影响不如准备金-存款比率变动对货币供给的影响。

4. 假设银行准备金率为10%(包括法定准备金率和超额准备金率),居民和企业的现金-存款比率为20%。如果中国人民银行计划使货币供给量增加400亿元人民币,那么,以下哪一项操作能够实现人民银行的目标?( )

A. 从公开市场购买125亿元国债

B. 向公开市场出售125亿元国债

C. 以美元对人民币1∶8的汇率购入12.5亿美元

D. 以上操作都不能实现目标

【重要级别】2　　　　　　　　【难度级别】2

【考查要点】货币供给理论

【参考答案】 C。依据题意知,通货-存款比率 $cr=0.2$,银行准备金-存款比率 $rr=0.1$,代入货币乘数公式可以得到 $m=\dfrac{cr+1}{cr+rr}=4$。如果在外汇市场买入 12.5 亿美元,即增加基础货币 100 亿元人民币,货币供给增加 $4\times100=400$ 亿元人民币。如果从公开市场购买 125 亿元国债,则货币供给增加 500 亿元,相反则减少 500 亿元。

5 通货膨胀:起因、影响和社会成本

【学习精要】

一、学习重点

1. 货币数量论
2. 通货膨胀与利率
3. 通货膨胀的成本

二、知识脉络图

货币与通货膨胀
- 货币数量论
  - 数量方程式：$M \times V = P \times T$
  - 货币需求函数：$(M/P)^d = kY$
  - 货币数量论的假定：v 固定
- 通货膨胀与利率
  - 名义利率与实际利率
  - 事前实际利率与事后实际利率
  - 费雪效应：$i = r + \pi^e$
- 名义利率与货币需求
  - 名义利率是持有货币的成本
  - 未来货币与现期货币
- 通货膨胀的成本
  - 预期到的通货膨胀的成本
  - 未预期到的通货膨胀的成本
- 超速通货膨胀：卡甘模型

三、理论精要

▶ **知识点一 数量方程式与货币需求函数**

1. 数量方程式

交易与数量方程式：

$$\text{货币} \times \text{货币流通速度} = \text{价格} \times \text{交易量}$$

即：

$$M \times V = P \times T$$

式中，V 为交易的货币流通速度，衡量货币在经济中流通的速度；T 为一年中用货币交易的物品或劳务的次数。

在经济中，用总产出 Y（实际 GDP）来代替交易次数⇒货币×货币流通速度＝价格×产出，即：

$$M \times V = P \times Y$$

式中，V 为收入的货币流通速度，P 为 GDP 平减指数，而 PY 是名义 GDP。

2. 货币需求函数

货币需求函数是指为了分析货币需求量的决定因素及其变动规律而建立的一种函数关系。通常将决定和影响货币需求的各种因素作为自变量，而将货币需求本身作为因变量。

在这里要用到实际货币余额，即 M/P，是根据货币可以购买的物品与劳务来表示的货币量，实际货币余额衡量了货币存量的购买力。

$$货币需求函数 (M/P)^d = kY$$

注：参数 k 是不变的，它说明对于每一美元收入，人们想要持有的货币是多少。

于是有：

$$货币需求 (M/P)^d = kY$$
$$货币供给 M/P$$

货币市场均衡时有供给＝需求，即 $M/P = kY$，变换得 $M \times 1/k = P \times Y$，令 $V = 1/k$，得数量方程式：

$$M \times V = P \times Y$$

从中可以说明货币需求与货币流通速度之间的关系，当人们想持有大量货币时（k 大），货币转手速度也就不快（V 小）；相反，当人们只想持有少量货币时（k 小），货币转手速度就快（V 大）。

▶ 知识点二 货币数量论

1. 货币数量论

货币数量论的一个重要假定是：货币流通速度不变。由货币流通速度不变的假定可以将数量方程式改为：

$$M\bar{V} = PY$$

由此可以看出，货币供给量决定了经济产出的货币价值。

2. 货币、价格和通货膨胀（见图 5.1、图 5.2）

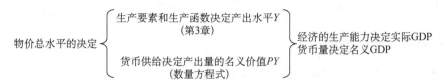

图 5.1 物价总水平的决定

由数量方程式 $M\bar{V}=PY$ 推导出：

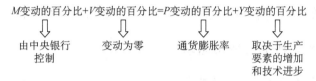

图 5.2 数量方程式

货币数量论说明控制货币供给的中央银行最终控制通货膨胀率。如果中央银行保持货币供给稳定，则物价水平也将稳定；如果中央银行迅速增加货币供给，则物价水平将迅速上升。

▶ 知识点三 通货膨胀税

金银币铸造税是指政府通过创造货币而筹到的收入，又称通货膨胀税。发行货币、筹集收入就像向货币持有者征收了通货膨胀税一样，随着物价水平的上升，货币持有者手中的货币将不断贬值，从而使其不值钱，就像征收了一种税一样。

▶ 知识点四 通货膨胀率与利率

1. 几个概念
◆ 名义利率（i）是银行支付的利率，实际利率（r）代表购买力的增加。
◆ 费雪效应是指通货膨胀率与名义利率之间的一一对应关系。
◆ 事前实际利率是指进行贷款时预期的实际利率，即名义利率减预期的通货膨胀率。
◆ 事后实际利率是指实际实现的实际利率，即名义利率减实际的通货膨胀率。
2. 费雪效应的推导
名义利率与实际利率之间的关系：$r=i-\pi \Rightarrow i=r+\pi$（费雪方程式），$\pi$ 为通货膨胀率，这个方程式说明名义利率取决于通货膨胀率和实际利率。

通货膨胀率上升 1% 引起名义利率上升 1%，通货膨胀率与名义利率之间的这种一一对应的关系，即为费雪效应。

区分了事前实际利率与事后实际利率之后，可以修改费雪效应如下：

名义利率不能根据实际通货膨胀率调整，因为当确定名义利率时，实际通货膨胀率是未知的，名义利率只能根据预期的通货膨胀率调整，因此，费雪效应可以写为 $i=r+\pi^e$，即名义利率与预期通货膨胀率的变动是一一对应的关系。

▶ 知识点五　通货紧缩

通货紧缩是指物价水平的全面持续下降。

通货紧缩按照产生的原因不同，可以分为需求不足型通货紧缩和供给过剩型通货紧缩。所谓需求不足型通货紧缩，是指由于消费需求不足、投资需求不足导致总需求不足，使得正常的供给显得相对过剩而出现的通货紧缩。所谓供给过剩型通货紧缩，是指由于技术进步和生产效率的提高，在一定时期内出现产品数量的绝对过剩而引起的通货紧缩。

▶ 知识点六　名义利率与货币需求

1. 加入名义利率的货币需求函数

前面提到的货币需求函数认为实际货币余额的需求与收入同比例，现在我们把名义利率看作持有货币的机会成本，因此，货币需求函数可以改为：

$$(M/P)^d = L(i, Y)$$

货币需求函数既取决于收入水平，又取决于名义利率。

2. 未来货币与现期货币

根据我们前面已经学到的可以知道，现期货币、价格与利率的关系如图5.3所示。

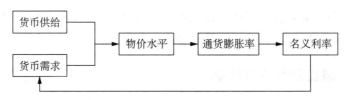

图5.3　货币、价格和利率之间的关系

货币供给与货币需求共同决定均衡的物价水平。通货膨胀率通过费雪效应影响名义利率，名义利率又反过来影响货币需求，再影响物价水平。因此，物价水平既受货币供给与需求的影响，又受通货膨胀率和名义利率的影响。

考虑了名义利率的影响，由货币需求函数和货币供给函数可以得到：

$$(M/P)^d = L(i, Y)$$

又 $i=r+\pi^e$，得出：

$$(M/P)^d = L(r+\pi^e, Y)$$

由此方程式可以看出：物价水平不仅取决于现在的货币供给，还取决于预期的未来货币供给。较高的预期未来货币增长会引起现在较高的物价水平。

▶ 知识点七　通货膨胀的社会成本

1. 预期通货膨胀的成本

（1）皮鞋成本。由于通货膨胀率高，使得名义利率提高，人们的实际货币余额需求量减少，更需要经常去银行，不方便程度提高，即产生了皮鞋成本；

（2）菜单成本，是指价格调整的成本，高通货膨胀使得企业经常更换自己的报价，从而产生成本；

（3）高的通货膨胀改变了相对价格，从而引起资源配置中的微观经济无效率；

（4）许多税收规定没有考虑通货膨胀的影响，从而改变了个人所得税负担（如资本收益的税收处理）；

（5）物价水平经常变动，会引起生活不便。

2. 未预期到的通货膨胀的成本

未预期到的通货膨胀的影响比稳定的、可预期的通货膨胀的任何一种成本都更有害，它是在人们中间任意再分配财富。

（1）对债权人和债务人的影响。一方面，如果通货膨胀结果高于预期的结果，则债务人获益而债权人受损失；另一方面，如果通货膨胀的结果低于预期的结果，则债权人受益而债务人受损失。

（2）未预期到的通货膨胀还损害了靠固定养老金生活的人。当通货膨胀率高于预期时，工人受到伤害；当通货膨胀率低于预期时，企业受到伤害。

（3）高通货膨胀易引起多变的通货膨胀。

▶ 知识点八　恶性通货膨胀

超速通货膨胀一般是指每月超过50%，每天超过1%的通货膨胀。

（1）超速通货膨胀的成本：菜单成本变得更大；相对价格不能正常反映资源真实的稀缺程度，不再是资源配置的信号；超速通货膨胀极大地扭曲了税制，生活明显不方便，经济陷入低效率，甚至导致经济崩溃。

（2）超速通货膨胀的原因：大多数超速通货膨胀是从政府税收收入不足以为其支出进行支付时开始的，一旦超速通货膨胀已经发生，财政问题就会更加严重。由于税收体制的扭曲，政府得到的实际税收收入会大幅度减少，从而政府对金银币铸造税的依赖加强，引起更高的通货膨胀。

恶性通货膨胀是由于货币供给过度增长。当中央银行发行货币时，价格水平上升；当中央银行以足够快的速度发行货币时，结果就是恶性通货膨胀。一旦通货膨胀已经发生，财政问题将变得更加严重。最后，政府依靠减少政府支出和增加税收的财政政策来结束恶性通货膨胀。

即使通货膨胀在任何地方都是一种货币现象，恶性通货膨胀的结束常常也是一种财政现象。

▶ 知识点九　古典二分法

(1) 实际变量是指用实物单位衡量的变量。它不仅包括数量变量,如实际 GDP、资本存量,还包括相对价格变量,如实际工资、实际利率等,这些变量都是衡量一种实物的(而不是货币的)数量。

(2) 名义变量是指用货币表示的变量,如名义 GDP、物价水平、通货膨胀率、货币工资等。

经济学家把这种实际变量和名义变量的区分称为古典二分法。这是古典经济学理论的标志。根据古典经济理论,货币是中性的,即货币供给的变动并不影响实际变量。因此,古典理论使我们可以不涉及货币供给而研究实际变量的决定因素。货币市场均衡决定了物价水平,因此,也决定了名义变量。

▶ 知识点十　卡甘模型

卡甘模型说明了现在的与未来的货币供给如何影响物价水平。

1. 假设

(1)产出不变;(2)实际利率不变;(3)假设完全预期。

2. 卡甘模型的推导

首先,提出货币需求函数:

$$m_t - p_t = -v(p_{t+1} - p_t)$$

式中,m_t 是在 t 时货币量的对数,p_t 是在 t 时物价水平的对数,v 是决定货币需求对通货膨胀率敏感程度的参数。

由此可知,$m_t - p_t = \ln m_t - \ln p_t = \ln m_t/p_t$ 是实际货币余额的对数,$p_{t+1} - p_t$ 是 t 期和 $t+1$ 期之间的通货膨胀率。

$$p_t = \left(\frac{1}{1+v}\right)m_t + \left(\frac{v}{1+v}\right)p_{t+1}$$

说明现期物价水平是现期货币供给和下期物价水平的加权平均数。

同理:

$$p_{t+1} = \left(\frac{1}{1+v}\right)m_{t+1} + \left(\frac{v}{1+v}\right)p_{t+2}$$

代入上式可得:

$$p_t = \frac{1}{1+v}m_t + \frac{v}{(1+v)^2}m_{t+1} + \left(\frac{v}{1+v}\right)^2 p_{t+2}$$

同理可以无限期地做下去，最后得到：

$$p_t = \frac{1}{1+v}\left[m_t + \frac{v}{1+v}m_{t+1} + \left(\frac{v}{1+v}\right)^2 m_{t+2} + \left(\frac{v}{1+v}\right)^3 m_{t+3} + \cdots\right]$$

可以看出，现期物价水平是现期货币供给和所有未来货币供给的加权平均数。

注：v 决定了实际货币余额对通货膨胀的敏感程度，如果 v 小，则 $v/(1+v)$ 也小，加权数迅速减小，从而现期货币供给是物价水平的主要决定因素；如果 v 大，则 $v/(1+v)$ 也大，加权数缓慢减小，从而未来货币供给在决定现期物价水平中起着关键作用。

3. 放宽假定条件

放宽完全预期假设，重新改写货币需求函数如下：

$$m_t - p_t = -v(Ep_{t+1} - p_t)$$

式中，Ep_{t+1} 是预期的物价水平。

从而得到：

$$p_t = \frac{1}{1+v}\left[m_t + \frac{v}{1+v}Em_{t+1} + \left(\frac{v}{1+v}\right)^2 Em_{t+2} + \left(\frac{v}{1+v}\right)^3 Em_{t+3} + \cdots\right]$$

即物价水平取决于现期货币供给和预期的未来货币供给。

因此，可信的财政改革为消除通货膨胀提供了理论依据，信任对于结束超速通货膨胀是重要的。

【习题解析】

一、关键概念

1. 通货膨胀是指在纸币流通条件下因货币供给大于货币实际需求，导致货币贬值，而引起一段时间内物价持续而普遍地上涨的现象。其实质是社会总需求大于社会总供给。通货膨胀在现代经济学中意指整体物价水平上升。一般性通货膨胀表现为货币的市值或购买力下降，而货币贬值表现为两经济体间的币值相对性降低。

2. 恶性通货膨胀是一种不能控制的通货膨胀，在物价很快上涨的情况下，就使货币失去价值。恶性通货膨胀没有一个普遍公认的标准界定。一般界定为每月通货膨胀 50% 或更多，但大多数情况下在宽松上使用的比率会更低。多数的经济学家认为的定义为"一个没有任何平衡趋势的通货膨胀循环"。

3. 数量方程是用来表示交易量与货币之间的关系的方程，表示形式为 $MV=PT$。

4. 货币的交易流通速度是衡量货币在经济中流通的速度（即在循环期中流通的速度），即在一个给定时期中一张钞票转手的次数。交易方程式为 $MV=PT$，式中，V 就是货币的交易流通速度。

5. 货币的收入流通速度是一个给定时期中货币进入某个人收入中的次数。

6. 实际货币余额又称实质货币余额,是指货币余额除以价格指数所得到的数字。传统的货币数量论以美国经济学家费雪和英国经济学家庇古的货币数量论为代表。庇古效应认为,随着物价水平 P 的下降,实际货币余额(M/P)增加,消费者会感到富有,并更多地进行支出(消费)。

7. 货币需求函数是指为了分析货币需求量的决定因素及其变动规律而建立的一种函数关系。通常将决定和影响货币需求的各种因素作为自变量,而将货币需求本身作为因变量。

8. 货币数量论是关于货币数量与物价水平关系的一种理论。它用数量方程式作为分析工具,数量方程式是 $MV=PT$。它假设货币流通速度 V 不变。这样就意味着物价水平和货币供给同比例变动,也就是货币增长率决定于通货膨胀率。

9. 货币铸造税是指政府由于其印制货币的垄断权而获得的一种收入。它是一种无形的税收,是政府通过垄断货币发行权而获得的货币面值大于币材成本的差价部分。

10. 名义利率与实际利率:经济学家把银行支付的利率称为名义利率,它是未剔除通货膨胀因素的利率,而把剔除了通货膨胀因素的利率称为实际利率。我们平时观察到的都是名义利率,但对购买力产生实质影响的却是实际利率。

11. 费雪方程和费雪效应:费雪方程是反映名义利率和实际利率关系的方程。它可以写成 $r=i-\pi$,费雪方程说明名义利率可以由于实际利率而变动和由于通货膨胀率而变动。费雪效应是假定实际利率不受通货膨胀的影响,它随着储蓄与投资的平衡状况而调整时,名义利率和通货膨胀率相应变动。在现实中,由于一般只能观察到预期通货膨胀率,因此,费雪效应一般指名义利率和预期通货膨胀率一对一的变动。

12. 事前实际利率和事后实际利率:事前实际利率是签订贷款协议时债务人和债权人预期的将来某一时间段的实际利率,而事后实际利率是实际上实现的实际利率。

13. 鞋底成本也称皮鞋成本,是形象地衡量发生通货膨胀时减少货币持有量的成本。较高的通货膨胀率引起较高的名义利率,而名义利率增加又减少了实际货币余额,人们为了降低实际货币余额减少所带来的损失,必然会频繁地跑到银行取钱,因为经常去银行会使皮鞋磨损得更快。这样来自减少货币持有量的不方便产生的成本就是通货膨胀的鞋底成本。

14. 菜单成本是企业为改变销售商品的价格,需要给销售人员和客户提供新的价目表所花费的成本,它用来衡量高通货膨胀率使企业频繁变动的物价成本。它是新凯恩斯主义为反击新古典主义的批判,并证明其所主张的价格刚性的重要理由。

15. 实际变量与名义变量:实际变量是用实物单位衡量的变量,名义变量是指用货币表示的变量。古典经济学家把变量分为实际变量和名义变量,这称为"古典二分法"。现实中,在长期,货币供给量不会对实际变量产生影响;而在短期,货币供给量会对实际变量产生影响。

16. 古典二分法:古典经济学家把变量分为实际变量和名义变量,这称为"古典二分法"。实际变量是用实物单位衡量的变量。现实中,在长期,货币供给量不会对实际变量产生影响;在短期,货币供给量会对实际变量产生影响。古典二分法是古典宏观经济学的一个重要观点。

17. 货币中性是货币数量论的一个基本命题的简述,即流通中的货币数量只影响经济中的价格水平,不会影响就业、产出等实际变量。古典经济学家把变量分为实际变量和名义变量,认为货币只会对名义变量产生影响,而不会对实际变量产生影响。实际上,在长期,货币中性成立;但在短期,货币非中性。

二、复习题

1. 写出数量方程式并予以解释。

【重要级别】2　　　　　　　　【难度级别】1

【考查要点】数量方程式与货币需求函数/数量方程式

【参考答案】数量方程式为:货币×货币流通速度=价格×交易量,即 $M \times V = P \times T$,这是一个恒等式,它是描述人们的交易数量和人们拥有的货币数量之间关系的恒等式。数量方程式的右边表示在一定时期内(比如一年)所发生的交易总数量。其中,T 代表用货币去交换物品或劳务的总次数,P 代表一次典型交易的价格,$P \times T$ 代表一年中所交易的货币量。数量方程式的左边表示用于这些交易的货币。其中,M 代表经济中的货币数量,V 代表交易中货币的流通速度,也就是货币在经济中的循环速度。

2. 货币流通速度不变的假设意味着什么?

【重要级别】3　　　　　　　　【难度级别】1

【考查要点】货币数量论

【参考答案】数量方程式为:$M \times V = P \times T$。若数量方程式中的 V 是固定的,那么就可以看作一种关于什么决定名义 GDP 的理论。有固定货币流通速度的数量方程式为 $M\bar{V} = PY$。如果速度是固定的,那么货币数量 M 的变化引起名义 GDP($P \times Y$)同比例变动。如果我们进一步假设产出由于生产要素和生产技术不变而固定,即我们可以得出结论:货币数量决定物价水平,这就是货币数量论。

3. 谁支付通货膨胀税?

【重要级别】1　　　　　　　　【难度级别】1

【考查要点】通货膨胀税

【参考答案】货币持有人交纳了通货膨胀税。当物价上涨时,人们持有的货币的实际价值下降,也就是说,当物价上涨时,同样数量的货币只能买到更少的物品和劳务,这就相当于对货币持有者征收了一种税。因此通货膨胀税由货币持有人支付了。

4. 如果通货膨胀率从 6% 上升到 8%,那么,根据费雪效应,实际利率和名义利率会发生什么变化?

【重要级别】2　　　　　　　　【难度级别】1

【考查要点】通货膨胀率与利率

【参考答案】费雪方程描述了名义利率和实际利率之间的关系,即名义利率(i)等于实际利率(r)加上通货膨胀率(π),即$i=r+\pi$。这就是说,实际利率或通货膨胀率的变化都会引起名义利率的变化。实际利率假定不受通货膨胀率的影响,则实际利率的调整使储蓄和投资均衡。这样,通货膨胀率和名义利率之间存在一一对应的关系,这种一一对应的关系称为费雪效应。

5. 列出你可以想到的所有通货膨胀成本,根据你认为的重要程度进行排序。

【重要级别】2　　　　　　　　【难度级别】1

【考查要点】通货膨胀的社会成本

【参考答案】可预期的通货膨胀成本主要包括以下4个方面。

(1) 皮鞋成本。较高的通货膨胀率引起较高的名义利率,较高的名义利率又减少了实际货币余额需求。人们要拥有更少的货币余额,必然会频繁地跑到银行取款,这是很不方便的(导致皮鞋磨损得更快)。

(2) 菜单成本。高通货膨胀率会使企业经常地改变自己的报价,因为重新印刷菜单和目录可能会是昂贵的。

(3) 相对价格的剧烈变动。如果厂商因为面临菜单成本而没有频繁地改变他们的价格,那么通货膨胀率越高,相对价格的变动越大。由于自由的市场经济依靠商品的相对价格来有效地配置资源,因此,通货膨胀还会导致微观经济的无效率。

(4) 变动的税收负担。税法的许多条款并没有考虑通货膨胀的影响。由于通货膨胀,国家会通过法律采取意想不到的方式,改变私人和公司的税收负担。

6. 解释货币政策和财政政策在引起和结束恶性通货膨胀中的作用。

【重要级别】1　　　　　　　　【难度级别】1

【考查要点】恶性通货膨胀

【参考答案】恶性通货膨胀总是体现在货币政策中。也就是说,除非货币供给快速增长,否则物价水平不可能快速增长。或者除非政府急剧地降低货币供给,否则恶性通货膨胀不可能停止。然而这样的解释引出了一个核心问题:为什么政府会发动然后又停止印刷大量的法定货币呢? 答案总是与财政政策有关:当政府背负大量的预算赤字(可能因为战争或其他重大事件)而又借不到钱时,政府就会转而发行钞票。只有当政府减少开支和增加税收而缓解财政困难时,政府才会减缓货币发行速度。

7. 定义术语"实际变量"和"名义变量",并各举出一个例子。

【重要级别】3　　　　　　　　【难度级别】1

【考查要点】古典二分法

【参考答案】实际变量是用实物单位衡量的变量。名义变量是用货币衡量的变量。比如,实际变量可以是块糖果,而名义变量就是糖果的当前价格——在1960年是5美分,在1999年是75美分。银行所报的利率(比如8%)也是名义利率,因为它不随通货膨胀率而调整。如果通货膨胀率是3%,那么实际利率就是5%(8%－3%)。实际变量衡量你的购买力。

三、问题与应用

1. 在威克纳姆国,货币流通速度是不变的。实际 GDP 每年增长 3%,货币存量每年增长 8%,名义利率是 9%。以下各个变量是多少?

a. 名义 GDP 增长率

b. 通货膨胀率

c. 实际利率

【重要级别】2　　　　　　　　　　【难度级别】2

【考查要点】货币数量论/货币、价格和通货膨胀

【参考答案】a. 数量方程式为 $MV=PY$,转为用百分比形式的数量恒等式为:

$$M 变动百分比 + V 变动百分比 = 名义 GDP 变动率$$

所以名义 GDP 增长率 = 8% + 0% = 8%

b. P 变动百分比 = M 变动百分比 + V 变动百分比 − Y 变动百分比

所以 P 变动百分比 = 8% + 0% − 3% = 5%,即通货膨胀率为 5%。

c. 实际利率是名义利率减去通货膨胀率的差值。现名义利率为 9%,通货膨胀率为 5%,所以实际利率等于 4%。

【科兴点评】书中介绍了处理百分比变动的两种算术技巧。

(1) 两变量乘积的百分比变动近似地等于每个变量的百分比变动之和。

考虑一个例子,设 P 表示 GDP 平减指数,Y 表示实际 GDP。名义 GDP 为 $P \times Y$。这种技巧表明:$(P \times Y)$ 变动的百分比 ≈ (P) 变动的百分比 + (Y) 变动的百分比。

(2) 一个比率的百分比变动近似地等于分子的百分比变动减分母的百分比变动。

再考虑一个例子,设 Y 表示 GDP,而 L 表示人口,因此,Y/L 是人均 GDP。第二个技巧表明:(Y/L) 的百分比变动 ≈ (Y) 的百分比变动 − (L) 的百分比变动。

2. 假定一国的货币需求函数为 $(M/P)^d = kY$,式中,k 为一个常数。货币供给每年增加 12%,实际收入每年增长 4%。

a. 平均通货膨胀率是多少?

b. 如果实际收入增长更快,通货膨胀将会有什么不同?请做出解释。

c. 你如何解释参数 k?它与货币流通速度是什么关系?

d. 假定货币需求函数不再是不变的,相反,该经济的货币流通速度由于金融创新而稳定地上升。这将会如何影响通货膨胀率?请做出解释。

【重要级别】4　　　　　　　　　　【难度级别】3

【考查要点】数量方程式与货币需求函数/货币需求函数

【参考答案】a. 货币需求为 $(M/P)^d = kY$,货币供给为 $(M/P)^s$,要满足货币市场均衡,则有 $(M/P)^s = kY$,那么可推出:

M 变动的百分比 = P 变动的百分比 + Y 变动的百分比 + k 变动的百分比

由通货膨胀率 = M 变动的百分比 − k 变动的百分比 − Y 变动的百分比,得出平均通货膨胀率为 12% − 4% = 8%。

b. 如果实际收入增加更快,则根据 a 中的推论,通货膨胀率会降低。

c. $k = 1/V$,货币流通速度的上升导致 k 的减少。

d. 货币流通速度上升,k 会下降,因为 k 与货币流通速度 V 是一个货币的两面。当 k 下降时,则通货膨胀率会上升。

【科兴点评】理解货币市场的均衡方程和条件,并能够理解相关的推论。

3. 某经济的货币需求函数为 $(M/P)^d = 0.2Y/i^{1/2}$。

a. 推导货币流通速度的表达式。货币流通速度取决于什么?解释为什么会有这种依赖关系。

b. 如果名义利率为 4%,计算货币流通速度。

c. 如果产出 Y 为 1 000 单位,货币供给 M 为 1 200 美元,那么,价格水平 P 为多少?

d. 假设新任中央银行行长有着对通货膨胀态度温和的声誉,一个关于新中央银行行长的公告使预期通货膨胀提高了 5 个百分点。根据费雪效应,新名义利率是多少?

e. 计算新的货币流通速度。

f. 如果这个公告后该经济的产出和现期货币供给都没有变化,那么,价格水平会怎么变化?解释为什么会这样。

g. 如果新中央银行行长要把该公告发布后的价格水平维持在公告前的水平,那么,她应该把货币供给设定在什么水平?

【重要级别】4 【难度级别】3

【考查要点】货币需求函数/通货膨胀与利率

【参考答案】a. 货币需求函数为:$(M/P)^d = kY$

即:

$$M/P = kY$$

整理得:

$$M(1/k) = PY$$

令 $1/k = V$,可得:

$$MV = PY$$

根据题意可得 $v = 5i^{0.5}$,即货币流通速度取决于名义利率 i。i 越大,人们对每一美元收入愿意持有的货币量越小,而当人们愿意持有的货币量较少时(k 小),货币流通速度 V

越大。因此名义利率越大,货币流通速度越大。

b. 如果名义利率为 4%,由 $v=5i^{0.5}$ 可得 $V=1$。

c. 由题得 $Y=1\ 000$, $M=1\ 200$; $V=1$ 带入货币需求函数 $MV=PY$,可得 $P=1.2$。

d. 根据费雪效应和题意有:

$$i=r+E\pi$$
$$i_0=4\%$$
$$\Delta E\pi=5\%$$

r 不变,因此 $i_1=4\%+5\%=9\%$,即新的名义利率为 9%。

e. 新的名义利率为 9%,根据 $V=5i^{0.5}$,可得 $V_1=1.5$,即新的货币流通速度为 1.5。

f. 用百分比变动的形式表示的数量方程为:

M 变动的百分比 $+V$ 变动的百分比 $=P$ 变动的百分比 $+Y$ 变动的百分比

根据上式和题意,产出和货币量的百分比变动均为 0,价格水平 P 的百分比变动就等于货币流通速度 V 的百分比变动,即 $(1.5-1)/1=50\%$。

g. 根据 M 变动的百分比 $+V$ 变动的百分比 $=P$ 变动的百分比 $+Y$ 变动的百分比,有 M 变动的百分比 $=0\%+0\%-50\%=-50\%$,即应该将货币供给设定在为原供给量的 1/2。

【科兴点评】理解货币市场的均衡方程和条件,明白货币流通速度与 k 的关系,同时由单纯的公式推出其变动百分比的规律要掌握。

4. 假定货币需求函数的形式为 $(M/P)^d=L(i,Y)=Y/(5i)$。

a. 如果产出增长速度为 g,名义利率恒定,那么,实际货币余额需求将会以什么速度增长?

b. 这一经济的货币流通速度是多少?

c. 如果通货膨胀和名义利率恒定,那么,货币流通速度将会以什么速度增长(如果有的话)?

d. 利率水平的一个永恒的(一次性)增加将如何影响货币流通速度?它将如何影响随后的货币流通速度增长率?

e. 如果中央银行要实现长期目标通货膨胀率 π,那么货币供给应该以什么速度增长?

【重要级别】4 　　　　　　【难度级别】3

【考查要点】数量方程与货币需求函数/货币需求函数

【参考答案】由货币需求函数的形式可得:

实际余额需求变化百分比 $=$ 产出变化百分比 $-$ 名义利率变化百分比

a. 名义利率恒定,则实际余额需求以 g 为速度增长。

b. 这一经济货币市场均衡,满足 $M/P=Y/(5i)$,将其变形为 $M(5i)=PY$,则这一经济的货币流通速度为 $5i$。

c. 由于货币流通速度为 $5i$、名义利率恒定,则货币流通速度也保持恒定。

d. 利率的一个永恒性增加会使货币流通速度也增加,但以后由于利率不变,因而也不会对货币流通速度造成影响。

e. 如果中央银行要实现长期目标通货膨胀率 π,那么,货币供给也应该按 π 速度增长。

【科兴点评】明白货币流通速度与 k 的关系,同时要掌握单纯由公式推出其变动百分比的规律。

5. 一篇报纸文章曾经报道,美国经济正经历着低通货膨胀率。它说,"低通货膨胀率有一个负面影响:4 500 万名社会保障和其他津贴的领取者将看到他们的支票在下一年仅仅增加 2.8%"。

a. 为什么政策制定者将社会保障和其他津贴的增加与通货膨胀建立联系?

b. 津贴的小幅增加是否如该文所认为的那样是低通货膨胀的一个"负面效应"?为什么?

【重要级别】3　　　　　　　　【难度级别】3

【考查要点】通货膨胀的社会成本

【参考答案】a. 这是因为美国的社会保障和津贴等是以指数化的方式支付,立法者希望社会保障和其他津贴的实际价值保持恒定,不随时间的推移而改变。这可以通过成本指数化来实现,指数化之后,名义津贴随物价一起变动。

b. 这个不是通货膨胀的社会成本。假设通货膨胀是可以准确衡量的,老年人的生活不会受到低通货膨胀率的影响。虽然他们从政府拿到了更少的钱,但是他们购买的东西也更加便宜了,他们的购买力和高通货膨胀时的购买力是一样的。

【科兴点评】通货膨胀会影响货币的实际购买力,所以社会保障会以指数化调整的形式来保障领取者的实际购买力。

6. 在第二次世界大战期间,德国和英国都有纸币武器的计划:它们各自印制对方国家的通货,打算用飞机大量空投。为什么这可能是一种有效的武器呢?

【重要级别】2　　　　　　　　【难度级别】2

【考查要点】恶性通货膨胀

【参考答案】金融是国家经济的中心,物价的稳定对于经济的稳定发展至关重要。空投货币会使市场上的货币供给突然增加,引起恶性通货膨胀,恶性通货膨胀从各个方面严重影响经济的运行,甚至导致经济瘫痪,如增加了皮鞋成本和菜单成本。它使相对价格变化不定,任意改变人们的税收负担,使货币作为计价单位变得没有用处,同时增加了经济的不确定性和引起财富的任意再分配。如果恶性通货膨胀继续恶化,将严重打击人们对经济和政策的信心,危害严重。从这点上说货币武器是有效的。

另外外国空投货币,政府并没有从所导致的通货膨胀中得到货币铸造税的收入。因此既导致了通货膨胀,又失去了货币铸造税的收入。

【科兴点评】货币铸造税指政府通过创造货币而筹集到的收入,在创造货币的过程中稀释了每一单元货币所代表的资产,原有的资产转移到新发行的货币上,从而像政府"征税"。而空投货币,只会稀释单位货币的购买力。

7. 对于以下每个场景,解释并对通货膨胀的成本进行归类。

a. 由于通货膨胀上升了,J.Crew 服装公司决定每月而不是每个季度发行一个新的产品目录。

b. 爷爷从一家保险公司购买了 100 000 美元的年金,该公司承诺在爷爷的有生之年每年付给他 10 000 美元。在购买了该年金后,爷爷意外地发现在接下来的几年里高通货膨胀使价格上升到了原来的 3 倍。

c. 玛丽亚生活在一个有着恶性通货膨胀的经济中。每到发工资的那一天,她就尽可能快地跑到商店,以便能在钱丧失价值之前花掉。

d. 吉塔生活在一个通货膨胀率为 10% 的经济中。在过去一年里,她的价值百万美元的股票和债券组合给她带来了 50 000 美元的回报。由于她的税率为 20%,她给政府缴纳了 10 000 美元的税收。

e. 你父亲告诉你,当他在你这个年龄时,他每小时工作的报酬只有 4 美元。他的言下之意是你有一份每小时 9 美元的工作已经很幸运了。

【重要级别】2　　　　　　　【难度级别】3

【考查要点】通货膨胀税;通货膨胀的社会成本

【参考答案】a. 公司决定每月而不是每季度发布一份新的目录,这就是菜单成本的一个例子。生产资源将从其他活动中抽离出来,以便更频繁地更新目录,使商品价格与公司产生的成本保持一致,并保持其利润的真实价值。

b. 意外的通货膨胀降低了年金的实际价值。当出现意想不到的通货膨胀时,债权人会输,债务人会赢。在这种情况下,爷爷是债权人,因为他每年欠保险公司 1 万美元。保险公司是债务人,它赢了,因为它每年用不那么值钱的美元支付给爷爷,减少了它必须支付的金额的实际价值。这属于通货膨胀造成的第三种成本,即通货膨胀使得相对价格变动从而导致资源配置在微观上的无效率。

c. 在钱贬值之前迅速花钱就是皮鞋成本的一个例子。玛丽亚正把时间和精力从其他活动中转移出来,以便在恶性通货膨胀侵蚀货币价值之前将其转换成商品和服务。她没有存钱的动机。

d. 吉塔被征税的是她的名义收益,而不是她的实际收益。吉塔获得了 5% 的名义回报率(5 万美元),必须支付 20% 的税款。她的实际回报率实际上是 −5%(5% 的名义回报率减去 10% 的通货膨胀率),所以如果税率被定义为实际收入的百分比,那么她将不欠任何税。通货膨胀扭曲了税收的征收,属于通货膨胀的第四种成本。

e. 父亲并没有考虑到他在这个年龄时的价格水平和当今的价格水平是不一样的,这属于通货膨胀的第五种成本。当存在通货膨胀时,我们在比较不同时期的美元时应对通货膨胀进行校正。

【科兴点评】本题考查通货膨胀的社会成本及其类型。

8. 一些经济史学家指出,在金本位时期,黄金的发现在长期通货紧缩之后最可能出现(1896 年的发现是一个例子)。为什么这种观察可能是正确的?

【重要级别】3　　　　　　　　　　【难度级别】3

【考查要点】通货紧缩

【参考答案】通货紧缩是指总体物价水平的下降,这相当于货币价值的上升。在金本位下,由于货币与黄金按固定比率兑换,货币的升值意味着黄金的升值。因此,通货紧缩时,一盎司的黄金可以买更多的东西,黄金变得更有价值、更值钱,这就构成了人们去寻求金矿的动力,由此导致在通货紧缩之后更多的黄金被发现。

【科兴点评】通货紧缩使物价下降,一单位货币的购买力增加,从而固定比例的黄金也变得更值钱。

附录的问题与应用

在卡甘模型中,如果预期货币供给按某种不变的比率 μ 增加(从而 $Em_{t+s}=m_t+s\mu$),那么可以证明,方程(A9)意味着:

$$p_t = m_t + r\mu$$

a. 解释这个结果。

b. 在货币增长率 μ 保持不变的条件下,当货币供给 m_t 改变时,价格水平 p_t 会发生什么变动?

c. 在现期货币供给 m_t 保持不变的条件下,当货币增长率 μ 变动时,价格水平 p_t 会发生什么变动?

d. 如果中央银行将要降低货币增长率 μ,但想保持价格水平 P_t 不变,它应该对 m_t 做些什么? 你能看出在执行这种政策时可能会产生什么实际问题吗?

e. 在货币需求不取决于预期通货膨胀率(因此 $r=0$)的特殊情况下,你此前的回答会如何改变?

【重要级别】3　　　　　　　　　　【难度级别】3

【考查要点】卡甘模型

【参考答案】预期的货币供给按不变的比率 μ 增长,卡甘模型意味着

$$p_t = m_t + r\mu$$

该问题说明了这个方程的含义。

a. 改写式子 $m_t - p_t = r\mu$,也就是说,实际货币余额取决于货币增长率。货币增长率提高时,实际货币余额下降。这点在卡甘模型中是重要的。更快的货币增长,导致更高的通货膨胀率,减少了实际货币余额,即降低了人们持有货币的意愿。

b. 货币增长率 μ 不变,当货币供给 m_t 改变时,物价水平同比例变动,即一对一的变动。

c. 现期货币供给 m_t 不变,当货币增长率 μ 改变时,它会使物价水平同方向变动。

d. 如果中央银行降低货币增长率 μ 时,物价水平立即下降。为了补偿物价水平下跌,中央银行可增加现期货币供给 m_t,这可以从答案 b 中看出。这些答案假设在每个时点,私人部门希望货币增长率保持不变,所以政策的变动会给他们带来惊讶,但是一旦发生,它便是完全可信的。一个实际问题是,私人部门不一定认为现期货币供给的增长必然意味着未来货币供给率的下降。

e. 若货币需求不取决于预期通货膨胀率,则只有当货币供给本身变化时,物价水平才会变化,即货币增长率 μ 不影响物价水平。在 d 中,中央银行只要保持现期货币供给 m_t 不变,就能保持物价水平 p_t 稳定。

【科兴点评】卡甘模型是一种解释货币增长、通货膨胀等非常典型的模型,读者可以细细理解。

【补充训练】

1. 经济中,货币供给每年增长 7%,货币流通速度不变。下面关于实际 GDP 和通货膨胀率的判断,哪个是正确的?(　　)

A. 实际 GDP 以 2% 的速度增长,通货膨胀率为 5%

B. 实际 GDP 以 7% 的速度增长,通货膨胀率为 7%

C. 实际 GDP 以 2% 的速度增长,通货膨胀率为 9%

D. 实际 GDP 以 9% 的速度增长,通货膨胀率为 2%

【重要级别】3　　　　　　　　【难度级别】2

【考查要点】货币数量论/货币、价格和通货膨胀

【参考答案】A。由数量方程式: $M\bar{V}=PY$ 知道,货币供给的增长速度等于实际 GDP 的增长速度加上通货膨胀率,由此可以得到 A 为正确答案。

【科兴点评】读者需要记住数量方程式的原理和运用。

2. 只有在下列哪种情况下,事前实际利率和事后实际利率不同?(　　)

A. 货币供给以固定速度增长　　　　B. 货币供给不变

C. 货币供给以固定速度减少　　　　D. 实际通货膨胀与预期通货膨胀不同

【重要级别】3　　　　　　　　【难度级别】2

【考查要点】通货膨胀率与利率

【参考答案】D。事前实际利率和事后实际利率之间的差别就是预期的通货膨胀与实际的通货膨胀之间的差别,而与货币的供给无关。

【科兴点评】参考书中费雪方程式的推导和解释等。

3. 经济学家们谈及通货膨胀税时,他们指的是(　　)。

A. 在通货膨胀时期生产率的提高

B. 作为通货膨胀后果之一的货币价值的下降

C. 通货膨胀时期税收趋于上升的现象

D. 作为通货膨胀后果之一的价格变动的代价

E. 通货膨胀时期所得税的自动指数化

【重要级别】1　　　　　　　　　　【难度级别】1

【考查要点】通货膨胀税

【参考答案】B。通货膨胀税的定义,就是由于物价水平的上升使得货币持有者手中的钱不值钱,也就是货币价值的下降,故选 B。

4. 以下各项中,最有可能因通货膨胀而受损耗的是(　　)。

A. 纳税人　　　　　　　　　　　B. 债务人

C. 指数化工资合同的工人　　　　D. 借款人

E. 财产所有者

【重要级别】2　　　　　　　　　　【难度级别】1

【考查要点】通货膨胀的社会成本

【参考答案】B。纳税人所支付的是由于未预期到的通货膨胀的成本,财产所有者如果是货币持有者,则相当于支付了通货膨胀税。指数化工资合同的工人,指数化就是为了减少未预期到的通货膨胀的危害,因此,其损耗较小,而债务人是由于未预期到的通货膨胀的影响,在债务人和债权人之间重新分配了财富,通货膨胀使得债务人受损而借款人得益,故此题答案为 B。

【科兴点评】通货膨胀尤其是恶性通货膨胀对经济的一个重要影响效应就是财富的重新分配,本题就是一个很好的例子。

5. 假设经济中物价水平为 2,实际 GDP 为 98 000 亿美元,货币供给量为 2 000 亿美元。

(1) 货币的流通速度是多少?

(2) 根据货币数量论,货币增加到 2 400 亿美元时会产生什么影响?

【重要级别】2　　　　　　　　　　【难度级别】1

【考查要点】货币数量论

【参考答案】(1) 货币流通速度为 98。

(2) 由货币数量论可知,货币与物价水平同比例地上升或下降。货币供给量从 2 000 亿美元增加到 2 400 亿美元,增加了 20%,同时物价水平也上升了 20%,即 $2 \times (1+20\%) = 2.4$。

【科兴点评】题目不难,记住数量方程式,将数值代入公式即可。

6. 如果货币需求的利率弹性是 1/2,利率上升 10%,则实际货币余额需求(　　)。

A. 增加 5%　　　　B. 减少 20%　　　　C. 增加 20%　　　　D. 减少 5%

【重要级别】3　　　　　　　　　　【难度级别】3

【考查要点】货币需求理论/货币需求的交易理论——鲍莫尔-托宾现金管理模型

【参考答案】D。利率与货币需求是成反方向变化的。按鲍莫尔-托宾模型预测,货币需求的收入弹性是 1/2,即收入增加 10% 将使实际货币余额需求增加 5%;货币需求的利率弹性是 1/2,即利率上升 10% 将使实际货币余额需求减少 5%。然而经验研究表明,货币需求的收入弹性大于 1/2,货币需求的利率弹性小于 1/2。

7. 若价格水平和收入水平不变,利率上升,可能导致(　　)。

A. 货币需求增加　　　　　　　　B. 货币流通速度增加

C. 货币乘数减小　　　　　　　　D. 以上都对

【重要级别】2　　　　　　　　　　【难度级别】2

【考查要点】货币需求理论

【参考答案】B。根据货币数量论 $PY=MV$,又 $(M/P)^d=L(i,Y)$,i 上升,M 下降,P 和 Y 不变,则 V 必然上升。

8. 判断题:持有货币的实际收益率为 0。(　　)

【重要级别】3　　　　　　　　　　【难度级别】1

【考查要点】通货膨胀与利率

【参考答案】错误。持有货币的名义收益率是 0,通货膨胀是 π,持有货币的实际收益率是 $0-\pi=-\pi$。

6 开放的经济

【学习精要】

一、学习重点

1. 开放经济的两个恒等式
2. 国际贸易与国际资本流动
3. 实际汇率的决定机制和名义汇率的决定机制
4. 各种经济政策对实际汇率的影响
5. 购买力平价

二、知识脉络图

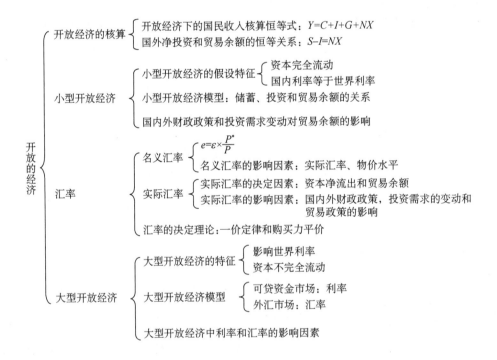

三、理论精要

▶ 知识点一　开放经济下的国民收入核算恒等式

用支出法表示的开放经济下的国民收入核算恒等式为：

$$Y = C + I + G + NX$$

这样，国内的产出（Y）被划分为相应的四个部分，即消费（C）、投资（I）、政府购买（G）和净出口（NX）。其中，净出口（NX）就是国外居民对国内产出的支出部分，可为正也可为负。每一单位的 GDP 都分别属于这四项中的一项。

▶ 知识点二　国外净投资和贸易余额的恒等关系

由开放经济下的国民收入核算恒等式为：$Y = C + I + G + NX$，国民储蓄为：$S = Y - C - G$，可得：

$$S - I = NX$$

（1）$S - I$ 为国内储蓄和国内投资的差额，称为资本净流出，又称为国外净投资。它可为正也可为负，反映资本市场的资金情况。当国内储蓄大于国内投资时，国内资本有了盈余，国内利率处于相对较低的水平。此时，国内盈余资本在资本逐利性的驱动下（其实这也正反映了理性人的必然选择）会向国外发放贷款，或者直接购买国外的实物或金融资产（债券或股票），以保值并增值。但是不管通过何种方式，国内都把盈余资本提供给了国外的使用者，此时，便有了资本的净流出。同理，当国内储蓄小于国内投资时，国内资本短缺，利率上升，此时便有资本的净流入。

（2）NX ＝出口－进口，称为净出口或称为贸易余额，可为正也可为负，反映国际物品和劳务市场的流动情况。当出口大于进口时，净出口为正，此时我们拥有贸易盈余，国内产出大于国内支出；当出口小于进口时，净出口为负，此时我们拥有贸易赤字；如果出口正好等于进口，净出口为零，国内产出等于国内支出，则贸易平衡。

从恒等式 $S - I = NX$ 可知，资本净流出恒等于贸易余额。这就是上述所说的贸易余额和资本净流出之间的密切关系。从这个恒等式可以看出，为资本积累融资的国际资金流动与产品和服务的国际流动是一枚硬币的正、反面。一方面，如果储蓄大于投资，那么就有多余的资金可以提供外国人贷款，外国人需要这些贷款是因为他们需要这些资金来购买本国的净出口的产品和服务，即贸易盈余；另一方面，如果国内储蓄小于投资，那么额外的投资就需要从国外借贷来实现，本国需要这些贷款用来购买进口大于出口的那些产品和服务，即贸易赤字。因此，资本净流出和贸易余额是同步进行的，且总是相等的。

▶ 知识点三　小型开放经济模型

我们研究的小型开放经济，主要有下列两个特点。

（1）资本完全流动。即小型开放经济体中的家庭和企业可以不受政府干预自由地进入世界金融市场，进行一系列有利于自身利益最大化的国际资产的买卖，从而导致了资本流入和资本流出。

（2）本国实际利率等于世界利率，即 $r=r^*$。世界利率由世界储蓄和世界投资的均衡决定，小型开放经济由于经济体太小，其在国际金融市场上的活动对世界利率不产生影响。这就意味着小型开放经济的利率由世界利率外生给定。

小型开放经济模型通过三个假设条件建立了净出口和国内投资（利率）的数量关系式，即 $NX=\bar{S}-I(r^*)$。

这三个条件分别是：

① 产出 Y 由生产要素和生产函数决定，即 $Y=\bar{Y}=F(\bar{K},\bar{L})$，所以该经济产出固定；

② 消费函数为 $C=C(Y-T)$，消费和可支配收入 $(Y-T)$ 正相关；

③ 投资（I）和实际利率（r）负相关，投资函数为 $I=I(r)$。

然后有 $NX=S-I=[\bar{Y}-C(\bar{Y}-T)-G]-I(r)=\bar{S}-I(r)=\bar{S}-I(r^*)$，最后一个等式成立的原因是因为小型开放经济的国内利率等于世界利率，即 $r=r^*$。所以有 $NX=\bar{S}-I(r^*)$，该关系式可用图 6.1 表示。

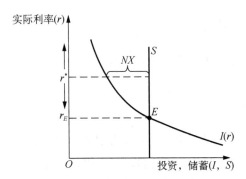

图 6.1 小型开放经济中的储蓄、投资和贸易余额的关系

▶知识点四 各种政策对贸易余额的影响

由于贸易余额表现为某一利率水平下国内储蓄和投资的差额，所以任何旨在影响储蓄、投资及世界利率的政策均可能会影响贸易余额的大小。如图 6.2 所示，如果小型开放经济刚开始处于 E 点的贸易平衡位置，国内储蓄等于国内投资，贸易余额为零。

1. 财政政策对贸易余额的影响

如图 6.2 所示，当国内政府实施扩张性财政（扩大政府购买或者减税）政策时，国内储蓄减少，储蓄线从 S_0 平移到 S_1。此时在世界利率 r^* 下，国内投资大于国内储蓄，国内需要向国外借贷来为国内投资融资，即资本流入。此时经济出现贸易赤字。

当国内政府实施紧缩性财政政策时，国内储蓄增加，储蓄线从 S_0 平移到 S_2。此时在世界利率 r^* 下，国内储蓄大于国内投资，国内把多余的

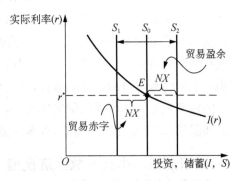

图 6.2 储蓄变动对贸易余额的影响

资本借贷给国际金融市场,即资本流出。此时经济出现贸易盈余。

2. 世界利率变动对贸易余额的影响

如图 6.3 所示,当世界利率为 r^* 时,贸易平衡,即国内储蓄等于国内投资。世界利率主要由世界资金的供给和需求决定,当一个大型经济足以改变世界资金供求状况时也会影响世界利率。

当国外实施了积极的财政政策,导致世界储蓄减少,或者世界投资上升时,这就引起世界利率升高。假设世界利率从 r^* 上升到 r_1^*,国内投资减少,国内储蓄大于国内投资,出现贸易盈余。相反,当世界储蓄增加或世界投资减少导致世界利率从 r^* 下降到 r_2^* 时,国内投资大于国内储蓄,这时出现贸易赤字。

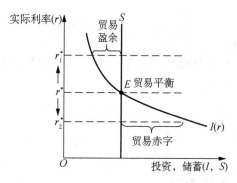

图 6.3 世界利率变动对贸易余额的影响

3. 国内投资需求变动对贸易余额的影响

如图 6.4 所示,当国内实施了鼓励投资的政策(改变税法或投资税扣除),同样的利率下国内的投资需求就会增加,投资需求曲线右移,从 $I(r)$ 向外移动到 $I_1(r)$ 的位置,这时国内投资大于国内储蓄,出现贸易赤字;反之,当政策使投资需求减少时,那么投资曲线向左移动,从 $I(r)$ 移动到 $I_2(r)$ 的位置,这时国内投资小于国内储蓄,出现贸易盈余。

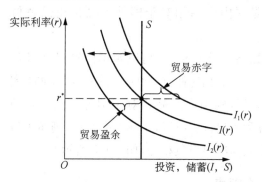

图 6.4 国内投资需求变动对贸易余额的影响

▶ 知识点五 名义汇率和实际汇率

1. 名义汇率

两种货币相互兑换的比率叫作名义汇率,简称汇率。它是将一国货币折算成另一国货币时使用的比率。名义汇率随外汇市场供求关系的变动而变动,它不能反映两种货币的实际价值。名义汇率有两种不同的标价方法:

(1)直接标价法。直接标价法是以 1 单位外国货币作为标准,折算为一定数额的本国货币的外汇标价法。比如 1 美元可兑换 8 元人民币。

(2)间接标价法。间接标价法是以 1 单位本国货币作为标准,折算为一定数额的外国货币的外汇标价法。比如,1 元人民币可兑换 0.125 美元。

直接标价法和间接标价法是等价的,而且所计算出来的兑换比率互为倒数。

2. 外汇的升值和贬值

一种货币相对于其他货币,价值上升称为升值;一种货币相对于其他货币,价值下降称为贬值。

3. 实际汇率

$$实际汇率 = \frac{名义汇率 \times 国内产品的物价}{国外产品的物价}$$

实际汇率是指一国的物品和劳务与另一国的物品和劳务交易的比率。上式可以表示为：

$$\varepsilon = e \times \frac{P}{P^*}$$

其中，P 代表国内的物价水平，P^* 代表国外的物价水平。

因此，可以根据两个国家的名义汇率和物价水平来计算两个国家之间的实际汇率。实际汇率是国内产品相对于国外产品价格的整体评价。

如果实际汇率高，则说明国内产品比较昂贵，国外产品相对便宜，此时不利于出口；如果实际汇率低，则国内产品相对于国外产品比较便宜，有利于出口。所以，实际汇率升高，则净出口减少；而实际汇率降低，则净出口增加。实际汇率与净出口负相关，如图 6.5 所示。

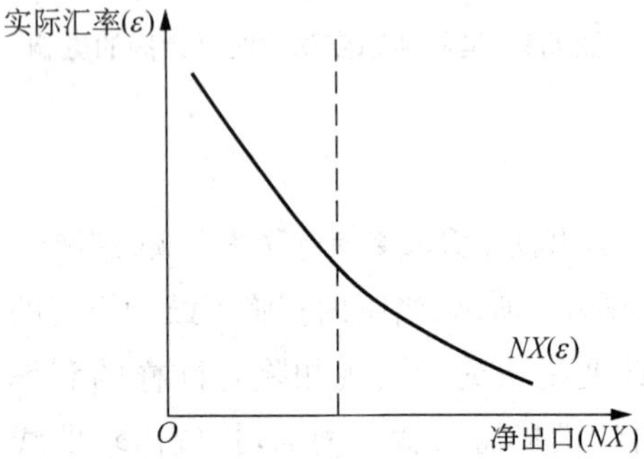

图 6.5 汇率与净出口

▶ 知识点六 实际汇率的决定因素和影响因素

1. 实际汇率的决定

资本净流出（$S-I$）的垂直线和向右下方倾斜的净出口曲线 $NX(\varepsilon)$ 的交点决定了实际汇率，如图 6.6 所示。

2. 国内财政政策对实际汇率的影响

如图 6.7 所示，当国内实施扩张性的财政政策时，国内储蓄减少，在投资不变的情况下，资本净流出减少，所以资本净流出曲线从 S_0-I 向左移动到 S_1-I 的位置，实际汇率上升，净出口减少；当国内实施紧缩性的财政政策时，国内储蓄增加，在投资不变的情况下，资本净流出增加，所以资本净流出曲线从 S_0-I 向右移动到 S_2-I 的位置，实际汇率下降，净出口增加。

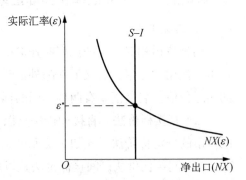

图 6.6 实际汇率的决定

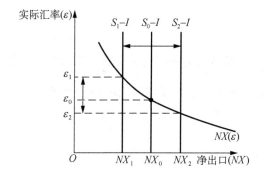
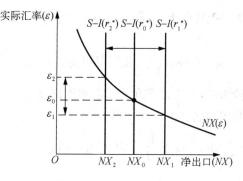

图 6.7 国内财政政策对实际汇率的影响 图 6.8 国外财政政策对实际汇率的影响

3. 国外财政政策对实际汇率的影响

如图 6.8 所示,当国外实施扩张性的财政政策时,世界储蓄减少使得世界利率提高。假设世界利率从 r_0^* 上升到 r_1^*,国内投资减少,资本净流出增加,所以资本净流出曲线从 $S-I(r_0^*)$ 向右移动到 $S-I(r_1^*)$ 的位置,实际汇率下降。

当国外实施紧缩性的财政政策时,世界储蓄增加使得世界利率下降。假设世界利率从 r_0^* 下降到 r_2^*,国内投资增加,资本净流出减少,所以资本净流出曲线从 $S-I(r_0^*)$ 向左移动到 $S-I(r_2^*)$ 的位置,实际汇率上升。

4. 投资需求变动对实际汇率的影响

如图 6.9 所示,当投资需求增加时,在同一世界利率下国内投资增加,减少了资本净流出。所以资本净流出曲线从 $S-I_0$ 向左移动到 $S-I_1$ 的位置,实际汇率上升。

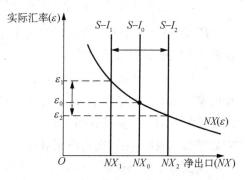

图 6.9 投资需求变动对实际汇率的影响

当投资需求减少时,在同一世界利率下国内投资减少,这就增加了资本净流出。所以资本净流出曲线从 $S-I_0$ 向右移动到 $S-I_2$ 的位置,实际汇率下降。

5. 贸易政策对实际汇率的影响

如图 6.10 所示,当一国实施贸易保护主义政策时,在任何一个汇率下进口减少了,这样净出口曲线就会向外移动,从 $NX_1(\varepsilon)$ 移到 $NX_2(\varepsilon)$。这样,实际汇率升高。

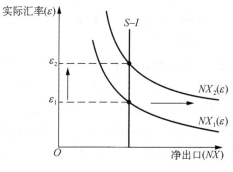

图 6.10 实际汇率的决定

▶ 知识点七　名义汇率的决定因素

由 $\varepsilon = e \times \dfrac{P}{P^*}$，我们可以得到 $e = \varepsilon \times \dfrac{P^*}{P}$。所以名义汇率取决于实际汇率和两国的物价水平，名义汇率和实际汇率同向变动。实际汇率的决定因素和两国的物价水平决定了两国的名义汇率。

由 $e = \varepsilon \times \dfrac{P^*}{P}$，我们可以得到：

$$\ln e = \ln \varepsilon + \ln P^* - \ln P$$

对该式子取全微分，我们可以得到：

$$\mathrm{d}\ln e = \mathrm{d}\ln \varepsilon + \mathrm{d}\ln P^* - \mathrm{d}\ln P \Rightarrow \frac{\mathrm{d}e}{e} = \frac{\mathrm{d}\varepsilon}{\varepsilon} + \frac{\mathrm{d}P^*}{P^*} - \frac{\mathrm{d}P}{P}$$

这样我们就写出了汇率的变动方程式，用语言可以表达为：

e 变动的百分比 = ε 变动的百分比 + P^* 变动的百分比 - P 变动的百分比

所以，两个国家通货之间的名义汇率变动的百分比等于实际汇率变动的百分比加上这两个国家通货膨胀率的差别。

一价定律的内容是：同一种商品在世界各国以同一货币表示，其价格是一样的。该定律的实现是通过商品套购（国际套利交易）机制来实现的。所谓的商品套购，是指利用两国货币汇率与某一商品在两国的价格之比不一致时，通过在价格相对较低的国家买入一定数额的该商品，然后在价格相对较高的国家售出，以获得差额利润的投机行为。

购买力平价理论是一价定律在商品市场上的应用，是一种传统的汇率决定理论。一般认为，购买力平价理论描述了长期中决定汇率的因素。该理论认为一种货币在各国具有相等的购买力。显而易见，如果一价定律成立，那么实际汇率恒等于1，名义汇率的所有变动都源于两国之间物价水平的变动。由于名义汇率取决于物价水平，它也就取决于每个国家的货币政策。购买力平价理论的逻辑说明：当实际汇率背离了购买力平价理论所预期的水平越远时，个人从事国际产品套利交易的刺激就越大。

购买力平价理论表明，净出口对实际汇率的微小变动极为敏感，在这里表现为非常平坦的净出口曲线。于是有：(1)储蓄或投资的变动并不影响实际汇率或名义汇率；(2)由于实际汇率是固定的，所以名义汇率的所有变动都源于物价水平的变动。

购买力平价存在两种形式：(1)绝对购买力平价即两国货币的兑换比率等于两国的价格水平比率；(2)相对购买力平价，指两国的货币兑换比率的变动等于两国价格水平变动的比率。

▶ 知识点八　大型开放经济模型

所谓大型开放经济，是指这种经济体大到足以影响世界利率，并且其资本不是完全流动的。大型开放经济与资本完全流动的小型开放经济的主要区别是:两者的资本净流出函数是不一样的。在大型开放经济中,资本净流出函数是国内实际利率的函数,与国内实际利率呈负相关关系,国内利率越低,资本净流出越大;而在资本完全流动的小型开放经济中,资本净流出曲线是一条通过世界利率(r^*)的水平线。

大型开放经济中考虑两个市场:可贷资金市场和外汇市场。通过这两个市场,我们分别可以决定经济中的实际利率(r)和实际汇率(ε)。

1. 可贷资金市场

与 $S-I=NX \Rightarrow S=I+NX$ 类似,国内储蓄 S 有两个用途:其一为国内投资(I)筹资;其二为资本净流出(CF)筹资,即 $S=I+CF$。其中,国内储蓄由国内产出水平、国内财政政策和消费函数所决定,与国内实际利率无关。而投资(I)和资本净流出(CF)都是国内实际利率的函数,并且都呈负相关关系。因此,由国内储蓄形成的资金供给与国内投资和资本净流出形成的资本需求决定了均衡的实际利率,如图 6.11 所示。

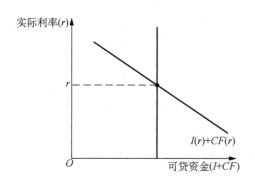

图 6.11 大型开放经济中的可贷资金市场

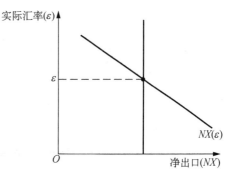

图 6.12 大型开放经济中的外汇市场

2. 外汇市场

首先,资本净流出(CF)构成了外汇市场上本国货币的供给。本国货币的需求来自本国的产品与服务的净出口(NX)。这个供给和需求的平衡决定了均衡的实际汇率(ε),如图 6.12 所示。

▶ 知识点九 大型开放经济的均衡

现在把大型开放经济的可贷资金市场和外汇市场结合起来,我们就可以得到该经济中均衡的实际利率(r)和实际汇率(ε)。

如图 6.13 所示,在可贷资金市场上,由储蓄形成的资金供给与由投资和资本净流出形成的资金需求,决定了均衡的实际利率(r)。

在国内实际利率 r 的水平上,必然对应着一定的资本净流出 $CF(r)$。

在外汇市场上,由资本净流出形成的本国货币供给等于来自本国的产品和服务净出口(NX)形成的本国货币需求,决定了实际汇率。

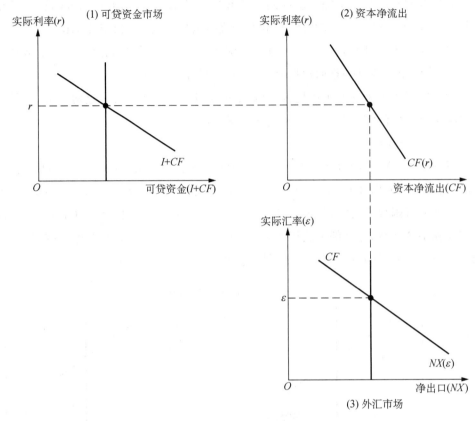

图 6.13 大型开放经济中的均衡

【习题解析】

一、关键概念

1. 净出口，即出口产品价值与进口产品价值的差额,是本国向其他国家出口产品和服务的价值减去外国向本国提供的产品和服务的价值。净出口应计入总支出,它可能为正,也可能为负。

2. 贸易盈余与贸易赤字:国民收入恒等式表明,资本净流出总是等于贸易余额,即 $S-I=NX$。当 $S-I$ 与 NX 为正时,叫作贸易盈余;反之,当 $S-I$ 与 NX 为负时,叫作贸易赤字,在这种情况下,该国的进口产品大于该国的出口产品。

3. 平衡的贸易:国民核算恒等式表明,资本净流出总是等于贸易余额,即 $S-I=NX$。若 $S-I=NX=0$,即进口值等于出口值,则称为平衡的贸易。

4. 小型开放经济是为了简化分析而做的一种假设。假设一,在这种经济中,经济规模"小型",这个经济是世界市场中的一小部分,从而其本身对世界利率的影响是微不足道的;假设二,这种经济中资本完全流动,该国居民可以完全进入世界金融市场,特别是政府并不阻止国际借贷。由于小型开放经济中资本完全流动的假设,所以它的利率等于世界利率。

5. 贸易余额是出口与进口的差额,一般用 NX 表示。它表示一国产品和服务的贸易与进口和出口相等的标准距离有多大。如果它为正,则表示贸易盈余;如果它为负,则表示贸易赤字;等于零时,该国有平衡的贸易。

6. 世界利率是世界储蓄与世界投资相等时的均衡利率。对于小型开放经济来说,它对世界影响微不足道,在小型开放经济的假设下,其经济利率等于世界利率,且小型开放经济对世界利率没有什么影响。但对于像美国这样的大国,它在世界经济中发挥巨大的作用,它的国内经济会对世界利率产生影响。

7. 名义汇率又称市场汇率,是实际汇率的对称。一种货币能兑换成另一种货币的数量的名义汇率,通常是先设定一种特殊的货币,如美元、特别提款权作为标准,然后确定此种货币的汇率。汇率依美元、特别提款权的币值变动而变动。名义汇率不能反映两国货币的实际价值,是随外汇市场上外汇供求变动而变动的外汇买卖价格。

8. 资本净流出也叫国外净投资,它是国内储蓄和国内投资之间的差额。如果一国的资本净流出为正,那么该国储蓄大于投资;反之,储蓄小于投资。它反映了国际间为资本积累融资的资金流动。

9. 实际汇率是用两国价格水平对名义汇率进行调整后的汇率,即 eP/P^*(其中,e 为直接标价法的名义汇率,即用本币表示的外币价格,P^* 为以外币表示的外国商品价格水平,P 为以本币表示的本国商品价格水平)。实际汇率反映了以同种货币表示的两国商品的相对价格水平,从而反映了本国商品的国际竞争力。

10. 购买力平价是一价定律在国际市场上的应用,是一种汇率决定理论。它认为,货币如果在各国具有相等的购买力,那么这时的汇率就是均衡汇率。购买力平价存在两种形式:(1)绝对购买力平价,即两国货币的兑换比率等于两国的价格水平比率;(2)相对购买力平价,指两国的货币兑换比率的变动等于两国价格水平变动的比率。

二、复习题

1. 什么是资本净流出和贸易余额?解释它们是如何相关的?

【重要级别】3　　　　　　　　【难度级别】1

【考查要点】国外净投资和贸易余额的恒等关系

【参考答案】(1)资本净流出,也叫国外净投资,它是国内储蓄和国内投资之间的差额。如果一国的资本净流出为正,那么该国储蓄大于投资;反之,储蓄小于投资。它反映了国际间为资本积累融资的资金流动。

贸易余额是出口与进口的差额,一般用 NX 表示。它表示一国产品和服务的贸易与进口和出口相等的标准距离有多大。如果它为正,则表示为贸易盈余;反之为贸易赤字;

等于零时,该国贸易平衡。

(2) 由国民收入核算恒等式,可得 $S-I=NX$。国民收入核算恒等式的这种形式表明了国际间为资本积累筹资的资金流动($S-I$)与国际间物品和劳务的流动之间的关系。国外净投资对应该恒等式中 $S-I$ 部分,是国内储蓄大于国内投资的余额。在开放经济中,国内储蓄无须和国内投资相等,因为投资者可以在国际金融市场上贷出或借入资本。贸易余额对应恒等式中 NX 部分,它是出口和进口的差额。这样,国民收入核算恒等式表明,国际间为资本积累筹资的资金流动与国际间物品和劳务的流动量是同一枚硬币的两面。

2. 定义名义汇率与实际汇率。

【重要级别】2　　　　　　　　　　【难度级别】1

【考查要点】名义汇率和实际汇率

【参考答案】(1) 名义汇率又称"市场汇率",是"实际汇率"的对称。一种货币能兑换成另一种货币的数量的名义汇率,通常是先设定一种特殊的货币如美元、特别提款权作为标准,然后确定此种货币的汇率。汇率依美元、特别提款权的币值变动而变动。名义汇率不能反映两国货币的实际价值,是随外汇市场上外汇供求变动而变动的外汇买卖价格。

(2) 实际汇率是用两国价格水平对名义汇率进行调整后的汇率,即 eP/P^*(其中,e 为直接标价法的名义汇率,即用本币表示的外币价格,P^* 为以外币表示的外国商品价格水平,P 为以本币表示的本国商品价格水平)。实际汇率反映了以同种货币表示的两国商品的相对价格水平,从而反映了本国商品的国际竞争力。

3. 如果一个小型开放经济削减国防支出,则储蓄、投资、贸易余额、利率和汇率会发生什么变动?

【重要级别】3

图 6.14

【难度级别】3

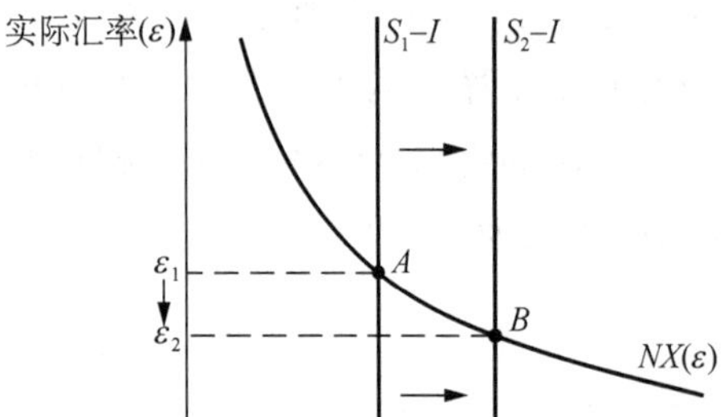

【考查要点】各种政策对贸易余额的影响/财政政策对贸易余额的影响

【参考答案】在一个小型开放经济中,投资取决于国际利率而不受影响,削减国防开支增加了政府储蓄,从而提高了国内储蓄,储蓄的提高使得 $S-I$ 曲线向右移动(如图 6.14 所示),贸易余额增加,实际汇率下降。

【科兴点评】小型开放经济的前提假设:完全资本流动,即该国居民可以完全进入世界金融市场,政府并不阻止国际借贷。

"小型"是指这个经济是世界市场的一小部分,从而其本身对世界利率的影响微不足道。由于这种完全资本流动假设,小型开放经济中的利率(r)必定等于世界利率(r^*),即世界金融市场上实行的实际利率: $r=r^*$。

小型开放经济中的居民绝不会以任何高于 r^* 的利率借贷,因为他们总可以从国外贷款。同样,这个经济中的居民也绝不必以低于 r^* 的利率放贷,因为他们总可以通过向外国贷款而赚到 r^*。因此,世界利率决定了小型开放经济中的利率。

4. 如果一个小型开放经济禁止日本DVD播放机的进口,则储蓄、投资、贸易余额、利率和汇率会发生什么变动?

【重要级别】3　　　　　　　　【难度级别】3

【考查要点】实际汇率的决定因素和影响因素/贸易政策对实际汇率的影响

【参考答案】在小型开放经济中,禁止进口日本DVD播放机,在任意给定的实际汇率下,进口减少,净出口增加,净出口曲线向右移动(见图6.15)。

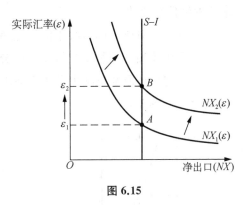

图 6.15

禁止进口日本DVD播放机的保护主义政策并没有影响到储蓄、投资和世界利率,所以 $S-I$ 不变。因为保护政策没有改变储蓄和投资,也不改变贸易余额。但是,净出口曲线向右移动,保护主义政策导致实际汇率上升。

【科兴点评】世界利率的决定与小型开放经济模型。

在一个封闭经济中,国内储蓄与国内投资的均衡决定了利率。除非存在国际间贸易,否则世界经济就是一个封闭经济。因此,世界储蓄与世界投资的均衡决定了世界利率。

小型开放经济对世界利率没有什么影响,因为它是世界的一小部分,它对世界储蓄和世界投资的影响是微不足道的。因此,小型开放经济把世界利率作为一个给定的外生变量。

5. 如果日本有低通货膨胀而墨西哥有高通货膨胀,日元和墨西哥比索之间的汇率会怎么变化?

【重要级别】2　　　　　　　　【难度级别】2

【考查要点】名义汇率的决定因素

【参考答案】实际汇率(ε)与名义汇率(e)之间的关系:

$$e = \varepsilon \times P^*/P$$

式中,P^* 表示墨西哥的价格水平而 P 表示日本的价格水平,名义汇率 e 是每日元兑换多少墨西哥比索。

上式的百分比变动可表示如下:

$$e\text{ 变动的百分比} = \varepsilon\text{ 变动的百分比} + (\pi^* - \pi)$$

这里 π^* 是墨西哥的通货膨胀率,而 π 是日本的通货膨胀率。如果墨西哥的通货膨胀率高于日本,则日元相对比索升值。同样,从墨西哥的角度看,每比索换日元的汇率下跌。

【科兴点评】在本题中,假设名义利率不变,而日本处于低通货膨胀、墨西哥处于高通货膨胀,则通货膨胀的差为负数,因此,比索对日元的实际汇率将下降,说明日元更值钱。

三、问题与应用

1. 用小型开放模型预测,作为对下列每个事件的反应,贸易余额、实际汇率和名义汇率会发生什么变动?

a. 消费者对未来的信心下降引起消费者减少消费和增加储蓄。

b. 引进丰田的新型生产线使一部分消费者偏好外国汽车而不是本国汽车。

c. 引进自动取款机减少了货币需求。

【重要级别】4

【难度级别】3

【考查要点】各种政策对贸易余额的影响

【参考答案】a. 消费者对未来的信心下降,消费者消费更少而储蓄增加,储蓄的增加使 S_1-I 右移,增加了可供国外投资的货币供给(见图 6.16),货币供给的增加使均衡实际汇率从 ε_1 下降到 ε_2。因为货币贬值,国内物品相对国外物品变得便宜,因而出口增加,进口减少,贸易余额增加。

因为国内物价水平不变,名义汇率随实际汇率的下降而下降。

图 6.16

b. 引进丰田的新型生产线不影响储蓄或投资,但它使净出口 $NX(\varepsilon)$ 向内移动,如图 6.17 所示,贸易余额不变,实际汇率从 ε_1 降到 ε_2,由于物价不变,名义汇率随之下降。

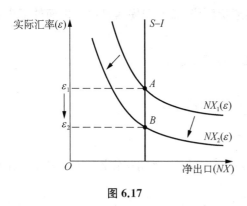

图 6.17

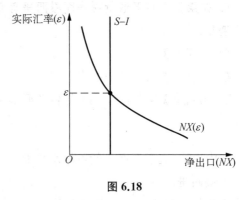

图 6.18

c. 引进自动取款机对实际变量没有任何影响。资本和劳动的总量决定了产出 $\bar{Y}$,世界利率 r^* 决定了投资 $I(r^*)$,国内储蓄和国内投资的差额决定了净出口。$NX(\varepsilon)$ 和 $S-I$ 的交点决定了实际汇率,如图 6.18 所示。

引进自动取款机减少了货币需求,并通过影响国内物价水平而影响名义汇率。物价

水平的调整使实际货币余额的供给和需求均衡,所以:
$$M/P = (M/P)^d$$
M 固定,$(M/P)^d$ 的降低导致了物价水平的升高,这就减少了实际货币余额 M/P 的供给,直至货币市场恢复均衡。

根据 $e = \varepsilon \times (P^*/P)$,实际汇率 ε 不变,假设国外物价水平 P^* 是固定的,当国内物价水平上升时,名义汇率降低。

【科兴点评】读者应善于将经济中的政策与环境等因素的变化转变为模型中的某一变量,再熟练地运用模型解决问题。

2. 考虑一个由以下方程所描述的经济:

$Y = C + I + G + NX$

$Y = 5\,000$

$G = 1\,000$

$T = 1\,000$

$C = 250 + 0.75(Y - T)$

$I = 1\,000 - 50r$

$NX = 500 - 500\varepsilon$

$r = r^* = 5$

a. 在这个经济中,求出国民储蓄、投资、贸易余额以及均衡汇率。

b. 假定现在 G 增加到 $1\,250$,求出国民储蓄、投资、贸易余额以及均衡汇率。解释你的结果。

c. 现在假定世界利率从 5% 上升到 10%(G 再次为 $1\,000$),求出国民储蓄、投资、贸易余额以及均衡汇率。解释你的结果。

【重要级别】4 　　　　　　　【难度级别】3

【考查要点】开放经济下的国民收入核算恒等式;小型开放经济模型

【参考答案】a. 国民储蓄 $S = Y - C - G = 5\,000 - [250 + 0.75 \times (5\,000 - 1\,000)] - 1\,000 = 750$

投资和利率负相关,利率取决于世界利率 $r^* = 5$,所以:

投资 $I = 1\,000 - 50 \times 5 = 750$

净出口等于储蓄和投资的差值,即:

$NX = S - I = 750 - 750 = 0$

由 $NX = 500 - 500\varepsilon$ 推出:

外汇市场的汇率(均衡汇率)$\varepsilon = 1$

b. 代入新的政府购买,作同样的分析:

$S_1 = Y - C - G_1 = 5\,000 - [250 + 0.75 \times (5\,000 - 1\,000)] - 1\,250 = 500$

$I_1 = 1\,000 - 50 \times 5 = 750$

$NX_1 = S - I_1 = 500 - 750 = -250$

$NX_1 = 500 - 500\varepsilon$

$-250 = 500 - 500\varepsilon$

$\varepsilon = 1.5$

政府购买的增加减少了国民储蓄,但世界利率不变,投资也就不变。因此,国内投资大于国内储蓄,部分投资必须从海外融资。资本法人是通过净出口减少实现的,这就要求货币升值。

c. 用新的利率重复上述计算步骤:

$S_2 = Y - C - G = 5\,000 - [250 + 0.75 \times (5\,000 - 1\,000)] - 1\,000 = 750$

$I_2 = 1\,000 - 50 \times 10 = 500$

$NX_2 = S_2 - I_2 = 750 - 500 = 250$

$NX_2 = 500 - 500\varepsilon$

$250 = 500 - 500\varepsilon$

$\varepsilon = 0.5$

储蓄不变,但世界利率升高,减少了投资,资本外流是通过贸易盈余来实现的,这就要求货币贬值。

【科兴点评】做这类题的时候,首先要弄清是怎样的经济体系,不管是小型开放经济还是大型开放经济,都可以通过利率来判断。接着根据题项中的条件对应教材中模型的各个变量,运用图形分析变量的变化和在图形上的表现,从而得出结果。对于模型中的各个表达式同时也要很好地掌握。

3. Leverett 国是一个小型开放经济。突然,世界时尚的变动使该国的出口品不受欢迎。

a. Leverett 国的储蓄、投资、净出口、利率和汇率会发生什么变动?

b. Leverett 国的公民喜欢出国旅游。汇率的这种变动将如何影响他们?

c. Leverett 国的财政政策制定者想调整税收,以把汇率维持在以前的水平上。他们应该做什么?如果他们这样做了,对储蓄、投资、净出口和利率的总体效应是什么?

【重要级别】3   【难度级别】3

【考查要点】各种政策对贸易余额的影响

【参考答案】a. 当 Leverett 国的出口品不受欢迎时,国内储蓄($Y-C-G$)是不变的。因为我们假设了 Y 由资本和劳动决定,消费由可支配收入决定,而政府购买是固定的外生变量。投资也不变,因为 Leverett 国是个小型开放经济,投资取决于世界利率,而世界利率是给定的。因为储蓄和投资不变,净出口(等于 $S-I$)也不变,这在图 6.19 中表现为 $S-I$ 曲线不动。

出口品受欢迎程度的下降导致了净出口曲线的内移,如图 6.19 所示。在新的均衡下,净出口不变,但货币已经贬值。所以即使出口品不受欢迎,但是货币余额保持不变。之所以会这样,是因为货币贬值刺激了出口。

b. 现在 Leverett 国的货币只能购买较少的外国货币(货币贬值),出国旅游就显得更加昂贵。这正是进口物品(包括出境旅游)变得昂贵的实例。因为面临出口需求的减少,要保持净出口不变,就要求进口物品更加昂贵,以削减进口。

c. 如果政府减税,那么可支配收入和消费提高,因而储蓄下降,净出口也下降。净出口下降对汇率形成上升的压力(原先汇率为补偿世界需求减少而下降)。而投资和利率不受该政策的影响,因为该国把世界利率作为给定的。

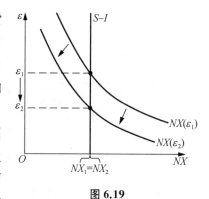

图 6.19

【科兴点评】读者需要根据题中的条件和前提,合理地选择并分析图形。

4. 当政府购买增加时,例如在战争期间,一个小型开放经济的贸易余额和实际汇率会发生什么变动?你的回答是否取决于这是国内战争还是世界大战?

【重要级别】3　　　　　　　【难度级别】3

【考查要点】各种政策对贸易余额的影响

【参考答案】对这个问题的回答取决于是国内战争还是世界大战:因为政府购买增加,减少了政府储蓄,因而减少了国民储蓄,使得 S 曲线向左移动(见图 6.20)。若是国内战争,则世界利率 r^* 不变,国内储蓄的减少,导致贸易余额下降。

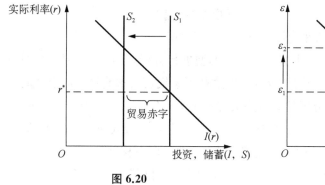

图 6.20

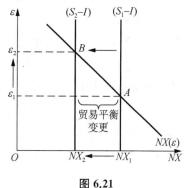

图 6.21

图 6.21 表明了政府购买的增加对实际汇率的影响。国民储蓄的下降,导致 $S-I$ 曲线左移,减少了投资海外的货币供给。货币供给的减少,导致均衡实际汇率上升。结果国内物品相对于国外物品变得更加昂贵,引起出口下降,进口上升,贸易余额下降。

所以该问题的答案取决于是国内战争还是世界大战。世界大战迫使许多政府都增加政府购买,这就提高了世界利率 r^*。对国家外贸的影响取决于世界利率相对于储蓄减少规模的变化量,比如世界利率上升可能引起一国外贸赤字(见图 6.22),也可能引起贸易盈余(见图 6.23)。

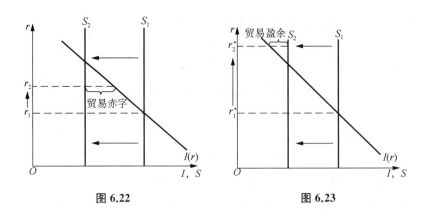

图 6.22   图 6.23

【科兴点评】注意对小型开放经济的理解,小型开放经济的利率等于世界利率。小型开放经济模型将利率视为外生变量,但外生变量改变时,模型内部的变量也会随之改变,读者需要弄清题意。

5. 本章的案例研究得出结论:如果穷国提供更高的生产效率和更好的法律保护,像美国这样的富国的贸易余额将转向盈余。让我们考虑为什么可能是这样。

  a. 如果世界的穷国提供更高的生产效率和更好的法律保护,这些国家的投资需求函数会发生什么变化?

  b. 你在问题 a 中描述的变化会如何影响世界金融市场的可贷资金需求?

  c. 你在问题 b 中描述的变化会如何影响世界利率?

  d. 你在问题 c 中描述的变化会如何影响富国的贸易余额?

【重要级别】1 　　　　　　　　　　　【难度级别】2

【考查要点】小型开放经济模型;大型开放经济模型

【参考答案】a. 穷国应采用小型开放经济模型进行分析,当世界利率不变时,更高的生产函数和更好的法律保护,会增加投资。即这些国家投资需求曲线会向上移动。

  b. 由于 $S=Y-C-G$,穷国的政府购买假定是个外生变量。而由于更高的生产函数和更好的法律保护,使得穷国的 Y 与 C 都增加,但由于存在乘数效应,Y 的增加大于 C 的增加。最终 S 增加,即每个穷国的可贷资金都增加,S 曲线向右移动。

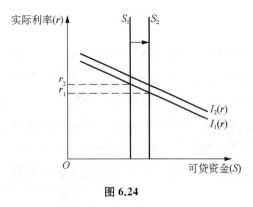

图 6.24

c. 将整个世界看作一个经济体,那么由于穷国能提供更多的可贷资金,使得整个世界的 S 曲线向右移动;而穷国投资需求函数的向上移动,对整个世界的投资需求函数有影响却不大。如图 6.24 所示,即最终世界利率会下降。

d. 对富国的分析应采用大型开放经济模型。当世界利率降低时,国内的 CF 下降,即富国的 $I+CF$ 曲线向下移动,而 S 曲线保持不变,可推出富国的国内实际利率下降。同时,由于 $CF=NX$ 是与国内的实际利率负相关。即国内实际利率下降,资本净流出增加,富国贸易余额增加。

6. 总统正考虑对日本豪华汽车的进口征收关税。讨论这项政策的经济学与政治学含义。特别地,这项政策会如何影响美国的贸易赤字?如何影响汇率?谁会受到这项政策的损害?谁将获益?

【重要级别】2 　　　　　　　　　　【难度级别】3

【考查要点】实际汇率的决定因素和影响因素/贸易政策对实际汇率的影响

【参考答案】对日本豪华汽车的进口征收关税不影响国民储蓄(因为 Y、C、G 不变)和投资,但是由于对日本汽车进口所需的货币需求减少,使 NX 曲线向外移动,如图 6.25 所示。这就提高了汇率,虽然净出口不变,但是出口和进口都下降了同样的数值,因此,总统的政策对进出口贸易没有实质性的影响。

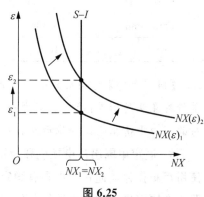

图 6.25

另外,在生产方面,更高的汇率增加了进口,对除豪华汽车(受关税保护)以外的美国公司的产品销售造成压力。美国出口商品也受到更高汇率的伤害,更高的汇率使它的商品比别国更贵,日本豪华汽车的消费者也受到关税的损害,而其他消费者从美元升值中获益,因为这使他们购买外国物品时更便宜了。总之,该政策将把对其他美国产品的需求转移给美国豪华汽车生产商,同时也把对日本豪华汽车的消费需求转移到其他进口品。

【科兴点评】读者需要理解资本净流出(国外净投资)与净出口(贸易余额)的概念、结构以及影响因素,政府政策对这些变量的影响方向,以及由此造成的结果(运用模型)。

7. 下面给出了四个假想国家(按字母顺序)的通货的信息。利用购买力平价理论填充表格,如果根据给出的信息无法确定某些数字,就填"NA"。解释你的答案。

国家	通货	黄酒啤酒的价格	汇率(每 Hagrid fluffy)	
			预测值	现实值
Hagrid	Fluffy	5	—	—
Hermionia	Gallcon		80	70
Potterstan	Sickle	60	—	10
Ronland	Knut	100	20	

【重要级别】3 　　　　　　　　　　【难度级别】3

【考查要点】购买力平价的考察

【参考答案】a. 一瓶黄油啤酒在 Hagrid 的价格是 5 Fluffy,两国的汇率是每 Hagrid

fluffy 为 80 Hermionia Gallcon，所以一瓶黄油啤酒在 Hermionia 的价格是 400 Gallcon。

b. 一瓶黄油啤酒在 Hagrid 的价格是 5 Fluffy，在 Potterstan 是 60 Sickle，所以两国的汇率是每 Hagrid Fluffy 为 12 Potterstan Sickle。

国家	通货	黄酒啤酒的价格	汇率（每 Hagrid fluffy）	
			预测值	现实值
Hagrid	Fluffy	5	—	—
Hermionia	Gallcon	400	80	70
Potterstan	Sickle	60	12	10
Ronland	Knut	100	20	NA

【科兴点评】对购买力平价的概念要有比较深刻的理解并且能够熟练地计算，购买力平价存在两种形式：绝对购买力平价即两国货币的兑换比率等于两国的价格水平比率；相对购买力平价指两国的货币兑换比率的变动等于两国价格水平变动的比率。

8. 假定中国出口电视机和使用人民币（元）作为其通货，而俄罗斯出口伏特加啤酒和使用卢布作为其通货。中国有稳定的货币供给，电视机生产的技术进步缓慢而稳定，而俄罗斯有快速增长的货币供给，没有伏特加啤酒生产的技术进步。基于这一信息，你预测实际汇率（用每台电视机换取的伏特加啤酒瓶数来衡量）和名义利率（用每一元人民币兑换的卢布数来衡量）会怎样随时间变动？解释你的推理。（提示：对于实际汇率，思考稀缺性和相对价格之间的联系。）

【重要级别】3　　　　　　　　【难度级别】3

【考查要点】名义汇率和实际汇率

【参考答案】由于中国电视机生产技术进步缓慢而稳定，因而其电视机产量会增加，相比俄罗斯的伏特加啤酒，产量会比较稳定。根据物品的稀缺性，每台电视机换取的伏特加啤酒数会减少，即预测实际汇率会降低。

根据 $e = \varepsilon P^* / P$，则有：

e 变动的百分比 ＝ ε 变动的百分比 ＋ P^* 变动的百分比 － P 变动的百分比

中国货币供给稳定，则 P 变动的百分比为零；ε 为实际利率，会减小，但由于其进步是比较缓慢的，所以减小的百分比也很小；俄罗斯有快速增长的货币供给，则 P^* 变动的百分比较大，至少会大于 ε 减小的量，从而最终名义利率会增大，即每一元人民币兑换的卢布数会增加。

【科兴点评】对实际利率及其概念和衡量有较好的理解，同时运用公式 $e = \varepsilon P^* / P$ 进行推理。

9. Oceania 是一个小型开放经济。假定众多其他国家开始通过实行投资税收抵免来补贴投资（同时调整其他税收以保持税收收入不变），但是 Oceania 没有实行这样的投资补贴。

a. 作为世界利率函数的世界投资需求会发生什么变动？

b. 世界利率会发生什么变动？

c. Oceania 的投资会发生什么变动？

d. Oceania 的贸易余额会发生什么变动？

e. Oceania 的实际汇率会发生什么变动？

【重要级别】4　　　　　　　　　　　【难度级别】3

【考查要点】实际汇率的决定因素和影响因素/投资需求变动对实际汇率的影响

【参考答案】a. 如果很多国家制定的投资税减免政策的作用大到足以影响世界投资需求，那么会使世界投资曲线向外移动，见图 6.26。

b. 世界投资需求增加，世界利率从 r_1^* 上升到 r_2^*，如图 6.26 所示。

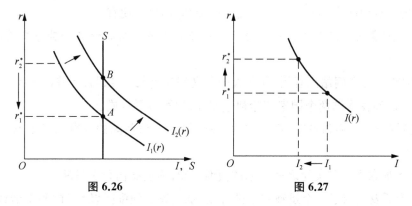

图 6.26　　　　　　　　　　　图 6.27

c. 世界利率的上升，导致小型开放经济所要求的投资回报率上升，投资减少，因为更高的世界利率导致投资减少，如图 6.27 所示。

d. 假设储蓄率不变，更高的世界利率意味着贸易余额增加，如图 6.28 所示。

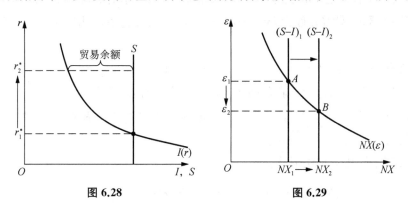

图 6.28　　　　　　　　　　　图 6.29

e. 为了使贸易余额增加，即净出口变大，所以实际汇率必须下降。我国的物品相对外国的物品更加便宜，因此，出口增加，进口下降，如图 6.29 所示。

【科兴点评】本题的重要内容是考查对小型开放经济利率决定的理解。

10. "在墨西哥旅游现在比 10 年前便宜得多，"一位朋友说，"10 年前，1 美元兑换 10 比索，今年，1 美元兑换 15 比索。"你朋友的话正确还是错误呢？给定这段时期总的通货膨胀在美国是 25%，而在墨西哥是 100%，在墨西哥旅行是变得更贵还是更便宜呢？用一个具体例子——例如，美国热狗 vs.墨西哥玉米饼卷——写出将令你朋友信服的答案。

【重要级别】3　　　　　　　　　　【难度级别】3

【考查要点】名义汇率和实际汇率/实际汇率

【参考答案】假定在 10 年前，美国一份热狗卖 1 美元，墨西哥一份玉米饼卷卖 10 比索，朋友在两国能用相同的价格买到一份美国热狗或墨西哥玉米饼卷。而 10 年以后，由于通货膨胀的原因，在美国一份热狗卖 1.25 美元[1×(1+25%)]，而在墨西哥一份玉米饼卷卖 20 比索[10×(1+100%)]。如果朋友要去墨西哥旅游，他在美国能用 1.25 美元买到一份热狗，但是到了墨西哥，1.25 美元兑换为(1.25×15=)18.75 比索，不能买到一份相同的热狗。这说明在墨西哥旅游是变得更贵，而不是更便宜。

【科兴点评】实际汇率是指一国的物品和劳务与另一国的物品和劳务交易的比率会受到通货膨胀的影响。

11. 你在某金融网站上看到，加拿大的名义利率是每年 12%，而美国是每年 8%。假定国际资本流动使得这两个国家实际利率相等，购买力平价成立。

a. 利用(第 5 章中讨论的)费雪方程，关于加拿大和美国的预期通货膨胀，你能做出什么推断？

b. 关于加拿大元和美元之间汇率的预期变动，你能做出什么推断？

c. 一个朋友提议了一个迅速致富的计划：从一家美国银行以 8% 的利率借钱，存入利率为 12% 的一家加拿大银行，就可以赚到 4% 的利润。这个计划错在哪里？

【重要级别】2　　　　　　　　　　【难度级别】3

【考查要点】名义汇率和实际汇率/名义汇率；名义汇率的决定因素和影响因素

【参考答案】a. 费雪方程为 $i=r+\pi^e$（式中，i 为名义利率，r 为国际利率，π^e 为预期通货膨胀率）。

将名义利率代入：$12=r+\pi^e_{加}$，$8=r+\pi^e_{美}$，所以 $\pi^e_{加}-\pi^e_{美}=4$。

可以看出加拿大的通货膨胀预期比美国大 4 个百分点。

b. 名义利率为 $e=\varepsilon\times(P_{加}/P_{美})$（式中，$\varepsilon$ 为实际利率，$P_{加}$ 为加拿大的物价水平，$P_{美}$ 为美国的物价水平）。

将名义利率转化为加法形式：

$$e\text{ 变动的百分比}=\varepsilon\text{ 变动的百分比}+(\pi_{加}-\pi_{美})$$

因此，如果购买力平价成立，那么一美元在每个国家都具有同样的购买力。这意味着实际汇率(ε)的变动百分比为零，因为购买力平价理论本身包含了实际利率是固定的。这样，名义汇率的变化就来自美国和加拿大预期通货膨胀的差异。用方程表示为：

$$e \text{ 变动的百分比} = \pi_{加} - \pi_{美}$$

因为经济人了解到购买力平价成立,他们也希望平价关系能够保持,换句话说,经济人对名义汇率的预期变动等于对加拿大的预期通货膨胀率减去对美国的预期通货膨胀率,即:

$$\text{预期名义汇率的变动百分比} = \pi_{加}^{e} - \pi_{美}^{e}$$

在问题 a 中,我们已知两国的预期通货膨胀率之差为 4%,因此,名义汇率的预期变动也是 4%。

c. 朋友的错误在于,这个计划没有考虑美元和加拿大元之间的名义汇率的变化。给定实际利率是固定的,且在美国和加拿大实际利率相等又给定购买力平价,我们知道名义利率的差异(通货膨胀率不同造成的)解释了美元和加拿大元之间名义汇率的预期变化。该例中,加元的名义利率为 12%,而美元的名义利率为 8%,这样可以推出名义汇率的预期变动是 4%,因此:

$$e_{今年} = 1 \text{ 加元} / \text{美元}$$
$$e_{明年} = 1.04 \text{ 加元} / \text{美元}$$

假设你的朋友从美国银行以 8% 的利率借来 1 美元,兑换成 1 加元存入加拿大银行,到年底他将得到 1.12 加元。但是偿还给美国银行时,加元必须兑换成美元,即 1.12 加元换成 1.08 美元,这 1.08 美元正是还给美国银行的金额。因此,你朋友没有从这项交易中获得任何收益,如果考虑了交易成本后,还会赔钱。

【科兴点评】本题一定程度上考察对公式 $e = \varepsilon \times (P_{加}/P_{美})$ 的应用,读者需要灵活运用知识。

附录的问题与应用

1. 如果国外爆发了一场战争,它将在许多方面影响美国经济。用大型开放经济模型考察这场战争的如下影响:美国的储蓄、投资、贸易余额、利率以及汇率会发生什么变动?(为了简化,分别考察下面每一项效应。)

a. 美国政府由于担心自己需要介入战争,增加了对军事装备的购买。
b. 其他国家增加了对高科技武器的需求,这是美国的一项主要出口。
c. 战争使美国企业无法确知未来,企业推迟了一些投资项目。
d. 战争使美国消费者无法确知未来,消费者做出的反应是储蓄增加。
e. 美国人变得害怕出国旅行,因此更多的人在美国本土度假。
f. 外国投资者为他们的投资组合在美国寻找一个避风港。

【重要级别】3   【难度级别】3
【考查要点】大型开放经济模型;大型开放经济的均衡
【参考答案】a. 政府购买增加,降低了国民储蓄,这就减少了贷款的供给和提高了均衡利率,导致了国内投资和国外净投资的下降。国外净投资的下降,减少了可供兑换成外国货币的美元供给,所以汇率上升,贸易余额下降,如图6.30所示。

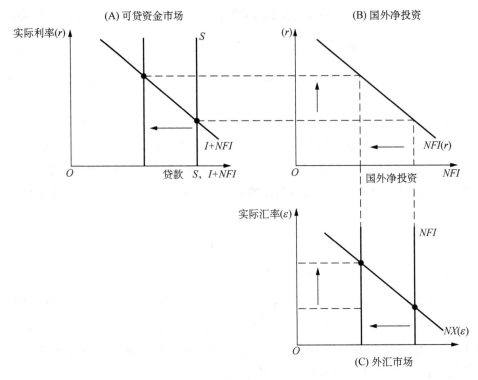

图 6.30

b. 由于可贷资金市场不变,利率不变,出口需求的增加使净出口曲线外移。这又意味着国外净投资不变。净出口曲线的移动导致了汇率上升。汇率上升,使美国物品相对其他国家的物品更加昂贵,这就压低了出口,刺激了进口,最后,对美国物品需求的增加没有影响贸易余额,如图6.31所示。

c. 如图6.32所示,美国投资需求曲线向内移动,贷款需求下降,均衡利率降低。更低的利率使国外净投资增加。虽然利率下跌,国内投资减少,但因为$I+NFI$不变,所以NFI增加。NFI的增加,又提高了外汇市场的美元供给,所以汇率下降,净出口上升。

d. 如图6.33所示,储蓄提高,贷款的供给增加,均衡利率降低,这导致了国内投资和国外投资的增加。国外净投资的增加,提高了外汇市场上的美元供给,因此,汇率下降,贸易余额上升。

e. 出国旅游意愿降低,使进口的需求减少,因此净出口曲线外移,如图6.34所示。因为可贷资金市场没有变化,利率不变,国外净投资不变,净出口曲线的外移使汇率升值,汇率上升,使美国物品相对昂贵,这就压低了出口,刺激了进口。最后,出国旅游意愿的下降没有影响贸易余额。

6 开放的经济

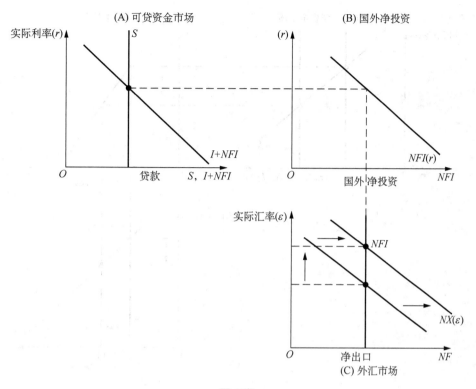

图 6.31

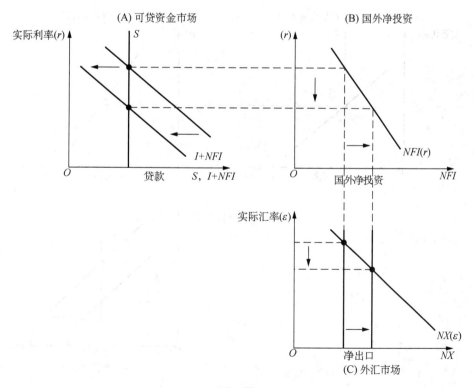

图 6.32

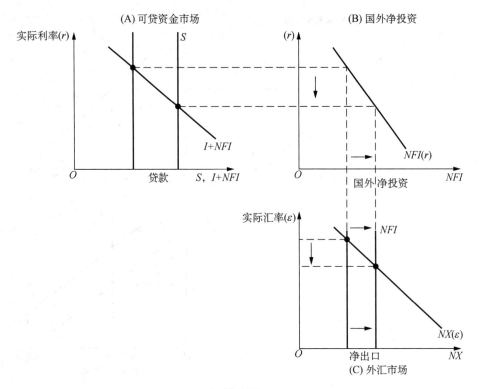

图 6.33

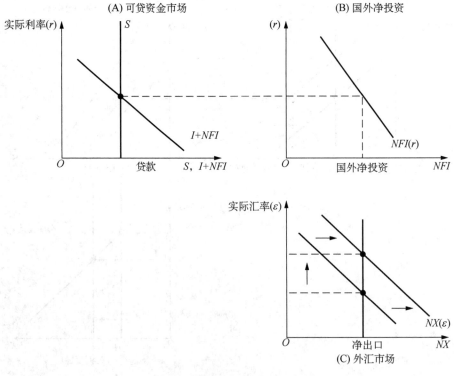

图 6.34

f. 如图 6.35 所示,国外净投资曲线内移,这减少了对贷款资金的需求,均衡利率下降,国内投资上升。国外净投资下降,虽然利率因而也下降,但是国内投资 I 上升,所以 $I+NFI$ 不变。国外净投资的下降减少了外汇市场上美元的供给,因此,汇率上升,贸易余额下降。

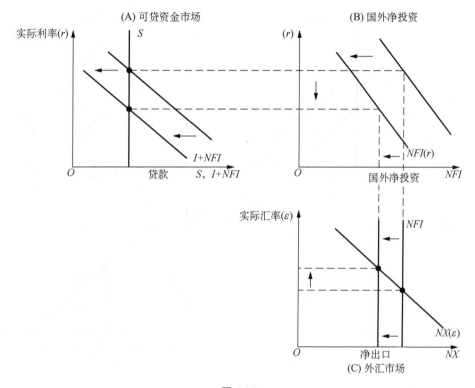

图 6.35

【科兴点评】小型开放经济与大型开放经济之间的关键差别是资本净流出的情况。在小型开放经济模型中,资本以一个固定的世界利率 r^* 自由地流入或流出该经济。大型开放经济对国际资本流动做出了一个不同的假设:$CF=CF(r)$,即资本净流出是国内利率的函数。要注意的是,CF 既可以是正的,也可以是负的,这取决于一个经济在世界金融市场上是债权人还是债务人。

2. 1995 年 9 月 21 日,"众议院议长纽特·金里奇(Newt Gingrich)威胁说要让美国在历史上首次拖欠债务,以迫使克林顿政府按共和党的条件平衡预算。"(《纽约时报》,1995 年 9 月 22 日。A1 版。)那一天,美国政府 30 年期债券的利率从 6.46% 上升到 6.55%,而且,美元的价值从 102.7 日元下降到 99 日元。用大型开放经济模型解释这一事件。

【重要级别】3 【难度级别】3

【考查要点】大型开放经济模型;大型开放经济的均衡

【参考答案】金里奇的言论对美国经济的影响分析如下:金里奇的发言对任何经济因素都不会有即时的影响,即消费、政府购买、税收和产出都不变。但是,国际投资者将对投资美国采取更加谨慎的态度,特别是购买美国政府的债券,因为有违约的风险。由于美国人和外国人都把他们的资金转移出美国,国外净投资曲线向外移动,如图6.36所示。为了使 $I+NFI$ 和不变的储蓄相等,NFI 的增加使外汇市场上美元的供给增加,进而导致均衡汇率下降。

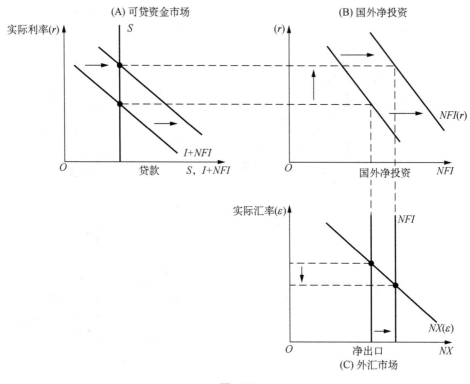

图 6.36

【科兴点评】对大型开放经济的分析,基本上主要还是运用上面的分析模型,读者需要熟练掌握。

【补充训练】

1. 判断正误并说明理由:名义汇率的变动都产生于物价变动,因此,通货膨胀率相对较高的国家,货币便宜。

【重要级别】3　　　　　　　　【难度级别】2

【考查要点】名义汇率的决定因素

【参考答案】错误。由名义汇率的公式 $e=\varepsilon \times \dfrac{P^*}{P}$,我们可知名义汇率不仅和两国的物价水平有关,还和两国的实际汇率有关。所以名义汇率的变动并不都取决于物价的变动。但是后一句"通货膨胀率相对较高的国家,货币便宜"是正确的。

【科兴点评】读者要区分名义汇率和实际汇率,并能够运用公式计算。

2. 净出口等于 GDP 减去本国对于(　　)的支出。

A. 本国产品和服务

B. 本国产品和服务减去外国对本国产品和服务的购买

C. 所有产品和服务加上外国对本国产品和服务的购买

D. 所有产品和服务

【重要级别】2　　　　　　　　　【难度级别】3

【考查要点】国外净投资和贸易余额的恒等关系

【参考答案】D。由开放经济国民收入核算恒等式 $Y=C+I+G+NX$ 说明国内产出 GDP 由国内的总支出($C+I+G$)和净出口(NX)组成,通过移项,可得 $NX=\text{GDP}-(C+I+G)$。

【科兴点评】注意 $C+I+G$ 就是对包括国内和国外的所有产品和服务的总支出。

3. 在开放经济下,国外净投资和贸易余额的关系是(　　)。

A. 国外净投资大于贸易余额　　　　B. 国外净投资小于贸易余额

C. 国外净投资等于贸易余额　　　　D. 无法确定

【重要级别】2　　　　　　　　　【难度级别】3

【考查要点】国外净投资和贸易余额的恒等关系

【参考答案】C。一个开放经济以两种方式与世界其他经济发生联系,即世界物品与劳务市场和世界金融市场。贸易余额(净出口)和国外净投资(资本净流出)分别衡量了在这些市场上的类型:贸易盈余、贸易赤字或贸易平衡;资本净流出为正、为负或等于零。但是对整个经济而言,贸易的不平衡和资本流动的不平衡必然相互抵消,即有资本净流出等于净出口,$S-I=NX$。从一次国际交易都是一次交换的事实也可以得出净出口等于资本净流出的结论。当一国把物品和劳务出售给另一国时,另一国要用一些资产来支付这些物品和劳务。这种资产的价值等于所出售的物品和劳务的价值。

【科兴点评】国外净投资和贸易余额是同一国际贸易活动的两个方面。

4. 考虑以下小型开放经济的数据:$Y=1\,000, C=700, G=150, I=250-10r^*$。如果世界利率为 5%,那么小型开放经济的净出口为(　　)。

A. 50　　　　B. -50　　　　C. 150　　　　D. -150

【重要级别】3　　　　　　　　　【难度级别】2

【考查要点】小型开放经济模型

【参考答案】B。当世界利率为 5% 时,国内投资为 200。由于国内总支出为消费、投资和政府购买之和,所以国内总支出为 $700+200+150=1\,050$,而国内总产出为 $1\,000$,所以净出口为 $NX=\text{GDP}-(C+I+G)=1\,000-1\,050=-50$。

5. 假设一辆自行车在美国卖 300 美元而在英国卖 150 英镑。如果购买力平价成立,那么名义汇率是(　　)。

A. 0.5　　　　　B. 1　　　　　C. 2　　　　　D. 2.5

【重要级别】3　　　　　　　　　【难度级别】2

【考查要点】名义汇率和实际汇率/名义汇率

【参考答案】A。在这里,名义汇率定义为一美元可以兑换多少英镑。如果购买力平价成立,那么人们可以用一辆美国自行车去交换一辆英国自行车。所以300美元乘以名义汇率应该等于150英镑,这样一美元可以兑换0.5英镑,名义汇率为0.5。

【科兴点评】计算名义汇率或实际汇率时,注意分子和分母所用的数值。

6. 当实际汇率保持不变时,如果外国相对于本国的通货膨胀率高,则随着时间的推移,本国货币将(　　)。

A. 相对于他国货币贬值　　　　　　B. 相对于他国货币升值

C. 两国的相对物价比不变　　　　　D. 无法确定

【重要级别】3　　　　　　　　　【难度级别】2

【考查要点】名义汇率的决定因素

【参考答案】B。提示:由于 $e = \varepsilon \times \dfrac{P^*}{P}$,当 $P^* \uparrow \Rightarrow e \uparrow$,$P^* \uparrow \Rightarrow e$。

7 失业

【学习精要】

一、学习重点

1. 自然失业率的判断
2. 摩擦性失业与结构性失业的判断
3. 结构性失业的几种理论（重点效率工资理论）

二、知识脉络图

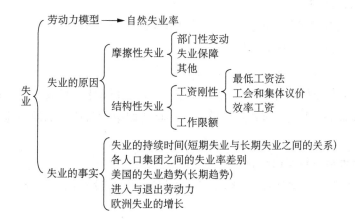

三、理论精要

▶ **知识点一　劳动力动态模型**

1. 自然失业率

失业是指接受现行工资水平却得不到工作的情况。它必须具备三个条件：有劳动能力、有就业愿望、正在寻找工作。

自然失业率又叫充分就业失业率，是经济围绕其波动的平均失业率，也是经济在长期中趋近的失业率，更是充分就业时仍然保持的失业水平。它是在没有货币因素的干扰下让劳动市场和商品市场自发供求力量起作用时，总供给和总需求处于均衡状态时的失业率。

自然失业率的推导：

$$\text{劳动力} = \text{就业工人人数} + \text{失业工人人数}$$

即：

$$L = E + U$$

其中，L 代表劳动力，E 代表就业工人人数，U 代表失业工人人数。

$$\Rightarrow \text{失业率} = U/L$$

就职率（f）：每个月找到工作的失业者的比例。
离职率（s）：每个月失去自己工作的就业者的比例。

$$\text{由于失业率不变} \Rightarrow \text{一定时期的失业人数} = \text{就业人数} \Rightarrow fU = sE$$
$$\Rightarrow fU = s(L - U)$$
$$\Rightarrow \frac{U}{L} = \frac{s}{s+f}$$

即得到自然失业率。

由此可以看出，稳定状态的失业率取决于离职率（s）和就职率（f）。离职率越高，失业率越高；就职率越高，失业率越低。

2. 劳动力动态模型对公共政策的意义

由上面的自然失业率模型可以看出，任何一种旨在降低自然失业率的政策都应该既降低离职率，又提高就职率。同样，任何一种影响离职率和就职率的政策也会改变自然失业率。

3. 对劳动力动态模型的评价

成功地把失业率与离职率和就职率联系起来，但并没有回答经济中为什么会存在失业。

▶ 知识点二　失业的类型

1. 摩擦性失业（短期失业）

摩擦性失业，是指由于工人寻找最适合自己技能和嗜好的工作需要时间而引起的失业，也是劳动力在正常流动过程中产生的失业。

（1）原因

企业和家庭需要的物品类型一直在变动。随着物品需求的变动，对生产这些物品的劳动的需求也在变动，这种不同行业和地区之间的需求构成变动称为部门性变动，为摩擦性失业的一个原因；企业间劳动供求的变动，为摩擦性失业的另外一个原因。

（2）成本

摩擦性失业的成本比较低，甚至是负的。首先，摩擦性失业是短期的，因此它的心理成本和直接经济损失非常小。其次,寻找工作的过程最终使工人和工作更为匹配,所以摩擦性失业实际上是多产的,它将会在长期促进生产率的提高。

(3) 公共政策与摩擦性失业

失业保障,是指一种政府计划,根据这个计划失业者在失去工作的一段时期中可以得到津贴。失业保障通过减缓失业的经济困难而增加了摩擦性失业的数量,并提高了自然失业率。但是,这并不意味着这种政策是不合适的,因为它减少了工人对自己收入的不确定性,并且可以使工人和工作之间更匹配。

2. 结构性失业(长期失业)

(1) 概述

结构性失业是指因为经济结构的变化,劳动力的供给和需求在职业、技能、产业、地区分布等方面不协调所引起的失业。它是由工资刚性和工作限额引起的失业。

所谓工资刚性,是指工资不能调整到劳动供给等于劳动需求时。图7.1显示工资刚性如何影响失业水平。

由此可以看出,刚性的实际工资,使得劳动的供给量大于需求量,从而降低了就职率,提高了失业率。

因此,工资刚性的因素主要有以下三个方面:

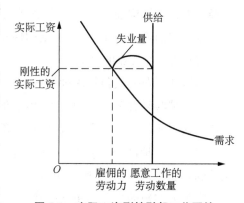

图 7.1 实际工资刚性引起工作配给

第一,最低工资法。最低工资减少了企业的劳动需求量,从而对不熟练的工人和缺乏经验的工人产生了重大的影响,对青少年失业的影响最大。

第二,工会和集体议价。由于工会的垄断势力,工会工人的工资并不是由供求关系决定,而是由工会领导人与企业经理之间的集体议价决定的,通常是把工资提高到均衡水平以上并允许企业雇用多少工人,结果是雇用的工人数量减少,就业率下降,结构性失业上升。

此外,工会的垄断势力还产生了局内人和局外人的问题。

局内人是指已被企业雇用的工人,想使企业保持高工资;局外人是指承担了高工资的部分代价,他们只在低工资时才被雇用。

较高的工资提高了局内人的福利,但是以局外人的失业为代价,局外人承担了高工资的部分代价。

第三,效率工资。效率工资理论认为,在一定限度内,企业通过支付给工人比劳动市场出清更高的工资,可以提高劳动生产率,获得更多的利润。效率工资理论如图 7.2 所示。

效率工资理论
1. 工资影响营养，健康使工人的生产效率提高。
2. 高工资减少了劳动的流动性，从而减少了企业雇用和培训工人的时间。
3. 企业劳动力的平均素质取决于企业向雇员所支付的工资。企业通过支付高于均衡水平的工资减少逆向选择，提高劳动者的素质，从而提高生产率。
4. 高工资提高了工人的努力程度。企业通过支付高工资，使更多的雇员不偷懒，从而提高生产效率。

共同点：
由于企业向其工人支付高工资就能更有效地运行，因而工资高于均衡水平对企业是有利的，从而降低了就职率，并增加了结构性失业。

图 7.2　效率工资理论

（2）结构性失业的成本

结构性失业的工人在长期中产出很低，他们的空闲对自己和社会而言都会产生大量的经济损失。结构性失业的工人没有在工作中培养新技能的机会，同时现有的技能又因为闲置不用而逐渐退化。因此，结构性失业的成本比摩擦性失业的成本要高得多。

（3）结构性失业的种类

结构性失业一般包括两种情况：

一是某些具有劳动力的工人，由于他们公司的产业萧条而失去工作机会，而他们不一定适应新工业部门的技术要求，因而一部分人找不到工作。

二是由于地区经济发展不平衡，落后地区的剩余劳动力因地理位置的限制不能迅速流动到发展迅速的地区，因而也有一部分劳动者失业。

有关大多数的失业是短期的还是长期的结论取决于我们如何观察数据。大多数的失业持续时间是短的，但大多数的失业要归因于少数长期失业者。

【习题解析】

一、关键概念

1. 自然失业率就是指在没有货币因素的影响下，劳动力市场和商品市场自发供求力量发挥作用时应有的、处于均衡状态的失业率，也就是充分就业情况下的失业率。它包括摩擦性失业和结构性失业。摩擦性失业是在生产过程中由于暂时的、不可避免的摩擦而导致的失业。结构性失业是由劳动力供给结构与劳动力需求结构不一致造成的失业。自然失业率为摩擦性失业率和结构性失业率之和。

2. 摩擦性失业：在实际劳动市场上，失业率总是围绕自然失业率波动，原因之一是工人寻找最适合自己的工作需要时间。由此工人与工作相匹配的过程所引起的失业即摩擦性失业，它是由于经济运行中各种因素的变化和劳动力市场的功能缺陷所造成的临时性失业。经济总是变动的，工人寻找最适合自己嗜好和技能的工作需要时间，一定数量的摩擦性失业必然不可避免。它是劳动者想要工作与得到工作之间的时间消耗造成的失业。

3. 部门转移是劳动力在不同部门和行业之间的重新配置。由于许多原因,企业和国家需要的产品类型一直在变动。随着产品需求的移动,对生产这些产品的劳动力的需求也在改变,因此就出现劳动力在部门间的转移。由于工人改变部门需要时间,所以部门再配置量越大,离职率就越高,摩擦性失业也就越高。

4. 失业保障是失业工人在失去工作后,可以在某一时期内得到津贴。它的好处是减少了工人对自己收入的不确定性。此外,工人可以拒绝所提供的没有吸引力的工作。

5. 工资刚性是指工资对外部环境的变化反应迟钝,不能灵活地对劳动供求关系的变化做出及时调整。西方经济学理论认为,在劳动力市场中,工资应像所有其他商品一样,由劳动力供求关系决定,劳动力需求量大,工资就高;反之,工资就低。然而,当需求曲线向左移动时,工资不能下降到新的均衡工资水平,这就是工资刚性。通常认为,工会、合同与政府最低工资法规,限制了工资的波动。同时,公司老板们不喜欢降低工资,由于降低工资而不是解雇无效率的员工会使优秀员工失去积极性,甚至跳槽。工资率具有向下刚性或黏性的特征,并不会随劳动需求的变动做出充分调整。刚性是指没有弹性。因此,工资刚性就是指雇员在接受了一个层次的工资后,即使物价下调,通货紧缩,也不能让这些人接受低水平的工资,就是说只能上,不能下。

6. 结构性失业是指因为经济结构的变化,劳动力的供给和需求在职业、技能、产业、地区分布等方面不协调所引起的失业。它一般包括两种情况:一是某些具有劳动力的工人,由于他们公司的产业萧条而失去工作机会,而他们不一定适应新工业部门的技术要求,因而一部分人找不到工作;二是由于地区经济发展不平衡,落后地区的剩余劳动力因地理位置的限制,不能迅速流动到发展迅速的地区,因而也有一部分劳动者失业。

7. 局内人 vs.局外人:前者是那些已经被企业雇佣的工人,一般都想使企业保持高工资。而局外人即失业者,承担了高工资的部分代价,因为他们在低工资时才被雇佣。所以局内人和局外人的利益冲突是不可避免的。

8. 效率工资:效率工资理论认为,在一定的限度内,企业通过支付给工人比劳动市场出清更高的工资,可以提高劳动生产率,获得更多的利润。理论上,人们对效率工资的确切理解是:效率工资是单位效率上总劳动成本最小处的工资水平,即效率工资保证总劳动成本最低。由于效率工资可以相对提高员工努力工作、对企业忠诚的个人效用,提高员工偷懒的成本,具有激励和约束的双重作用。企业采用了效率工资后,员工努力工作的动机增强,而偷懒、欺骗等行为的动机则有所降低,企业发生员工败德行为的概率趋于下降,相应地减少监控成本。

9. 丧失信心的工人是指那些可能想找工作,但在不成功的寻找之后也放弃了找工作的工人。这些丧失信心的工人被核算在劳动力之外,并不反映在失业统计上,尽管没有衡量他们失去工作的情况,但这可能是一个社会问题。

二、复习题

1. 什么因素决定了自然失业率?

【重要级别】3 【难度级别】1

【考查要点】劳动力动态模型/自然失业率

【参考答案】自然失业率可用公式: $U/L = s/(s+f)$。

其中,U/L 为稳定状态失业率,用来表示自然失业率;s 为离职率;f 为就职率。

可以看出,离职率和就职率决定了自然失业率。离职率就是每个月失去自己工作的就业者比例。离职率越高,自然失业率也越高。就职率是每个月找到工作的事业者的比例。就职率越高,自然失业率越低。

2. 描述摩擦性失业与结构性失业之间的差别。

【重要级别】2 【难度级别】2

【考查要点】失业的类型/摩擦性失业(短期失业)与结构性失业(长期失业)

【参考答案】摩擦性失业与结构性失业之间的差别是:

摩擦性失业是由于要使工人与工作岗位相匹配需要一段时间所引起的。找份合适的工作需要花时间,是因为寻找工作的人和岗位空缺的信息交流不完整。因为不同的工作需要不同的技能并支付不同的工资,失业者可能不接受他们得到的第一份工作。摩擦性失业的原因:劳动力市场的动态属性、信息的不完善及现行经济制度的影响。摩擦性失业是由国家经济制度的动态结构造成的。在这种经济现象中,由于产业结构等方面的不断变化,原有的工作不断消失,新的工作不断产生,而工人在交换工作时需要时间,因而就产生了相应的临时性失业,即摩擦性失业。它的规模取决于失业工人和他们寻找工作碰到一起时所遇到的结构上的困难。这种结构上的困难,主要是指缺乏就业机会的信息、缺乏就业的知识以及缺乏迅速移动必须具备的先决条件。摩擦性失业也和工人自由寻找新工作和随意变换工作有关。在自由经济中,摩擦性失业是一种经常性的失业,并非周期性的。减少摩擦性失业的办法,主要是增加劳动力的流动性和多提供有关就业机会的情报。

而结构性失业是由工资刚性和工作限额引起的。这些工人失业,并不是因为他们积极寻找最适于他们个人技能的工作(这种情况属于摩擦性失业),而是因为在现行工资下劳动供给大于需求。如果工资没有调整到市场水平,这些工人就只能等待可以得到的工作。虽然存在劳动市场的过度供给,但企业不能降低工资(工资刚性),因而就出现了等待性失业。

3. 给出三种对实际工资可能保持在高于使劳动供给和需求达到均衡的水平上的解释。

【重要级别】2 【难度级别】2

【考查要点】失业的类型/结构性失业(长期失业)

【参考答案】实际工资可能保持在使劳动供求均衡的水平上的原因有三种解释:

(1) 最低工资法。最低工资法禁止工资下降到均衡水平时,就导致了工资刚性。虽然大多数工人都能拿到高于最低工资水平的工资,但是对一些工人,特别是不熟练和缺乏经验的工人,最低工资法把他们的工资提到均衡水平之上。因此,最低工资减少了企业需求的劳动量,造成了劳动的过度供给,这就是失业。

(2) 工会垄断力量也会造成工资刚性。因为工会工人的工资并不是由劳动供求均衡决定的,而是由工会领导人与企业经理之间的集体议价决定的。通常最终协议是把工资提高到均衡水平上,并允许企业雇佣多少工人,高工资使企业雇佣的工人比劳动市场出清时雇佣的工人更少,等待性失业增加。

(3) 效率工资理论认为,高工资使工人生产率更高。工资对工人效率的影响可以解释为:虽然存在过度的劳动供给,企业也不能削减工资,即使削减工资减少了企业的工资总额,但是它也降低了工人的生产率,进而减少了企业利润。

4. 大多数失业是长期的还是短期的？解释你的答案。

【重要级别】3　　　　　　　【难度级别】1

【考查要点】失业的类型

【参考答案】大多数失业既可以看作短期失业,也可以看作长期失业,这取决于我们如何看待失业的持续时间和数据。一方面,大多数失业是短期的,因为大部分的失业者都会立即寻找工作。另一方面,大多数失业要归因于少数的长期失业者。按照定义,长期失业者有没有立即寻找工作,他们的名字总是出现在长期失业者的名单上。

因此,如果要降低自然失业率,那么政策应该针对长期失业者,因为这些人占了大部分失业量。

5. 欧洲人工作的小时数高于还是低于美国人？列举三个解释这一差别的假说。

【重要级别】1　　　　　　　【难度级别】2

【考查要点】劳动力动态模型

【参考答案】欧洲人工作的小时数低于美国人。经济学家提出了三种假说来解释这些工作模式差别的根本原因。

(1) 地下经济。欧洲人比美国人面临更高的税率。为了避税,欧洲人有更大的动机从事不入账的地下工作。

(2) 工会的作用。欧洲的工会比美国的工会影响力更大,会游说政府制定各种劳动市场管制规则,如法定假日。

(3) 不同偏好的可能性。欧洲人比美国人更偏好闲暇。

三、问题与应用

1. 回答下列关于你自己在劳动力中的经历的问题:

a. 当你或你的一个朋友找一份兼职工作时,一般需要几周？在你找到一份工作之后,一般能持续多少周？

b. 根据你的估计,计算你的入职率 f 与你的离职率 s(用每周的比率表示)。(提示:如果 f 是入职率,那么,平均失业的时间长度就是 $1/f$。)

c. 你所代表的人口的自然失业率是多少?

【重要级别】3　　　　　　　　　　【难度级别】3

【考查要点】劳动力动态模型/自然失业率

【参考答案】a. 假设在校期间找份业余工作一般要花 4 周时间,同时假设一份典型的工作持续 12 周。

如果花 4 周时间找份工作,入职率就是:

$$f = 1 \text{ 份工作}/4 \text{ 周} = 0.25 \text{ 份工作}/\text{周}$$

b. 如果工作持续 12 周,那么离职率就是:

$$s = 1 \text{ 份工作}/12 \text{ 周} = 0.083 \text{ 份工作}/\text{周}$$

c. 我们知道自然失业率的计算公式是:

$$U/L = s/(s+f)$$

其中,U 为失业人口总数,L 为劳动力的数量。代入数值得

$$U/L = 0.083/(0.083 + 0.25) = 0.24$$

这样,如果花 4 周时间寻找一份持续 12 周的工作,那么在校学生寻找业余工作的自然失业率就是 24%。

【科兴点评】离职率越高,失业率越高;入职率越高,失业率越低。

2. 某个郊外住宅区的居民收集了以下数据:居住在这个住宅区的人可以分为谈恋爱的或没在谈恋爱的。在谈恋爱的人中,每月有 10% 的人经历了分手。在没有谈恋爱的人中,每月有 5% 的人开始谈恋爱。居民中没有谈恋爱的比例是多少?

【重要级别】2　　　　　　　　　　【难度级别】2

【考查要点】劳动力动态模型/自然失业率

【参考答案】模拟自然失业率的公式推导,假设把谈恋爱的居民人数设为 I,没有谈恋爱的人数设为 U,住宅区居民总数为 $T = I + U$,均衡稳定状态时谈恋爱的居民总数是固定的。为达到稳定状态,最新分手的居民数量 $0.1I$ 必须等于新谈恋爱居民的居民数量 $0.05U$,即 $0.05U = 0.1I = 0.1(T-U)$,所以有 $U/T = 0.1/(0.1+0.05) = 2/3$,得没有谈恋爱的稳定比例为 2/3。

【科兴点评】实际上是考查 $U/L = S/(S+f)$,读者要会理解、能运用即可。

3. 在本章中我们看到了稳定状态失业率是 $U/L = s/(s+f)$。假定失业率开始时并不位于这个水平上。证明失业率将随时间变动并达到这一稳定状态。(提示:把失业人数的变动表示成 s、f 和 U 的函数。然后证明,如果失业率高于自然失业率,失业下降;如果失业率低于自然失业率,失业上升。)

【重要级别】3　　　　　　　　　　【难度级别】3

【考查要点】劳动力动态模型/自然失业率

【参考答案】失业人口的数量变动等于失业人口数量减就业人口数量,即:

$$U_{t+1} - U_t = \Delta U_{t+1} = sE_t - fU_t$$

劳动力 $L = E_t + U_t$ 或 $E_t = L - U_t$,把 E_t 代入上述方程得:

$$\Delta U_{t+1} = s(L - U_t) - fU_t$$

两边除以 L,得到从时间 t 到 $t+1$ 时段失业率的变化:

$$\Delta U_{t+1}/L = U_{t+1}/L - U_t/L$$
$$= \Delta(U/L)_{t+1}$$
$$= s(1 - U_t/L) - fU_t/L$$

右边整理得
$$\Delta(U/L)_{t+1} = s - (s+f)U_t/L$$
$$= (s+f)[s/(s+f) - U_t/L]$$

注意方程是稳态方程,当失业率等于自然失业率时,方程左边为零。由自然失业率 $(U/L)n = s/(s+f)$,用 $(U/L)n$ 代替 $s/(s+f)$,得到:

$$\Delta(U/L)_{t+1} = (s+f)[(U/L)n - U_t/L]$$

所以当 $U_t/L > (U/L)n$ 时(失业率大于自然失业率),$\Delta(U/L)_{t+1}$ 为负值,失业率下降;当 $U_t/L < (U/L)n$ 时(失业率小于自然失业率),$\Delta(U/L)_{t+1}$ 为正值,失业率上升。该过程将持续到失业率 U/L 等于 $(U/L)n$ 为止。

【科兴点评】自然失业率又叫"充分就业失业率",是经济围绕其波动的平均失业率,也是经济在长期中趋近的失业率,更是充分就业时仍然保持的失业水平。它是在没有货币因素的干扰下让劳动市场和商品市场自发供求力量起作用时,总供给和总需求处于均衡状态时的失业率。本题说明了自然失业率的调整。

4. 假定国会通过了使企业更难解雇工人的立法(例如,法律要求向被解雇工人支付离职金)。如果这项法律降低了离职率而又不影响入职率,自然失业率会如何变动?你认为这项立法不影响入职率合理吗?为什么?

【重要级别】2　　　　　【难度级别】2

【考查要点】劳动力动态模型/自然失业率

【参考答案】根据自然失业率的公式:$U/L = s/(s+f)$,离职率越高,失业率越高;入职率越高,失业率越低。如果新法律降低了离职率,那么自然失业率下降。

由于法律要求企业向被解雇的工人支付离职金,解雇成本的提高,会使企业在雇佣工人时更加严谨,因为企业解雇不合适的员工会更加困难。另外,求职者如果认为新的立法会使他们花更多的时间去寻找一份特定的工作,那么他们在权衡是否接受那份工作时,也会更加严谨,从而可以降低入职率。如果入职率下降很大,那么新的法律甚至使自然失业率上升。因此认为这项立法不影响入职率是没有道理的。

【科兴点评】注意自然失业率的概念和条件,当条件改变时,自然失业率也是会改变的。

5. 考虑一个有以下柯布-道格拉斯生产函数的经济:

$$Y = 5K^{1/3}L^{2/3}$$

a. 求出描述该经济中劳动需求的方程,将它表示为实际工资和资本存量的函数。(提示:回顾第3章。)

b. 这个经济有 27 000 单位资本和 1 000 个工人,假使要素价格调整以使劳动供给和需求达到均衡,计算实际工资、总产出和工人所赚到的工资总量。

c. 现在假定关注工人阶级福利的国会通过了一项法律,规定了比你在 b 部分求得的均衡工资高出 10% 的最低工资。假设国会不能强行规定企业以规定的工资雇用多少工人,这一法律的影响是什么?具体而言,计算实际工资、就业、产出以及工人赚到的工资总量会发生什么变动。

d. 国会成功地实现了帮助工人阶级的目的吗?请解释。

e. 你认为这种分析为思考最低工资法提供了一种好方法吗?为什么?

【重要级别】3　　　　　　【难度级别】3

【考查要点】失业的类型

【参考答案】a. 根据柯布-道格拉斯生产函数,企业利润最大化就是在厂商雇佣劳动时劳动的边际产量等于实际工资,即 $MPL = W/P$。

对劳动进行微分,得劳动的边际产量:

$$MPL = \frac{dY}{dL} = \frac{d(5K^{1/3}L^{2/3})}{dL} = \frac{10}{3}K^{1/3}L^{-1/3}$$

令 MPL 等于实际工资,进而求出 L 的需求函数:

$$\frac{10}{3}K^{1/3}L^{-1/3} = \frac{W}{P} \Rightarrow L = \frac{1\,000}{27}K\left(\frac{W}{P}\right)^{-3}$$

从函数可以看出,实际工资(W/P)上升将减少对劳动的需求。

b. 现有 1 000 单位资本和 1 000 单位劳动的供给是无弹性的(他们在任何报酬下劳动),那么这 1 000 单位的资本和劳动都会在均衡状态下得到使用,把数值代入上述劳动需求函数得:

$$1\,000 = \frac{1\,000}{27} \times 27\,000 \times \left(\frac{W}{P}\right)^{-3}$$

$$\frac{W}{P} = 10$$

即均衡时,1 000 单位的劳动都能得到使用,总产量由生产企业函数给出,得:

$$Y = 5K^{1/3}L^{2/3} = 5 \times 27\,000^{1/3} \times 1\,000^{2/3} = 15\,000$$

工人得到 2/3 的产出,即工人赚到的工资总量为 2/3×15 000=10 000。

c. 从 a 部分知劳动力需求作为实际工资和资本存量函数的关系有:

$$L = \frac{1\,000}{27} K \left(\frac{W}{P}\right)^{-3}$$

当国会规定最低工资比 b 部分求得的均衡工资高 10% 时,有实际工资 $\frac{W}{P} = 11$,并且国会不能强行规定企业以规定工资雇用多少工人,新就业量 $L = \frac{1\,000}{27} \times 27\,000\,(11)^{-3} \approx 751$,产出 $Y = 5K^{1/3}L^{2/3} = 5 \times 27\,000^{1/3} \times 751^{2/3} \approx 12\,393$,工人赚到的工资总量为 $\frac{2}{3} \times Y = 8\,262$。

d. 这个政策不能实现帮助工人阶级的目标。这项政策不仅造成了 249 个非自愿失业工人,还使得工人赚到的总收入由 10 000 单位产品减少到 8 262 单位产品。

e. 该问题集中对最低工资法等法律的两个影响进行分析,它们为某些工人提高了工资,然而劳动需求的下滑减少了工作总量。但要注意的是,如果劳动需求比该例更无弹性,就业量的损失就会更小,工人的总收入就会增加。即这种分析为考虑最低工资法提供了一种好的方法。最低工资法有正、反两方面的影响:一方面,它提高了一些工人的工资水平;另一方面,减少了总职位数。所以要考虑最低工资法的影响可以从这两方面入手。

【科兴点评】读者可以参考书中关于最低工资法的图形,分析最低工资法的结果,以及在不同的情况下最低工资法所带来的影响。

6. 假定一个国家经历了生产率下降——也就是说,对生产函数的不利冲击。

a. 劳动需求曲线会有什么变动?

b. 如果劳动市场总处于均衡状态,生产率的这一变动会如何影响劳动市场——也就是说,会如何影响就业、失业和实际工资?

c. 如果工会阻止了实际工资下降,生产率的这种变动会如何影响劳动市场?

【重要级别】3　　　　　　【难度级别】3

【考查要点】失业的类型/结构性失业(长期失业)

【参考答案】a. 如果一个国家经历了生产率下降,则同样的工资水平对劳动力的需求降低,劳动需求曲线将向下移动(见图 7.3)。

b. 假设劳动力供给对固定生产率的不利冲击将导致实际工资下降,如果劳动力市场总处于均衡状态,则对就业和失业没有影响(如图 7.4 所示)。

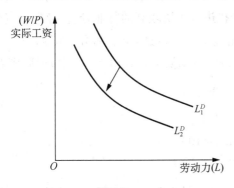

图 7.3

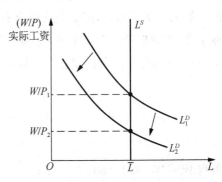

图 7.4

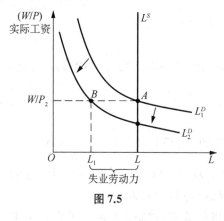

图 7.5

c. 如果工会阻止工资下降,那么就业量将降到 L_1,失业量等于 $L-L_1$(见图 7.5)。

这个例子告诉我们,生产率下降对经济的影响,取决于工会和雇主之间讨价还价的能力对这种冲击的反应的变化。

【科兴点评】本题说明工资刚性与劳动力市场的动态性一定程度上决定了失业率的大小。

7. 考虑一个有两个部门的经济:制造部门和服务部门。两个部门的劳动需求由如下方程描述:

$$L_m = 200 - 6W_m$$
$$L_s = 100 - 4W_s$$

式中,L 为劳动(工人人数),W 为工资(美元数),下标 m 和 s 分别代表制造部门和服务部门。该经济有 100 个愿意和能够在任意一个部门工作的工人。

a. 如果工人在部门间自由流动,W_m 和 W_s 之间会有什么关系?

b. 假定 a 部分中的条件成立且工资调整以使劳动供给和劳动需求达到均衡。计算每个部门的工资和就业。

c. 假定制造部门成立了工会,它将该部门的工资推高到 25 美元。计算该部门的就业。

d. 在制造部门工会化之后,所有得不到高工资工作的工人都流向服务部门。计算服务部门的工资和就业。

e. 现在假定工人的保留工资为 15 美元,也就是说,他们宁愿等待制造部门 25 美元的工作机会,也不接受工资在 15 美元以下的工作。计算每个部门的工资和就业。该经济的失业率为多少?

【重要级别】3　　　　　【难度级别】2

【考查要点】劳动供给和需求的均衡/失业率的计算

【参考答案】a. 如果工人可以自由地在不同部门之间流动,那么每个部门的工资将是平等的。如果工资不相等,那么工人就会有动机进入工资较高的行业,这会导致工资较高的行业下降、工资较低的行业上升,直到工资相等为止。因此,W_m 和 W_s 相等。

b. 假定 a 部分中的条件成立且工资调整以使劳动供给和劳动需求达到均衡,则有:

$$L_m = 200 - 6W_m$$
$$L_s = 100 - 4W_s$$
$$L = L_m + L_s = 100$$

解得 $W=20$,$L_m=80$,$L_s=20$。

c. 如果制造业的工资等于 25 美元,即 $W_m=25$,带入 $L_m=200-6W_m$,解得 $L_m=50$。

d. 在制造部门工会化之后，$L_m = 50$，带入 $L_s = L - L_m$，解得 $L_s = 50$；又因为 $L_s = 100 - 4W_s$，带入解得 $W_s = 12.5$，即服务部门的工资 $W_s = 12.5$，就业 $L_s = 50$。

e. 如果制造业的工资将保持在 25 美元，根据 $L_m = 200 - 6W_m$ 可得制造部门就业人数将保持在 50。如果服务业的保留工资是 15 美元，根据 $L_s = 100 - 4W_s$ 可得服务业的就业人数将是 40。因此，有 10 人失业，失业率为 10%。

【科兴点评】在劳动供给和需求的均衡的计算中，工资刚性与劳动力市场的动态性一定程度上确定了失业率的大小。

8. 当工人的工资上升时，他们关于多少时间用于工作的决策以两种相互矛盾的方式受到影响，如同你可能已经在微观经济学课程中学到的那样。收入效应是少工作的欲望，因为较多的收入意味着工人可以负担消费更多的闲暇。替代效应是多工作的欲望，因为多工作 1 小时的报酬上升了（同等地，闲暇的机会成本上升了）。把这些概念应用到布兰查德关于美国人和欧洲人对闲暇的偏好的假说上。在大西洋的哪一侧，收入效应看来大于替代效应？在哪一边这两种效应大体相互抵消？你认为对闲暇的偏好随地域变化是一个合理的假说吗？为什么？

【重要级别】1　　　　　　　　　【难度级别】2

【考查要点】失业的类型

【参考答案】在大西洋的左侧，即美国，两种效应大体互相抵消；而在大西洋的右侧，即欧洲，收入效应看起来大于替代效应。因为比较欧洲和美国的失业率，欧洲显得更高，即看上去收入效应大于替代效应。

布兰查德认为，欧洲人只不过比美国人对闲暇更偏好，即存在不同的偏好。这个假说有一定的合理性，因为对闲暇的偏好可以受到周围大环境的影响。如果在欧洲主流的思想是好好享受生活，拥有更多的闲暇；而在美国更盛行功利主义，强调奋斗的重要性，那么两片土地对闲暇的偏好是不一样的。所以这个假说有一定的合理性。

9. 任何时间在任何城市中，总有一些可用的办公空间的存量是闲置的。这种闲置的办公空间是未被利用的资本。你如何解释这种现象？特别地，哪种解释失业劳动的方法可以最佳地被应用于解释未被利用的资本？你认为未被利用的资本是一个社会问题吗？请解释。

【重要级别】1　　　　　　　　　【难度级别】2

【考查要点】失业的类型/结构性失业

【参考答案】资本的利用类似于劳动力资源的利用，即失业问题。资本没有被充分利用的原因包括：一是企业经营会发生改变，这就使得一部分企业离开原来的机构空间，而同时另一部分企业寻找机构空间；二是不同的企业需要不同的机构空间；三是很多企业可能在寻找机构空间，但因为信息不对称而一时无法找到，或找到了但不合意。因此，这些都使一部分机构空间出现闲置。一般认为，资本闲置也是一个社会问题，类似于解决劳动力失业问题。如何解决这个问题，需要公共机构在发布信息、调整部门经济结构等方面进行努力。

【补充训练】

1. 一个经济体系中的失业是指（   ）。

A. 有工作能力的人没有工作　　B. 实际工资超过劳动的边际产量

C. 失业统计中的失业人数大于零　　D. 上述各项都不准确

【重要级别】1　　　　　　　　【难度级别】1

【考查要点】劳动力动态模型

【参考答案】D。失业指接受现行工资水平却得不到工作的情况,它必须具备三个条件:有劳动能力、有就业愿望、正在寻找工作。失业统计中的失业人数事实上包含了很多没有就业愿望也没有寻找工作的人,也会有部分人实际上已找到工作,因为统计工作不可能随时随地精确调整,尤其对一个经济体系整体而言。因此,C选项是不符合实际情况的。

2. 下列关于自然失业率的说法,哪一个是正确的?（   ）

A. 自然失业率是历史上最低限度水平的失业率

B. 自然失业率与一国的经济效率之间关系密切

C. 自然失业率恒定不变

D. 自然失业率包括摩擦性失业

【重要级别】2　　　　　　　　【难度级别】1

【考查要点】劳动力动态模型/自然失业率

【参考答案】D。自然失业率只是经济围绕其波动的平均失业率,是稳定状态的失业率,但并不表示失业率是固定不变的,也不是历史上最低限度的失业率。由于自然失业率等于离职率除以离职率和就职率之和,故自然失业率之和与离职率和就职率有关,而和经济效率关系并不密切,由于失业的类型为摩擦性失业、结构性失业以及周期性失业,所以答案为D。

【科兴点评】自然失业率是贯穿于本书中的一个重要概念。

3. 效率工资理论认为,厂商在面临持续失业时可能不会降低工资,因为厂商（   ）。

A. 相信劳动供给曲线是完全弹性的

B. 受最低工资法的限制而不能这样做

C. 已经签订了固定工资的工会合同

D. 降低工资会失去更多的工人,而培训新工人需要花费成本

E. 与工人在一起达成隐性合同

【重要级别】1　　　　　　　　【难度级别】2

【考查要点】失业的类型/结构性失业(长期失业)

【参考答案】D。本题考查效率工资理论,由效率工资理论的第二种情况可以知道,本

题答案为 D。

【科兴点评】读者要理解和记住效率工资的几种类型。

4. 测量得到的失业率可能比实际的失业率低,是因为( )。

A. 测量的失业率不包括摩擦性失业

B. 丧失信心的工人被算在劳动力之外

C. 一些不努力寻找工作的人被算作失业者

D. 测量的失业率不包括青年失业

【重要级别】1　　　　　　　　【难度级别】2

【考查要点】劳动力动态模型

【参考答案】B。本题说明了个人进入或退出劳动力对失业的影响。劳动力的变动使得失业率的统计变得困难,一方面,一些人自称失业但并不认真找工作,他们的失业并不代表一种社会问题,应该把他们计在劳动力之外;另一方面,一些人可能想工作,但在不成功的寻找之后也放弃了寻找工作,这些丧失信心的工人实际上被计在了劳动力之外,但是他们反映了一种社会问题,应该计入劳动力。由此可以看出,本题答案为 B。

【科兴点评】读者需要弄清失业率的核算以及劳动力参与率等之间的区别与联系。

5. 什么是充分就业的失业率?

【重要级别】1　　　　　　　　【难度级别】2

【考查要点】劳动力动态模型/自然失业率

【参考答案】(1) 充分就业是指在一定的货币工资水平下所有愿意工作的人都可以得到工作的一种经济状况。而充分就业的失业率又称"自然失业率""有保证的失业率""正常失业率"等,指在没有货币因素干扰的情况下让劳动力市场和商品市场供求力量自发起作用时,总供给和总需求处于均衡状态时的失业率。所谓没有货币因素干扰,是指失业率的高低与通货膨胀率的高低之间不存在替代关系。

(2) 充分就业的失业率是充分就业时仍然保持的失业水平,它决定于经济中的结构性和摩擦性的因素,取决于劳动市场的组织状况、人口组成、失业者寻找工作的能力、愿望、现有工作的类型、经济结构的变动、新加入劳动队伍的人数等众多因素。任何把失业率降到充分就业的失业率以下的企图都将加速通货膨胀。任何时候都存在着与实际工资率结构相适应的充分就业的失业率。

6. 经济中达到一般均衡是否意味着充分就业?为什么追求高就业目标会导致通货膨胀?

【重要级别】3　　　　　　　　【难度级别】4

【考查要点】劳动力动态模型

【参考答案】(1) 经济中达到一般均衡,意味着充分就业。失业分为自然性失业和经济性失业,充分就业就是指不存在经济性失业时的就业状态。当经济达到一般均衡的时候,意味着工人在愿意接受的工资水平下可以找到工作。这时可能还存在自然性失业,但是这并不影响充分就业。

（2）菲利普斯曲线表明，失业率与通货膨胀率之间存在此消彼长的替代关系，即要使失业率降低，就必然引起通货膨胀率的上升。当追求高的就业目标，即要实现低的失业率时，通货膨胀率就会上升。

根据原始的菲利普斯曲线，货币工资增长率与失业率之间存在着此消彼长的替代关系。因为成本是决定价格的基础。在短期中，工资和价格存在固定的比例关系，故可用通货膨胀率代替货币工资增长率。因此，高的就业目标会导致通货膨胀。

【科兴点评】自然失业率和通货膨胀率之间的关系可以通过菲利普斯曲线来说明，关于菲利普斯曲线会在后面的章节中具体涉及。

8 经济增长 I：资本积累与人口增长

【学习精要】

一、学习重点

1. 人均生产函数
2. 实际投资和持平投资
3. 平衡增长路径，稳定状态（简称稳态）的定义和性质
4. 黄金律水平
5. 储蓄率变化及人口增长率变化对稳态的影响（重点）
6. 储蓄率变化及人口增长率变化对黄金律水平的影响

二、知识脉络图

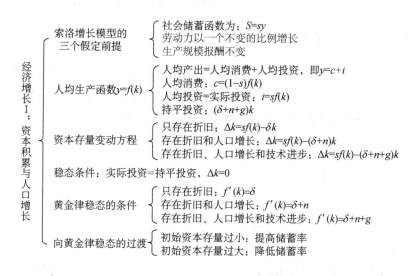

三、理论精要

▶ **知识点一 索洛增长模型**

（1）索洛模型是表明储蓄、人口进步和技术进步如何影响一个经济的产出水平，及其随着时间的推移而实现增长的一种经济模型。

（2）基本假定是：

① 社会储蓄函数为 $S=sy$，式中，s 是作为参数的储蓄率；

② 劳动力按照一个不变的比例增长；

③ 生产的规模报酬不变。

（3）主要思想是：人均投资扩展时，人均产出就会增长；当人均投资等于资本扩展时，经济达到稳定状态，人均产出不再增长，但总产出会继续增长，增长率等于人口增长率。它是由经济学家罗伯特·索洛提出的。

▶ **知识点二　人均产出(y)在消费(c)和投资(i)之间的分配**

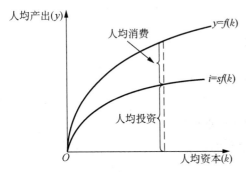

图 8.1　产出在消费和投资之间的分配

在索洛增长模型中，人均产出（y）＝人均消费（c）＋人均投资（i）。储蓄率（s）扮演着如何把产出分配给消费和投资的角色。由于经济中的全部储蓄均转化为投资，所以储蓄率越大，产出中用于投资的份额就越大，即 $i=sy$，消费的份额就越小，即 $c=(1-s)y$，反之则相反，如图 8.1 所示。

在索洛模型中，经济只生产一种产品，这个产品既可用于消费，又可用于投资。

▶ **知识点三　只存在资本折旧情况下的稳定状态**

在只有资本折旧时，影响人均资本存量的因素有两个：一个是使资本存量倾向于增加的投资，它始终等于 $sf(k)$；另外一个是使资本存量倾向于减少的资本折旧，它等于 δk。很显然，人均资本存量（k）的变动取决于投资和折旧差值，即

$$\Delta k = sf(k) - \delta k$$

当 $sf(k)=\delta k$ 时，$\Delta k=0$。人均资本不再变动，人均产出也稳定下来，此时称经济达到稳态。

如图 8.2 所示，如果最初人均资本存量（k_1）小于稳态资本存量（k^*），这时投资大于折旧，人均资本存量将会增加，直至达到稳态的资本存量（k^*）。

如果最初人均资本存量（k_2）大于稳态资本存量（k^*），这时折旧大于投资，人均资本存量将会减少，直至达到稳态的资本存量（k^*）。

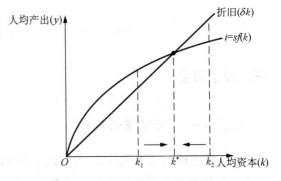

图 8.2　只存在资本折旧的稳定状态

在稳态时,有:(1)人均资本、人均产出不变,增长率为0;(2)没有考虑人口增长的因素,总产出和总资本存量等于人均产出和人均资本乘以人口数量即可,因此,此时总产出和总资本存量也不变,增长率为0。

▶ **知识点四　储蓄率变化对各稳态参数的影响**

储蓄率变化对各稳态参数的影响:储蓄率的提高,可以增加稳态下的人均资本水平。具体分析如下:

由于储蓄全部转化为投资,而投资导致人均资本存量增加。因此,既定的储蓄率对应着一个既定的稳态资本存量,从而也对应着一个既定的消费水平和投资水平。

如图8.3所示,图中的储蓄率:$s_1 < s_0 < s_2$,相应地,$i_1 < i_0 < i_2$。储蓄率越高,投资也越高,稳态的资本存量也越大,所以有 $k_1^* < k_0^* < k_2^*$。

稳态的人均消费量表现为产出曲线 $y = f(k)$ 和折旧线 δk 之间的垂直线段的长度。从图8.3中可知,消费量的大小并不是由稳态资本水平的大小决定的,并且对应着不同的储蓄率(投资水平,人均资本水平),人均消费量存在着唯一的最大值。

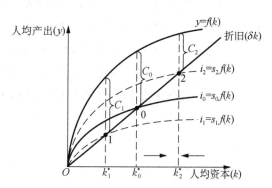

图8.3　储蓄率变化对各稳态参数的影响

在索洛模型中,政策最有可能影响的参数是储蓄率。

▶ **知识点五　资本的黄金律水平**

使稳定状态消费最大化的资本水平称为资本的黄金律水平。

资本的黄金律水平是指稳定状态下人均消费最大化所对应的人均资本水平,由经济学家费尔普斯于1961年提出。他认为,如果一个经济的发展目标是稳定人均消费最大化,稳定状态下人均资本量的选择应使资本的边际产品等于劳动的增长率。

如图8.4所示,由于稳定状态的消费就是产出 $y = f(k)$ 和折旧 δk 之间的差额,即产出曲线 $y = f(k)$ 和折旧线 δk 之间的垂直线段的长度。显而易见,存在着消费的最大值。

作折旧线 δk 的平行线,与产出曲线 $y = f(k)$ 相切于 A 点。再经过 A 点作横轴的垂线,与折旧线相交于 B 点,与横轴的交点对应的资本存量即为黄金律水平的人均资本

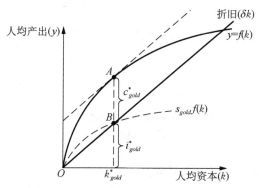

图8.4　确定各个参数的黄金律水平

存量 k^*_{gold},线段 AB 即代表最大人均消费 c^*_{gold},进而可以求出最佳储蓄率 s_{gold} 为:

$$s_{gold} = \frac{i^*_{gold}}{f(k^*_{gold})}$$

由于 A 点是平行于折旧线 δk 的直线与产出曲线 $y=f(k)$ 的切点,所以在 A 点两者的斜率相等,即 $f'(k)=\delta$。因此,在资本的黄金律水平下,资本的边际产量等于折旧率。

▶ 知识点六 向黄金律稳定状态的过渡

1. 从资本存量过大(储蓄率过高)向黄金律稳定状态的过渡

从前一个知识点我们知道,要使经济均衡增长时有最高的个人消费,必须有一个合适的储蓄率 s_{gold}。如果现有经济的储蓄率大于黄金律的储蓄率,即 $s > s_{gold}$,那么经济稳态时人均资本存量过高,此时的消费水平将偏离最大消费水平。如果社会目标是使人均消费达到最大,政府就必须采取相应的措施,以降低储蓄率,使新的储蓄率等于 s_{gold}。当储蓄率从高于黄金律水平降到黄金律水平时,各个经济变量的变动过程如图 8.5 所示。

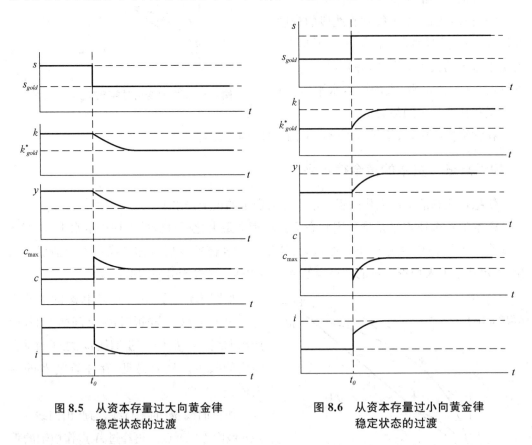

图 8.5 从资本存量过大向黄金律稳定状态的过渡

图 8.6 从资本存量过小向黄金律稳定状态的过渡

2. 从资本存量过小(储蓄率过低)向黄金律稳定状态的过渡

如果现有经济的储蓄率小于黄金律的储蓄率,即 $s < s_{gold}$,那么经济稳态时人均资本

存量过低,此时的消费水平将偏离最大消费水平。这时要使人均消费达到最大,政府就必须采取相应的措施,以提高储蓄率,使新的储蓄率等于 s_{gold}。当储蓄率从低于黄金律水平提高到黄金律水平时,各个经济变量的变动过程如图 8.6 所示。

▶ 知识点七 加入人口增长因素的索洛增长模型

在有人口增长的情况下,人均资本存量的变动方程为:

$$\Delta k = sf(k) - (\delta + n)k$$

其中,$(\delta+n)k$ 称为收支相抵的投资或持平投资,即当投资等于收支相抵的投资时,人均资本存量不再变化,经济处于稳定状态。当经济处于稳态时,人均资本和人均产出保持不变,而有增长的总量(总产出 Y 和总资本 K),则按固定的比例增长。

当实际投资等于收支相抵的投资(持平投资)时,经济处于稳定状态。人均资本存量为 k^*,人均产出为 $f(k^*)$,这些量在稳态时都是固定不变的。

由于总产出等于人均产出和劳动力总数的乘积,即:

$$Y = f(k^*) \times L$$

所以总产出也按劳动力的增长比率 n 增长。同理,总资本等于人均资本和劳动力总数的乘积,即:

$$K = k^* \times L$$

所以总资本同样按劳动力的增长比率 n 增长。即在稳态时,有:

$$\frac{\Delta Y}{Y} = \frac{\Delta K}{K} = \frac{\Delta L}{L} = n$$

▶ 知识点八 人口增长对稳态人均资本存量和黄金律资本水平的影响

人口增长使稳态的人均资本存量降低,也降低了资本的黄金律水平,具体分析如下:

1. 人口增长对稳态人均资本存量的影响

人口增长率 n 改变着收支相抵投资线 $(\delta+n)k$ 的斜率。在既定储蓄率 s(从而既定的投资曲线)的情况下,稳态资本存量 k^* 将随着人口增长率 n 的改变而改变。

如图 8.7 所示,人口增长率 $n_2 < n_0 < n_1$,相应地,稳态的人均资本存量 $k_1^* < k_0^* < k_2^*$。所以人口增长率越高,其稳态的人均资本存量就越低,相应地,稳态人均产量就越低,从而人均收入也就越低,因此,索洛模型预言人

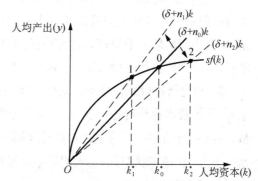

图 8.7 人口增长率变动对稳态参数的影响

口增长率较高的国家人均 GDP 较低。

由于在稳态时,经济总量的增长率等于人口增长率。所以在不考虑技术进步的情况下,人口增长率较高的国家有较高的总产出增长率和总资本增长率。但这些总量增长都是由于新增劳动力引起的,人均产量不变,总量随着劳动力的增长而增长。

2. 人口增长对黄金律资本水平的影响

如图 8.8 所示,在有人口增长的情况下,稳态的人均消费量表现为产出曲线 $y=f(k)$ 和持平投资线 $(\delta+n)k$ 之间的垂直线段的长度。所以确定资本黄金律水平的方法如同前面一样,作持平投资线的平行线与产出曲线相切,切点所对应的资本存量即为使消费最大的资本黄金律水平。进一步地,我们也可以确定实现这个稳态人均资本水平所要求的储蓄率。

由于 A 点是平行于持平投资线 $(\delta+n)k$ 与产出曲线 $y=f(k)$ 的切点,所以在 A 点两者的斜率相等,即 $f'(k)=\delta+n$。因此,在黄金律稳定状态,资本的边际产量等于折旧率加人口增长率。

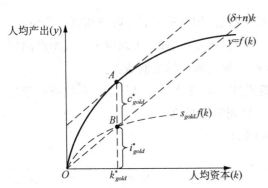

图 8.8 人口增长对黄金律资本水平的影响

【习题解析】

一、关键概念

1. 索洛增长模型 又称新古典经济增长模型、外生经济增长模型,是在新古典经济学框架内的经济增长模型,由经济学家罗伯特·索洛提出。索洛模型是表明储蓄、人口进步和技术进步如何影响一个经济的产出水平,及其随着时间的推移而实现增长的一种经济模型。它的基本假定是:(1)社会储蓄函数为 $S=sy$,式中,s 是作为参数的储蓄率;(2)劳动力按照一个不变的比例增长;(3)生产的规模报酬不变。其主要思想是:人均投资扩展化时,人均产出就会增长;当人均投资等于资本扩展时,经济达到稳定状态,人均产出不再增长,但总产出会继续增长,增长率等于人口增长率。

2. 稳定状态(稳态) 是指长期中经济增长达到的一种均衡状态:投资等于资本扩展化水平,人均资本存量维持不变,这个维持不变的人均资本存量 k^*,叫稳定状态人均资本存量。在稳定状态下,不论经济初始位于哪一点,随着时间的推移,经济总会收敛于该资本水平 k^*。在稳定状态,由于人均资本存量保持不变,所以人均产出也保持不变,即人均产出增长率为零。

3. 资本的黄金律水平 是指使稳态时的人均消费达到最大化的资本量。其条件是资本的边际产品(量)等于劳动的增长率。经济学家费尔普斯于1961年找到了人均消费最大化的人均资本应满足的关系式,这一关系式被称为资本积累的黄金分割律。

二、复习题

1. 在索洛模型中,储蓄率是如何影响稳态收入水平的?它是如何影响稳态增长率的?

【重要级别】3　　　　　　　【难度级别】1

【考查要点】储蓄率变化对各稳态参数的影响

【参考答案】储蓄率通过影响资本存量的变动,影响经济中的投入方向,从而影响经济所达到的均衡状态。在索洛增长模型中,高的储蓄率,产生高的稳态资本存量和高水平的稳态产出;低的储蓄率,导致低的稳态资本存量和低水平的稳态产出。

更高的储蓄率只是在短期内引起高的经济增长速度。储蓄率的提高,促进了经济增长,直到经济达到新的稳定状态为止。

2. 为什么经济的政策制定者可能会选择黄金律资本水平?

【重要级别】3　　　　　　　【难度级别】1

【考查要点】资本的黄金律水平

【参考答案】经济的发展在于提高国民经济福利水平,而福利水平体现在国民的消费水平上。把社会经济成员的经济福利最大化作为经济政策制定者的目的假设是合理的。由于经济福利取决于消费的数量,政策制定者应该选择具有最高消费水平的稳定状态。黄金规则的资本水平就是使效用最大化的资本水平。

3. 政策制定者会选择一个资本高于黄金律稳态的稳态吗?会选择一个资本低于黄金律稳态的稳态吗?请解释。

【重要级别】3　　　　　　　【难度级别】2

【考查要点】资本的黄金律水平;向黄金律稳定状态的过渡/从资本存量过小(储蓄率过低)向黄金律稳定状态的过渡

【参考答案】政策制定者都可能选择这两种情况。因为当初始经济高于资本的黄金规则水平时,在趋向黄金规则水平的每个时点上都增加了消费;相反,如果初始经济低于资本的黄金规则水平,在趋向黄金规则时意味着要减少现期消费(增加资本存量),以提高未来的消费。在这种情况下,政策制定者的决策就不是那么清晰了。如果政策制定者更加关心当代人而不是下一代人,那他或她就不会只寻求达到黄金规则为稳定状态的政策。如果政策制定者对所有各代人同样关心,他或她将选择达到黄金规则水平。尽管现在这一代人将少消费一些,但子孙后代将由于向黄金规则变动而受益。

所以说,黄金律稳定状态的选择要看本国情况的不同而定:在理想情况下,政策制定者出于长远考虑,肯定会选择黄金律资本水平,因为这个时候人均消费可以达到最大,也就是说,社会福利最大化了;考虑初始资本水平高于黄金律水平的情况,政策制定者如果选择将经济的资本水平带入黄金律水平,那么在达到黄金律资本水平的过程中,所有时点的人均消费都会增大,此后逐步下降。

4. 在索洛模型中,人口增长率是如何影响稳态收入水平的? 它是如何影响稳态增长率的?

【重要级别】3　　　　　　　　【难度级别】2

【考查要点】人口增长对稳态人均资本存量和黄金律资本水平的影响

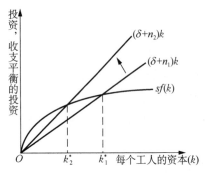

图 8.9　两种不同的人口增长率下的经济稳态水平

【参考答案】当存在高人口增长率时,稳态的人均资本水平越低,导致人均稳态收入水平就越低。图 8.9 为两种不同的人口增长率(一个为 n_1,一个为 n_2)下的经济稳态水平。较高的人口增长率 n_2 意味着人口增长和折旧线 $(\delta+n_2)k$ 越高,导致稳态的人均资本水平就越低。

总收入(总产出)的稳态增长率为 $n+g$,如果人口增长率 n 越高,总收入的增长率也越高。但是在稳定状态下,人均收入按 g 的速度增加,而不受人口增长率的影响。

三、问题与应用

1. A 国和 B 国的生产函数都是 $Y=F(K,L)=K^{1/3}L^{2/3}$。

a. 这个生产函数是规模报酬不变的吗? 请解释。

b. 人均生产函数 $y=f(k)$ 是什么?

c. 假设两个国家都没有人口增长或技术进步,资本折旧为每年 20%。进一步假设 A 国每年储蓄 10% 的产出,而 B 国每年储蓄 30% 的产出。用你得到的问题 b 的答案和投资等于折旧这一稳态条件,找出每个国家的稳态人均资本水平,然后找出稳态的人均收入水平和人均消费水平。

d. 假定两国开始的人均资本存量都为 1。人均收入水平和人均消费水平是多少?

e. 记住资本存量的变动是投资减去折旧,用一个计算器或电子表格来显示这两个国家的人均资本存量将如何随时间变动。计算每一年的人均收入和人均消费。B 国的消费要过多少年才会高于 A 国的消费?

【重要级别】4　　　　　　　　【难度级别】3

【考查要点】只存在资本折旧情况下的稳定状态

【参考答案】a. 规模报酬不变的生产函数是指如果按相同的比例增加所有生产要素投入,能够引起产出以相同的百分比增加,即对任意函数 $zY=F(zK,zL)$,也就是说,如果我们把资本数量和劳动数量同乘以 z,那么产量也同乘以 z。

因为生产函数 $Y=F(K,L)=K^{1/3}L^{2/3}$ 满足 $F(zK,zL)=(zK)^{1/3}(zL)^{2/3}=$

$zK^{1/3}L^{2/3} = zY$,所以生产函数 $Y = K^{1/3}L^{2/3}$ 具有规模报酬不变的性质。

b. 生产函数 $Y = K^{1/3}L^{2/3}$ 两边同除以 L,得出人均生产函数:

$$\frac{Y}{L} = \frac{K^{1/3}L^{2/3}}{L}$$

令 $y = Y/L$,上式变为:

$$y = K^{1/3}/L^{-1/3}$$

令 $k = K/L$,得到:

$$y = k^{1/3}$$

c. 已知折旧率 $\delta = 0.2$,A 国的储蓄率 $s_A = 0.1$,B 国的储蓄率 $s_B = 0.3$,人均产量函数 $y = k^{1/3}$(由上题得到)。

稳态时,资本存量的增长率 Δk 等于投资量 $sf(k)$ 减去折旧 δk,$\Delta k = sf(k) - \delta k$,即在稳态下,资本存量不会增长,所以可写成 $sf(k) = \delta k$。

将人均产量函数代入上式,解出 k^*,得到:

$$sk^{1/3} = \delta k \Rightarrow k = (s/\delta)^{3/2}$$

将每个国家的储蓄率代入上式,得到稳态人均资本水平 k^*:

$$\text{国家 A:} \ k_A^* = (s_A/\delta)^{3/2} = (0.1/0.2)^{3/2} \approx 0.35$$
$$\text{国家 B:} \ k_B^* = (s_B/\delta)^{3/2} = (0.3/0.2)^{3/2} \approx 1.84$$

将所得资本水平代入 $y = k^{1/3}$,可知 A、B 两个国家的稳态人均收入分别为:

$$y_A^* = (k_A^*)^{1/3} = 0.7$$
$$y_B^* = (k_B^*)^{1/3} = 1.23$$

在每一美元收入中,工人储蓄了 s,并消费了 $1-s$,即消费函数 $c = (1-s)y$,由于知道了两个国家的稳态人均收入,所以:

$$\text{国家 A:} \ c_A^* = (1 - s_A)y_A^* = (1 - 0.1) \times 0.7 = 0.63$$
$$\text{国家 B:} \ c_B^* = (1 - s_B)y_B^* = (1 - 0.2) \times 1.23 = 0.86$$

d. 开始时,两国的人均资本存量都为 1,此时,根据人均产出函数 $y = k^{1/3}$,可得两国此时人均收入都为 1,人均消费水平:

$$\text{国家 A:} \ c_A^* = (1 - s_A)y_A^* = (1 - 0.1) \times 1 = 0.9$$
$$\text{国家 B:} \ c_B^* = (1 - s_B)y_B^* = (1 - 0.3) \times 1 = 0.7$$

e. 由题意可知：

$$s_A = 0.1$$
$$s_B = 0.3$$
$$\delta = 0.2$$
$$k_0 = 1（两个国家都一样）$$
$$y = k^{1/3}$$
$$c = (1-s)y$$

A 国

年份	k	$y = k^{1/3}$	$c = (1-s_A)y$	$i = s_A y$	δk	$\Delta k = i - \delta k$
1	1.000	1.000	0.900	0.100	0.200	−0.100
2	0.900	0.965	0.869	0.096	0.180	−0.084
3	0.816	0.934	0.841	0.093	0.163	−0.070
4	0.746	0.907	0.816	0.091	0.149	−0.058
5	0.688	0.883	0.795	0.088	0.138	−0.050

B 国

年份	k	$y = k^{1/3}$	$c = (1-s_A)y$	$i = s_A y$	δk	$\Delta k = i - \delta k$
1	1.000	1.000	0.700	0.300	0.200	0.100
2	1.100	1.032	0.723	0.309	0.220	0.089
3	1.189	1.059	0.742	0.317	0.238	0.079
4	1.268	1.082	0.758	0.324	0.254	0.070
5	1.338	1.102	0.771	0.331	0.268	0.063

所以要经过 6 年 B 国的消费水平才能高于 A 国的消费水平。

【科兴点评】本题较好地运用了索洛模型，读者应理解索洛模型的前提、规模报酬不变和边际产出递减等，并能熟练计算索洛模型的稳态下各经济变量的数值。

2. 在有关德国和日本战后增长的讨论中，正文描述了当部分资本存量在战争中被摧毁时所出现的情况。相反，假设战争并没有直接影响资本存量，但人员死伤减少了劳动力。假设经济在战前处于稳定状态，储蓄率没有变化，战后的人口增长率与战前相同。

a. 战争对总产出和人均产出的即刻影响是什么？

b. 随后，战后经济中的人均产出会发生什么变动？战后人均产出增长率小于还是大于战前水平？

【重要级别】3   【难度级别】3

【考查要点】资本的黄金律水平

【参考答案】a. 在索洛增长模型中,生产函数是 $Y=F(K,L)$,或按人均产出可表示为 $y=f(k)$,如果在战争中因死伤减少了劳动力,即 L 下降,但是 $k=K/L$ 增加。生产函数又表明因为工人的减少,产出下降,然而人均产出增加,因为每个工人拥有更多的资本存量。

b. 劳动力减少,意味着人均资本存量战后比战前高。因此,如果战前经济处于稳定状态,那么战后经济的人均资本存量是高于稳态水平的,图 8.10 显示了人均资本存量从 k_1 变为 k^*,人均产出下降。

因此,在向新的稳态过渡期间,人均产出水平慢慢下降,在稳态,技术水平决定了人均产出水平。一旦经济回到稳态,人均产出增长率等于技术进步增长率(战前也是如此)。

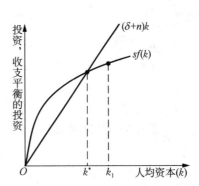

图 8.10 战前和战后的人均资本变化

【科兴点评】对于索洛模型,读者需要理解不同的时间段各个变量的变化以及最终的结果。

3. 考虑用以下生产函数描述一个经济:$Y=F(K,L)=K^{0.4}L^{0.6}$。

a. 人均生产函数是什么?

b. 假设没有人口增长和技术进步,找出稳态人均资本存量、人均产出和人均消费,把它们表示成储蓄率和折旧率的函数。

c. 假设折旧率是每年 15%。制作一个表格,表示出储蓄率分别为 0、10%、20%、30% 等时的稳态的人均资本、人均产出和人均消费。(你或许发现使用电子表格是最容易的。)使人均产出最大化的储蓄率是多少? 使人均消费最大化的储蓄率是多少?

d. 使用第 3 章的知识求出资本的边际产量。对于每个储蓄率,在你的问题 c 得到的表格中增加一项——资本的边际产量减去折旧。关于资本的净边际产量和稳态消费之间的关系,你的表格说明了什么?

【重要级别】3　　　　　　　【难度级别】3

【考查要点】只存在资本折旧情况下的稳定状态;资本的黄金律水平

【参考答案】a. 在生产函数的两边同除以劳动 L 得:

$$\frac{Y}{L}=\frac{K^{0.4}L^{0.6}}{L} \Rightarrow \frac{Y}{L}=\left(\frac{K}{L}\right)^{0.4}$$

令人均产出 $y=Y/L$,$k=K/L$,故上式变为:$y=k^{0.3}$

b. 资本存量变动:$\Delta k=s^* f(k)-\delta^* k$

稳态时,$\Delta k=0$,即 $0=sf(k)-\delta k \Rightarrow \dfrac{k^*}{f(k^*)}=\dfrac{s}{\delta}$

将人均生产函数 $y=f(k^*)=(k^*)^{0.4}$ 代入,得:

$$\frac{k^*}{(k^*)^{0.4}} = \frac{s}{\delta}$$

得

$$(k^*)^{0.6} = \frac{s}{\delta}$$

或

$$k^* = \left(\frac{s}{\delta}\right)^{5/3}$$

带入人均产出函数有：

$$y^* = \left(\frac{s}{\delta}\right)^{2/3}$$

在稳态经济中，投资等于折旧即 δk^*，所以稳态时消费为：

$$c^* = f(k^*) - \delta k^* = \left(\frac{s}{\delta}\right)^{2/3} - \delta\left(\frac{s}{\delta}\right)^{5/3}$$

也可根据消费等于产出中没有用作储蓄的部分求解：

$$c^* = (1-s)f(k^*) = (1-s)(k^*)^{0.4} = (1-s)\left(\frac{s}{\delta}\right)^{2/3}$$

用一些代数运算就可发现，上述两式是等价的。

c. 由下表可以看到：人均产出可达到的最大值为 3.54，此时储蓄率为 100%。人均消费可达到最大值为 1.15，此时储蓄率为 40%。

表 8.1

s	k^*	y^*	c^*	$MPK - \delta^*$
0.10	0.51	0.76	0.69	0.52
0.20	1.62	1.21	0.97	0.06
0.30	3.17	1.59	1.11	−0.28
0.40	5.13	1.92	1.15	−0.62
0.50	7.44	2.23	1.12	−1.00
0.60	10.08	2.52	1.01	−1.41
0.70	13.03	2.79	0.84	−1.87
0.80	16.28	3.05	0.61	−2.37
0.90	19.81	3.30	0.33	−2.91
1.00	23.61	3.54	0.00	−3.48

d. 对生产函数对 K 微分得到边际资本产量：

$$MPK = 0.4\frac{K^{0.4}L^{0.6}}{K} = 0.4\left(\frac{K}{L}\right)^{-0.6} = 0.4k^{-0.6}$$

观察上表可知，资本的净边际产量和稳态消费有如下关系：资本的净边际产量大于零时，稳态消费量增长；资本的净边际产量小于零时，稳态消费量减少；当达到资本的黄金律水平时，即 $s=0.4$ 时，资本的净边际产量为零，稳态消费量达到其最大值。

【科兴点评】索洛模型的推导和思路并不复杂，读者只要能够理解其模型思路以及各个稳态的条件，遇到不同的题目的变化都能解决，如本题中将各个数据代入稳态条件便能解决。

4. "把更大比例的国民产出用于投资将有助于恢复快速的生产率增长和提高生活水平。"你同意这种说法吗？请用索洛模型进行解释。

【重要级别】3　　　　　　　【难度级别】3

【考查要点】向黄金律稳定状态的过渡

【参考答案】不同意，根据索洛模型我们可以知道，这样的结论不一定成立。

假设初始经济处于资本存量低于黄金规则水平的稳定状态。把较大份额的产出用作投资的直接影响就是经济中只有较小的产出份额留作消费，即以消费衡量的生活水平下降。更高的投资速度意味着资本增加更快，所以产出增长率和人均产出都会增加。工人的生产率就是每个工人的平均产量，即人均产出，所以生产率提高。因此，直接的影响就是生活水平下降而生产率提高。

在新的稳态下，产出以 $n+g$ 的速度增长，但人均产出以 g 的速度增长，这说明在稳态时生产率增长与投资率无关。由于初始经济稳态资本存量低于黄金规则水平，更高的投资率意味着在新的稳态时有更高的消费水平，那时生活水平会提高。

一方面，投资率的增长在短期内促进了生产率的增长，但在长期内对生产率的增长没有影响。另一方面，生活水平立即下降之后随时间的推移会上升。所以该主张强调了增长，而忽视了达到这种增长所需付出的代价。

【科兴点评】读者注意区分经济的总体增长率和人均收入增长率的不同。其中，人均收入增长率，即消费水平的持续提高只与技术进步率 g 有关。

5. 画一幅图说明有人口增长的索洛模型的稳态，清楚地标注横轴、纵轴、各条曲线和直线。利用该图形找出以下各种外生变动会引起稳态人均资本和人均收入发生什么变动。

a. 消费者偏好的某种变化增加了储蓄率；

b. 天气模式的某种变化增加了折旧率；

c. 更好的生育控制手段降低了人口增长率；

d. 技术的一次性永久进步增加了利用任何给定数量的资本和劳动能够生产的产出量。

【重要级别】3　　　　　　　　【难度级别】3

【考查要点】索洛模型稳态的确定

【参考答案】当有人口增长时,索洛模型的稳态如图 8.11 所示。

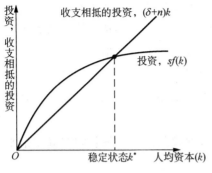

有人口增长的索洛模型：

$$k = K/L;$$
$$\Delta k = sf(k) - (\delta + n)k;$$
$$\Delta k = MPK \times k - (\delta + n)k$$

稳态时人均资本存量不变,$\Delta k = 0$,可得：

$$MPK \times k = (\delta + n)k$$

即：

$$MPK = \delta + n$$

图 8.11　有人口增长的索洛模型

等价于：

$$MPK - \delta = n$$

即在该稳态经济中,资本的净边际产量 $MPK - \delta$ 等于产出增长率 n,正是所描述的黄金规则的稳定状态。因此,我们可以得出该经济达到资本存量的黄金规则水平。

a. 储蓄率的增加将使储蓄曲线向上移动,如图 8.12 所示。由于实际投资大于盈亏平衡投资,人均资本水平将会提高,稳态人均资本水平和人均收入都增加。

b. 折旧率提高将使得折旧线绕原点向上移动,如图 8.13 所示。稳态时,人均资本和人均收入都下降。

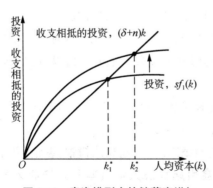

图 8.12　索洛模型中的储蓄率增加

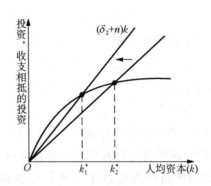

图 8.13　索洛模型中的折旧率增加

c. 人口增长率降低将使得折旧线绕原点向下移动,如图 8.14 所示。稳态时,人均资本和人均收入都增加。

d. 技术的一次永久进步提高了产量 $f(k)$,投资曲线向上移动,如图 8.15 所示,任何给定数量的资本和劳动下的产出量增加了。稳态时,人均资本和人均收入增加。

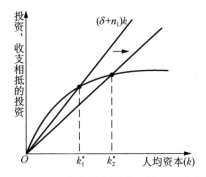
图 8.14 索洛模型中的人口增长率降低

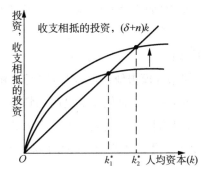
图 8.15 索洛模型中的一次性技术永久进步

【科兴点评】对于索洛模型,读者要会画图分析当条件变化时对稳态的影响。

6. 许多人口统计学家预言,在接下来的年代里,美国的人口增长将为零,而历史上的平均人口增长率是每年 1% 左右。用索洛模型预测人口增长的这种下降对总产出增长和人均产出增长的影响。在考虑这些影响时,既要包括稳态又要包括从原来的稳态到新稳态的过渡。

【重要级别】3　　　　　　　　【难度级别】3

【考查要点】人口增长对稳态人均资本存量和黄金律资本水平的影响

【参考答案】(1) 首先考虑稳定状态,较低的人口增长和折旧的直线下移,如图 8.16 所示。新稳态有更高的人均资本 k_2^*,因而有更高的人均产出水平。稳态时,总产出增长率是 $n+g$,而人均产出增长率是 g。所以较低的人口增长率会降低总产出增长率,但人均产出率不变。

(2) 考虑中间过渡时期,低人口增长率使稳态的人均产出水平升高,因而在新稳态的过渡时期,人均产出有一段时间会以高于 g 的速度增长。人口增长下降后的几十年里,总产出的增长速度相应下降,而人均产出增加。

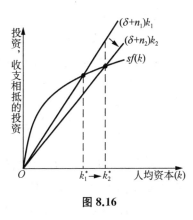
图 8.16

【科兴点评】运用图形分析,可以很直观和快速地得出结果。

7. 在索洛模型中,人口增长导致稳定状态的总产出增长,但人均产出并不增长。如果生产函数表现出规模报酬递减或递增,你认为还是如此吗?请解释。(关于规模报酬递增和递减的定义,参见第 3 章"问题与应用"中的第 3 题。)

【重要级别】3　　　　　　　　【难度级别】2

【考查要点】索洛增长模型

【参考答案】不正确。

(1) 如果生产函数的规模报酬递减,那么以相同的比例增加资本和劳动的投入,产出的增加将少于这个比例。比如,投入两倍的资本和劳动,产出将少于两倍。如果生产函数中有一种要素(如土地)是固定的,规模递减的情况就会发生。因为这种要素在经济增长时越发稀缺,所以人口增长引起总产出增长,但人均产出减少,每个人只有越发稀少的固定资源可以利用。

(2)如果规模报酬递增,双倍的资本和劳动投入,产出将高于原来的产出两倍。这在人口增长时,劳动专业化程度更高的情况下可能发生。由于能够充分地利用这种规模经济,因而人口增长更快地提高了总产出和人均产出。

【科兴点评】从本题,读者也可以理解为什么索洛模型的基本假设是生产函数规模报酬不变。

8. 考虑失业会如何影响索洛增长模型。假定生产函数为 $Y=K^{\alpha}[(1-u)L]^{1-\alpha}$,式中,$K$ 为资本,L 为劳动,u 为自然失业率。国民储蓄为 s,劳动力增长率为 n,资本折旧率为 δ。

a. 把人均产出($y=Y/L$)表示为人均资本($k=K/L$)和自然失业率的函数。

b. 写出描写该经济的稳态的方程。用图形表示稳态,就像我们在本章对标准的索洛模型所做的那样。

c. 假定政府政策的某些变化降低了自然失业率。运用你在问题 b 中所画的图形,描述这一变化对产出的即刻影响和随时间的推移对产出的影响。对产出的稳态效应大于还是小于对产出的即刻影响?请解释。

【重要级别】3 　　　　　　　　【难度级别】3

【考查要点】索洛增长模型;只存在资本折旧情况下的稳定状态

【参考答案】a. 根据生产函数 $Y=K^{\alpha}[(1-u)L]^{1-\alpha}$,两边同除以 L,得到人均生产函数:

$$y=\frac{K^{\alpha}[(1-u)L]^{1-\alpha}}{L}=\left(\frac{K}{L}\right)^{\alpha}(1-u)^{1-\alpha}=k^{\alpha}(1-u)^{1-\alpha}$$

人均资本 $k=K/L$。注意,在任一给定的人均资本比率上失业减少了每一单位资本的产出,这是因为有些人不生产任何东西了。

稳态时,由投资导致单位资本的增加量等于由折旧和人口增长导致单位资本的减少量时人均资本的水平,因此有:

$$sy^{*}=(\delta+n)k^{*}$$

代入人均生产函数,得:

$$s(k^{*})^{\alpha}(1-u)^{1-\alpha}=(\delta+n)k^{*}$$

$$k^{*}=(1-u)\left(\frac{s}{\delta+n}\right)^{\frac{1}{1-\alpha}}$$

可以看出,失业降低了资本的边际产出,就像负面的技术巨变会降低资本数量一样,经济会再次回到稳态。失业的增加,降低了 $sf(k)$ 线以及人均资本的稳态水平。

将稳态资本水平代入生产函数中,可得稳态时的人均产出为:

$$y^* = \left[(1-u)\left(\frac{s}{\delta+n}\right)^{\frac{1}{1-\alpha}}\right]^{\alpha}(1-u)^{1-\alpha} = (1-u)\left(\frac{s}{\delta+n}\right)^{\frac{\alpha}{1-\alpha}}$$

从中可以看出,失业降低了产出是由于两个原因:一是对于一个给定的 k,失业降低了 y;二是失业降低了 k^* 的稳态值。该经济的稳态如图 8.17 所示。

c. 失业一旦从 u_1 降到 u_2,产出就会从它的最初稳态值 $y^*(u_1)$ 突然增加。经济中的资本数量是一定的(因为它一直在花费时间来调整资本库存),但是这些资本是与更多的工人结合在一起的。在那一刻,经济脱离了稳态:它拥有较少的资本,比它想要匹配增加的工人数量的资本少。经济通过积累更多

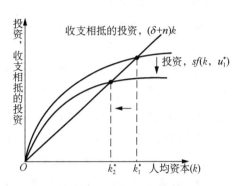

图 8.17 考虑失业的索洛模型

的资本,增加比原始的跳跃更多的产出,开始进行转变。最终,资本库存与产出都会聚到它们新的、更高的稳态水平上。如图 8.18 和 8.19 所示。

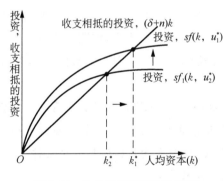

图 8.18 失业降低对稳态的影响

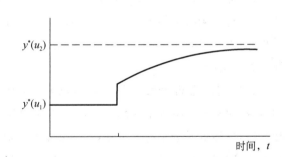

图 8.19 人均产出的时间路径

【科兴点评】当模型中加入其他变量后,读者也应该学会分析,其本质和思路与索洛模型是一样的,找出经济的稳态,并分析变量变化时稳态会发生哪些变化。

【补充训练】

1. 根据索洛增长模型,储蓄率的提高可能导致实际总产出的增长率的永久性上升。( )

【重要级别】3 　　　　　　　　【难度级别】3

【考查要点】只存在资本折旧情况下的稳定状态

【参考答案】错误。储蓄率的提高增加了人均投资,引起人均资本存量增加,使得稳

态时人均资本存量和人均产出达到一个更高的水平。但是经济一旦达到新的稳定状态,人均资本存量是不变的,从而人均产出也是不变的。这时如果没有人口增长或技术进步等其他因素的影响,稳态时总产出也因此固定不变,总产出的增长率为零;但即使经济中存在人口增长或技术进步因素,那么在新的稳态时总产出的增长率等于人口增长率(n)加上技术进步率(g),这和储蓄率提高之前的增长率是一样的。

但是在新、旧两个稳态之间,人均资本和人均产出都增加了,所以总产出在这个阶段有一定的增长率。但是这一增长率并不能长久维持,因为在经济达到新的稳定状态时总产出的增长率在没有其他因素推动的情况下将重新变为零,所以储蓄率的提高并不能使实际总产出的增长率永久性上升,储蓄不是经济长久增长的源泉,该命题是错误的。

【科兴点评】储蓄率的变化只会暂时性地影响增长率,而不会永久性地影响增长率。或者说,储蓄率的变化只有水平效应,而没有增长效应,只有技术进步率的变化有增长效应。

2. 根据索洛模型,在没有技术进步的情况下,人均产出增长的条件是人均资本存量(   )。

A. 增长　　　　B. 负增长　　　　C. 不变　　　　D. 不确定

【重要级别】3　　　　　　　　　【难度级别】3

【考查要点】索洛增长模型

【参考答案】A。由人均资本生产函数 $y=f(k)$ 可知,人均产量只是人均资本的一元函数,并且该函数满足 $f'(k)>0, f''(k)<0$,函数的一阶导数大于零,说明人均资本占有量越高,人均产量也越高。所以在没有技术进步的情况下,要使人均产出增长,人均资本存量就必须增长。

【科兴点评】由于生产函数 $y=f(k)$ 的二阶导数小于零,说明该生产函数存在边际报酬递减(但是规模报酬不变)的性质,所以人均资本占有量不可能一直增长。当经济达到稳态时,实际投资等于持平投资,人均资本就不再变化,这时人均产出的增长也就停止了。根据索洛模型,稳态时人均产出增长的唯一源泉就是技术进步。

3. 资本存量的变化等于(   )。

A. 投资　　　　　　　　　　　　B. 投资减去折旧

C. 投资减去通货膨胀　　　　　　D. 投资减去折旧再减去通货膨胀

【重要级别】3　　　　　　　　　【难度级别】2

【考查要点】只存在资本折旧情况下的稳定状态

【参考答案】B。资本存量的变化方程为:$\Delta k=sf(k)-\delta k$。所以资本存量的变化表现为投资减去折旧。另外,索洛模型的研究涉及的是实际变量,并不是名义变量,所以不必考虑货币问题。

4. 下列有关索洛模型的表述中,正确的是(   )。

A. 储蓄率决定消费与投资在国民收入中所占的比例,储蓄率上升,消费上升

B. 储蓄率高的国家其经济增长率一定比其他国家高

C. 经济能自动趋向黄金规则水平的稳定状态

D. 从长期看,经济总能自动趋向稳定状态

【重要级别】3　　　　　　　　　　　　【难度级别】3

【考查要点】储蓄率变化对各稳态参数的影响;资本的黄金律水平;人均产出(y)在消费(c)和投资(i)之间的分配

【参考答案】D。储蓄率把产出划分为消费$[(1-s)Y]$和投资(sY)两个部分。储蓄率越高,产出中用于投资部分的比例就越高,消费就越小。储蓄率高,说明这个国家在经济处于稳态水平时有较高的人均资本存量和较高的人均产出,经济增长率虽然在短期内会因为储蓄率的提高而暂时提高,但在长期中经济的增长并不取决于储蓄率的高低,而是取决于人口增长率(n)和技术进步率(g)。再有,经济可以自动地从不稳定状态趋向稳定状态,这是由资本边际报酬递减的假设所引起的结果,即经济无论处于何种初始状态,它必将趋于某个稳定状态。由于对应某一个储蓄率,就有一个相对应的人均资本存量和人均消费,也对应着经济的某一个稳定状态。要达到人均消费最大化的黄金律的资本水平,就要依靠政府的某些政策调整储蓄率,从而把人均资本存量调整到黄金律水平。所以在两个不同储蓄率所对应的两个不同的稳定状态之间,并不存在经济自动调节的机制,只有靠外生的政府干预来改变储蓄率,才能使经济从某一个非黄金律的稳定状态过渡到黄金律的稳定状态。

【科兴点评】注意稳态时的经济状况:增长率、人均增长率、储蓄率等变量的状态和变化。

5. 假定不存在技术进步,从长期看,哪种说法是不正确的?(　　)

A. 资本存量保持不变　　　　　　　　B. 人均消费水平保持不变

C. 储蓄率保持不变　　　　　　　　　D. 人均产出保持不变

【重要级别】3　　　　　　　　　　　　【难度级别】3

【考查要点】加入人口增长因素的索洛增长模型;人均产出(y)在消费(c)和投资(i)之间的分配

【参考答案】A。从长期来看,经济处于稳定状态。在没有技术进步的前提下,人均资本存量不变,从而人均产出$y=f(k)$也是不变的。长期中经济要处于稳定状态,储蓄率是不可以变动的,否则,经济将出现向新的稳态调整的过程。既然储蓄率不变,人均产出也不变,因而人均消费$c=(1-s)f(k)$也是保持不变的。但由于资本存量是个总量概念,即$K=k\times L$,虽然在稳态时人均资本k不变,但资本存量仍然会随着劳动人口的增加而增加。

6. 假设生产函数为$Y=K^{0.3}L^{0.7}$,这里Y、K、L分别为产出、资本存量和劳动数量。如果折旧率$\delta=0.04$,新古典增长模型稳定状态下的产出增长率为 **0.03**,资本产出率 $KY=3$,请计算经济稳定状态下的储蓄率s,并给出新古典增长模型的基本方程。(用k和$\dot{k}=\mathrm{d}k/\mathrm{d}t$表示人均资本存量及其变化率。)

【重要级别】3　　　　　　　　　　　【难度级别】3

【考查要点】只存在资本折旧情况下的稳定状态

【参考答案】根据生产函数 $Y=K^{0.3}L^{0.7}$，可得人均产出 $\frac{Y}{L}=\left(\frac{K}{L}\right)^{0.3}$。令 $y=Y/L$，$k=K/L$，则生产函数可以表示为集约形式：$y=k^{0.3}$。

根据新古典经济增长模型基本方程 $\dot{k}=sy-(n+\delta)k$ 可得，当经济处于稳定状态时，有 $\dot{k}=0$，即 $s\dot{y}=(n+\delta)\dot{k}$。根据定义 $Y=Ly$，因此有 $\frac{\dot{Y}}{Y}=\frac{\dot{L}}{L}+\frac{\dot{y}}{y}=\frac{\dot{L}}{L}+\frac{\dot{k}}{k}$。因为在稳定状态下，资本的增长率为零，因为已知产出的增长率为0.03，所以劳动的增长率也为0.03，即 $n=\frac{\dot{N}}{N}=\frac{\dot{Y}}{Y}=0.03$。

由于稳定经济下 $\dot{k}=0$，所以 $sf(k)=(n+\delta)k$，即 $s=(n+\delta)\frac{k}{f(k)}$。代入有关参数可以得到：$s=\frac{0.03+0.04}{3}\approx 0.023$。

【科兴点评】从本章习题和索洛模型来说，其计算思路是清晰的，读者需要根据模型找出要计算的对应变量代入。

7. 一国储蓄率的变化如何影响稳定状态下的人均收入水平及其增长率？人口增长率的变化如何影响稳定状态下的人均收入水平？

【重要级别】3　　　　　　　　　　　【难度级别】2

【考查要点】储蓄率变化对各稳态参数的影响；人口增长对稳态人均资本存量和黄金律资本水平的影响

【参考答案】(1) 根据索洛增长模型稳态条件 $sf(k^*)=(n+g+\delta)k^*$，储蓄率提高，人均资本提高，从而人均收入水平提高。人均收入增长率在储蓄率调整的瞬间增加，以后逐渐下降，直至回到原来的增长率水平；反之亦然。

(2) 根据索洛增长模型稳态条件 $sf(k^*)=(n+g+\delta)k^*$，人口增长率增加，人均资本降低，人均收入水平降低；反之亦然。

【科兴点评】充分地了解在有人口增长的情况下各项变量改变对模型的影响。

8. 在新古典增长模型中，给出模型稳定状态的条件，并画图说明外生的储蓄率变化对人均收入水平有何影响？

【重要级别】3　　　　　　　　　　　【难度级别】2

【考查要点】储蓄率变化对各稳态参数的影响；加入人口增长因素的索洛增长模型；人口增长对稳态人均资本存量和黄金律资本水平的影响

【参考答案】(1) 新古典增长理论的基本假设是：社会储蓄函数为 $S=sY$，其中，s 是外生的储蓄率；劳动力以一个不变的比率 n 增长；生产的规模报酬不变，故人均生产函数可表示为 $y=f(k)$，其中，y 为人均产出，k 为资本-劳动比率。如果用 N 表示劳动力，Y 表示产出，则有 $y=Y/N$，$n=\Delta N'/N$。保持给定的人均资本水平 k 所必需的投资，取决于人口增长率和折旧率，考虑到人口增长率恒定，因此，经济需要投资 nk 来为新工人提供资本，再假定资本折旧是资本存量的一个不变比率 δ，因此保持人均资本水平所需的投资为 $(n+\delta)k$。

(2) 根据人均生产函数 $y=f(k)$，模型的基本方程为 $\Delta k=sy-(n+\delta)k$。经济均衡条件为 $\Delta k=0$。因此，在稳态时，y^* 和 k^* 满足 $sy^*=sf(k^*)=(n+\delta)k^*$。

(3) 现在如果提高储蓄率 s，变为 s'，则仍然有 $s'y^*=s'f(k^*)=(n+\delta)k^*$，也就是说，较高的储蓄率提高了稳态的人均资本和人均收入。

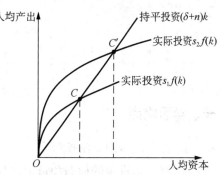

图 8.20 储蓄率变化对人均收入水平的影响

如图 8.20 所示，C 和 C' 分别是 s 和 s' 下的稳态，可以发现，当 s 提高时，y 也随之提高。在人口增长率和折旧率不变的情况下，稳态条件是 $sy^*=sf(k^*)=(n+\delta)k^*$。因此，$s$ 的提高，使得达到稳态时的 k^* 提高，从而使得稳态时的人均收入水平提高。

【科兴点评】除了了解各项变量最后结果的改变，对于因储蓄率变化引起的由资本存量向新的黄金律稳定状态的过渡过程也要有充分的认识。

9 经济增长Ⅱ：技术、经验和政策

【学习精要】

一、学习重点

1. 技术进步的索洛模型
2. 有技术进步的稳态和黄金律稳态水平
3. 内生增长理论：$Y=AK$ 模型和两部门模型
4. 全要素增长率

二、知识脉络图

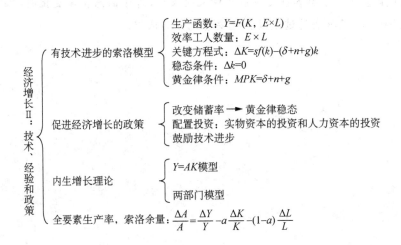

三、理论精要

▶ **知识点一　索洛模型中的技术进步**

在不考虑技术进步的情况下，索洛增长模型的生产函数是 $Y=F(K,L)$。

在存在技术进步的情况下，我们必须在原有的生产函数中加入体现技术进步的变量，实际上索洛模型中有技术进步的生产函数可以写成：$Y=F(K,L\times E)$。其中，$L\times E$ 被称为有效劳动或效率工人的数量，它是反映技术进步的变量(E)和实际工人数量(L)的乘积。如果技术进入的形式为 $F(K,L\times E)$，则此技术进步被称作劳动扩张型或"哈罗德中性"；如果技术进入的形式为 $F(E\times K, L)$，则此技术进步被称作资本扩张型；而如果技术进入的形式为 $E\times F(K, L)$，此技术进步被称为希克斯中性。由于只有劳动扩张型的技术进步被证明与经济的稳态相一致，所以我们采用劳动扩张型的技术进步，相应的生产函数为 $Y=F(K, L\times E)$。这样技术对生产的影响就完全体现在效率工人 $E\times L$ 这个复合变量上。

如果技术进步率为 g，实际劳动增长率为 n，那么效率工人数量的增长率就是 $n+g$，这样，对技术进步在生产函数中作用的考察就转化成对效率工人在生产函数中作用的考察。现在以效率工人代替实际工人，令

$$k=\frac{K}{L\times E}$$

以及

$$y=\frac{Y}{L\times E}$$

其中，k 为每个效率工人占有的资本，y 为每个效率工人的产出。由于假定生产函数 $Y=F(K, L\times E)$ 规模报酬不变，以上述的平均量 k 和 y 替代总量 K 和 Y 就可以得到密集形式或人均形式的生产函数

$$y=f(k)$$

在有技术进步的条件下，人均资本存量的变动方程为：

$$\Delta k=sf(k)-(\delta+n+g)k$$

其中，$sf(k)$ 称为效率工人的人均实际投资，$(\delta+n+g)k$ 称为收支相抵的投资或持平投资，即使得 k 保持在现有水平上所必需的投资量。

▶ 知识点二 有技术进步时经济的稳定状态

当效率工人的人均资本存量不再发生变动时，我们就说经济达到了稳定状态。

如图9.1所示，当效率工人的人均实际投资 $sf(k)$ 等于所需的持平投资 $(\delta+n+g)k$ 时，人均资本存量不再发生变化，经济处于稳定状态，总量按固定的比例增长。

当实际投资大于持平投资时，比如在 k_1 位置。这时人均资本存量将会增加，当人均资本存量达到 k^* 时，经济达到稳定状态。

当实际投资小于持平投资时，比如在 k_2 位置。这时人均资本存量将会减少，当人均资本存量减少到 k^* 时，经济达到稳定

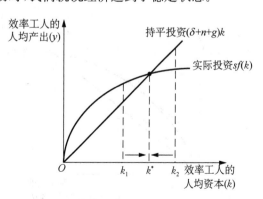

图9.1 技术进步下的索洛增长模型

状态。

在稳态时,效率工人的人均资本和人均产出保持不变,这时如果技术和劳动分别以 g 和 n 的速度增长,那么这种增长将会体现在人均资本和人均产出以及总资本和总产出的增长中。在人均量的增长上,有如下关系:

由 $y=\dfrac{Y}{L\times E}\Rightarrow \dfrac{Y}{L}=y\times E$,稳态时,效率工人的人均产出不变,所以人均产出 $\dfrac{Y}{L}$ 随着技术的增长而增长,人均产出的增长率等于技术进步率 g。

由 $k=\dfrac{K}{L\times E}\Rightarrow \dfrac{K}{L}=k\times E$,稳态时,效率工人的人均资本不变,所以人均资本 $\dfrac{K}{L}$ 随着技术的增长而增长,人均资本的增长率等于技术进步率 g。

在总量增长上,有如下关系:

由 $y=\dfrac{Y}{L\times E}\Rightarrow \dfrac{Y}{L}=y\times E\Rightarrow Y=y\times E\times L$,稳态时,$y$ 不变,所以总产出 Y 随着技术进步和劳动的增长而增长,总产出的增长率等于技术进步率 g 加劳动增长率 n,即 $n+g$。

由 $k=\dfrac{K}{L\times E}\Rightarrow \dfrac{K}{L}=k\times E\Rightarrow K=k\times E\times L$,稳态时,$k$ 不变,所以总资本 K 随着技术进步和劳动的增长而增长,总资本的增长率等于技术进步率 g 加劳动增长率 n,即 $n+g$。

由于人均产出 $\dfrac{Y}{L}$ 在有技术进步的条件下以技术进步率 g 增长,所以技术进步解释了人们生活水平的长期上升。

▶ 知识点三 有技术进步时的黄金律水平

在有技术进步时,资本的黄金律水平定义为使每个效率工人消费最大化的稳定状态。效率工人的人均消费可以表示成:

$$c=f(k)-(\delta+n+g)k$$

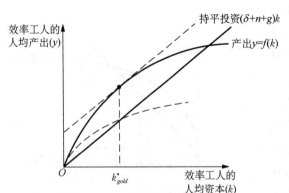

图 9.2 技术进步下的黄金律水平

如图 9.2 所示,在有技术进步的条件下,稳态时,效率工人的人均消费量表现为产出曲线 $y=f(k)$ 和持平投资线 $(\delta+n+g)k$ 之间的垂直线段的长度。确定资本黄金律水平的方法如同前面一样,做持平投资线的平行线与产出曲线相切,切点所对应的资本存量就是使消费最大的资本黄金律水平 k^*_{gold}。再进一步,我们可以确定实现这个稳态人均资本水平所要求的储蓄率 s_{gold},方法同前一章。

由图 9.2 可知,当 $MPK = \delta + n + g$ 时,稳态的消费就实现了最大化。

▶ 知识点四　促进经济增长的政策

1. 评价储蓄率

我们要比较扣除折旧的资本净边际产量($MPK - \delta$)和总产出增长率($n+g$)的大小。如果 $MPK - \delta > n + g$,则经济在资本小于黄金律稳态下运行,应该增加 s;如果 $MPK - \delta < n + g$,则经济在资本大于黄金律稳态下运行,应该减少 s。

2. 改变储蓄率政策

(1) 提高公共储蓄;

(2) 刺激私人储蓄。

3. 配置经济的投资

(1) 配置传统资本和人力资本;

(2) 产业政策激励;

(3) 公共资本。

4. 鼓励技术进步

▶ 知识点五　超越索洛模型:内生增长理论模型,即 $Y=AK$ 模型

索洛模型说明了经济的持续长期增长主要来源于技术进步,但是在索洛模型中,技术是作为外生变量而存在的,模型没有技术从何而来。

内生增长模型通过扩展资本的内涵,将知识纳入资本的内容,通过技术内部化解释经济的持续增长。

1. 内生增长理论模型

$$Y = AK \text{ 模型}$$

内生增长理论模型的生产函数为:

$$Y = AK$$

其中,Y 为产出;K 为资本存量;A 为一常数,衡量每一单位资本所生产的产出数量。

在这个生产函数中,资本的边际产出为常数,即 $MPK = dY/dK = A$,所以该生产函数没有表现出索洛模型中资本的边际报酬递减,而是资本的边际收益不变。这是该函数与索洛模型之间的最大区别。

同样,我们可以写出该生产函数的人均形式,即在方程 $Y=AK$ 两边同除以劳动力人数 L 就可以得到

$$\frac{Y}{L} = A \times \frac{K}{L} \Rightarrow y = Ak$$

与前面的定义一样，y 为人均产出，k 为人均资本。而资本积累方程为：

$$\Delta K = sY - \delta K$$

相应地，人均形式的资本积累（变动）方程为：

$$\Delta k = sy - \delta k$$

当 $sA - \delta > 0$，即 $sA > \delta$ 时，即使没有外生技术进步的假设，经济也会一直增长。

由 $\begin{cases} \Delta K = sY - \delta K \\ Y = AK \end{cases} \Rightarrow \Delta Y/Y = \Delta K/K = sA - \delta$。

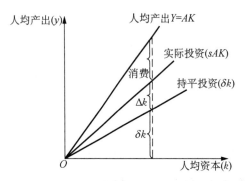

图 9.3 $Y=AK$ 模型的增长状况

如图 9.3 所示，由于实际投资始终大于持平投资，而且生产函数没有表现出资本的边际报酬递减现象，导致 $\Rightarrow \Delta k$ 一直大于零，所以人均资本 k 不断增大，k 不会收敛于某一个稳态的值。因此，k 与其他变量的增长是发散的。

2. 两部门模型

两部门模型的经济系统由下列要素构成：制造业企业的生产函数、研究型大学的生产函数和资本积累方程。该模型可以由下列三个方程表示：

$$\begin{cases} Y = F[K,(1-u)E \times L] & \text{（制造业企业的生产函数）} \\ \Delta E = g(u)E & \text{（研究型大学的生产函数）} \\ \Delta K = sY - \delta K & \text{（资本的积累）} \end{cases}$$

式中，u 为大学的劳动力比例；$1-u$ 为制造业的劳动力比例；E 为知识存量，决定了劳动效率；g 为表明知识增长如何取决于大学的劳动力比例的函数；其他符号都为标准符号。

这个模型中，制造业企业的生产函数规模报酬不变，把知识存量 E 看成资本，则函数表现为资本的边际收益不变的性质。在这个模型中，可以在不假设生产函数有外生移动的情况下产生持续增长。在这里，持续增长是内生的，因为大学的知识创造永远不会放慢。

在这个模型中，s 决定了稳定状态的物质资本存量；大学的劳动力比例 u 决定了知识存量的增长和稳定状态的收入增长率。s 和 u 都影响收入水平。

▶ **知识点六 经济增长源泉的核算**

产出的增长有三个不同的来源：资本的增加、劳动的增加和技术进步。含有技术进步的生产函数为：

$$Y = AK(K, L)$$

其中，A 就是被称为全要素生产率的现期技术水平。

相应地，增长核算公式为：

$$\frac{\Delta Y}{Y} = \alpha \frac{\Delta K}{K} + (1-\alpha) \frac{\Delta L}{L} + \frac{\Delta A}{A}$$

产出的增长＝资本的贡献＋劳动的贡献＋全要素生产率的增长

在核算公式中，全要素生产率的增长是产出增长中扣除了资本和劳动投入的贡献之后的余额，所以 $\frac{\Delta A}{A}$ 又称为索洛余量，反映不能用投入变动解释的产出变动。索洛把它解释为技术进步增长率，即技术进步对经济增长的贡献。其计算公式为核算公式的变形：

$$\frac{\Delta A}{A} = \frac{\Delta Y}{Y} - \alpha \frac{\Delta K}{K} - (1-\alpha) \frac{\Delta L}{L}$$

由于产出的增长、资本量的变动以及劳动量的变动都是可以测量的，因而也就可以由此得到全要素生产率的增长。全要素生产率增长最常见的原因是技术进步，其他原因如制度的改进也会提高全要素生产率。

【习题解析】

一、关键概念

1. 劳动效率是指单位劳动时间的产出水平，反映了社会对生产方法的掌握和熟练程度。当可获得的技术进步改进时，劳动效率会提高；当劳动力的健康、教育或技能改善时，劳动效率也会提高。

2. 劳动改善型技术进步是指技术进步提高了劳动效率，就像增加了参与生产的劳动力数量一样，所以在生产函数中，劳动力数量乘以一个劳动效率变量，以反映外生技术进步对经济增长的影响。它实际上表明技术进步是通过提高劳动效率而影响经济主张的，它的引进形成了效率工人的概念，从而使得索洛模型能够以单位效率工人的资本和产量来进行稳定状态研究。

3. 内生增长理论是产生于 20 世纪 80 年代中期的一个西方宏观经济理论分支，其核心思想是，经济能够不依赖外力推动，实现持续增长，内生的技术进步是保证经济持续增长的决定因素。增长理论家主要在完全竞争假设下考察长期增长率的决定。内生增长模型又包含两条具体的研究思路：第一条思路是罗默、卢卡斯等人用全经济范围的收益递增、技术外部性解释经济增长，代表性模型有罗默的知识溢出模型、卢卡斯的人力资本模型、巴罗模型等。第二条思路是用资本持续积累解释经济内生增长，代表性模型是琼斯-真野模型、雷贝洛模型等。在完全竞争条件下，内生增长模型存在一定的缺陷：一是完全竞争假设条件过于严格,限制了模型的解释力和适用性。二是完全竞争假设无法较好地描述技术商品的特性,即非竞争性和部分排他性,并使一些内生增长模型在逻辑上不一致。

4. 创造性毁灭:经济学家约瑟夫·熊彼特(Joseph Schumpeter)在他 1942 年的著作《资本主义、社会主义与民主》中提出,经济进步是通过一个创造性毁灭过程实现的。熊彼特认为,进步背后的驱动力是那些拥有新产品、生产旧产品的新方法或某种其他创新等创意的企业家。当企业家的企业进入市场时,它对其创新拥有某种程度的垄断力量;确实,正是垄断利润的前景推动企业家进行创新。新企业的进入对消费者是有益的,消费者现在的选择更多了,但是对现存生产者往往是不利的,他们可能难以与新进入者竞争。如果新产品比旧产品好得足够多,现存企业可能被逐出市场。随着时间推移,这一过程不断地自我重复。企业家的企业变成了现存企业,享受着高利润,直至它的产品被拥有下一代创新的另一个企业家的产品所替代。面临成为创造性毁灭的牺牲品的前景,现存生产者常常求助于政治程序来阻止新的更有效率的竞争者进入。

总的来说,创造性毁灭就是指企业家引进能够促使经济增长的创新却使得现有生产者的利益受到威胁的一个过程。

二、复习题

1. 在索洛模型中,什么决定了稳定状态的人均收入增长率?

【重要级别】3　　　　　　　　【难度级别】1

【考查要点】有技术进步时经济的稳定状态

【参考答案】在索洛模型中,只有技术进步才能影响稳态人均收入增长率,资本存量的增长和人口的增长对稳态人均收入增长率没有影响。

2. 在索洛模型的稳定状态,人均产出以什么速率增长?人均资本以什么速率增长?根据美国的经验,两者的相对大小如何?

【重要级别】3　　　　　　　　【难度级别】2

【考查要点】有技术进步时经济的稳定状态

【参考答案】在存在技术进步的索洛模型中,经济达到稳定状态时,单位效率工人的资本存量(k^*)不变,单位效率工人的产出(y^*)也不变。但因为人均资本等于 kE,人均产出等于 yE,所以稳定状态时人均资本和人均产出的增长率都等于 E 的增长率,也就是技术进步率 g。美国的数据显示,过去半个世纪,人均产出和人均资本都以每年 2% 左右的速度增长。

3. 为了确定一个经济的资本大于还是小于黄金律稳定状态,你需要什么数据?

【重要级别】2　　　　　　　　【难度级别】2

【考查要点】有技术进步时的黄金律水平

【参考答案】需要的数据包括人口增长率、技术进步率、折旧率、资本边际产量。在黄金律稳定状态条件下,我们要比较扣除折旧的资本净边际产量($MPK-\delta$)和总产出增长率($n+g$)的大小。GDP 的增长率是容易得到的,而评估资本的净边际产量则比较麻烦。但是我们可以依靠得到的数据。比如,相对于 GDP 的资本存量、资本折旧和资本收入占 GDP 中的份额。

4. 政策制定者可以怎样影响一国的储蓄率?

【重要级别】3　　　　　　　　　【难度级别】2

【考查要点】促进经济增长的政策

【参考答案】国民储蓄包括公共储蓄和私人储蓄,因此,政策制定者可以通过两种途径来影响储蓄:提高公共储蓄和刺激私人储蓄。公共储蓄是政府收入和政府开支的差值。如果开支大于收入,则政府出现预算赤字,就是负储蓄。减小赤字的政策(如减少政府购买或增税)提高了公共储蓄,而扩大赤字的政策减少了储蓄。一些政策会影响私人收入,家庭的储蓄决策可能取决于储蓄的回报率:回报率越高,储蓄越多。个人退休账户的税收豁免和对公司的投资税减免等税收激励的政策提高了回报率,因而鼓励个人储蓄。

5. 举一个可能解释两国人均收入差别的制度差别的例子。

【重要级别】3　　　　　　　　　【难度级别】2

【考查要点】制度对经济的影响

【参考答案】参见教材第 198 页第二段。

6. 在没有外生技术进步假设的情况下,内生增长理论如何解释长期增长?这种解释与索洛模型有什么不同?

【重要级别】3　　　　　　　　　【难度级别】2

【考查要点】超越索洛模型:内生增长理论模型,即 $Y=AK$ 模型

【参考答案】内生增长理论通过解释决定的研究与开发创造知识的决策来解释技术进步。索洛增长模型只是把技术进步率简单地当做外生变量。在索洛模型中,储蓄率暂时影响经济增长,但是资本的边际产量递减最终使经济处于一种稳定状态,稳态经济的增长只取决于外生变量技术的进步。

而其他许多内生增长模型实际上以包括知识在内的资本边际产量不变(而不是递减)作为前提假设。因此就有这样的结论:储蓄率的增长能使经济持续增长。

三、问题与应用

1. 假定索洛增长模型描述的一个经济有以下生产函数:

$$Y=K^{1/2}(LE)^{1/2}$$

a. 对于这个经济,$f(k)$ 的形式是什么?

b. 利用 a 的答案解出稳态的 y 值,把它表示成 s、n、g 和 δ 的函数。

c. 两个邻国经济体都有如上的生产函数,但它们的参数值不一样。Atlantis 的储蓄率为 **28%**,人口增长率为每年 **1%**。Xanadu 的储蓄率为 **10%**,人口增长率为每年 **4%**。

在这两个国家中,都有 $g=0.02$,$\delta=0.04$。算出每个国家稳态的 y 值。

【重要级别】3   【难度级别】3

【考查要点】有技术进步时经济的稳定状态

【参考答案】a. 根据生产函数求出人均产出 $Y/(LE)=K^{1/2}(LE)^{1/2}/(LE)$,得 $y=f(k)=\sqrt{k}$。

b. 经济达到稳定状态时人均资本存量的变动为0:

$$\Delta k = sf(k)-(\delta+n+g)k=0$$

由 $y=f(k)=\sqrt{k}$ 得 $y^2=k$,将该式代入上式解得:

$$y^*=s/(\delta+n+g)$$

c. 根据题中的信息,将 Atlantis 与 Xanadu 的各经济数据带入 a 中的稳态人均产出计算式。

Atlantis:$s=0.28$;$n=0.01$;$g=0.02$;$\delta=0.04$

$$y^*=0.28/(0.04+0.01+0.02)=4$$

Xanadu:$s=0.1$;$n=0.04$;$g=0.02$;$\delta=0.04$

$$y^*=0.1/(0.04+0.04+0.02)=1$$

【科兴点评】本题可以反映出索洛模型的整个思路,读者把握住索洛模型的假设和均衡条件,不难解答。

2. 某经济有如下形式的柯布-道格拉斯生产函数:$Y=K^\alpha(LE)^{1-\alpha}$(可回顾第3章中学到的柯布-道格拉斯生产函数)。该经济中资本的份额为 1/3,储蓄率为 24%,折旧率为 3%,人口增长率为 2%,劳动改善型技术进步率为 1%。它处于稳态。

a. 总产出、人均产出和有效工人人均产出的增长率分别为多少?

b. 求出有效工人人均资本、有效工人人均产出以及资本的边际产量。

c. 该经济的资本比黄金律稳态水平多还是少?你是如何知道的?为了达到黄金律稳态,储蓄率需要增加还是减少?

d. 假定你在 c 中描述的储蓄率变动发生了。在向黄金律稳态过渡期间,人均产出的增长率将比你在 a 中得到的高还是低?在该经济达到新的稳态后,人均产出的增长率将比你在 a 中得到的高还是低?请解释。

【重要级别】3   【难度级别】4

【考查要点】有技术进步时经济的稳定状态,有技术进步时的黄金律规则

【参考答案】a. 根据题意可得 $\alpha=1/3$;$s=0.24$;$\delta=0.03$;$n=0.02$;$g=0.01$;$Y=K^{1/3}(LE)^{2/3}$。根据 $\dfrac{Y}{LE}=\dfrac{K^{1/3}(LE)^{2/3}}{LE}=\left(\dfrac{K}{LE}\right)^{1/3}$,可得有效工人人均生产函数 $y=k^{1/3}$。

其中,$y=\dfrac{Y}{LE}$,$k=\dfrac{k}{LE}$,因此总产出 $Y=y\times(L\times E)$,总产出的增长率为 $n+g=0.03$;人均

产出 $Y/L = y \times E$，人均产出的增长率为 $g = 0.01$；

有效工人的人均产出 $y = Y/(L \times E)$，稳态增长率为 0。

b. 稳态时，有 $sf(k) = (\delta + n + g)k$，带入题中所给数据得有效工人人均资本 $k^* = 8$，有效工人人均产出 $y = 2$，资本的边际产量 $MPK = \mathrm{d}y/\mathrm{d}k = 1/2$。

c. 因为总产出的增长率为 $n + g = 0.03$，小于资本的净边际产量 $MPK - \delta \approx 0.053$，因此，该经济的稳态的资本比黄金律水平要少，需要提高储蓄率才能达到黄金律水平。

d. 在向黄金律稳态过渡时，人均产出增长率将会提高。在稳定状态下，人均产出以 g 的速度增长。储蓄率的增加将增加每个有效工人的产出，这将增加每个有效工人的产出。在新的稳态下，单位有效工人产量在新的更高水平上保持不变，人均产出以速度 g 增长。在过渡期间，人均产出增长率上升，然后回落到速度 g，因此，此时人均产出的增长率比 a 中得到的要大；而在该经济达到新的稳态后，技术进步率为 $g = 0.01$，而有效工人人均产出 y 不再增加，其增长率为 0，因而此时人均产出的增长率就为技术增长率，$g = 0.01$，此时人均产出的增长率和 a 中得到的相等。

3. 在美国，GDP 中资本的份额大约为 30%，产出的平均增长为每年 3% 左右，折旧率为每年 4% 左右，资本-产出比率为 2.5 左右。假设生产函数是柯布-道格拉斯生产函数且美国已经处于稳态。（关于柯布-道格拉斯生产函数的讨论，参见第 3 章。）

a. 在初始稳态，储蓄率必须是多少？［提示：使用稳态的关系式 $sy = (\delta + n + g)k$。］

b. 在初始稳态，资本的边际产量是多少？

c. 假定公共政策改变了储蓄率，从而使经济达到了资本的黄金律水平。在黄金律稳态，资本的边际产量将是多少？比较黄金律稳态资本的边际产量和初始稳态资本的边际产量，并解释。

d. 在黄金律稳态，资本-产出比率将是多少？（提示：对柯布-道格拉斯生产函数来说，资本-产出比率与资本的边际产量是相关的。）

e. 要达到黄金律稳态，储蓄率必须是多少？

【重要级别】3 【难度级别】4

【考查要点】有技术进步时经济的稳定状态；有技术进步时的黄金律水平

【参考答案】因为柯布-道格拉斯人均生产函数的形式为 $y = k^\alpha$，α 为资本的收入份额，所以本题生产函数为 $y = k^{0.3}$。稳态时，产出增长率为 3%，所以 $n + g = 0.03$，而折旧率 $\delta = 0.04$，资本-产出比率 $K/Y = 2.5$，因为：

$$\frac{k}{y} = \frac{K/(L \times E)}{Y/(L \times E)} = \frac{K}{Y}$$

所以 $k/y = 2.5$。

a. 稳态条件有 $sy = (\delta + n + g)k$，则稳态下，s 的表达式为：

$$s = (\delta + n + g)(k/y)$$

代入数值：
$$s = (0.04 + 0.03) \times 2.5 = 0.175$$

所以初始储蓄率为 17.5%。

b. 柯布-道格拉斯函数中，资本的收入份额 $\alpha = MPK(K/Y)$，即：
$$MPK = \alpha/(K/Y)$$

代入数值，得资本边际产出：
$$MPK = 0.3/2.5 = 0.12$$

c. 在黄金律稳态时有：
$$MPK = \delta + n + g$$

代入数值，得：
$$MPK = 0.04 + 0.03 = 0.07$$

在黄金律的稳定状态时，资本的边际产量为 7%，而在初始状态时为 12%，因此，从初始稳态向黄金律稳态过渡时要提交 k 的值。

d. 柯布-道格拉斯生产函数中，$MPK = \alpha/(K/Y)$，资本-产出比为 $(K/Y) = \alpha/MPK$，用该式可得到黄金律资本-产出比。如果 $\alpha = 0.3$，$MPK = 0.07$，则：
$$K/Y = 0.3/0.07 = 4.29$$

在黄金律稳态时，资本-产出比为 4.29，而在当前稳态，资本-产出比为 2.5。

e. 在稳态时，由 a 中可知：
$$s = (\delta + n + g)(k/y)$$

将 $K/Y = 4.29$ 代入函数：
$$s = (0.04 + 0.03) \times 4.29 = 0.30$$

即要到达黄金律的稳态，储蓄率必须从 17.5% 上升到 30%。

【科兴点评】读者需要将题干中的条件转化为索洛模型中需要的一些变量，如本题中的"资本在 GDP 中的份额大约为 30%，产出的平均增长为每年 3% 左右，折旧率为每年 4% 左右，资本-产出比率为 2.5% 左右"，不仅可以顺向思维，还可以逆向思维，从而得到已知条件。

4. 证明下列关于有人口增长与技术进步的索洛模型的稳态的每一条表述。

a. 资本-产出比率是不变的。

b. 资本和劳动各自赚取了一个经济的不变份额的收入。[提示：回忆定义 $MPK = [f(k+1) - f(k)]$。]

c. 资本总收入和劳动总收入的增长率都等于人口增长率加技术进步率 $(n+g)$。

d. 资本的实际租赁价格是不变的,实际工资以技术进步率 g 增长。(提示:资本的实际租赁价格等于资本总收入除以资本存量,实际工资等于劳动总收入除以劳动力。)

【重要级别】3 　　　　　　　　　　【难度级别】3

【考查要点】有技术进步时经济的稳定状态

【参考答案】a. 在稳态下,$sy=(\delta+n+g)k$,即 $k/y=s/(\delta+n+g)$。

因为 s、δ、n、g 都是固定的,所以 k/y 也是固定的,在稳定状态下,资本-产出比不变。

b. 资本收入份额是 $MPK=K/Y$,劳动的收入份额=1-资本的收入份额。稳定状态时,由 a 可知,资本-产出比 K/Y 是固定的。MPK 是 k 的函数,而 k 在稳态时是不变的,MPK 也不会变化,所以资本收入份额就是不变的。由于生产函数为规模报酬不变的,收入在资本和劳动中完全分配,因此,既然资本收入份额不变,劳动的收入份额也不变。

c. 在稳定状态,总收入按人口增长率加技术进步率 $(n+g)$ 增长。b 问题中说明了劳动和资本的收入份额是不变的。既然份额不变,而总收入按 $n+g$ 的速度增长,那么资本和劳动的收入也按 $n+g$ 的比率增长。

d. 资本的实际租赁价格等于资本的边际产量,即 $R=$ 资本总收入 / 资本存量 $=MPK\times K/K=MPK$。

在稳定状态时,因为效率工人人均资本 k 为常数,所以 MPK 也是常数。因此,稳态时资本的实际租赁价格不变。

为了说明实际工资 ω 以技术进步率 g 的比率增长,先定义

$$TLI = 劳动总收入$$
$$L = 劳动力$$

实际工资等于总收入除以劳动力

$$\omega = TLI/L \rightarrow \omega L = TLI$$

改写或变化百分比形式,得

$$\Delta\omega/\omega + \Delta L/L = \Delta TLI/TLI$$

该方程说明了实际工资增长率加劳动力增长率等于劳动总收入的增长率,而劳动力以 n 的比率增长,c 中总劳动收入以 $n+g$ 的比率增长,因此可得实际工资以 g 的比率增长。

【科兴点评】根据本题,读者可以试着自己推导和证明,并将结论直接记住。

5. 两个国家,Richland 和 Poorland,都由索洛增长模型来描述。它们有相同的柯布-道格拉斯生产函数,$F(K, L)=AK^{\alpha}L^{1-\alpha}$,但是资本量和劳动量不同。Richland 储蓄其收入的 32%,Poorland 储蓄 10%。Richland 的人口增长率每年为 1%,Poorland 的人口增长率为 3%。(本问题的数字的选取近似为对富国和穷国的现实性描述。)两国的技术进

步率均为2%,折旧率均为每年5%。

a. 人均生产函数 $f(k)$ 是什么?

b. 解出Richland的稳态人均收入与Poorland的稳态人均收入的比率。(提示:参数 α 在你的答案中将扮演一个角色。)

c. 如果柯布-道格拉斯参数 α 为常用值的约1/3,Richland的人均收入与Poorland相比应当高多少?

d. Richland的人均收入实际上是Poorland人均收入的16倍。你能通过改变参数 α 的值来解释这一事实吗?它必须等于什么?你可以想象出任何方式来解释该参数这一取值的适当性吗?你可能用什么其他办法来解释Richland与Poorland之间巨大的收入差距?

【重要级别】3　　　　　　　　【难度级别】4

【考查要点】有技术进步时经济的稳定状态

【参考答案】a. 令 $E=1$,则 $F(K,L)=F(K,LE)=AK^{\alpha}L^{1-\alpha}$,由于这个生产函数是规模效应不变函数,劳动和资本同时乘以 $1/(LE)$,则有 $F(k,L)=f(k)=Ak^{\alpha}$ 为人均生产函数,其中 k 表示每个效率工人所拥有的资本。

b. 一个拥有技术进步和人口增长的国家,达到稳定状态的条件为:

$$sf(k)=(\delta+n+g)k$$

对于Richland而言,$s=0.32$,$n=0.01$,$g=0.02$,$\delta=0.05$,则可求出 $k_1=(4A)^{1/(1-\alpha)}$。

其稳定收入 $y_1=f(k_1)=4^{\alpha/(1-\alpha)}A^{1/(1-\alpha)}$。

对于Poorland而言,$s=0.1$,$n=0.03$,$g=0.02$,$\delta=0.05$,则可求出 $k_2=A^{1/(1-\alpha)}$。

其稳定收入 $y_2=f(k_2)=A^{1/(1-\alpha)}$,则Richland的稳定状态人均收入与Poorland的稳定状态人均收入的比率为 $y_1/y_2=4^{\alpha/(1-\alpha)}$。

c. 当 $\alpha=1/3$ 时,Richland的人均收入与Poorland的人均收入之比为2:1,则前者是后者的两倍,比后者高一倍。

d. Richland的人均收入是Poorland的人均收入的16倍,则 $4^{\alpha/(1-\alpha)}=16$,可推出 $\alpha=2/3$。α 等于2/3,意味着在两个国家中资本得到的收入占总收入的2/3。

6. 各国之间一个典型个人所获得的教育量差别很大。假定你要比较一个劳动力受教育较多的国家和一个劳动力受教育较少的国家。假设教育只影响劳动效率的水平。再假设这两个国家在其他方面是相同的:它们有相同的储蓄率、相同的折旧率、相同的人口增长率和相同的技术进步率。这两个国家都可以用索洛模型来描述,都处于各自的稳定状态。你预期这两个国家的以下变量会有什么差别?

a. 总收入增长率。

b. 人均收入水平。

c. 资本的实际租赁价格。

d. 实际工资。

【重要级别】3　　　　　　　　　　　【难度级别】3

【考查要点】有技术进步时经济的稳定状态

【参考答案】因为教育是影响劳动效率的一个重要因素,可以用 E 体现,所以教育水平会影响人均收入增长率。在本题中,国家 1 有比国家 2 受教育程度更高的劳动力,所以国家 1 中的每个工人都是更有效率的,即 $E_1 > E_2$。

a. 在索洛增长模型中,总收入的增长率为 $n + g$,这与劳动力受教育水平无关。这样,这两个国家有相同的总收入增长率,因为它们有相同的人口增长率和技术进步率。

b. 因为两个国家有相同的储蓄率、相同的人口增长率和技术进步率。它们将达到同样的效率工人人均资本量 k^* 的稳定总水平。如图 9.4 所示,稳态时,效率工人人均产出是 $y^* = f(k^*)$,这在两个国家中都是一样的。但 $E_1 > E_2$,所以 $y \times E_1 > y \times E_2$。也就是 $(Y/L)_1 > (Y/L)_2$,这样,劳动力受教育程度高的国家人均收入水平也高。

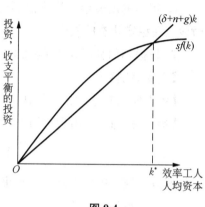

图 9.4

c. 因为 MPK 取决于效率工人人均资本量。稳定状态时,$k_1^* = k_2^* = k^*$,因为两个国家有相同的储蓄水平、相同的人口增长率和相同的技术进步率,所以 $R_1 = R_2 = MPK$,资本实际租赁价格在两个国家中是相等的。

d. 总产出由于在资本收入和劳动收入中进行分割。因此,效率工人的人均工资可表示为:

$$\omega = f(k) - MPK \cdot k$$

正如 b 和 c 所讨论的,两个国家有相同的稳态资本存量 k 和 MPK,因此,两个国家的人均效率工资是相等的。

然而,工人关心人均工资而不是人均效率工资。而且我们能看到的也是人均工资,而不是人均效率工资。人均工资和人均效率工资可用下式表示:

$$人均工资 = \omega E$$

这样,劳动力受教育程度高的国家人均工资更高。

【科兴点评】注意如何将技术融入索洛模型,以及区分人均效率工资与人均实际工资。

7. 这个问题要求你更详细地分析正文中介绍的两部门内生增长模型。

a. 用有效工人的人均产出和有效工人的人均资本重新写出制造业的生产函数。

b. 在这个经济中,收支相抵的投资(保持有效工人人均资本量不变所需要的投资量)是多少?

c. 写出 k 变动的方程,该方程把 Δk 表示成储蓄减去收支相抵的投资。用这个方程画出表示稳态 k 如何决定的图形。(提示:这个图看起来很像我们用来分析索洛模型的图。)

d. 在这个经济中,人均产出 Y/L 的稳态增长率是多少?储蓄率 s 和在大学中的劳动力比例 u 如何影响这一稳态增长率?

e. 用你的图表示 u 提高的影响。(提示:这种变动对两条曲线都产生影响。)描述即时效应和稳定状态的效应。

f. 根据你的分析,u 的提高对经济肯定是一件好事吗?请解释。

【重要级别】4　　　　　　　【难度级别】4

【考查要点】超越索洛模型:内生增长理论模型,即 $Y=AK$ 模型

【参考答案】a. 用两部门内生增长模型的生产函数:

$$Y=F[k,(1-u)EL]$$

假设该模型中生产函数规模报酬不变,即 $zY=F[zk,z(1-u)EL]$

令 $z=1/EL$,则有

$$\frac{Y}{EL}=F\left[\frac{K}{EL},(1-u)\right]$$

把 y 看作效率工人的人均产出,k 是效率工人的人均资本量,上式可改写成:

$$y=F[k,(1-u)]$$

b. 在研究型大学生产函数中,劳动效率的增长率 $\Delta E/E=g(u)$。现在我们可以用 $g(u)$ 代替不变增长率 g。为了保持效率工人人均资本率 K/EL 不变,收支相抵的投资必须包含三个方面的内容:(1)δk 用来补偿折旧的资本量;(2)nk 为新工人配备资本;(3)$g(u)$ 是为研究型大学创造更高的知识存量(E)配备的资本,即收支相抵的投资为 $[\delta+n+g(u)]k$。

c. 效率工人的人均资本增长是效率工人人均储蓄减去效率工人人均收支相抵的投资。我们现在利用 a 中的效率工人人均函数:

$$y=F[k,(1-u)]$$

并用 $g(u)$ 代替增长率为常数的 g,得到:

$$\Delta k=sF[k,(1-u)]-[\delta+n+g(u)]k$$

在稳定状态,$\Delta k=0$,上式就改成:

$$sF[k,(1-u)]=[\delta+n+g(u)]k$$

在索洛模型分析中,给定一个 u 值,就可以画出上式左边和右边的图像,稳态由两条曲线的交点给出。

d. 如上所述,稳态时每个效率工人人均资本量 k 是不变的。因为 u 是固定的,所以每个效率工人的人均产出也是固定的,而人均产出为 yE,E 按 $g(u)$ 的比例增长。因此,人均产出按 $g(u)$ 的比例增长。储蓄率不影响 $g(u)$,然而,花费在研究型大学的时间影响 $g(u)$:当花费的时间越多,稳态增长率越高。

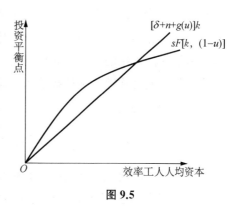

图 9.5

e. u 的增加均会使两条线移动。

对给定的效率工人人均资本量,效率工人的人均产出下降,因为每个人花在生产上的时间变少了。这是 u 变动的直接影响。因为 u 增加时,资本存量 k 和工人效率 E 都是不变的。由于效率工人人均产出下降了,所以效率工人的人均储蓄曲线向下移动。

同时,花在研究型大学的时间增多,提高了劳动效率增长率 $g(u)$,因此,收支相抵的投资向上移动。图 9.6 显示了这些移动。

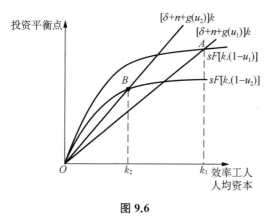

图 9.6

在新的稳态,效率工人人均资本量从 k_1 下降到 k_2,效率工人人均产出也下降。

f.(1)在短期,u 的上升无疑减少了消费。如在 e 中论证的那样,其直接影响就是减少产出,因为花更少的时间去进行生产,而花更多的时间在研究型大学以扩展知识存量。对任一给定的储蓄率,产出的减少意味着消费的减少。

(2)在长期,对稳态的影响更加微妙。由 e 可知,在稳态时效率工人人均产出下降。但福利取决于人均产出(和消费),而不是效率工人的人均产出。花更多的时间在研究型大学里意味着 E 增长得更快,即人均产出等于 yE。虽然在稳态时,y 下降,但在长期中,E 的增长率快速增加是占主要地位的。所以在长期,消费必然会提高。

然而,由于消费在初始时会下降,u 的提高并不是件好事,即关心当代人更甚于下一代的政策制定者可能不准备实施使 u 增加的政策。

【科兴点评】本题是教材中模型的进一步应用,读者通过本题可以更深地了解内生增长模型,也可以看出模型如何解释经济问题,注意模型的灵活应用。

8. 选择你感兴趣的两个国家——一个富国和一个穷国。每个国家的人均收入是多少？找一可能有助于解释收入差距的国家特征的数据：投资率、人口增长率、受教育程度等。(提示：世界银行的网站 www.worldbank.org 是找到这类数据的一个地点。)你将如何弄清楚这些因素中的哪个对观察到的收入差距最为重要？在你的判断中，索洛模型作为一个分析工具对你理解你选择的两个国家之间的差别有何用处？

【参考答案】略。

附录中的问题与应用

1. 在索洛维亚这个经济中，资本所有者得到了 2/3 的国民收入，而工人得到了 1/3。

a. 索洛维亚的男人留在家里从事家务劳动，而妇女在工厂工作，如果一些男人开始走出家门工作，以致劳动力增加了 5%，该经济衡量出来的产出会发生什么变动？劳动生产率——定义为工人的人均产出——是提高了，下降了，还是保持不变？全要素增长率是提高了，下降了，还是保持不变？

b. 在第 1 年中，资本存量为 6，劳动投入为 3，产出为 12。在第 2 年中，资本存量为 7，劳动投入为 4，产出为 14。在这两年间，全要素生产率发生了什么变动？

【重要级别】3   　　　　　　　　【难度级别】3

【考查要点】经济增长源泉的核算

【参考答案】a. 全要素生产率公式 $\Delta Y/Y = \alpha \Delta K/K + (1-\alpha)\Delta L/L + \Delta A/A$，$\alpha$ 是资本的产出份额。

我们知道总产出 Y 的增长取决于劳动 L、资本 K 和全要素生产率 A 的增长率。

将 $\Delta L/L = 5\%$，$\Delta K/K = \Delta A/A = 0$ 代入上述方程可得：

$$\Delta Y/Y = 5\% \times 1/3 = 1.67\%$$

所以劳动投入 5%，使产出增加 1.67%。

劳动生产率是 Y/L，劳动生产率的增长可写成

$$\frac{\Delta(Y/L)}{Y/L} = \frac{\Delta Y}{Y} - \frac{\Delta L}{L}$$

代入产出增长率和劳动力增长率，可得

$$\frac{\Delta(Y/L)}{Y/L} = 1.67\% - 5.0\% = -3.33\%$$

劳动生产率下降 3.33%。

全要素生产率为：

$$\Delta A/A = \Delta Y/Y - \alpha \Delta K/K - (1-\alpha)\Delta L/L$$

可得：$\Delta A/A = 1.67\% - 0 - \left(\dfrac{1}{3}\right)(5\%) = 0$

全要素增长率是解释了可以衡量的增长决定因素后留下的产出增长率。该例中,技术未变,所以所有的产出增加均归因于可衡量的投入要素的增长,即全要素生产率增长为零。

b. 从第一年到第二年,资本存量增加了 1/6,劳动投入增加了 1/3,产出增加了 1/6,全要素的增长率由下式给出:

$$\Delta A/A = \Delta Y/Y - \alpha \Delta K/K - (1-\alpha)\Delta L/L$$

代入上述数值,设 $\alpha = 2/3$,得

$$\Delta A/A = \frac{1}{6} - \frac{2}{3} \times \frac{1}{6} - \frac{1}{3} \times \frac{1}{3} = -\frac{1}{18} \approx -0.056$$

全要素生产率下降 1/18,约为 5.6%。

【科兴点评】题目不是很难,但可以说明全要素生产率的计算是通过间接的方法计算出来的。

2. 把劳动生产率定义为 Y/L,即产出量除以劳动投入量。从增长核算方程开始,证明:劳动生产率的增长取决于全要素生产率的增长和资本与劳动之比的增长。特别地,证明:

$$\frac{\Delta(Y/L)}{Y/L} = \frac{\Delta A}{A} + \alpha \frac{\Delta(K/L)}{K/L}$$

(提示:你会发现下面的数学技巧是有所帮助的。如果 $z = wx$,那么,z 的增长率近似等于 w 的增长率加 x 的增长率。也就是说,$\Delta z/z \approx \Delta w/w + \Delta x/x$。)

【重要级别】3　　　　　　　　【难度级别】3

【考查要点】经济增长源泉的核算

【参考答案】

证明:根据定义,产出 Y 等于劳动生产率 (Y/L) 乘以劳动量 (L),即

$$Y = (Y/L)L$$

利用提示中的数学技巧,有

$$\frac{\Delta Y}{Y} = \frac{\Delta(Y/L)}{(Y/L)} + \frac{\Delta L}{L}$$

移项得

$$\frac{\Delta(Y/L)}{(Y/L)} = \frac{\Delta Y}{Y} - \frac{\Delta L}{L}$$

替代 $\frac{\Delta Y}{Y}$,得

$$\frac{\Delta(Y/L)}{(Y/L)} = \frac{\Delta A}{A} + \alpha \frac{\Delta K}{K} + (1-\alpha)\frac{\Delta L}{L} - \frac{\Delta L}{L}$$

$$= \frac{\Delta A}{A} + \alpha \frac{\Delta K}{K} - \alpha \frac{\Delta L}{L}$$

$$= \frac{\Delta A}{A} + \alpha \left(\frac{\Delta K}{K} - \frac{\Delta L}{L} \right)$$

再利用同样的数学技巧,有

$$\frac{\Delta K}{K} - \frac{\Delta L}{L} = \frac{\Delta(K/L)}{K/L}$$

把此式代入劳动生产率增长方程中,可得

$$\frac{\Delta(Y/L)}{Y/L} = \frac{\Delta A}{A} + \alpha \frac{\Delta(K/L)}{K/L}$$

【科兴点评】从课后一些习题读者也可以看出,在掌握基础模型和原理的基础上要灵活应用和转化变量、灵活应用公式等。

3. 假定索洛模型所描述的一个经济处于稳态。人口增长率 n 为每年 1.8%,技术进步率 g 为每年 1.8%,总产出和总资本的增长率为每年 3.6%。再假定产出中资本的份额为 1/3。如果你用增长核算方程把产出的增长分为三个源泉——资本、劳动以及全要素生产率——那么,你认为每一个源泉的产出的增长是多少?比较你的结果和下表中所发现的美国的数字。

年份	产出增长 ΔY/Y	增长源泉		
		资本贡献 =αΔK/K	劳动贡献 +(1+α)ΔL/L	全要素生产率的增长 +ΔA/A
(每年平均百分比增长)				
1948—2013	3.5	1.3	1.0	1.2
1948—1972	4.1	1.3	0.9	1.8
1972—1995	3.3	1.4	1.4	0.5
1995—2013	2.9	1.1	0.6	1.1

【重要级别】2 　　　　　　　　　【难度级别】3
【考查要点】经济增长源泉的核算
【参考答案】由已知:

$$\Delta Y/Y = n + g = 3.6\%$$
$$\Delta K/K = 3.6\%$$
$$\Delta L/L = n = 1.8\%$$

资本份额 $\alpha = 1/3$

劳动份额 $1 - 1/3 = 2/3$

代入数据,算出各种要素对经济的贡献,进而得到全要素生产率增长对经济的贡献,用下列方程

产出增长 ＝ 资本贡献率 ＋ 劳动贡献率 ＋ 全要素生产率

$$\frac{\Delta Y}{Y} \qquad \frac{\alpha \Delta K}{K} \qquad \frac{(1-\alpha)\Delta L}{L} \qquad \frac{\Delta A}{A}$$

$3.6\% = 1/3 \times 3.6\% + 2/3 \times 1.8\% + \Delta A/A$

因此可解出 $\Delta A/A = 1.2\%$

即,资本每年增长对经济贡献 1.2%,劳动 1.2%,全要素生产率提高 1.2%。

计算得出的结果和表中美国数字比较相近,但在美国的数据中,全要素生产率的份额不像计算出来的那么大,而经济增长更多的是依靠劳动和资本的扩张。

【科兴点评】读者要理解处理百分比变动的两种算术技巧(教材中也提过)。

(1) 两变量乘积的百分比变动近似地等于每个变量的百分比变动之和。

考虑一个例子,设 P 表示 GDP 平减指数,Y 表示实际 GDP。名义 GDP 为 $P \times Y$。这种技巧表明:

$$P \times Y \text{ 变动的百分比} \approx P \text{ 变动的百分比} + Y \text{ 变动的百分比}$$

(2) 一个比率的百分比变动近似地等于分子的百分比变动减去分母的百分比变动。

再考虑一个例子,设 Y 表示 GDP,而 L 表示人口,因此,Y/L 是人均 GDP。第二个技巧表明:

$$Y/L \text{ 变动的百分比} \approx Y \text{ 变动的百分比} - L \text{ 变动的百分比}$$

【补充训练】

1. 在索洛模型中,人口增长率为 n,技术进步率为 g,那么稳态时每个工人的产出增长率为( )。

A. 0 B. n C. g D. $n+g$

【重要级别】3 【难度级别】2

【考查要点】有技术进步时经济的稳定状态

【参考答案】C。这里是指实际工人而非效率工人,稳态时效率工人的人均产出增长率为零。

【科兴点评】注意区分效率工人和实际工人、效率工资和实际工资。

2. 如果产出是 Y,资本是 K,u 是在大学中的劳动力比率,L 是劳动力,E 是知识的存

量。生产函数 $Y=F(K,(1-u)EL)$ 是规模报酬不变,那么产出在什么情况下会翻倍?
(　　)

A. 资本翻倍　　　　　　　　B. 资本和大学中的劳动力比率翻倍

C. 资本和知识存量翻倍　　　D. 劳动力翻倍

【重要级别】3　　　　　　　【难度级别】2

【考查要点】有技术进步时经济的稳定状态

【参考答案】C。由于规模报酬不变,有 $F(tK,t(1-u)EL)=tF(K,(1-u)EL)$,令 $t=1$ 即可。

3. 在人口增长与技术进步不变的条件下,实现黄金律水平的条件为(　　)。

A. $MPK=\delta$　　　　　　B. $MPK=\delta+n$

C. $MPK=\delta+n+g$　　　D. $MPK=\delta+n/g$

【重要级别】3　　　　　　　【难度级别】1

【考查要点】有技术进步时的黄金律水平

【参考答案】C。黄金律水平是指这样一个经济稳定状态,在该稳态上消费实现了最大化。通过知识点三的分析,我们知道黄金律水平的条件是:$MPK=\delta+n+g$。

【科兴点评】(1) 如果 $f'(k)>\delta+n+g$,说明稳态的资本存量小于黄金律的资本存量水平,这时要达到最大的消费水平,就要增加储蓄率,从而增加资本存量。

(2) 如果 $f'(k)<\delta+n+g$,说明稳态的资本存量大于黄金律的资本存量水平,这时要达到最大的消费水平,就要降低储蓄率,以减少资本存量。

(3) 以上两点结论是由资本的边际收益递减(边际报酬递减)的性质得到的。

4. 在索洛增长模型中,什么因素决定了稳定状态下的人均收入增长率? 一国储蓄率的变化如何影响稳定状态下的人均收入水平及其增长率? 人口增长率的变化如何影响稳定状态下的人均收入水平?

【重要级别】3　　　　　　　【难度级别】2

【考查要点】有技术进步时经济的稳定状态

【参考答案】(1) 根据索洛增长模型,稳定状态下,劳动收入 $f(k)$ 不变,人均收入为:$Y/L=Af(k)$,因此,技术进步率决定了稳定状态的人均收入增长率。

(2) 根据索洛增长模型稳态条件 $sf(k^*)=(n+g+\delta)k^*$,储蓄率提高,人均资本提高,从而人均收入水平提高。人均收入增长率在储蓄率调整的瞬间增加,以后逐渐下降,直至回到原来的增长率水平;反之亦然。

(3) 根据索洛增长模型稳态条件 $sf(k^*)=(n+g+\delta)k^*$,人口增长率增加,人均资本降低,人均收入水平降低;反之亦然。

5. 在索洛增长模型中,技术进步是如何影响资本积累的稳定状态的?

【重要级别】3　　　　　　　【难度级别】2

【考查要点】索洛模型中的技术进步;有技术进步时经济的稳定状态

【参考答案】(1) 索洛增长模型的技术进步和稳态。

在索洛增长模型中,总量生产函数为 $Y=AF(K,L)$(其中 Y 为产出,K 和 L 分别为资本和劳动,A 为技术水平),经济增长被认为有两个源泉:一是投入(K 和 L),二是技术水平(A)。根据该总量生产函数,推导增长核算方程,即 $\frac{\Delta Y}{Y}=\left[(1-\alpha)\cdot\frac{\Delta L}{L}\right]+\left(\alpha\cdot\frac{\Delta K}{K}\right)+\frac{\Delta A}{A}$,其含义为产出增长=(劳动份额×劳动增长)+(资本份额×资本增长)+技术进步。

核算方程说明了全要素生产率。测定的结果发现,产出的增长减全要素投入的增长之后,有一个剩余,即所谓的索洛剩余。新古典经济学家把这个剩余归因于技术进步。也就是说,经济增长率由劳动力增长率、资本存量增长率和技术进步三者构成。

在新古典增长模型中,所谓稳态指的是一种长期均衡状态。在稳态时,人均资本达到均衡值并维持在均衡水平不变,在忽略技术进步的条件下,人均产量也达到稳定状态。因此,在稳态下,k 和 y 达到一个持久性的水平。根据上述定义,要实现稳态,即 $\Delta k=0$。

(2) 根据索洛增长模型稳态条件 $sf(k^*)=(n+g+\delta)k^*$,技术进步将导致人均资本降低。这表明,技术进步节约了资本投入。

6. 索洛模型中的劳动增进型总量生产函数为 $Y=F(K,AL)$,假定对资本和劳动均按其边际产品支付报酬。用 w 表示 $\partial F(K,AL)/\partial L$,$r$ 表示 $\partial F(K,AL)/\partial K$。

(1) 证明:劳动的边际产品 w 为 $A[f(k)-kf'(k)]$。

(2) 证明:如果劳动和资本均按其边际产品取得报酬,规模报酬不变,意味着生产要素总收入等于总产量。即在规模报酬不变的情形下,$w\Delta L+r\Delta K=F(K,AL)$。

(3) 卡尔多(1961 年)列出的另外两个关于增长的特征事实是:资本报酬率(r)近似不变;产量中分配给资本和劳动的比例也大致不变。处于平衡增长路径上的索洛经济是否表现这些性质?在平衡增长路径上,w 和 r 的增长率是多少?

(4) 假定经济开始时,$k<k^*$。随着 k 移向 k^*,w 的增长率高于、低于还是等于其在平衡增长路径上的增长率?对 r 来说,结果又是什么呢?

【重要级别】3　　　　　　【难度级别】2

【考查要点】索洛模型中的技术进步;有技术进步时经济的稳定状态

【参考答案】(1) 由生产函数 $Y=F(K,AL)$ 和函数的一次齐次性,可得 $F\left(\frac{K}{L},A\right)=A\Delta f(k)$。所以 $\frac{\partial F(K,AL)}{\partial L}=A\left[L\Delta f'(k)\Delta\left(-\frac{K}{L^2}\right)+\frac{1}{L}\Delta f(k)\Delta L\right]=A[f(k)-kf'(k)]$。

(2) 因为规模报酬不变,所以 $F(tK,tAL)=tF(K,AL)$。两边对 t 求导可得 $KF_1+LF_2=F(K,AL)$,其中 $F_1=\frac{\partial F(K,AL)}{\partial K}$,$F_2=\frac{\partial F(K,AL)}{\partial L}$。

所以 $r\Delta K+w\Delta L=F(K,AL)$。

(3) 处于平均增长路径上的索洛经济也呈现出这种性质。其中,w 的增加率为技术进步率,而 r 不变。

(4) 在图 9.7 中,k 向 k^* 运动的过程中,资本-劳动比率先是小于平衡路径上的值,然后逐渐增大。w 的增长率低于平衡路径上的增长率,而 r 的增长率高于平衡路径上的增长率。

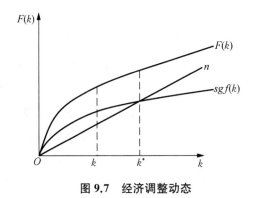

图 9.7 经济调整动态

【科兴点评】本题是北京大学经济学院 2003 年宏观经济学第 2 题,注意对索洛模型的灵活应用。

10 经济波动导论

【学习精要】

一、学习重点

1. 短期与长期
2. 垂直的总供给曲线
3. 总需求曲线的简单推导
4. 水平的总供给曲线
5. 经济高涨、经济萧条与经济滞胀
6. 长期与短期经济均衡

二、知识脉络图

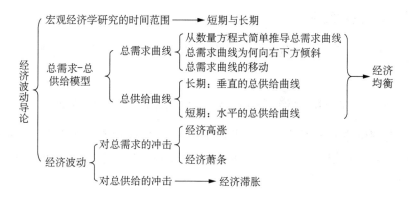

三、理论精要

▶ 知识点一　宏观经济学研究的时间范围

1. 经济周期

经济周期是指经济运行中周期性出现的经济扩张与经济紧缩交替更迭、循环往复的一种现象。它是国民总产出、总收入和总就业的波动,是国民收入或总体经济活动扩张与紧缩的交替或周期性波动变化。每次衰退的开始日期,称为经济周期波峰;结束之日,称为经济周期波谷。

2. 短期与长期的区别

短期与长期之间最关键的区别是价格行为。

(1) 在长期经济中,价格是有伸缩性的,能对供给或需求的变动做出反应。货币供给影响名义变量,但不影响实际变量。因而货币供给的变动不会引起产出或就业的波动。这种对长期中经济行为进行解释的理论叫做古典理论,其所用的方法叫做古典二分法。

(2) 在短期经济中,价格是黏性的。许多价格对货币变动并没有反应,价格不能迅速而完全地调整,意味着在短期中产出和就业必须做出某种调整。在物价为黏性的时间范围内,古典二分法不再成立,名义变量会影响实际变量。

正是由于短期价格行为和长期价格行为的区别,政策在长期和短期的结果也是不同的。因此,考生在做题的过程中应注意题干中对于长期和短期的判断。

3. 短期和长期的总供给和总需求

(1) 长期。在古典宏观经济理论中,即在长期中,总供给即产出取决于经济供给产品和服务的能力,这种能力又取决于资本和劳动的供给以及技术(第3章、第7章和第8章正是基于此理论);在长期,价格具有伸缩性,价格自动调整到总需求等于总供给。

(2) 短期。价格是黏性的,总供给不仅取决于资本和劳动的供给及技术,还取决于产品和服务的需求,而需求在短期又受货币政策、财政政策等因素的影响,因此,各种政策在短期能调整经济。

▶ 知识点二 奥肯定律

失业与GDP之间的这一负相关关系被称为奥肯定律。用更加精准的数量关系表示为:

$$\text{实际GDP的百分比变动} = 3\% - 2 \times \text{失业率的变动}$$

如果失业率保持不变,实际GDP增长约3%。产品与服务生产的这一正常增长来自劳动力、资本积累和技术进步的增长。此外,失业率每增长一个百分点,实际GDP通常下降2%。

▶ 知识点三 总需求曲线

1. 总需求曲线的形状及其推导

总需求(AD)是产出需求量与物价总水平之间的关系,是整个经济社会在任何一个给定的价格水平下对产品和劳务的需求总量。它告诉我们,在任何一种给定的物价水平上,人们想购买的产品与服务量。

总需求由消费需求、投资需求、政府支出和国外需求构成。在其他条件不变的情况下,当价格水平上升时,总需求水平就下降;当价格水平下降时,总需求水平就上升。

总需求曲线的推导:从数量方程式到总需求。

将数量方程式 $MV=PY$ 改写为 $M/P=(M/P)^d=kY$,其中 $k=1/V$。货币数量论以这种方式说明实际货币余额的供给 M/P 等于需求 $(M/P)^d$,而且这种需求与产出 Y 是成比例的,V 是 k 的"背面"。可见,对任何一个固定的货币供给和货币流通速度,数量方程式得出了物价水平 P 和产出 Y 之间的负相关关系,即 P 上升,Y 必定下降。

从实际货币余额的供求可以解释总需求曲线为何向右下方倾斜:如果产出越高,人们进行的交易就更多,而且需要的实际货币余额 (M/P) 就越多。对于一个固定的货币供给 M,M/P 越高,意味着物价水平就越低。

对总需求曲线的推导及为何向右下方倾斜的解释,在下一章将有更加详细的讲解。

2. 总需求曲线的移动与总需求曲线上点的移动

同微观中需求曲线的移动与曲线上点的移动类似,总需求曲线的移动是由于模型以外的因素即外生变量引起的曲线位置的改变,而总需求曲线上点的移动是由于模型中的变量即内生变量(P 和 Y)的变化而引起的点沿曲线的移动。

货币供给增加(减少)引起总需求曲线向右(左)平移。

▶ 知识点四　总供给曲线

总供给（AS）即经济社会的总产量,指整个经济社会在任何一个给定的价格水平下所生产的产品和劳务的总量。它表示产品与服务的供给量和物价水平之间的关系。通常情况下,总供给是由劳动力、生产性资本存量和技术决定的。

由于供给产品与服务的价格在长期和短期中的变化速度是有区别的,因此,对总供给曲线形状的讨论需要考虑时间范围,从而被分为长期总供给曲线（LRAS）与短期总供给曲线（SRAS）。

垂直的总供给曲线 LRAS:在长期中,由于产出水平是由资本量、劳动量和可获得的技术决定的,不取决于物价水平,因而 LRAS 是垂直的。在这种情况下,总需求的移动只影响物价,如图 10.1 所示。垂直的总供给曲线满足了古典二分法,因为它意味着产出水平不取决于货币供给。长期产出水平 $\bar{Y}$ 被称为产出的充分就业或自然水平。

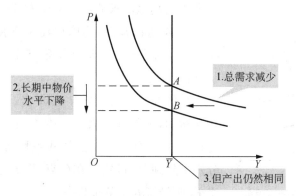

图 10.1　长期总需求的移动

一般而言,技术进步会使总供给曲线由 AS_1 向右移动到 AS_2,如图 10.2 所示,如果总需求曲线不变,则会使得均衡点由 A 变为 B,此时物价 P 下降,产出增加。

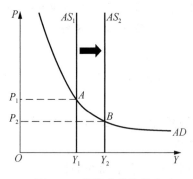

图 10.2　长期总供给的移动

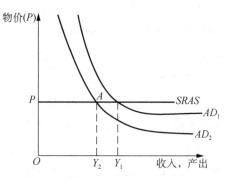

图 10.3　水平的总供给曲线

水平的总供给曲线 $SRAS$:在短期中,物价水平是黏性的,考虑其极端情况,即价格固定时,则此时 $SRAS$ 是水平的。在这种情况下,总需求变动影响产出水平。如图 10.3 所示,总需求的变化会影响产出。

▶ 知识点五　稳定政策

1. 需求冲击和供给冲击

冲击是引起总供给曲线或总需求曲线外生变动的因素。它包括需求冲击和供给冲击。

需求冲击是使总需求曲线移动的冲击,比如,由于货币流通速度的提高引起总需求增加;供给冲击是使总供给曲线移动的冲击,如拉动成本与价格上升的冲击。冲击会使产出与就业偏离自然率水平,从而可能破坏经济福利。总供给和总需求模型可以用来分析如何冲击经济波动。

2. 经济高涨与经济萧条

经济高涨对总需求的冲击:总需求增加。如图 10.4 所示,由于货币流通速度提高等因素引起总需求曲线从 AD 右移到 AD_1,短期均衡点从 A 点移动到 B 点,物价与收入分别上升到 P_1 和 Y_1。在 B 点,物价与收入均处于很高水平,则经济处于高涨状态。

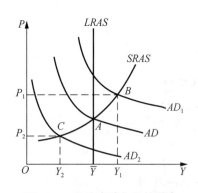

图 10.4　经济高涨与经济萧条

经济萧条对总需求的冲击:总需求减少。如图 10.4 所示,由于货币供给减少等因素引起总需求从 AD 左移到 AD_2,短期均衡点从 A 点移动到 C 点,物价与收入分别下降到 P_2 和 Y_2。在 C 点,物价与收入均处于很低的水平,则经济处于萧条状态。

3. 经济滞胀

经济滞胀为对总供给的不利冲击,不利的供给冲击使总供给减少。如图 10.5 所示,由于石油提价等因素使得短期总供给从 $SRAS$ 左移到 $SRAS_1$,短期均衡点从 A 点移动到 B 点,此时物价水平上涨到 P_1,而收入却降低到 Y_1。在 B 点,物价上升而产出减少,经济停滞和通货膨胀结合,即经济处于滞胀状态。

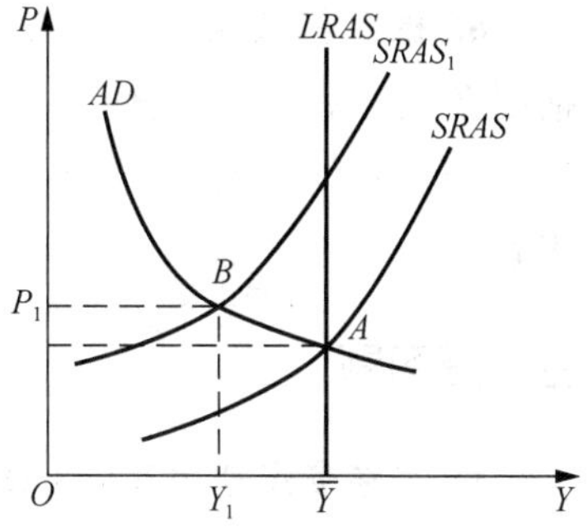

图 10.5 经济滞胀

如何抵消滞胀的冲击?

(1) 保持总需求不变。在这种情况下,产出和就业低于自然率,最终价格下降到原来的水平时恢复到充分就业。缺点是过程很缓慢,而且伴随着衰退。

(2) 扩大总需求,使经济更快地达到自然率水平。缺点是物价水平持续提高。

稳定化政策是旨在减少短期经济波动严重性的政策行为。稳定化政策一般包括财政政策和货币政策。由于产出和就业的波动围绕其长期自然率,稳定化政策通过使产出和就业尽量接近其自然率而缩短经济周期,从而降低冲击对经济的不良影响。

【习题解析】

一、关键概念

1. 奥肯定律是失业与 GDP 之间的负相关关系。更精确的数量关系是:实际 GDP 的百分比变动＝3%－2×失业率的变动。

2. 领先指标是指相对于国民经济周期波动,在指标的时间上领先,例如,股票价格指数、利率差、消费者预期指数等,这些指标为领先指标。这些指标对即将到来的年份里的经济情况可以提供预兆。

3. 总需求是指一个国家或地区在一定时期内(通常为 1 年)由社会可用于投资和消费的支出所实际形成的对产品和劳务的购买力总量。它取决于总的价格水平,并受到国内投资、净出口、政府开支、消费水平和货币供应等因素的影响。

4. 总供给是指一个国家或地区在一定时期内(通常为 1 年)由社会生产活动实际提供给市场的、可供最终使用的产品和劳务总量。

5. 冲击是引起总供给曲线或总需求曲线外生变动的因素。它包括需求冲击和供给冲击。

6. 需求冲击是使总需求曲线移动的冲击,例如,由于货币流通速度的提高,引起总需求的增加。

7. 供给冲击是使总供给曲线移动的冲击,如拉动成本与价格上升的冲击。

8. 稳定化政策是旨在减少短期经济波动严重性的政策行为。稳定化政策一般包括财政政策和货币政策。由于产出和就业的波动围绕其长期自然率，稳定化政策通过使产出和就业尽量接近其自然率而缩短经济周期，从而降低冲击对经济的不良影响。

二、复习题

1. 当在衰退期中实际 GDP 下降时，消费、投资和失业率通常会怎样变动？

【重要级别】2　　　　　　　　【难度级别】1

【考查要点】宏观经济学研究的时间范围/短期与长期的区别

【参考答案】当实际 GDP 下降时，其失业率也会相应地下降，这可由奥肯定律得出；而消费由可支配收入 $Y-T$ 决定，当 Y 下降，T 不变，同时边际消费倾向不变时，消费下降；同时 $I=Y-G-C$（开放经济则加入 NX），假定 Y 下降一个单位，则 C 下降 MPC 个单位，G 保持不变，由 $0<MPC<1$ 可知，此时投资也是下降的，下降的幅度由该经济体的边际消费倾向决定。

2. 举出一个在短期具有黏性和长期具有弹性的价格的例子。

【重要级别】2　　　　　　　　【难度级别】1

【考查要点】宏观经济学研究的时间范围/短期与长期的区别

【参考答案】可以以杂志的定价为例，短期内杂志价格几年都不会变动；但长期来看，杂志的价格会随着经济的发展、物价水平的变化和供求的变化而变动。

3. 为什么总需求曲线向右下方倾斜？

【重要级别】2　　　　　　　　【难度级别】2

【考查要点】总需求曲线/总需求曲线的形状及其推导

【参考答案】总需求曲线向右下方倾斜的原因可以从货币数量论中得出：

真实货币供求平衡的方程：$M/P=(M/P)^d=kY$，此时 $k=1/V$。这个方程式告诉我们，在任何给定的货币供给 M 下，同时假设速度 V 是固定的，则物价水平 P 与产出 Y 存在负相关关系：物价水平越高，真实的平衡水平越低，因此需要生产的商品与劳务的数量就越少。换句话讲，就是总需求曲线向右下方倾斜。

理解价格与产出负相关关系的方法是：注意货币与交易之间的联系。如果我们假设 V 是常数，则货币供给决定了所有交易的美元价值：$MV=PY$。

价格水平的增加意味着每个交易需要更多的美元。为了与以上一致，流通速度为常数，因此，交易数量及所需购买的商品和劳务必须下降。

【科兴点评】总需求曲线 AD 表示物价水平（P）与产品和服务的需求量（Y）之间的关系。它是在货币供给（M）的一个给定值下画出的。总需求曲线向右下方倾斜：物价水平（P）越高，实际货币余额水平（M/P）就越低，从而产品与服务需求量（Y）越低。

4. 解释货币供给增加的短期和长期影响。

【重要级别】3　　　　　　　　【难度级别】2

【考查要点】总需求曲线/总需求曲线的移动与总需求曲线上点的移动;总供给曲线

【参考答案】如果美联储增加货币供给,则总需求曲线向外移动。如图10.6所示,在短期中,价格是黏性的,所以经济沿着短期总供给曲线从 A 点移动到 B 点。产出增加,超过它的充分就业水平 $\bar{Y}$:经济处于繁荣状态。价格的逐渐增加使得经济沿着新的总需求曲线 AD_2 移动到点 C。

在新的长期均衡上,产出位于它的充分就业水平上,但是价格高于最初的均衡点 P_1。

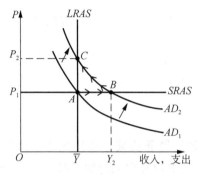 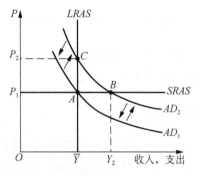

图10.6　货币供给增加的影响　　　　图10.7　供给冲击的影响(1)

5. 为什么美联储对付需求冲击比对付供给冲击容易?

【重要级别】3　　　　　　　　【难度级别】3

【考查要点】稳定政策

【参考答案】美联储对付需求冲击比对付供给冲击容易,原因是:美联储通过控制货币供给能够减少甚至消除需求冲击对产出的影响。然而,在供给冲击的情况下,美联储没有办法调整总需求,以保持充分就业和稳定物价水平。

为了理解,我们考虑在各种情况下适用于美联储的政策选择。假设一次需求冲击(例如自动售票员的引入,减少了货币需求)使得总需求曲线向外移动,如图10.7所示。产出在短期内增加到 Y_2。在长期内,产出又回到了充分就业水平上,但处在一个更高的价格水平 P_2 上。然而,美联储可以通过减少货币供给来抵消流通速度的增加,这将使总需求曲线回到最初的位置 AD_1。在某种程度上,美联储可以通过控制货币供给减少甚至消除需求冲击对产出的影响。

现在考虑一次相反的供给冲击(例如收成不好或联合侵略的增加)是如何影响经济的。如图10.8所示,短期总供给曲线向上移动,经济从 A 点移动到 B 点。产出下降到低于充分就业水平,价格上升。联邦有两个选择:第一个选择是保持总需求不变,这种情况下,产出下降到低于充分就业水平下。最终价格下降且恢复到充分就业水平,但是使萧条发生。第二个选择是通过增加货币供给以增加总需求,使经济回到充分就业水平的产出上,如图10.9所示。

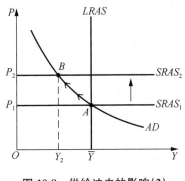
图 10.8 供给冲击的影响(2)

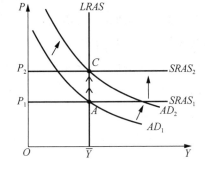
图 10.9 供给冲击的影响(3)

这种政策导致了在新的均衡点 C 上一个永久高的价格。因此,在供给冲击的情况下,没有办法调整总需求,以既保证充分就业,又获得稳定的价格水平。

三、问题与应用

1. 一个经济开始时处于长期均衡,然后,政府监管的某个变动允许银行开始为支票账户支付利息。回忆货币存量是通货和包括支票账户在内的活期存款之和,因此,这种监管的变化会使持有货币更有吸引力。

a. 这种变动如何影响货币需求?

b. 货币流通速度会发生什么变动?

c. 如果美联储使货币供给保持不变,短期和长期中产出与价格水平将发生什么变动?

d. 如果美联储的目标是稳定价格水平,美联储应该使该货币供给保持不变以应对这一监管变化吗?如果不是,它应该做些什么?为什么?

e. 如果美联储的目标是稳定产出,你对问题 d 的答案会如何改变?

【重要级别】3 【难度级别】3

【考查要点】总需求曲线/总需求曲线的移动与总需求曲线上点的移动

【参考答案】a. 政府管制的改变,允许银行为支票账户支付利息,会使持有货币更有吸引力,这会增加对货币的需求。

b. 回忆货币数量方程 $M/P = kY$,在给定产出的条件下,真实货币的增加,意味着 k 必须增加,即流通速度下降。因为支票账户的利率鼓励人们存钱,美元的流通就较为不频繁。

c. 如果美联储保持货币供给不变,则货币流通速度下降,会使得总需求曲线下移,如图 10.10 所示。在短期内,当价格是黏性时,经济会从最初的均衡点 A 移动到短期均衡点 B。总需求的下降,使经济的产出降到充分就业水平下。

随着时间的推移,低水平的总需求会引起价格和工资的下降。当价格下降时,产出会逐渐上升,直至达到产出的充分就业水平 C 点。

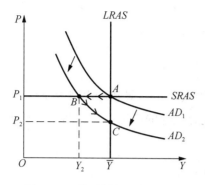
图 10.10 货币供给不变的影响

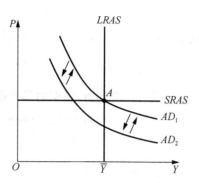
图 10.11 货币供给变动的影响

d. 对这种管制变动,美联储应采取增加货币供给的措施。通过增加货币,可以抵消流通速度的下降引起总需求曲线向下移动的影响。美联储能够增加货币供给以抵消流通速度的下降,从而使经济恢复到最初的均衡状态 A 点,如图 10.11 所示。

在一定程度上,美联储能够准确地衡量流通速度的变化,它有能力减少甚至消除需求冲击对产出所造成的影响。特别是,当一个调整性的改变引起货币需求以预期的方式改变时,为了防止这种改变破坏经济,美联储应该采取货币供给政策。

e. 若美联储的目标是稳定产出,对 d 问题的答案仍不会改变。如图 10.11 所示,如果美联储采取增加货币供给的措施,则通过增加货币,可以抵消流通速度的下降引起总需求曲线向下移动的影响。美联储能够增加货币供给以抵消流通速度的下降,从而使经济恢复到最初的均衡状态 A 点,即不仅可以平稳物价,也能稳定产出。

【科兴点评】外生变量的变动通常会引起曲线的移动,读者需要区分外生变量与内生变量,并能判断变量影响曲线移动的方向,通过合适地分析图形找到答案。

2. 假定美联储把货币供给减少 5%。

a. 总需求曲线会发生什么变动?

b. 短期和长期中产出与价格水平会发生什么变动? 给出确切的数字答案。

c. 根据问题 b 的答案,由奥肯定律,短期和长期中失业会发生什么变动? 给出确切的数字答案。

d. 短期和长期中实际利率会发生什么变动?(提示:用第 3 章的实际利率模型来看看当产出变动时实际利率会发生什么变动。)

【重要级别】3 　　　　　【难度级别】2

【考查要点】总需求曲线/总需求曲线的移动与总需求曲线上点的移动;奥肯定律

【参考答案】a. 美联储减少货币供给的外生变动会使总需求曲线向下移动。

b. 将数量方程式转化为百分比的形式:

$$M\% + V\% = P\% + Y\%$$

如果我们假设流通速度是常数,则 $V\% = 0$。因此:

$$M\% = P\% + Y\%$$

在短期内,价格水平是固定的。这暗示 $P\% = 0$。因此:

$$M\% = Y\%$$

基于这个方程,我们得出,短期内货币供给减少5%,导致产出减少5%。

在长期内,价格是弹性的且经济会回到充分就业的产出上。这暗示长期中,$Y\% = 0$。因此:

$$M\% = P\%$$

基于这个方程,我们得出结论,长期内货币供给减少5%,导致价格水平减少5%。

c. 奥肯定律表示的是失业和真实 GDP 之间的负相关关系。奥肯定律可以用方程概括为:

$$实际 GDP 的百分比变动 = 3\% - 2 \times 失业率的变动$$

即产出与失业以 2∶1 的比率相反变化。短期内,当 Y 降低 5% 时,失业增加 2.5%。长期内,产出和失业都将回到它们的充分就业水平下,因此,失业不会发生变化。

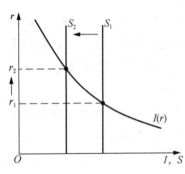

图 10.12　实际利率的变动

d. 由实际利率模型,国民收入恒等式为:$S = Y - C - G$。因此,当 Y 下降时,S 下降。

图 10.12 表明,这会引起实际利率的上升。当 Y 回到最初的均衡水平时,实际利率不变。

【科兴点评】本题也可以用图形分析的方法得出同样的答案,作图分析会更加直观。读者需要记住奥肯定律的公式。

3. 让我们来考察美联储的目标如何影响它对冲击的反应。假设美联储 A 只关心维持价格水平的稳定,而美联储 B 只关心把产出与就业维持在其自然水平上。解释美联储将如何对下列情况作出反应。

a. 货币流通速度的外生下降。

b. 石油价格的外生提高。

【重要级别】3　　　　　　【难度级别】3

【考查要点】稳定政策

【参考答案】a. 货币流通速度的外生下降,会引起总需求曲线向下移动,如图10.13所示。短期内,价格是固定的,所以产出下降。

如果美联储想要保持产出和就业均处在它的充分就业水平上,则必须增加总需求,以抵消流通速度的减少。通过增加货币供给,美联储可以使总需求曲线向上移动,使经济回到它的最初均衡点 A。此时价格水平和产出仍旧是常数。

如果美联储想要维持价格稳定,则它需要避免更低价格水平 C 点的长期调整,如图 10.13 所示。因此,它应该增加货币供给,同时使总需求曲线向上移动,再次回到最初均衡点 A。

因此,不同目的的美联储均采取相同的政策措施来处理需求冲击。

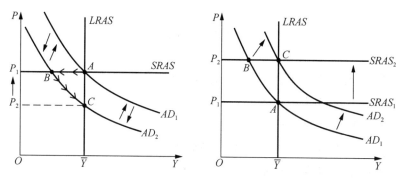

图 10.13　货币流通速度外生下降的影响　　　图 10.14　物价增加的影响

b. 油价的外生增加会引起短期总供给曲线向上移动,如图 10.14 所示。

如果美联储要保持产出和就业处于充分就业水平上,则它要通过增加货币供给来增加总需求。这个政策使总需求曲线上移,正如图 10.14 所示,从 AD_1 移到 AD_2。在这种情况下,经济迅速达到一个新的均衡点 C。C 点的价格是永久性居高的,但是与不利供给冲击相联系的产出没有什么损失。

若美联储更关心价格稳定,那么它不必采取政策措施。在短期内,价格仍旧停留在较高水平 P_2 上。如果美联储增加总需求,则经济将会终止于一个永久性高的价格水平上。因此,美联储必须等候,保持总需求不变。最终,价格会下降到原来充分就业时的价格水平 P_1 上。但是整个过程的成本就是延长的萧条。

因此,在面对供给冲击时,美联储根据不同目的会采取不同的政策措施。

【科兴点评】本题基本囊括了经济模型中的假设下经济政策对经济的短期影响和长期影响,也将价格的短期黏性和长期动态性融入模型,读者需要理解、掌握并能灵活应用和分析。

4. 衰退何时开始和何时结束的官方裁决者是国家经济研究局,一个非营利性经济研究组织。访问 NBER 的网站(www.nber.org),找到最新的经济周期转折点。它是什么时候发生的?是从扩张到紧缩,还是反过来?列出在你有生以来所发生的衰退(紧缩)以及它们开始和结束的时间。

【重要级别】1　　　　　　　　【难度级别】2

【考查要点】宏观经济学研究的时间范围/经济周期

【参考答案】

从 NBER 网页上(www.nber.org),我链接到商业循环(http://www.nber.org/cycles.html)。正如上面所写,最近的一次转折点发生在 2001 年 3 月,此时经济从膨胀转向收缩。

之前30年的萧条有发生在1990年7月—1991年3月、1981年7月—1982年11月、1980年1月—1980年7月，还有1973年11月—1975年3月。[注意，在NBER表格里萧条的起始日期都是一次膨胀的"峰值"（第二列有说明），萧条的结束都是下一个膨胀的"低谷"（第一列有说明）。]

【补充训练】

1. 在长期内，增加货币供给量会带来什么影响？（ ）

A. 物价水平上升，实际产出减少

B. 物价水平上升，实际产出增加

C. 物价水平上升，实际产出或者减少，或者增加

D. 物价水平上升，实际产出不变

【重要级别】2 　　　　　　　【难度级别】1

【考查要点】总供给曲线

【参考答案】D。长期中，物价水平具有伸缩性，只影响用货币衡量的名义变量，不影响实际变量。该题中，实际产出是实际变量，因此不受物价水平的影响。

【科兴点评】注意区分经济学中短期与长期的要点。

2. 技术进步对总供给曲线的影响是（ ）。

A. 不影响短期总供给曲线，但会使长期总供给曲线向右平移

B. 会使短期总供给曲线向右平移，但不影响长期总供给曲线

C. 对短期总供给曲线和长期总供给曲线均无任何影响

D. 短期总供给曲线和长期总供给曲线都向右平移

【重要级别】2 　　　　　　　【难度级别】2

【考查要点】总供给曲线

【参考答案】D。在短期，技术进步使总供给外生地增加，因而短期总供给曲线会向右移动；在长期，技术进步会影响实际变量，即影响充分就业的国民收入，从而使长期总供给曲线也向右移动。

【科兴点评】技术对充分就业的国民收入的影响可以通过索洛模型解释，技术进步会使长期供给曲线右移，读者可以区分短期、长期、超长期下的各个模型。

3. 在向右下方倾斜的总需求曲线保持不变的情况下，由于社会技术进步使得垂直的长期总供给向右移动，则（ ）。

A. 均衡价格上升，均衡收入增加　　B. 均衡价格下降，均衡收入减少

C. 均衡价格上升，均衡收入减少　　D. 均衡价格下降，均衡收入增加

【重要级别】2 　　　　　　　【难度级别】1

【考查要点】总供给曲线

【参考答案】D。总需求曲线保持不变,垂直的总供给曲线向右移动,则均衡点向右下方移动,因此,均衡价格下降,均衡收入增加。

【科兴点评】对于此类题,读者只要准确地画出图形就能迎刃而解。在宏观经济学中,用图形来分析问题是一种很常见、很重要的方法,读者务必要掌握。

4. 国家调整个人所得税,则消费的变化将通过(　　)反映出来。
   A. 总需求曲线发生平移　　　　B. 沿着原总需求曲线移动
   C. 总供给曲线发生平移　　　　D. 沿着原总供给曲线移动

【重要级别】2　　　　　　　　【难度级别】1

【考查要点】总需求曲线/总需求曲线的移动与总需求曲线上点的移动

【参考答案】A。总需求曲线的内生变量只有物价和收入两个量,其他的均为外生变量。因此,个人所得税属于外生变量,其变化将导致总需求曲线发生平移。个人所得税直接影响总需求,而不是总供给,所以C选项和D选项均不能入选。

5. 物价水平上升和国民收入下降可能是因为(　　)。
   A. 国际卡特尔石油公司联合降价　　B. 央行在金融市场上大量卖出债券
   C. 政府对生产的产品给予价格补贴　D. 台风"珍珠"的袭击

【重要级别】2　　　　　　　　【难度级别】1

【考查要点】稳定政策/经济滞胀

【参考答案】D。物价水平上升而国民收入下降,说明经济出现滞胀。如果供给遭到不利冲击,则有可能会出现滞胀,则选项D正确。石油降价是有利于供给冲击;央行卖出债券属于货币政策,会使 LM 曲线向右移动,从而 AD 曲线向右移动,经济可能出现高涨;对产品给予价格补贴,降低了企业生产的成本,会使总供给曲线向右移动,物价下降,国民收入增加。

【科兴点评】读者需要区分哪些是短期供给冲击及其对经济产生的影响。

6. 试论述古典模型中的总供给曲线和凯恩斯模型中的总供给曲线之间的区别。

【重要级别】3　　　　　　　　【难度级别】1

【考查要点】总供给曲线

【参考答案】提示:

(1)图形形状差别。古典模型的图形是一条垂线,凯恩斯模型的图形是一条水平线,完整的为反L型。

(2)表示时期不同。古典模型的总供给曲线表示的是长期总供给曲线,而凯恩斯模型的总供给曲线表示的是短期总供给曲线。

(3)理论基础不同。古典理论认为,劳动市场运行毫无摩擦,总能维持劳动力的充分就业。既然在劳动市场,在工资的灵活调整下充分就业的状态总能维持,因此,无论价格水平如何变化,经济中的产量总是与劳动力充分就业时的产量,即潜在产量相对应,所以总供给曲线总是垂直的。而凯恩斯主义则假设工资刚性,并且劳动力市场存在摩擦,充分就业和达到潜在产量只是一种理想状态。实际工资和名义工资的变化会带来劳动供给的变化,所以总供给曲线不会维持在充分就业保持垂直的状态,而应该是水平的或至少保持正斜率。

(4) 蕴含的政策效果不同。古典模型中,除非总供给曲线发生变动,否则,财政政策和货币政策只会让价格上涨,没有任何效果。凯恩斯模型则相反,当总需求扩大时,实际工资的下降会增加就业量,从而扩大产出水平。

【科兴点评】本题可以让读者很好地区分古典模型中的总供给曲线和凯恩斯模型中的总供给曲线。

11 总需求 I：建立 *IS-LM* 模型

【学习精要】

一、学习重点

1. *IS* 曲线
2. *LM* 曲线
3. 凯恩斯交叉图
4. 流动偏好理论
5. 政府购买乘数
6. 税收乘数
7. *IS* 的可贷资金解释
8. *LM* 的数量方程式解释

二、知识脉络图

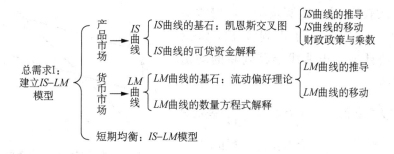

三、理论精要

▶ **知识点一　简单国民收入决定——凯恩斯交叉图**

1. 凯恩斯交叉图

凯恩斯交叉图，又叫凯恩斯 45°线模型，是凯恩斯有效需求理论中的简单国民收入决定理论。它是理解 *IS* 曲线的基石。凯恩斯交叉图是由表示计划支出的曲线和表示实际支出的曲线构成的图形(见图 11.1)。其中，计划支出是内生变量收入(Y)、外生变量计划投资水平(I)及财政政策变量的函数，用公式表示为：

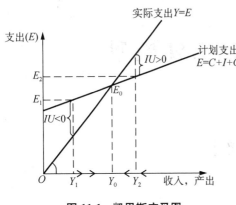

图 11.1 凯恩斯交叉图

$$E = C(Y - T^*) + I^* + G^*$$

（1）计划支出（E），指家庭、企业和政府愿意花在产品和服务上的数额。假设经济为封闭型的，则计划支出为

$$E = C + I + G$$

（2）实际支出（Y），指家庭、企业和政府实际花在产品和服务上的数额，相当于整个经济的 GDP，用 IU 表示非计划（非意愿）存货投资，则实际支出为 $Y = E + IU$，即为图中的 45°线。

（3）均衡条件：$Y = E$，此时 $IU = 0$，见图中的 E_0 点。

（4）均衡调整：

◆ 当 GDP＜均衡水平时，如图中的 Y_1，此时 $E_1 > Y_1$，企业的销售量大于实际生产 → 存货非计划地减少，以满足高销售水平 → $IU < 0$ → 多雇用工人，生产扩张 → Y 增加，直到达到均衡水平 Y_0（总需求＞总供给）。

◆ 当 GDP＞均衡水平时，如图中的 Y_2，此时 $E_2 < Y_2$，企业的销售量小于实际生产 → 存货非计划地增加 → $IU > 0$ → 解雇工人，生产收缩 → Y 减少，直到达到均衡水平 Y_0（总需求＜总供给）。

2. 财政政策与乘数

（1）财政政策：政府购买增加。政府购买支出增加，引起较高的计划支出，如图 11.2 所示，使计划支出曲线上移到新的均衡点，收入增加。

政府购买乘数的表达式为 $k_G = \dfrac{\Delta Y}{\Delta G}$，表示政府购买增加 1 个货币单位，会引起收入增加多少。

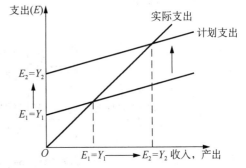

图 11.2 凯恩斯交叉图中政府购买的增加

财政政策对收入有乘数效应，原因是：根据消费函数 $C = C(Y - T)$，高收入引起高消费，当政府购买增加提高了收入的时候，它也提高了消费，消费又进一步增加了收入，收入又进一步提高了消费，等等。因此，在凯恩斯模型中，政府购买的增加会引起收入更大幅度的增加，即有乘数效应。当然，政府购买的减少会引起收入更大幅度的减少，也是乘数效应。

政府购买乘数

$$k_G = 1/(1 - MPC)$$

其中，MPC 为边际消费倾向，而且边际消费倾向 MPC 越大，政府购买乘数越大。

(2) 财政政策:税收减少。税收减少使人们可支配收入增加,从而计划支出增加,计划支出曲线上移,新均衡点收入增加。

税收乘数 $k_T = \dfrac{\Delta Y}{\Delta T}$,表示1个货币单位的税收变动引起的收入变动量,是指收入变动对引起这种变动的税收变动的比率,此时指的是税收总量的变化,而不是税率的变化。

$$税收乘数 k_T = -MPC/(1-MPC)$$

其中,MPC 是边际消费倾向。

▶ **知识点二　IS 曲线**

1. IS 曲线的定义

IS 曲线是在给定的物价水平下,将满足产品市场均衡条件的收入和利率的各种组合点连接起来而形成的曲线。它是反映产品市场均衡状态的一条简单曲线。它表示的是任何一个给定的利率水平上都有与之对应的国民收入水平,在这样的水平上,投资恰好等于储蓄。

2. 推导过程

从凯恩斯交叉图推导 IS 曲线,如图 11.3 所示。图(A)表示投资函数:利率从 r_1 上升

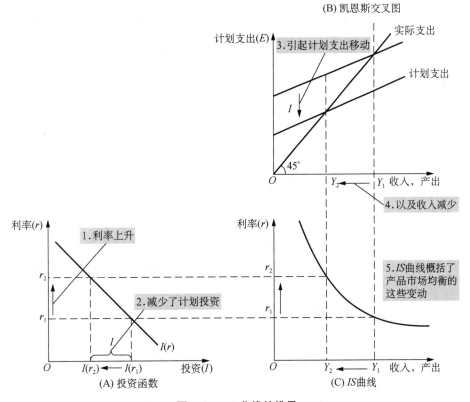

图 11.3　IS 曲线的推导

到 r_2 使计划投资从 $I(r_1)$ 减少为 $I(r_2)$。图(B)表示凯恩斯交叉图:计划投资从 $I(r_1)$ 减少为 $I(r_2)$,使计划支出函数向下移动,从而使收入从 Y_1 减少为 Y_2。图(C)表示 IS 曲线总结了利率和收入之间的这种关系(但注意,IS 曲线既不决定收入 Y,也不决定利率 r),解释了 IS 曲线为何向右下方倾斜。

3. IS 曲线的可贷资金解释

IS 曲线可解释为在任何一个给定的收入水平上使可贷资金市场均衡的利率。如图 11.4 所示,当收入从 Y_1 增加到 Y_2 时,根据凯恩斯消费心理定律,消费的增加不及收入增加得快,所以国民储蓄 ($Y-C-G$) 增加 → 可贷资金供给增加。即较高的收入意味着较高的储蓄,较高的储蓄又意味着较低的均衡利率,所以 IS 曲线向右下方倾斜。

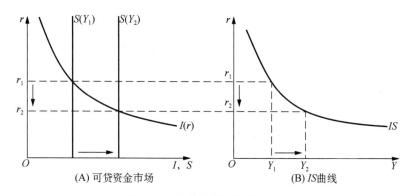

图 11.4 IS 曲线的可贷资金解释

4. IS 曲线的斜率与移动

IS 曲线的代数式推导:

$$\left.\begin{array}{l}\text{国民收入核算恒等式}: Y = C + I + G \\ \text{消费函数}: C = a + b(Y-T) \\ \text{投资函数}: I = c - dr\end{array}\right\} \text{IS 曲线}: Y = \frac{a+c}{1-b} + \frac{1}{1-b}G + \frac{-b}{1-b}T + \frac{-d}{1-b}r$$

从上面的 IS 曲线的代数式中,我们可以看出很多信息:

(1) 各乘数如政府支出乘数 $k_G = \Delta Y/\Delta G = 1/(1-b)$,$k_T = \Delta Y/\Delta T = -b/(1-b)$ 等。

(2) IS 曲线的斜率 $k_{IS} = -(1-b)/d$,于是投资对利率越敏感即 d 越大,IS 曲线越平坦等。

(3) IS 曲线的移动:自发消费 a,自发投资 c,财政政策 T、G 的变化引起 IS 曲线的移动。

▶ 知识点三 流动性偏好理论

流动性偏好理论解释了实际货币余额的供给与需求如何决定利率。该理论假设中央银行选择了一个固定的货币供给,在此模型中,价格水平 P 也是固定的,所以实际货币余额供给固定。实际货币余额需求取决于名义利率,即持有货币的机会成本。当利率很高时,因为机会成本太高,所以人们只会持有较少的货币;反之,当利率很低时,因为机会成本也低,所以人们会持有较多的货币。根据流动性偏好理论,利率会调整到使实际货币余额供给和需求相等的水平。

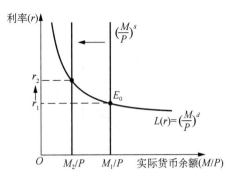

图 11.5 流动偏好理论

流动性偏好理论是理解 LM 曲线的基石。结合图 11.5,读者应熟练掌握以下知识点:

(1) 实际货币余额的供给 $(M/P)^s$。由于货币供给 M 是该模型中由央行选择的一个外生政策变量,而 P 也属于外生变量,是因为 IS-LM 模型要解释物价水平不变的短期波动,所以 $(M/P)^s$ 是固定的,不取决于利率。

(2) 实际货币余额的需求曲线

$$L(r) = (M/P)^d$$

由于利率是持有货币的机会成本,即把一部分资产作为不能带来利息的货币,而不是作为能带来利息的银行存款或债券来持有所放弃的东西,所以货币需求与利率反向变化,当 r 上升时,人们以货币形式持有的财富减少,从而货币需求减少。

(3) 货币供求均衡决定利率,如图 11.5 中的 E_0 点。

▶ **知识点四 LM 曲线**

1. 定义

LM 曲线是在短期物价水平固定的条件下,将满足货币市场均衡条件的收入和利率的各种组合点连接起来而形成的曲线。它是反映货币市场均衡状态的一条简单曲线。它表示的是在任何一个给定的利率水平上都有与之对应的国民收入水平,在这样的水平上,货币需求恰好等于货币供给。

2. 推导过程

从流动偏好理论进行推导。货币需求除了与利率相关之外,还与收入相关,如果收入越高,则人们需要更多的货币用来交易,因此,货币需求越高。货币需求可写为:

$$(M/P)^d = L(r, Y)$$

如图 11.6 所示,图(A)表示实际货币余额市场:收入从 Y_1 增加到 Y_2,提高了货币需求,从而使利率从 r_1 上升到 r_2。图(B)表示 LM 曲线,概括了利率和收入之间的这种关系(但注意,LM 曲线既不决定收入 Y,也不决定利率 r),解释了 LM 曲线向右上方倾斜的原因。

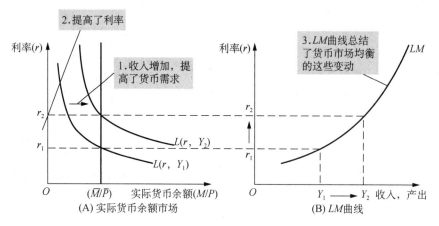

图 11.6　LM 曲线的推导

3. LM 曲线的数量方程式解释

在货币数量论 $MV=PY$ 中，V 与 P 均是固定的，先放松 V 不变的假设，且 $V=V(r)$，则 $MV(r)=PY$。r 上升 → 持有货币的成本增加 → 货币需求减少 → 手中持有的货币更少了，因而所持有的每一单位货币必定要经常使用以支撑既定的交易量 → V 加快，即 V 与 r 正相关 → 提高了任何既定货币供给和物价水平上的收入水平。这又解释了 LM 曲线向右上方倾斜的原因。

4. LM 曲线的斜率和移动

LM 曲线的代数式推导：

货币市场的方程式：$L(r,Y)=M/P$
货币需求函数：$L(r,Y)=eY-fr$ ⎬ LM 曲线：$r=(e/f)Y-(1/f)M/P$

式中，e、f 分别为货币需求对收入 Y 和名义利率 r 的敏感度。

▶ 知识点五　短期均衡——IS-LM 模型

IS 曲线：$Y=C(Y-T)+I(r)+G$，表示产品市场均衡利率和相应的国民收入的关系。

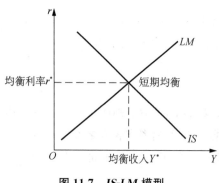

图 11.7　IS-LM 模型

LM 曲线：$M/P=L(r,Y)$，表示货币市场均衡利率和相应的国民收入的关系。

将 IS 曲线与 LM 曲线结合起来，即 IS-LM 模型，两条曲线的交点即表示货币市场和产品市场同时均衡的利率和收入，如图 11.7 所示。

在 IS-LM 模型中，外生变量是财政政策、货币政策和物价水平，内生变量只有利率和国民收入水平。外生变量引起曲线移动，内生变量在曲线上移动。

【习题解析】

一、关键概念

1. IS-LM 模型。该模型由英国现代著名的经济学家约翰·希克斯(John Richard Hicks)和美国凯恩斯学派的创始人汉森(Alvin Hansen),在凯恩斯宏观经济理论基础上概括出来的一个经济分析模式,即"希克斯-汉森模型",也称"希克斯-汉森综合"或"希克斯-汉森图形"。

IS-LM 模型是宏观经济分析的一个重要工具,是描述产品市场和货币市场之间相互联系的理论结构。在产品市场上,国民收入取决于消费、投资、政府支出和净出口加起来的总支出或总需求水平,而总需求尤其是投资需求受到利率的影响,利率则由货币市场供求情况决定,就是说,货币市场要影响产品市场;另一方面,产品市场上所决定的国民收入又会影响货币需求,从而影响利率,这是产品市场对货币市场的影响。可见,产品市场和货币市场是相互联系、相互作用的,而收入和利率也只有在这种相互联系、相互作用中才能决定。IS 曲线是描述产品市场达到均衡,即 $I=S$ 时,国民收入与利率之间存在着反向变动关系的曲线。LM 曲线是描述货币市场达到均衡,即 $L=M$ 时,国民收入和利率之间存在着同向变动关系的曲线。IS 曲线和 LM 曲线放在同一张图上,就可以说明两个市场同时均衡时,国民收入与利率决定 IS-LM 模型。

2. IS 曲线是描述产品市场均衡时,利率与国民收入之间关系的曲线,由于在两部门经济中产品市场均衡时即 $I=S$,因此该曲线被称为 IS 曲线。在产品市场达到均衡时,IS 曲线是收入和利率的各种组合的点的轨迹。在两部门经济中,IS 曲线的数学表达式为 $I(r)=S(Y)$,它的斜率为负,这表明 IS 曲线一般是一条向右下方倾斜的曲线。一般来说,在产品市场上,位于 IS 曲线右方的收入和利率的组合,都是投资小于储蓄的非均衡组合;位于 IS 曲线左方的收入和利率的组合,都是投资大于储蓄的非均衡组合;只有位于 IS 曲线上的收入和利率的组合,才是投资等于储蓄的均衡组合。

3. LM 曲线表示在货币市场中,货币供给等于货币需求时收入与利率的各种组合的点的轨迹。LM 曲线的数学表达式为 $M/P=KY-HR$,它的斜率为正,这表明 LM 曲线一般是向右上方倾斜的曲线。一般来说,在货币市场上,位于 LM 曲线右方的收入和利率的组合,都是货币需求大于货币供给的非均衡组合;位于 LM 曲线左方的收入和利率的组合,都是货币需求小于货币供给的非均衡组合;只有位于 LM 曲线上的收入和利率的组合,才是货币需求等于货币供给的均衡组合。

4. 凯恩斯交叉是由表示计划支出的曲线和表示实际支出的曲线构成的图形。其中,计划支出是内生变量收入(Y)、外生变量计划投资水平(I)、财政政策变量的函数,用公式表示为:$E=C(Y-T^*)+I^*+G^*$。用实际支出的曲线代表经济所有的均衡点。凯恩斯主义交叉图说明了在计划投资水平(I)、财政政策(G)与T为既定时,收入Y如何决定,以及当这些外生变量中的一种变量改变时,收入将如何变动。通过它和投资函数可以推导IS曲线。

5. 政府购买乘数用来反映政府支出变动与其引起的国民收入变动的倍数的关系。在不考虑货币市场的条件下,政府购买乘数等于$1/(1-MPC)$,其中,MPC是边际消费倾向,而且边际消费倾向MPC越大,政府购买乘数越大。

6. 税收乘数用来反映税收变动与其引起的国民收入变动的倍数的关系,此时指的是税收总量的变化,而不是税率的变化,在不考虑货币市场变化的条件下,税收乘数等于$-MPC/(1-MPC)$,其中,MPC是边际消费倾向。

7. 流动性偏好理论解释了实际货币余额的供给与需求如何决定利率。它是由英国著名经济学家梅纳德·凯恩斯于1936年提出的。该理论假设中央银行选择了一个固定的货币供给,在此模型中,价格水平P也是固定的,所以实际货币余额供给固定。实际货币余额需求取决于利率,即持有货币的机会成本。当利率很高时,因为机会成本太高,人们只会持有较少的货币;反之,当利率很低时,因为机会成本太低,人们会持有较多的货币。根据流动性偏好理论,利率会调整到使实际货币余额供给和需求相等的水平。

二、复习题

1. 用凯恩斯交叉解释为什么财政政策对国民收入有乘数效应。

【重要级别】3　　　　　　【难度级别】2

【考查要点】简单国民收入决定——凯恩斯交叉图/财政政策与乘数

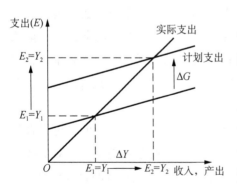

图11.8　凯恩斯交叉图中政府购买的增加

【参考答案】政府购买支出增加引起较高的计划支出,如图11.8所示,使计划支出曲线上移到新的均衡点,收入增加。

政府购买乘数表达式为$k_G = \dfrac{\Delta Y}{\Delta G}$,表示政府购买增加1个货币单位,会引起收入增加多少。财政政策对收入有乘数效应,原因是:根据消费函数$C=C(Y-T)$,高收入引起高消费,当政府购买增加提高了收入的时候,它也提高了消费,消费又进一步增加了收入,收入又进一步提高了消费,等等。因此,在凯恩斯模型中,政府购买的增加会引起收入更大幅度的增加,即乘数效应。当然,政府购买的减少会引起收入更大幅度的减少,也是乘数效应。

政府购买乘数$k_G=1/(1-MPC)$,其中,MPC是边际消费倾向,而且边际消费倾向MPC越大,政府购买乘数就越大。

2. 用流动性偏好理论解释为什么货币供给增加降低了利率。这种解释对价格水平作出了什么假设?

【重要级别】3　　　　　　【难度级别】2

【考查要点】流动性偏好理论

【参考答案】货币供给的增加会降低利率的原因是:考虑央行将货币供给从 M_1 增加到 M_2 的情况,因为价格水平 P 是固定的,货币供给的增加,使得实际货币余额 M/P 向右移动,如图 11.9 所示。利率必须进行调整,使得供给和需求达到平衡,在原先的利率 r_1 下,供给大于需求,持有多余货币供给的人们试图将其中的部分转变为能够产生利息的银行存款或债券。银行和债券发行者则喜欢支付较低的利率,他们对这种超额的货币供给的反应是降低利率。于是利率下降,直到 r_2 处达到新的平衡。

这种解释很重要的前提假设是物价水平 P 固定不变。

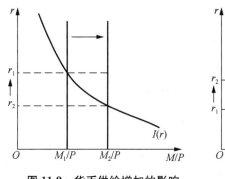
图 11.9　货币供给增加的影响

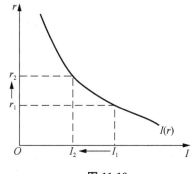
图 11.10

3. 为什么 IS 曲线向右下方倾斜?

【重要级别】3　　　　　　【难度级别】2

【考查要点】IS 曲线/推导过程

【参考答案】运用凯恩斯交叉图可以推导 IS 曲线向下倾斜的原因:IS 曲线反映了物品与劳动市场上产生的利率与收入之间的关系,投资与利率负相关。如图 11.10 所示,如果利率从 r_1 上升到 r_2,那么计划投资水平就会从 I_1 降到 I_2。根据凯恩斯交叉图,计划投资的减少使得计划支出向下移动,并减少国民收入。结果较低的利率对应较低的国民收入,IS 曲线向右下方倾斜,如图 11.11 所示。

4. 为什么 LM 曲线向右上方倾斜?

【重要级别】3　　　　　　【难度级别】1

【考查要点】LM 曲线/推导过程

【参考答案】LM 曲线表示在货币余额市场上产生的利率和收入水平的关系。运用流动性偏好理论解释 LM 向右上方倾斜的原因:这个理论假设,实际货币余额的需求与利率负相关(因为利率是持有货币的机会成本),与收入水平正相关。在短期中,价格水平是固定的,所以美联储决定了固定的实际货币余额供给 M/P。如图 11.12(A)所示,在一个

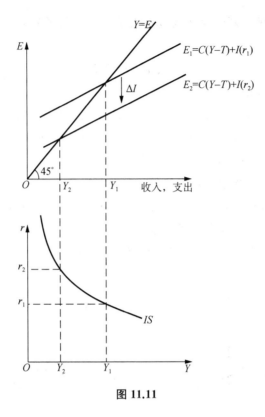

图 11.11

给定收入水平下,利率使得实际货币余额的供给和需求达到平衡。收入增加使得货币需求曲线向上移动。在原先的利率 r_1 下,对实际货币余额的需求大于供给,利率必须上升,以平衡供给和需求。因此,如图 11.12(B)所示,较高的收入水平与较高的利率水平相对应;LM 曲线向右上方倾斜。

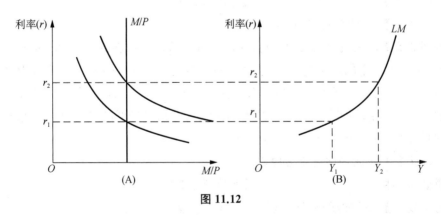

图 11.12

三、问题与应用

1. 用凯恩斯交叉预测以下事件对均衡 GDP 的影响。对于每种情况,指出变动的方向,并用公式表示影响的大小。

a. 政府购买增加；

b. 税收增加；

c. 政府购买与税收等量增加。

【重要级别】2　　　　　　　　　【难度级别】2

【考查要点】简单国民收入决定——凯恩斯交叉图

【参考答案】a. 凯恩斯交叉图中，均衡时实际支出等于计划支出，即计划支出＝$E=C(Y-T)+I+G=Y$，如图 11.13 所示，当政府购买从 G_1 上升到 G_2，计划支出曲线向上移动 ΔG 个单位，达到新的均衡点 B。Y 的变化由政府购买乘数和政府的购买变动表示：$\Delta Y=[1/(1-MPC)]\Delta G$。我们知道，边际消费倾向 MPC 是小于 1 的，这个式子告诉我们，政府购买 G 增加 ΔG 个单位，会引起的 Y 的增加将超过 ΔG 个单位，达到 $\Delta Y=[1/(1-MPC)]\Delta G$，即政府购买的乘数效应。

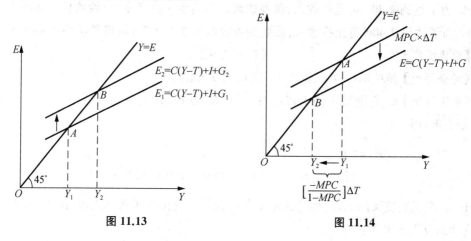

图 11.13　　　　　　　　　图 11.14

b. 同理，税收增加（ΔT）使得可支配收入 $(Y-T)$ 减少 ΔT，并由此使得消费减少 $MPC\times\Delta T$。对于一个给定的收入水平(Y)，计划支出减少了。在凯恩斯交叉图中，税收的增加使得支出曲线向下移动了 $MPC\times\Delta T$。如图 11.14 所示，Y 减少的量由税收乘数和税收增加额表示：

$$\Delta Y=[-MPC/(1-MPC)]\Delta T$$

c. 通过将上述 a、b 两部分的乘数变动相加，我们可以计算当政府购买和税收等量增加时的影响。

$$\Delta Y=[1/(1-MPC)]\Delta G-[MPC/(1-MPC)]\Delta T$$

因为政府购买和税收增加了同样的值，又 $\Delta Y=\Delta T$，因此，我们可以把上面的式子改写为：

$$\Delta Y=[1/(1-MPC)-MPC/(1-MPC)]\Delta G=\Delta G$$

从中可以看出，政府购买和税收的等量增加所引起的 Y 的增加与 G 的增加等量，也就是说,平衡预算乘数是1。

【科兴点评】凯恩斯交叉是 IS-LM 模型中的重要基础理论,读者需要理解和掌握。本题实际上给出了财政政策和税收政策的乘数效应的推导,读者可以记住结论,注意区分加入 IS-LM 模型中的财政政策和税收政策的乘数效应。

2. 在凯恩斯交叉图中,假设消费函数为:

$$C = 120 + 0.8(Y - T)$$

计划投资是 200,政府购买和税收都是 400。

a. 绘出作为收入的函数的计划支出。

b. 均衡的收入水平是多少?

c. 如果政府购买增加到 420,新的均衡收入是多少?政府购买乘数是多少?

d. 为了达到 2 400 美元的收入,需要的政府购买水平是多少?(税收仍为 400。)

e. 为了达到 2 400 美元的收入,需要的税收水平是多少?(政府购买仍为 400。)

【重要级别】2   【难度级别】2

【考查要点】简单国民收入决定——凯恩斯交叉图

【参考答案】a. 将题目中的消费函数(C)、投资(I)、政府购买(G)、税收(T)的值代入计划支出,得:

$$PE = C(Y - T) + I + G$$
$$= 120 + 0.8(Y - 400) + 200 + 400 = 0.8Y + 400$$

b. 在凯恩斯交叉图上,均衡收入水平条件为计划支出等于实际支出,即 $Y = PE$。因此,均衡的收入水平为:

$$Y = PE = 0.8Y + 400$$

得 $Y = 2 000$。

c. 如果政府购买增加到 420,那么计划支出就变为 $PE = 0.8Y + 420$,均衡收入增加到 $Y = 2 100$,因此,购买力增加 20(即 420 − 400 = 20)引起的收入增加是 100。正如我们所期望看到的,政府购买乘数是 $1/(1 - MPC)$,这里 MPC 是 0.8,政府购买乘数是 5。

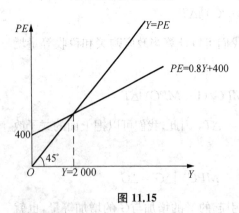

图 11.15

d. $Y = 2 400$,收入水平比最初收入水平增加 400。政府购买乘数是 $1/(1 - MPC) = 5$。这就是说,政府购买必须增加 80(即 400/5 = 80),才能使收入水平上升 400,达到 2 400。

e. 因为税收乘数为 $-MPC/(1 - MPC)$,而 $MPC = 0.8$,得出乘数为 −4。为了使得收入增加 400,税收水平必须减少 100,变为 300。

【科兴点评】对于凯恩斯交叉图中的计算,这里没有考虑挤出效应的乘数。

3. 虽然我们在本章中建立凯恩斯交叉模型时假设税收是一个固定量,但是,大多数国家征收的税收中有些随着国民收入自动上升。(美国的例子包括收入税和工资税。)我们通过将税收收入表示为下式来代表税制:$T=\bar{T}+tY$。式中,$\bar{T}$ 和 t 为税收的参数,参数 t 是边际税率。如果收入上升 1 美元,税收上升 t 美元。

a. 这种税制如何改变消费对 GDP 变动作出反应的方式?

b. 在凯恩斯交叉中,这种税制如何改变政府购买乘数?

c. 在 IS-LM 模型中,这种税制如何改变 IS 曲线的斜率?

【重要级别】3 　　　　　　　【难度级别】4

【考查要点】简单国民收入决定——凯恩斯交叉图;IS 曲线/IS 曲线的斜率与移动

【参考答案】a. 当税收不取决于收入时,收入增加 1 美元,则可支配收入也增加 1 美元。消费增长则决定于边际消费倾向。当税收与收入相关时,且税率为 t 时,收入增长 1 美元,可支配收入仅增加 $(1-t)$ 美元。而消费增长取决于 MPC 和可支配收入的增长,此时 1 美元的收入带来的消费为 $(1-t)MPC$,小于 MPC。关键是可支配收入的变化要比收入变化小,所以在消费上的变化也比较小。

b. 政府支出对经济的乘数效应的产生推理为:考虑政府购买增长 ΔG,这个变化的初始效应是收入增长 ΔG,接着会引起消费增加,其数值等于边际消费倾向乘以收入变化,即 $MPC \times \Delta G$。消费的增长又促进了支出和收入的进一步增长,这个过程会无限地进行下去,我们就得到了政府购买乘数 $\Delta Y/\Delta G = 1/(1-MPC)$。

如果税收取决于收入,我们知道 ΔG 在增量上引起总收入上升 ΔG,而可支配收入仅上涨 $(1-t)\Delta G$。消费增长为 $(1-t)MPC \times \Delta G$,支出和收入按照这个比例增加,进而进一步增加消费水平。这个过程持续进行,最后产出的总变化为:

$$\Delta Y = \Delta G\{1+(1-t)MPC+[(1-t)MPC]^2+[(1-t)MPC]^3+\cdots\}$$
$$= \Delta G\{1/[1-(1-t)]MPC\}$$

因此,政府购买乘数变为 $1/[1-(1-t)]MPC$,而不是 $1/(1-MPC)$。这是一个小得多的乘数。

c. 为了解税制如何改变 IS 曲线的斜率,我们从税收取决于收入的情况来推出 IS 曲线。从国民收入核算恒等式开始:

$$Y=C+I+G$$

消费函数是:

$$C=a+b(Y-T-tY)$$

注意,消费函数是收入的一个函数。投资函数是:

$$I=c-dr$$

将消费函数和投资函数代入国民收入核算恒等式,得到:

$$Y=[a+b(Y-T-tY)]+c-dr+G$$

解出: $Y=\dfrac{a+c}{1-b(1-t)}+\dfrac{1}{1-b(1-t)}G+\dfrac{-b}{1-b(1-t)}T+\dfrac{-d}{1-b(1-t)}r$

这个 IS 方程的式子与课本中推出的式子是很相似的,不同的地方在于,这个分式中的分母是 $1-b(1-t)$,而不是 $(1-b)$。我们知道,t 是税率,是一个小于1的数值,因此,我们可以得到结论,与课本中固定税收的情况相比,IS 曲线更陡峭。

【科兴点评】本题给出了一个重要的分析思路,当图形分析难以判断外生变量对经济的影响时,读者可以自己推导本题中的公式,从公式中分析更加直观和准确,从题中的式子还可以看出各个变量的乘数。

4. 考虑凯恩斯交叉中节俭程度提高的影响。假设消费函数是:

$$C=\bar{C}+c(Y-T)$$

式中,$\bar{C}$ 为一个被称为自主消费(autonomous consumption)的参数,它代表对消费的外生影响;c 为边际消费倾向。

a. 当社会变得更加节俭——表现为 $\bar{C}$ 的下降——时,均衡收入会发生什么变动?

b. 均衡储蓄会发生什么变动?

c. 你认为为什么这种结果被称为节俭悖论(paradox of thrift)?

d. 这种悖论在第3章的古典模型中会产生吗?为什么?

【重要级别】3 　　　　　【难度级别】4

【考查要点】简单国民收入决定——凯恩斯交叉图

【参考答案】a. 如果社会变得更节俭,则在任何给定的收入水平下,人们会将收入更多地用来储蓄,减少消费,导致计划支出曲线将下移,如图11.16所示,$C_2<C_1$,均衡收入水平由 Y_1 降到 Y_2。

b. 国民收入恒等式告诉我们,储蓄等于投资,即 $I=S$。在凯恩斯交叉图中,我们假设投资是固定的。这个假设的含义是,在新均衡中的投资和旧均衡中的投资是一样的。因此可以得出结论,储蓄在这两个均衡中是完全一样的。

c. 节俭悖论,指的是即使更加节约也仍然不能影响储蓄,而只会使收入下降。对于个人而言,我们通常认为节约是一种美德,但从凯恩斯交叉图的角度而言,节约却是无益的。

d. 古典模型中不存在节俭悖论。古典模型中的产出是由生产要素和生产技术决定的,利率调节使得储蓄和投资达到平衡,利率决定投资。在任意产量水平下,更加节约都会引致消费减少,储蓄增加,产出是既定的,储蓄曲线向右移动,如图11.17所示。在新的平衡中,利率更低了,投资和储蓄都有所上升,所以在古典模型中,不存在节俭悖论。

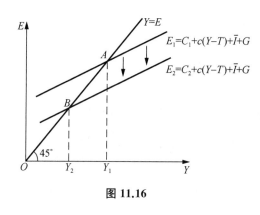

图 11.16

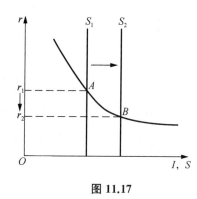

图 11.17

【科兴点评】读者可以从两种模型的假设和适用条件来思考为什么节俭在不同的模型中会得出不同的结论。

5. 假定货币需求函数是：

$$\left(\frac{M}{P}\right)^d = 800 - 50r$$

式中, r 为以百分之一为单位表示的利率。货币供给 M 是 2 000，价格水平 P 固定在 5。

a. 画出实际货币余额的供给与需求。
b. 均衡利率是多少？
c. 如果货币供给从 2 000 减少到 1 500，均衡利率会发生什么变动？
d. 如果中央银行希望利率为 4%，它应该将货币供给设定为多少？

【重要级别】3　　　　　【难度级别】3

【考查要点】LM 曲线/LM 曲线的斜率和移动

【参考答案】a. $M = 2\,000$, $P = 5$，实际货币余额供给 $\left(\frac{M}{P}\right)^d = 400$。图 11.18 中，向下倾斜的曲线表示实际货币余额的需求函数 $\left(\frac{M}{P}\right)^d = 800 - 50r$。由于实际货币余额的供给不受利率影响，因而在图 11.18 中表现为一条垂直的线。

b. 当货币供给和货币需求相等时，得出均衡利率，即 $400 = 800 - 50r$，$r = 8$，因此利率为 8%。

c. 如果价格水平仍然是 5，货币供给从 2 000 下降到 1 500，那么新的均衡状态下的实际货币余额供给 $\left(\frac{M}{P}\right)^s = 300$。用 $\left(\frac{M}{P}\right)^d =$

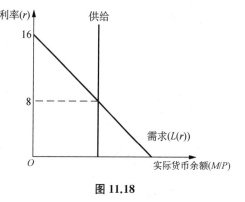

图 11.18

$\left(\dfrac{M}{P}\right)^s$ 可得到新的均衡利率：

$$300 = 800 - 50r$$
$$50r = 500 \Rightarrow r = 10$$

因此，货币供给从 2 000 下降到 1 500，均衡利率从 8% 上升到 10%。

d. 为了确定中央银行的货币供给量，以使利率达到 4%，我们让 $\left(\dfrac{M}{P}\right)^d = \left(\dfrac{M}{P}\right)^s$，则：

$$\dfrac{M}{P} = 800 - 50r$$

将价格水平 $P = 5$ 和利率 $r = 4$ 代入上式，我们得到：

$$\dfrac{M}{5} = 800 - 50 \times 4$$
$$M = 3\,000$$

所以，如果美联储让利率从 8% 降到 4%，就必须将货币供给从 2 000 增加到 3 000。

【科兴点评】本题只要把握了基本原理，计算起来还是不难的。重要的是，读者需要掌握流动性偏好理论以及 LM 曲线的推导。

6. 某经济体由如下方程描述：

$$Y = C + I + G;\ C = 50 + 0.75(Y - T);$$
$$I = 150 - 10r;\ (M/P)^d = Y - 50r;$$
$$G = 250;\ T = 200;\ M = 3\,000;\ P = 4。$$

a. 指出每个变量并简单解释其含义。
b. 利用以上方程中相关的方程推导出 IS 曲线。绘图表示 IS 曲线。
c. 利用以上方程中相关的方程推导出 LM 曲线。在 b 部分绘出的图中画出 LM 曲线。
d. 均衡收入水平和均衡利率是多少？

【重要级别】3　　　　【难度级别】3

【考查要点】IS 曲线和 LM 曲线的推导／均衡利率的求解

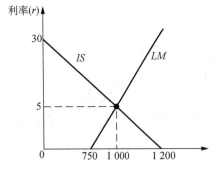

图 11.19　IS 曲线与 LM 曲线

【参考答案】a. Y 为国民收入，由消费 C、投资 I、政府购买 G 组成；C 为消费，消费受可支配收入 $(Y-T)$ 的影响；T 为税收；I 为投资，投资是关于利率 r 的函数；$\left(\dfrac{M}{P}\right)^d$ 为实际货币需求；M 为名义货币供给；P 为价格水平。

b. 带入数据可得 $Y = 50 + 0.75(Y - 200) + 150 - 10r + 250$，得 IS 曲线 $Y = 1\,200 - 40r$，如图 11.19 所示。

c. 由 3 000/4＝Y－50r 得 LM 曲线 Y＝750＋50r，如图 11.19 所示。

d. 由 IS 曲线 Y＝1 200－40r，LM 曲线 Y＝750＋50r 联立得均衡收入水平 Y＝1 000，r＝5。

【科兴点评】本题考查 IS、LM 方程的推导，属于基本题型。

【补充训练】

1. 货币流动速度极小时会对货币需求有何影响？什么时候会发生这种情况？

【重要级别】3　　　　　【难度级别】2

【考查要点】流动偏好理论

【参考答案】(1) 货币流动速度极小，使得公众对货币需求极大。公众取得收入，都会以货币形式存在，不会进行投资。

(2) 一般而言，当经济的利率水平足够低，以致金融资产价格足够高时，人们对货币需求极大，货币流动速度才会极小。

2. 一般而言，位于 IS 曲线右上方的收入和利率的组合都属于(　　)。

A. 投资小于储蓄的非均衡组合

B. 投资大于储蓄的非均衡组合

C. 投资等于储蓄的均衡组合

D. 货币供给大于货币需求的非均衡组合

【重要级别】2　　　　　【难度级别】3

【考查要点】短期均衡——IS-LM 模型

【参考答案】A。在产品市场和货币市场的一般均衡中，IS 曲线的右上方存在超额产品供给，即投资 $I <$ 储蓄 S；IS 曲线左下方存在超额产品需求，即投资 $I >$ 储蓄 S。只有在 IS 曲线上的组合才是投资 $I =$ 储蓄 S 的均衡组合。

【科兴点评】读者可以通过记住 IS-LM 模型的四个区间的一个部分，从而推导其他区间的情况，IS、LM 曲线左右的情况是相反的。

3. 证明四部门经济中投资乘数比三部门中的投资乘数更小。

【重要级别】2　　　　　【难度级别】2

【考查要点】简单国民收入决定——凯恩斯交叉图/财政政策与乘数

【参考答案】以比例税为例，三部门经济的国民收入核算恒等式为：

$$Y = C + I + G = \alpha + \beta(Y - tY + TR) + I + G$$

所以

$$k_I = \frac{\partial Y}{\partial I} = \frac{1}{1 - \beta(1-t)}$$

四部门经济的国民收入核算恒等式为:

$$Y = C + I + G + NX = \alpha + \beta(Y - tY + TR) + I + G + (X_0 - M_0 - \gamma Y)$$

式中,γ 为边际进口倾向。

所以

$$k'_I = \frac{\partial Y}{\partial I} = \frac{1}{1 - \beta(1-t) + \gamma}$$

显然有

$$k'_I < k_I$$

【科兴点评】(1) 读者可根据四部门经济的收入核算恒等式求出出口乘数

$$k_{X_0} = k'_I = \frac{1}{1 - \beta(1-t) + \gamma}$$

(2) 其实所有四部门经济中的乘数都比三部门中相应的乘数小。读者可以与复习题中的第1小题进行联系。

(3) 请读者掌握如何推导乘数的思路。

4. 假设货币需求为:$L = 0.2Y - 10r$,实际货币供给为:$M = 200$,消费需求为:$C = 60 + 0.8Y_d$,税收为:$T = 100$,投资需求为:$I = 150$,政府支出为:$G = 100$。

(1) 导出 IS 和 LM 方程,求均衡收入、利率和投资。

(2) 其他不变,政府购买 G 增加 20,收入、利率和投资有什么变化?

(3) 是否存在"挤出效应"?

【重要级别】3　　　　　　　　【难度级别】3

【考查要点】短期均衡——IS-LM 模型

【参考答案】(1) 根据可支配收入定义,可支配收入 $Y_d = Y - T$,代入消费函数可得,$C = -20 + 0.8Y$。把相关参数代入产品市场均衡条件:$Y = C + I + G$,可以得到 IS 曲线方程为:$Y = 1\ 150$。

把相关参数代入货币市场均衡条件:$L = M$,可以得到 LM 曲线方程为:$Y = 1\ 000 + 50r$。联立求解 IS、LM 方程,可得均衡收入 $Y = 1\ 150$,均衡利率水平 $r = 3$,均衡时,投资 $I = 150$。

(2) 如果政府购买 G 增加 20,把相关参数代入产品市场均衡条件:$Y = C + I + G$,可以得到 IS 曲线方程:$Y = 1\ 250$。联立求解 IS、LM 方程,可得均衡收入 $Y = 1\ 250$,均衡利率水平 $r = 5$,均衡时,投资 $I = 150$。

(3) 不存在挤出效应。因为投资函数 $I = 150$,投资不受利率的影响,利率升高,不会导致私人投资的减少。

【科兴点评】注意如何计算和判断"挤出效应"。

5. 假设一经济是由三部门构成的,其消费函数 $C = 20 + 0.8(Y - T)$,投资函数 $I =$

$600-4\,000r$,政府支出 $G=420$,税收函数 $T=100+0.25Y$,名义货币供给 $M_s=345$,货币需求函数 $M_d=25+0.4Y-4\,000r$。试求:

(1) IS 曲线方程式;

(2) 当价格水平 $P=1$ 时,LM 曲线方程式;

(3) 当价格水平 $P=1$ 时,产品市场和货币市场均衡时的利率和收入;

(4) 总需求曲线方程式。

【重要级别】3　　　　　【难度级别】3

【考查要点】短期均衡——IS-LM 模型

【参考答案】(1) 把税收函数代入消费函数,可以得到 $C=-60+0.6Y$。产品市场均衡条件为:$Y=C+I+G$,代入相关参数,可以得到 $Y=-60+0.6Y+600-4\,000r+420$,整理可得 IS 曲线方程:$Y=2\,400-10\,000r$。

(2) LM 曲线的方程:$\dfrac{345}{P}=25+0.4Y-4\,000r$。当价格水平为1时,$LM$ 曲线的方程 $345=25+0.4Y-4\,000r$,整理得 $Y=800+10\,000r$。

(3) 联立求解 IS 和 LM 曲线方程,可得:$Y=1\,600,r=0.08$。

(4) 联立(1)、(2)中的 IS 曲线和 LM 曲线的方程,可得总需求曲线方程

$$P=\dfrac{345}{-295+0.4Y}$$

6. 考虑一个具有如下行为方程的开放经济:

$$C=c_0+c_1Y_d-c_2r+c_3W$$
$$I=b_0+b_1Y-b_2r$$
$$W=M^s+B$$
$$M^d=m_0+m_1Y-b_2r$$
$$M^s=M^d$$
$$X=\bar{X}$$
$$I_m=v_0+v_1Y$$

式中,Y 为产出;C 为消费;Y_d 为可支配收入;r 为利率;W 为净财富;I 为投资;B 为债券;M^d 为货币需求;M^s 为货币供给;X 为出口;I_m 为进口。假定税收 $T=tY+Y$。

(1) 请解释上述方程中参数的经济含义。

(2) 在上述方程中,哪些是外生变量?哪些是内生变量?

(3) 推导 IS 和 LM 曲线。

(4) 求解均衡产出。

【重要级别】3　　　　　【难度级别】3

【考查要点】短期均衡——IS-LM 模型

【参考答案】(1) c_0 是自发性消费部分；c_1 是边际消费倾向；c_2 是利润对消费的影响参数；c_3 是进出口对消费的影响系数；b_0 是自发投资；b_1 是投资对国民收入的敏感程度；b_2 是投资量对利率的敏感程度；m_0 是自发的货币需求；m_1、m_2、m_3 分别表示货币需求对国民收入、利率、净出口的敏感程度；v_0 表示自发性进口；v_1 表示进口对国民收入的敏感程度；t 表示税收对国民收入的系数；T 表示自发性税收。

(2) c_0，b_0，m_0，v_0，$\bar{X}$，c_1，c_2，c_3，b_1，b_2，m_1，m_2，m_3，v_1，M^s，B，W 都是外生变量；C，Y_d，r，I，M^d，I_m，Y 都是内生变量。

(3) IS 曲线方程。由可支配收入的定义：$Y_d = Y - T = (1-t)Y - T_0$，把 Y_d 代入消费方程可以得到：$C = c_0 - c_1 T_0 + c_1(1-t)Y - c_2 r + c_3 W$。由净出口的定义有：$NX = X - I_m = \bar{X} - v_0 - v_1 Y$。由凯恩斯定义：$Y = AD = C + I + G + NX$。代入相关参数，可以得到 IS 曲线方程：

$$r = \frac{c_0 - c_1 T_0 + c_3(M^s + B) + b_0 + G + \bar{X} - v_0}{b_2 + c_2} + \frac{1 - c_1(1-t) - b_1 + v_1}{b_2 + c_2} Y$$

由货币市场均衡条件 $M^s = M^d$，可以得到 LM 曲线方程为：

$$r = \frac{m_0 + (m_3 - 1)M^s + m_3 B}{m_2} + \frac{m_1}{m_2} Y$$

(4) 设 $A_0 = \dfrac{c_0 - c_1 T_0 + c_3(M^s + B) + b_0 + G + \bar{X} - v_0}{b_2 + c_2}$；$B_0 = \dfrac{1 - c_1(1-t) - b_1 + v_1}{b_2 + c_2}$，IS 曲线方程简化为：

$$r = A_0 + B_0 Y$$

设 $C_0 = \dfrac{m_0 + (m_3 - 1)M^s + m_3 B}{m_2}$，$D_0 = \dfrac{m_1}{m_2}$，则 LM 曲线方程简化为：

$$r = C_0 + D_0 Y$$

联立求解 IS-LM 方程，可以得到：

$$Y = \frac{A_0 - C_0}{D_0 - B_0}$$

【科兴点评】IS-LM 模型的计算思路相对较为清晰，读者可以自己总结 IS-LM 模型的计算，以及推导总需求曲线，再结合总供给曲线、总需求-总供给模型进行计算。

12 总需求 II：应用 IS-LM 模型

【学习精要】

一、学习重点

1. 宏观经济政策对 IS-LM 模型的影响
2. 用 IS-LM 模型推导总需求曲线
3. IS-LM 模型和总需求曲线的简单代数
4. 宏观经济政策对总需求的影响
5. 短期均衡与长期均衡

二、知识脉络图

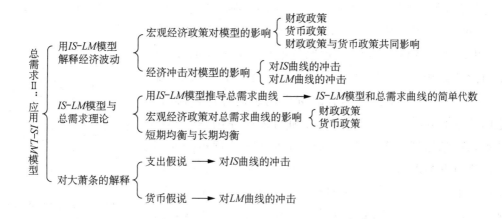

三、理论精要

▶ **知识点一　宏观经济政策对 IS-LM 模型的影响**

1. 财政政策对 IS 曲线及短期均衡的影响

财政政策主要包括支出和收入两大类,其中,支出类主要包括政府购买和转移支付,收入类主要包括税收和公债。现以增加政府购买为例,说明财政政策对 IS 曲线及短期均衡的影响。

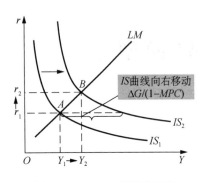

图 12.1 IS-LM 模型中政府购买的增加

如图 12.1 所示,考虑政府购买增加 ΔG,(1) 第 11 章中凯恩斯交叉图的政府购买乘数告诉我们,在任何给定的利率上,这种变动将使收入水平增加 $\Delta G/(1-MPC)$,IS 曲线向右等量移动,均衡点从 A 移动到 B,政府购买的增加既增加了收入,又提高了利率;(2)在货币市场上,由于经济的货币需求取决于收入,总需求的增加提高了每个利率上的货币需求量,但货币供给没有改变,因此,更高的货币需求使均衡利率上升;(3)货币市场上较高的利率反过来又在产品市场上造成利率上升,使私人投资减少,即政府支出挤出了私人投资,称挤出效应。

因此,在 IS-LM 模型中财政扩张引起的收入增加小于凯恩斯交叉图中收入的增加。读者可类似分析税收变动的影响。

2. 货币政策对 LM 曲线及短期均衡的影响

货币政策主要包括扩张性货币政策和紧缩性货币政策。货币政策工具包括:再贴现率、法定存款准备金率和公开市场操作。扩张性货币政策是指降低再贴现率和法定存款准备金率,以及在公开市场上买入有价证券,紧缩性货币政策正好相反。

中央银行可以通过货币政策改变货币供给,如中央银行可以通过提高再贴现率、提高法定存款准备金率和在公开市场上卖出国库券减少货币供给量。货币供应量的减少会影响市场的利率,从而使投资减少,影响产出,这就是货币传导机制。

现以增加货币供给为例,说明货币政策对 LM 曲线及短期均衡的影响。如图 12.2 所示,考虑货币供给的增加,(1)人们在现行利率上所拥有的货币比想拥有得多,因此,他们开始把额外的货币存入银行和购买债券,利率一直下降到人们愿意持有美联储所创造的所有额外货币为止,这就使货币市场走向新的均衡;(2)较低的利率反过来又在产品市场上发生影响,刺激计划投资,增加计划支出、生产和收入;(3)这表明货币政策通过改变利率而影响收入,这就是货币传导机制。

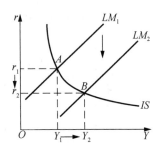

图 12.2 IS-LM 模型中货币供给的增加

3. 两种政策混合使用的影响

两种政策同时使用,其结果是不确定的。如增加税收,但经济对这项财政政策如何作出反应取决于货币当局如何作出反应:(1)若美联储保持货币供给不变,则结果是利率下降、收入减少,这表明增税造成了衰退;(2)若保持利率不变,则美联储必须同时减少货币供给,以使利率保持在初始水平上,其结果是高利率加剧了衰退;(3)若保持收入不变,则美联储必须同时增加货币供给,并使 LM 曲线向下移动到足以抵消 IS 曲线的移动,其结果是抵消了经济的衰退,但是利率大幅度下降(见图 12.2)。

4. 极端情况

(1) 水平的 LM 曲线。当经济处于"流动性陷阱"（凯恩斯主义极端）时，LM 曲线水平，这时利率处于很低水平，并随时可能上升，用手持货币购买债券，其价格可能随时下降。为了避免可能的损失，公众愿意在现有利率水平下持有所供应的所有货币。在此种情况下，扩张性的货币政策由于不能使利率进一步下降，从而不会对经济产生影响；而这时采取财政政策，效果极好，挤出效应为零。

(2) 垂直的 LM 曲线。古典经济学将货币需求仅仅看作收入的函数，货币需求的利率弹性为零，LM 曲线是一条垂线。这时，利率变动对货币需求毫无影响。在此种情况下，货币政策对收入的影响极大，而财政政策仅仅影响利率，对收入没有影响，这时有"完全挤出效应"。

▶ 知识点二　*IS-LM* 模型中的冲击

1. 支出假说：对 IS 曲线的冲击

这种冲击产生于产品与服务需求的外生变动，包括投资品需求和消费品需求的变动。比如，消费函数向下移动和住房投资大幅度下降、许多银行破产加剧了投资支出的减少及政府关注预算平衡，在收入低的年份减少政府支出，增加税收，使 IS 曲线下移。

2. 货币假说：对 LM 曲线的冲击

这种冲击产生于货币需求的外生变动。货币大幅度减少的同时，物价下降更快。物价下降一方面通过庇古效应使消费增加，引起 IS 曲线扩张性移动，另一方面又会导致收入更高。

这些冲击可以通过使 IS、LM 曲线移动而导致经济波动，但如果政策制定者足够迅速且熟练的话，那么，这些冲击就不一定会引起收入和就业的波动。

▶ 知识点三　用 *IS-LM* 模型推导总需求曲线

总需求曲线通过表示任何给定物价水平上的均衡收入概括了 IS-LM 模型的结果。如图 12.3 所示，对于任何给定的货币供给 M，物价水平从 P_1 上升到 P_2 → 实际货币余额

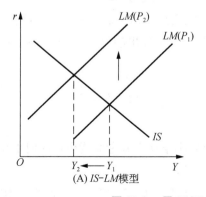
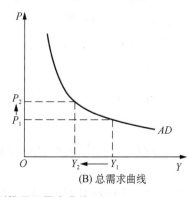

图 12.3　用 *IS-LM* 模型推导总需求曲线

(M/P)减少→LM 曲线向左上方移动→收入从 Y_1 减少到 Y_2。图(B)表示物价水平与收入之间这种关系的总需求曲线。同时也解释了 AD 曲线为何向右下方倾斜(总需求曲线向右下方倾斜,是因为较低的物价水平增加了实际货币余额,降低了利率,刺激了投资支出,从而增加了均衡收入)。

▶ 知识点四 IS-LM 模型和总需求曲线的简单代数

1. IS 曲线的代数式推导

国民收入核算恒等式:$Y=C+I+G$
消费函数:$C=a+b(Y-T)$
投资函数:$I=c-dr$ }IS 曲线:$Y=\dfrac{a+c}{1-b}+\dfrac{1}{1-b}G+\dfrac{-b}{1-b}T+\dfrac{-d}{1-b}r$

上式表明:IS 曲线的斜率 $\dfrac{b-1}{d}$ 为负的,因而 IS 曲线向右下方倾斜,且曲线的倾斜度取决于边际消费倾向 b 和投资对利率的敏感度 d。

2. LM 曲线的代数式推导

货币市场的方程式:$L(r,Y)=M/P$
货币需求函数:$L(r,Y)=eY-fr$ }LM 曲线:$r=(e/f)Y-(1/f)M/P$

上式表明:LM 曲线的斜率(e/f)为正的,因此,LM 曲线向右上方倾斜,且曲线的倾斜度取决于货币需求对收入的敏感度 e 和货币需求对利率的敏感度 f。

3. AD 曲线的推导

联立 IS、LM 曲线方程,消去 r,解出 Y,则总需求曲线的代数式为:

$$Y=\frac{z(a+c)}{1-b}+\frac{z}{1-b}G+\frac{-zb}{1-b}T+\frac{d}{(1-b)[f+de/(1-b)]}\frac{M}{P}$$

其中,$z=f/[f+de/(1-b)]$,其值在 0~1 之间。

上式解释了总需求曲线向右下方倾斜的原因,也解释了宏观经济政策如何影响总需求曲线。从总需求的代数式中,我们可以得到很多有用的信息:

(1) 该式表明本章从 IS-LM 模型推导出的 AD 曲线与第 10 章从货币数量论推导出的 AD 曲线之间的关系:货币数量论假设 r 不影响实际货币余额的需求量,从而 $f=0$,$z=0$,因此,财政政策不影响总需求,可见,从货币数量论推导出的 AD 曲线是 IS-LM 模型推导出的 AD 曲线的特例。

(2) 从这个式子中可以得到 $\dfrac{\Delta Y}{\Delta G}=\dfrac{1}{(1-b)+\dfrac{de}{f}}<1/(1-b)$,$\dfrac{\Delta Y}{\Delta T}=-\dfrac{b}{(1-b)+\dfrac{de}{f}}$,可见此时的财政政策所带来的国民收入的变化要小于在没有考虑货币市场时的国民收入的变化。

(3) 式中,总需求曲线只有 P、Y 为内生变量,其他如 G、T、a、c 都为外生变量,它们的变化会引起总需求曲线的移动。可见,知识点五与这里是统一的。

(4) P 与 Y 负相关,$1/P$ 之前的系数 $k_{AD} = \dfrac{M}{\dfrac{(1-b)f}{d}+e}$ 决定了总需求曲线的倾斜程度,k_{AD} 越大,则总需求曲线越平坦;k_{AD} 越小,则总需求曲线越陡峭。

▶ **知识点五　宏观经济政策对总需求的影响**

物价水平的变动引起的 IS-LM 模型中的收入变动表示为沿着总需求曲线运动;对于固定的物价水平,IS-LM 模型中收入的变动表示为总需求曲线的移动。

其中,在既定物价水平上,财政政策的改变使 IS 曲线发生移动,如财政扩张(政府购买增加或减税)使 IS 曲线向右移动,IS 曲线的这种移动提高了利率,并增加了收入,收入增加了,从而使 AD 曲线向右移动;紧缩性财政政策使 IS 曲线向左移动,降低了利率和收入,并使总需求曲线向左移动。

货币政策的改变使 LM 曲线发生移动,如扩张的货币政策(货币供给增加)使实际货币余额增加,LM 曲线向下移动,LM 曲线的这种移动降低了利率,并增加了收入,收入增加了,从而使 AD 曲线向右移动;相反,紧缩性货币政策使 LM 曲线向上移动,提高了利率,减少了收入,并使 AD 曲线向左移动。

总之,扩张性的财政政策和货币政策使 AD 曲线右移,扩大了总需求;紧缩性的货币政策和财政政策使 AD 曲线左移。

▶ **知识点六　短期均衡与长期均衡**

如图 12.4 所示,图(A)和图(B)都显示了短期均衡与长期均衡之间的区别和联系。在短期中,物价水平黏滞在 P_1,对产品和服务的需求不足以使经济在其潜在水平上生产,经济的短期均衡是 K 点;在长期中,产品与服务的低需求引起物价下降,经济向其自然率回归,直到等于自然产出率,经济达到长期均衡点 C。

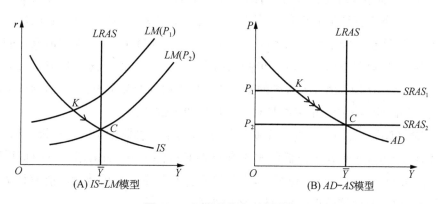

图 12.4　短期均衡与长期均衡

由此可以看出，国民收入决定的凯恩斯主义方法与古典方法之间的差别。

凯恩斯主义的假设（用 K 代表）是物价水平具有黏性，根据货币政策、财政政策及总需求的其他决定因素的不同，产出可能偏离自然率。其分析方法是用固定价格的假设（$P=P_1$）来完成模型，这意味着必须调整 r 与 Y，以满足 IS 和 LM 两个方程。

古典主义的假设（用 C 表示）是物价水平具有完全的伸缩性，物价水平的调整保证国民收入总是处于自然率水平。其分析方法是用产出达到自然率的假设（$Y=\bar{Y}$）来完成模型，这意味着必须调整 r 与 P，以满足 IS 和 LM 两个方程。

【习题解析】

一、关键概念

1. 货币传导机制，即货币的变动如何通过利率来影响整个经济。它是指货币管理当局在确定货币政策后，从选用一定的政策工具进行操作开始到实现预期目标之间所经过的各种中间环节相互之间的有机联系及其因果关系的总和。这种传递机制是：货币供给的增加降低了利率，刺激了投资，从而扩大了产品与服务的需求。

2. 庇古效应又称实际余额效应，是指价格水平变化引起实际货币余额变化，而实际货币余额是家庭财富的一部分，从而直接影响消费、总需求和产出。庇古效应是在 20 世纪 30 年代由著名的古典经济学家阿瑟·庇古提出的。他指出实际货币余额是家庭财富的一部分。随着物价的下降和实际货币余额的增加，消费者应当感到更加富有，并支出更多。消费者支出的增加会引起总需求曲线扩张性移动，并导致更高的收入。庇古认为，如果人们手中所持有的货币及其他金融资产的实际价值增加（当一国物价水平下降时），将导致财富增加，人们更加富裕，就会增加消费支出，因而将进一步增加消费品的生产和增加就业，促使经济体系重新恢复平衡。

3. 债务-通货紧缩理论：该理论指出未预期到的物价下降在债务人与债权人之间再分配财富，使债务人变得更加富有，而债权人变得更加贫穷。如果债务人和债权人有相同的支出倾向，则物价下降不会对国民收入产生影响。但实际上，债务人和债权人的支出倾向是不同的，该理论假设债务人的支出倾向高于债权人——也许这正是债务人最初借债的原因。在这种情况下，债务人减少的支出比债权人增加的支出多。因此，物价下降的净效应是支出的减少、IS 曲线的紧缩性移动及国民收入的减少。

4. 流动性陷阱：流动性陷进又称零下限问题，属于凯恩斯主义的一种极端情况，此时 LM 曲线是水平的，利率处于很低的水平并且随时可能上升，如果用手头的货币购买债券，其价格随时可能下降，为避免损失，人们愿意持有货币。货币政策不能使利率进一步下降，此时采取财政政策效果极好，挤出效应为 0。

二、复习题

1. 解释总需求曲线向右下方倾斜的原因。

【重要级别】2　　　　【难度级别】2

【考查要点】IS-LM 模型和总需求曲线的简单代数/AD 曲线的推导

【参考答案】总需求曲线描述了物价水平和国民收入水平之间的负相关关系。我们从总需求曲线的推导过程来看 IS 曲线为什么向右下方倾斜。

通过观察 IS-LM 模型中物价水平变化所产生的影响,我们可以理解为什么总需求曲线是向下倾斜的。如图 12.5(A)所示,对于任何给定的货币供给,价格水平从 P_1 上升到 P_2,LM 曲线向上移动,收入水平从 Y_1 减少到 Y_2。图 12.5(B)的总需求曲线表示由 IS-LM 模型中推出的物价水平和收入水平之间的关系。

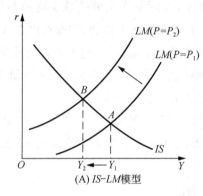 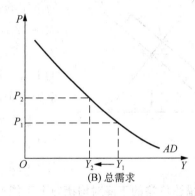

图 12.5

【科兴点评】此题要求读者从原理上掌握和理解总需求曲线的推导,有助于加深对基本概念的记忆。

2. 税收增加对利率、收入、消费和投资的影响是什么?

【重要级别】3　　　　【难度级别】2

【考查要点】宏观经济政策对 IS-LM 模型的影响

【参考答案】税收增加使利率下降,收入和消费减少,投资增加。

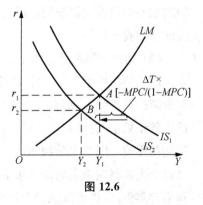

图 12.6

凯恩斯主义交叉图模型中的税收乘数告诉我们,在任何给定的利率下,税收的增加将使收入水平降低 $\Delta T \times [-MPC/(1-MPC)]$。如图 12.6 所示,IS 曲线向左移动这一数量,经济的均衡从 A 点移动到 B 点。税收的上升使得利率从 r_1 下降到 r_2,国民收入从 Y_1 降低到 Y_2。可支配收入减少了,因此,消费也缩减了,而投资则由于利率的下降而有所提高。

注意 IS-LM 模型中的收入减少,要比凯恩斯交叉图中的减少更小。因为 IS-LM 模型中考虑到利率减少、投资随之增加的情况。

【科兴点评】通过 IS 曲线的移动可以清晰地理解税收的影响,读者要掌握关于各种财政经济政策对 IS-LM 模型的影响,此类题型大部分都可以通过移动曲线来得到答案。

3. 货币供给减少对利率、收入、消费和投资的影响是什么?

【重要级别】3　　　　　　　【难度级别】2

【考查要点】宏观经济政策对 IS-LM 模型的影响

【参考答案】货币供给减少使利率上升,收入和消费减少,投资减少。

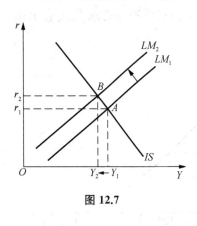

图 12.7

对于任何给定的物价水平,名义货币供给的减少将引起实际货币余额的降低。流动偏好理论表明,对于任何给定的收入水平,实际货币余额的减少将使利率提高。如图 12.7 所示,LM 曲线向上移动,均衡点由点 A 移至点 B。实际货币余额的供给减少,引起了收入的减少和利率的上升。消费也随之下降,因为可支配收入下降了,而投资则由于利率的上升而受到抑制。

【科兴点评】与第 2 题一样,只不过此题需要移动 LM 曲线而已,因此熟练地掌握货币政策对 IS-LM 模型的影响是基础。

4. 描述价格的下降对均衡收入可能产生的效应。

【重要级别】3　　　　　　　【难度级别】3

【考查要点】短期均衡与长期均衡

【参考答案】物价下降既可能使收入增加,也可能使收入减少:

(1) 物价下降通过两个途径增加收入:第一,实际余额增加,使得 LM 曲线向下移动,因此增加了收入;第二,根据庇古效应,实际货币余额是家庭财富的一部分,实际货币余额的增加使消费者觉得他们比以前更富有了,并购买更多的商品,这使得 IS 曲线向右移动,因此增加收入。

(2) 物价下降又通过两个途径减少收入:第一个途径是通过债务,即通货紧缩理论,未预期到的物价水平的下降,将实际财富从债务人分配给债权人。如果债务人比债权人有更高的消费倾向,那么这种再分配引起债权人的消费减少量会大于债权人的消费增长量。其结果是,总消费支出减少,IS 曲线向左移动,并减少收入。第二个途径是通货紧缩预期的影响。因为实际利率(r)等于名义利率(i)减通货膨胀预期(π^e),即 $i - \pi^e = r$。如果每个人都预期未来的价格水平会下降(即 π^e 为负),那么对任何给定的名义利率,实际利率都将更高,进而削减投资,IS 曲线向左移动,收入下降。

【科兴点评】这里通过物价的变化来影响 IS、LM 曲线的移动,是结合了前面两题的混合结果,万变不离其宗,遇到这种情况不要慌张,结合所学的基础知识逐条分析其影响,思路不乱,答案自然就出来了。

三、问题与应用

1. 根据 IS-LM 模型,在下列情况下,利率、收入、消费和投资在短期会发生什么变动?你的答案应该包括一幅合适的图形。

a. 中央银行增加货币供给;

b. 政府增加政府购买;

c. 政府增加税收;

d. 政府等量地增加政府购买和税收。

【重要级别】3　　　　　　【难度级别】3

【考查要点】宏观经济政策对 IS-LM 模型的影响;宏观经济政策对总需求的影响

【参考答案】根据 IS-LM 模型来解答这些问题。

a. 如果中央银行增加货币供给,LM 曲线会向下移动,如图 12.8 所示,收入增加,利率下降。可支配收入的增加引起消费的增加,利率的下降引起投资上升。

b. 如果政府增加购买,政府购买乘数告诉我们,IS 曲线向右移动 $\Delta G \times [1/(1-MPC)]$,如图 12.9 所示,收入和利率都将增加,可支配收入的增加引起消费增加,利率增加引起投资下降。

c. 如果政府增加税收,税收函数表明,IS 曲线向左移动 $\Delta T \times [-MPC/(1-MPC)]$。如图 12.10 所示,收入和利率都下降。收入下降,税收提高导致可支配收入下降,消费下降,投资随利率的下降而上升。

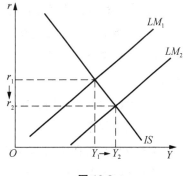

图 12.8

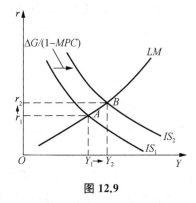

图 12.9

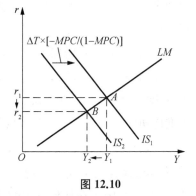

图 12.10

d. 通过将 b、c 中的两个乘数效应相加,我们可以了解到,当政府购买和税收等量增加时,IS 曲线如何移动:$\Delta Y = [1/(1-MPC)]\Delta G - [MPC/(1-MPC)]\Delta T$,因为政府购

买和税收增加了同样的数额,我们知道 $\Delta G = \Delta T$,因此我们可以把上式改写为:

$$\Delta Y = \left[\frac{1}{(1-MPC)} - \frac{MPC}{(1-MPC)}\right]\Delta G \Rightarrow \Delta Y = \Delta G$$

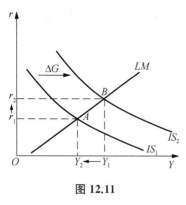

图 12.11

这个式子表明在利率不变的情况下,产出如何变动。当政府购买和税收等量增加,IS 曲线向右移动与 ΔG 相等的量。如图 12.11 所示,产出确实增加,但增加的量要少于 G 和 T 增加的量。这说明可支配收入 (Y-T) 减少。其结果是,消费也随之削减。利率的上升导致投资减少。

【科兴点评】此类题型都是通过 IS-LM 模型中的变量来影响曲线的,读者关键是要掌握曲线的推导过程,这样才能清楚曲线的移动方向和距离。

2. 用 IS-LM 模型预测下列冲击对收入、利率、消费和投资的效应。在每种情况下,解释美联储为了把收入维持在初始水平上应该采取什么措施?你的答案要求使用图形。

a. 在一种新的高速电脑芯片发明之后,许多企业决定把各自的电脑系统升级。

b. 信用卡诈骗浪潮提高了人们用现金进行交易的频率。

c. 一本名为《退休富人》(Retire Rich)的畅销书说服公众增加收入中用于储蓄的百分比。

d. 新任命的美联储主席是一个鸽派人士,这项任命增加了预期的通货膨胀。

【重要级别】3 　　　　　【难度级别】3

【考查要点】IS-LM 模型中的冲击

【参考答案】先把现象转换为相应的经济变量变化。

a. 新的高速芯片的发明将增加投资需求,这将使得 IS 曲线外移。

在每一个利率水平下,公司希望投资更多。对投资品的需求增加将使 IS 曲线外移,收入和就业有所提高。图 12.12 说明了这种影响。由于投资需求增加引起收入增加,提高了利率水平,原因是更高的收入增加了货币需求,而货币供给是固定的,利率必须升高,以维持货币市场均衡,利率的上升部分抵消了投资需求的上升部分,所以产出的上升要小于 IS 曲线右移的幅度。总的来说,收入、利率、消费、投资都上升。

如果想要维持初始收入水平 Y_1,那么只能减少货币供给,把 LM_1 往上移动一定的距离到 LM_2,达到 C 点均衡。

b. 信用卡诈骗浪潮提高了人们用现金进行交易的频率,这将导致货币需求的增加,使得 LM 曲线上移,这是因为在任何给定的收入和货币供给条件下,能够平衡货币市场的利率更高。如图 12.13 所示,上移的 LM 曲线降低了收入,提高了利率。收入下降,消费也随之下降;利率提高,投资随之减少。

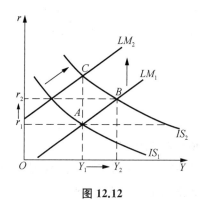

图 12.12

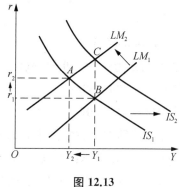

图 12.13

如果想要维持初始收入水平 Y_1，那么必须把 IS_1 往右移动一定的距离到 IS_2，达到 C 点均衡。

c. 名为《退休富人》的畅销书说服公众增加收入中用于储蓄的百分比，那么在任何给定的收入水平下，消费者现在希望储蓄更多、消费更少。因此，消费曲线将下移，IS 曲线向左移。如图 12.14 所示，收入、利率和消费都将下降，而投资上升。收入下降，是因为在每一个利率水平下计划消费都有所减少。利率下降是因为收入的减少降低了货币需求，而货币供给是不变的，利率必须下降

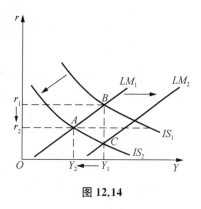

图 12.14

以维持货币市场的均衡。由于消费曲线的移动和收入下降这两方面的原因，消费也在减少。利率降低引致投资增加，并部分抵消了消费减少对产出的影响。

如果想要维持初始收入水平 Y_1，那么必须把 LM_1 往右移动一定的距离到 LM_2，达到 C 点均衡。

d. 预期通货膨胀的增加会使得利率上升、收入和消费增加、投资增加。原因是，当考虑预期通货膨胀时，可将 IS-LM 模型写成 $\begin{cases} Y = C(Y-T) + I(i - E\pi) + G \\ M/P = L(i, Y) \end{cases}$。事前

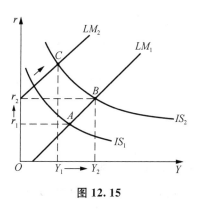

图 12.15

实际利率降低，投资增加，IS 曲线右移，在 IS-LM 模型中，LM 曲线不变时，经济的均衡点从 A 变成 B，如图 12.15 所示，利率从 r_1 上升到 r_2，并且收入从 Y_1 增加到 Y_2，收入的增加将导致居民的可支配收入增加，最终导致消费增加。利率上升将部分减少投资，但最终投资仍然是增加的。

为了把收入维持在其最初水平上，美联储应该采取紧缩性的货币政策，即减少货币供给，并使曲线向左移动到足以抵消 IS 曲线的移动，从而保持收入不变。

【科兴点评】有时候,题目是间接考查模型中的变量产生的影响,读者的思维是要把握现象如何影响模型中的变量,这样才能明确曲线的移动及产生的影响。

3. 考虑 Hicksonia 经济。

a. 消费函数给定为:$C=300+0.6(Y-T)$;

投资函数是:$I=700-80r$;

政府购买和税收都是 500。

画出这个经济体的 IS 曲线,图中 r 的取值范围在 0~8。

b. Hicksonia 的货币需求函数是:$(M/P)^d=Y-200r$;货币供给 M 是 3 000,物价水平 P 是 3,画出这个经济体的 LM 曲线,图中 r 的取值范围在 0~8。

c. 找出均衡利率 r 和均衡收入水平 Y。

d. 假定政府购买从 500 增加到 700,IS 曲线会如何移动? 移动多少? 新的均衡利率和收入水平是多少?

e. 假设货币供给从 3 000 增加到 4 500(政府购买仍为 500),LM 曲线会如何移动? 移动多少? 新的均衡利率和收入水平是多少?

f. 使用货币和财政政策的初始值,假设价格水平从 3 上升到 5,会发生什么变化? 新的均衡利率和收入水平是多少?

g. 使用货币政策和财政政策的初始值,推导总需求曲线的方程并绘出其图形。如果财政政策或货币政策像问题 d 和 e 那样变动,这条总需求曲线会发生什么变动?

【重要级别】4 【难度级别】3

【考查要点】宏观经济政策对 IS-LM 模型的影响,用 IS-LM 模型推导总需求曲线

【参考答案】a. IS 曲线:

$$Y=C(Y-T)+I(r)+G$$

把消费和投资方程以及 G 的 T 的值代入方程,解出这个经济的 IS 曲线:

$$Y=300+0.6(Y-500)+700-80r+500$$
$$Y=3\,000-200r$$

利率 0~8 下的 IS 曲线如图 12.16 所示。

b. 由实际货币余额的供需平衡可以得出 LM 曲线方程。实际货币余额供给是 $\frac{3\,000}{3}=1\,000$,让这个数值等于货币需求,我们可以得到:

$$Y=1\,000+200r$$

利率 0~8 下的 LM 曲线如图 12.16 所示。

c. 如果把价格作为给定的,那么 IS 和 LM 曲线是关

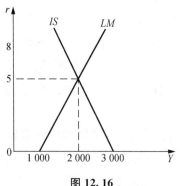

图 12.16

于两个未知数 Y 和 r 的两个方程。从 a 和 b 中我们可以得到以下方程：

$$IS \text{ 曲线}: Y = 3\,000 - 200r$$
$$LM \text{ 曲线}: Y = 1\,000 + 200r$$

让两者相等，可以解出 r：

$$3\,000 - 200r = 1\,000 + 200r \Rightarrow r = 5$$

把 $r = 5$ 代入 IS 或 LM 方程中的任何一个，可以解出 $Y = 2\,000$。

因此，均衡利率是 5，均衡的产出水平是 2 000，如图 12.16 所示。

d. 如果政府购买从 500 增加到 700，IS 曲线向右移动量为：

$$\Delta Y = [1/(1-MPC)]\Delta G = 200/(1-0.6) = 500$$

IS 曲线将变成：$Y = 300 + 0.6(Y-500) + 700 - 80r + 700$

简化后得到：$\begin{cases} IS \text{ 曲线}: Y = 3\,500 - 200r \\ LM \text{ 曲线}: Y = 1\,000 + 200r \end{cases}$

联立解得 $r = 6.25$，$Y = 2\,250$。因此 IS 曲线向右移动 500，新的均衡利率是 6.25，均衡产出水平是 2 250，如图 12.17 所示。

e. 如果货币供给从 3 000 增加到 4 500，实际货币余额从 1 000 增加到 1 500，LM 曲线右移 500，LM 曲线将变为：

$$Y - 200r = 1\,500$$

化简得：

$$IS \text{ 曲线}: Y = 3\,000 - 200r$$
$$LM \text{ 曲线}: Y = 1\,500 + 200r$$

联立解得 $r = 3.75$，$Y = 2\,250$。

因此，LM 曲线向右移动 500，新的均衡利率是 3.75，均衡产出水平是 2 250，如图 12.18 所示。

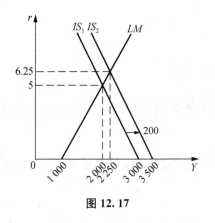

图 12.17

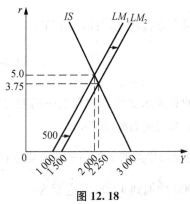

图 12.18

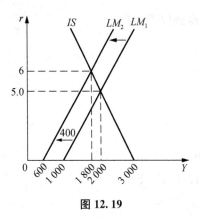

图 12.19

f. 如果物价水平从 3 变为 5,实际货币余额从 1 000 降到 600,LM 曲线向左移动 400。LM 曲线变为:$Y-200r=600$,化简得:

IS 曲线:$Y=3\,000-200r$

LM 曲线:$Y=600+200r$

联立解得 $r=6$,$Y=1\,800$。因此 LM 曲线左移 400,新的均衡利率是 6,均衡产出水平是 1 800,如图 12.19 所示。

g. 总需求曲线说明了价格水平和收入水平之间的关系。为了找出总需求曲线,我们希望从 IS 和 LM 曲线中找到 Y 和 P 之间的关系。也就是说,需要将利率消掉,从 IS 和 LM 曲线中找出利率:

IS 曲线:$Y=3\,000-200r$

LM 曲线:$\left(\dfrac{M}{P}\right)=Y-200r$

将这两个方程联立,可以得出:$3\,000-Y=Y-(M/P)$;

化简得:$Y=1\,500+(M/2P)$;

名义货币供给 $M=3\,000$,上式变为 $Y=1\,500+\dfrac{1\,500}{P}$。总需求曲线如图 12.20 所示。

d 中的财政政策的影响将如何作用于总需求曲线呢?将 d 中的 IS 曲线和 b 中的 LM 曲线方程联立,可以解出总需求曲线:

IS 曲线:$Y=3\,500-200r$

LM 曲线:$\left(\dfrac{3\,000}{P}\right)=Y-200r$

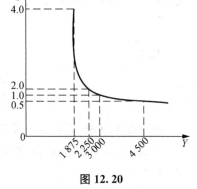

图 12.20

将这两个方程联立,可以得出 Y:

$$Y=1\,750+\dfrac{1\,500}{P}$$

将新的总需求曲线方程和上一问的总需求方程相比较,我们可以看到政府购买增加 200,总需求曲线向右移动 250。

e 中的货币供给增加如何影响总需求曲线呢?因为 AD 曲线是 $Y=1\,500+\dfrac{M}{2P}$,货币供给从 3 000 增加到 4 500 使它变为:

$$Y = 1\,500 + \frac{2\,250}{P}$$

将新的总需求曲线和原来的总需求曲线相比,可以看到货币供给的增加使得总需求曲线向右移动。

【科兴点评】此题虽然看上去十分复杂,但读者只要掌握了 IS、LM 曲线的推导,问题都可以迎刃而解。

4. 某经济体的初始状态由如下方程描述:$C = 500 + 0.75(Y - T)$;$I = 1\,000 - 50r$;$M/P = Y - 200r$;$G = 1\,000$;$T = 1\,000$;$M = 6\,000$;$P = 2$。

a. 推导并绘图表示 IS 曲线和 LM 曲线。计算均衡利率和收入水平。把该点标记为 A。

b. 假定新当选的总统减税 20%,且货币供给保持不变,新的均衡利率和收入水平是多少?税收乘数是多少?

c. 现在假设中央银行调整货币供给以保持利率不变,新的收入水平是多少?新的货币供给必须是多少?税收乘数是多少?

d. 现在假设中央银行调整货币供给以保持收入不变,新的均衡利率是多少?新的货币供给必须是多少?税收乘数是多少?

e. 在你的问题 a 中绘制的图形中表示出你计算出的问题 b、c 和 d 的均衡,把这些点标记成 B、C 和 D。

【重要级别】4 　　　　　【难度级别】3

【考查要点】宏观经济政策对 IS-LM 模型的影响

【参考答案】a. IS 曲线由 $Y = C(Y - T) + I(r) + G$ 给定。将题中所给数据带入得:

$$Y = 500 + 0.75(Y - T) + 1\,000 - 50r + 1\,000$$

化简得,$Y = 7\,000 - 200r$。

实际货币余额供给为 $M/P = 6\,000/2 = 3\,000$,由 $(M/P)^s = (M/P)^d$ 可得 LM 方程为 $Y = 3\,000 + 200r$。

联立 IS 和 LM 曲线方程 $\begin{cases} IS\ 曲线: Y = 7\,000 - 200r \\ LM\ 曲线: Y = 3\,000 + 200r \end{cases}$

解得均衡利率 $r = 10$,$Y = 5\,000$。因此均衡利率是 10,均衡产出水平是 5 000。IS 曲线和 LM 曲线如图 12.21 所示。

b. 新当选总统减税 20%,即税收减少到 800。

新的 IS 方程为 IS_1 曲线 $Y = 7\,600 - 200r$,联立 $\begin{cases} IS_1\ 曲线: Y = 7\,600 - 200r \\ LM\ 曲线: Y = 3\,000 + 200r \end{cases}$ 可得:$r = 11.5$,$Y = 5\,300$。

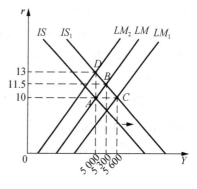

图 12.21

因此新的均衡利率是 11.5，新的均衡产出水平是 5 300。税收乘数 $=\dfrac{\Delta Y}{\Delta T}=\dfrac{300}{-200}=-1.5$。

c. 将 $r=10$ 带入 IS_1 方程 $Y=7\,600-200r$，解得 $Y=5\,600$，因此新的均衡收入为 5 600。将 $P=2$, $r=10$, $Y=5\,600$ 代入 $\dfrac{M}{P}=Y-200r$，得 $M=7\,200$，可得新的 LM 曲线为 LM_1：$Y=3\,600+200r$。新的货币供给必须为 7 200。税收乘数 $=\dfrac{\Delta Y}{\Delta T}=\dfrac{600}{-200}=-3$。

d. $Y=5\,000$，带入 IS_1 方程 $Y=7\,600-200r$，得 $r=13$，因此新的均衡利率是 13。将 $P=2$, $r=13$, $Y=5\,000$ 代入 $\dfrac{M}{P}=Y-200r$，得 $M=4\,800$，新的 LM 曲线为 $Y=2\,400+200r$，记为 LM_2。新的货币供给必须为 4 800。税收乘数 $=\dfrac{\Delta Y}{\Delta T}=\dfrac{0}{-200}=0$。

e. 如图 12.21 所示。

5. 判断以下每句陈述的对错并解释原因。对于每句对的陈述，讨论货币政策与财政政策在该特例下的影响。

  a. 如果投资并不取决于利率，那么 LM 曲线是水平的。

  b. 如果投资并不取决于利率，那么 IS 曲线是垂直的。

  c. 如果货币需求并不取决于利率，那么 IS 曲线是水平的。

  d. 如果货币需求并不取决于利率，那么 LM 曲线是垂直的。

  e. 如果货币需求并不取决于收入，那么 LM 曲线是水平的。

  f. 如果货币需求对利率极其敏感，那么 LM 曲线是水平的。

【重要级别】3   【难度级别】3

【考查要点】$IS\text{-}LM$ 模型和总需求曲线的简单代数

【参考答案】a. 该陈述错误。LM 曲线是描述在货币市场均衡时，利率和收入之间关系的曲线，而投资是产品市场的概念，因此，投资是否取决于利率与 LM 曲线无关。

  b. 该陈述正确。这种情况下 IS 曲线是垂直的。首先考虑 IS 曲线表达式 $Y=C(Y-T)+I(r)+G$，它反映了物品与劳务市场上产出的利率与收入水平之间的关系。如果投资水平不取决于利率，那么 IS 曲线的任何一个因素都不取决于利率。收入水平必须进行调整，以保证所生产的产量 Y 等于产品的需求 $C+I+G$。因此，IS 曲线是垂直的，如图 12.22 所示。

  c. 该陈述错误。IS 曲线是描述在产品市场均衡时利率和收入之间关系的曲线，而货币需求是货币市场的概念，货币需求是否取决于利率与 IS 曲线无关。

  d. 该陈述正确。考虑 LM 曲线方程式为：

$$\dfrac{M}{P}=L(Y)$$

它表示货币余额市场上产生的利率和收入水平之间的关系。如果货币需求不取决于利率,对于任何给定的实际货币余额$\frac{M}{P}$,只有一个能够使货币市场均衡的收入水平,因此 LM 曲线是垂直的,如图 12.23 所示。

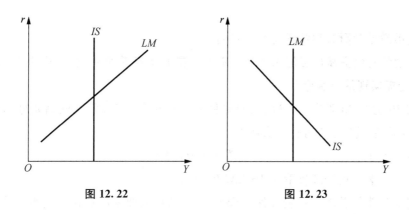

图 12.22　　　　　　　图 12.23

e. 该陈述正确。如果货币需求不取决于收入,可以把 LM 方程改写为$\frac{M}{P}=L(r)$。

对于任何给定的实际货币余额$\frac{M}{P}$,只有一个能够使货币市场达到均衡的利率值,因此,LM 曲线是水平的,如图 12.24 所示。

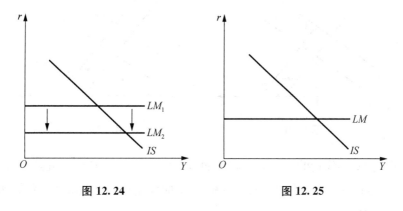

图 12.24　　　　　　　图 12.25

财政政策是非常有效的,IS 曲线移动多少,产出就增加多少。货币政策也是非常有效的,货币供给的增加使得利率下降、LM 曲线向下移动,如图 12.22 所示。

f. 该陈述正确。还是从 LM 曲线方程式入手,通常形式是:

$$\frac{M}{P}=L(r, Y)$$

它表示了在实际货币余额的供给和需求相等的情况下,收入水平和利率之间的关系,因此货币市场是均衡的。假设收入 Y 上升 1 美元,利率要变动多少以保持货币市场均衡呢？收入 Y 的增加使得货币需求同时增加。如果货币需求对利率极为敏感，那么利率只要上升一点点就可以减少货币需求，使得货币市场恢复平衡。因此，LM 曲线（几乎）是水平的，如图 12.25 所示。

【科兴点评】熟记好 IS、LM 曲线的推导过程及其中的表达式，就不难理解上述结论了。

6. 货币政策和财政政策常常同时变动。

a. 假设政府想提高投资但保持产出不变。在 IS-LM 模型中，什么样的货币政策与财政政策组合能实现这一目标？

b. 在 20 世纪 80 年代初，美国政府减税并实施预算赤字，而美联储实施紧缩性货币政策。这种政策组合应该有什么影响？

【重要级别】3　　　　　　　【难度级别】4

【考查要点】宏观经济政策对 IS-LM 模型的影响

【参考答案】a. 若增加投资并保持产出不变，政府需要采取宽松的货币政策和紧缩的货币政策。如图 12.26 所示，在新的均衡点 B，利率更低，所以投资增加。紧缩的财政政策，比如，减少政府购买，抵消了投资，增加了对产出的影响。

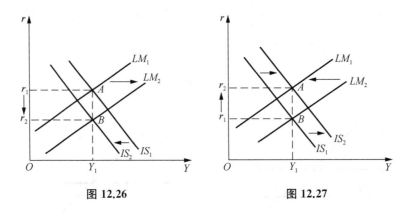

图 12.26　　　　　　　　　　图 12.27

b. 20 世纪 80 年代初的这种混合政策的效果完全相反。财政政策是扩张的，货币政策是紧缩的。这样的政策导致 IS 曲线右移、LM 曲线左移，如图 12.27 所示，实际利率水平升高、投资减少。

【科兴点评】实际上在做这种题型的时候，读者需要从结果倒推，就是首先把需要的结果（点）画出来，再平移其曲线。

7. 用 IS-LM 图形描述下列变动对国民收入、利率、价格水平、消费、投资以及实际货币余额的短期效应与长期效应。

a. 货币供给增加。

b. 政府购买增加。

c. 税收增加。

【重要级别】4　　　　　　　　　　**【难度级别】**3

【考查要点】宏观经济政策对 IS-LM 模型的影响；短期均衡与长期均衡

【参考答案】a.（1）在短期内，货币供给的增加使 LM 曲线右移。经济的均衡点从点 A 移至点 B，如图 12.28 所示。利率从 r_1 降到 r_2，产出从 Y 升至 $\bar{Y}$，产出增加是因为更低的利率刺激了投资。

（2）此时的产出高于长期的产出水平，价格开始上涨。上升的价格降低了实际货币余额，进而使得利率增加。如图 12.28 所示，LM 曲线向左移动，价格继续上涨，直到经济回到它原先 A 点的水平，利率回到 r_1，投资回到其原先的水平。因此在长期内，货币供给的增加不会影响实际变量（这就是货币中性）。

b. 政府购买的增加在短期内使得 IS 曲线右移，经济从点 A 移动到点 B，如图 12.29 所示。产出从 $\bar{Y}$ 增加到 Y_2，利率从 r_1 增加到 r_2。利率的上升减少了投资，并挤出了部分由于政府购买增加带来的扩张效应。起初，LM 曲线没有受到影响，因为政府购买不是影响 LM 曲线的因素。政府购买增加后，产出高于其长期均衡水平，价格开始上涨。价格的上涨减少了实际货币余额，LM 曲线向左移动。利率比在短期中还要高。这个过程会继续，直到再次达到长期产出水平。在新的均衡点 C，利率已经升至 r_3，价格变得更高。

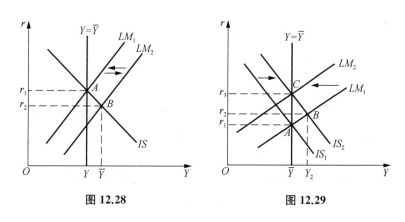

图 12.28　　　　　　　　　　图 12.29

请注意，与货币政策一样，财政政策不改变长期中的产出水平。不同于货币政策的是，它可以改变产出的构成，例如，点 C 处的投资比点 A 处的投资要低。

c. 税收的增加减少了消费者的可支配收入，IS 曲线向左移动。

（1）如图 12.30 所示，在短期内，经济的均衡点从 A 移动到 B，产出和利率分别降到 Y_2 和 r_2。

（2）在长期内，因为产出低于长期中的均衡水平，价格开始下降。实际货币余额增加，LM 曲线向右移动。利率进一步下降至 r_3，刺激投资，增加收入。在长期中，经济移动到点 C，产出回到 $\bar{Y}$，价格水平和利率都变低，消费

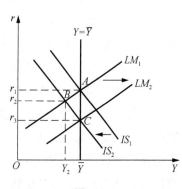

图 12.30

的减少已经被投资的增加所抵消。

【科兴点评】在掌握 IS-LM 模型的基础上,读者要学会结合其他理论来综合分析,像本题中的货币中性等,特别地,在很多时候我们一定要区分短期和长期,因为它们的理论基础和假设都是不一样的。

8. 美联储正在考虑两种可供选择的货币政策:
- 保持货币供给不变和调整利率;
- 调整货币供给以保持利率不变。

在 IS-LM 模型中,哪一种政策能在以下条件下更好地稳定产出?请解释。

a. 所有对经济的冲击都来自产品与服务需求的外生变动。

b. 所有对经济的冲击都来自货币需求的外生变动。

【重要级别】3　　　　　　　【难度级别】4

【考查要点】宏观经济政策对 IS-LM 模型的影响;IS-LM 模型中的冲击;宏观经济政策对总需求的影响

【参考答案】图 12.31(A)表示当货币供给保持不变时 IS-LM 模型的情况。图 12.31(B)表示调整货币供给使利率保持不变的情况,LM 曲线是水平的。

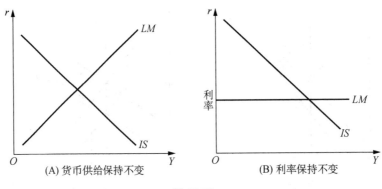

图 12.31

a. 美联储保持货币供给不变的政策能更好地稳定产出。因为如果所有对经济的冲击都来自对货币需求的外生变动,这意味着所有的变动都是影响 IS 曲线的。假设冲击使得 IS 曲线从 IS_1 移动到 IS_2。图 12.32(A)和(B)说明在这两种政策下产出是如何变化的。可以清楚地看到,在保护货币供给不变的情况下,产出的变化是比较小的。因此,如果所有的冲击都影响 IS 曲线,美联储则应当选择一种保持货币供给不变的政策。

b. 美联储保持利率不变的政策能更好地稳定产出。因为如果所有对经济的冲击都来自对货币需求的外生变动,这意味着所有的冲击都是影响 LM 曲线的。如果美联储采取调整货币供给以保持利率不变的政策,LM 曲线则不会对这些冲击做出反应——美联储会调整货币供给以维持货币市场的均衡。图 12.33 两张图分别表示两种政策的影响。可以清楚地看到,如果美联储保持利率不变的话,对产出的影响比较小,如图12.33(B)所

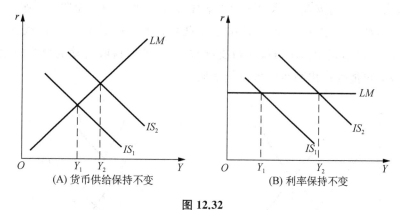

图 12.32

示。如果美联储保持利率不变,并通过改变货币供给来抵消对货币需求的冲击,那么产出中的那些变量就可以不加考虑。因此,如果所有的冲击都是影响 LM 曲线的,那么美联储应当调整货币供给来保持利率稳定,进而稳定产出。

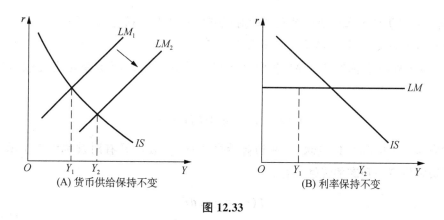

图 12.33

【科兴点评】读者要明确影响 IS-LM 模型的各种变量,区分其是内生变量还是外生变量,掌握它们带来的不同影响。

9. 假设实际货币余额需求取决于可支配收入。也就是说,货币需求函数是 $M/P = L(r, Y-T)$。运用 IS-LM 模型,讨论货币需求函数的这种变化是否改变以下两项?

a. 对政府购买变动的分析;

b. 对税收变动的分析。

【重要级别】3 　　　　　　　　　【难度级别】4

【考查要点】宏观经济政策对 IS-LM 模型的影响

【参考答案】a. 可支配收入替代总支出来决定货币需求,不会影响对于政府购买变动的分析。在典型的情况下,政府购买的增加使得 IS 曲线右移,LM 曲线则不受影响。因此,这个分析与以往是相同的,如图 12.34 所示。

b. 可支配收入替代总支出来决定货币需求,会影响对于税收变动的分析。减税使得每一个收入水平上的可支配收入($Y-T$)增加,这也增加了每一个收入水平下的消费,在典型的情况下,IS 曲线向右移动。但同时减税增加了货币需求,LM 曲线向上移动,如图 12.35 所示。因此,货币需求取决于可支配收入,会使对税收变动的分析发生很大的变化,减少税收有可能使产出减少但也可能增加。

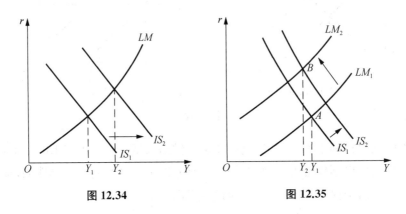

图 12.34   图 12.35

【科兴点评】读者在处理此类题型的时候可以从两个方面考虑:第一是从表达式上来获取曲线的推导及其影响;第二是从图形上来理解其变化。

10. 本问题要求你对 **IS-LM** 模型进行代数分析。假定消费是可支配收入的线性函数:

$$C(Y-T) = a + b(Y-T)$$

式中,$a>0,0<b<1$。参数 b 是边际消费倾向,参数 a 是有时被称为自主消费的常数。还假定投资是利率的线性函数:

$$I(r) = c - dr$$

式中,$c>0,d>0$。参数 d 衡量投资对利率的敏感程度,参数 c 是有时被称为自主投资的常数。

a. 求出 Y,将其表示成 r、外生变量 G 和 T 以及模型参数 a、b、c 和 d 的函数。

b. IS 曲线的利率如何取决于参数 d,即投资的利率敏感程度?参考问题 a 的答案,给出直观解释。

c. 100 美元的减税和 100 美元的政府购买增加,哪一个引起的 IS 曲线水平移动更大?参考问题 a 的答案,给出直观解释。

现在假定实际货币余额需求是收入和利率的线性函数:

$$L(r, Y) = eY - fr$$

式中,$e>0,f>0$。参数衡量货币需求对收入的敏感程度,参数 f 衡量货币需求对利率的敏感程度。

d. 求出 r,将其表示成 Y、M 和 P 以及参数 e 和 f 的函数。

e. 利用问题 d 的答案，决定 LM 曲线是在 f 值大的时候还是小的时候更陡？给出直观解释。

f. M 增加 100 美元引起的 LM 曲线移动的规模是否如何取决于：

Ⅰ. 参数 e（货币需求的收入敏感程度）的值？

Ⅱ. 参数 f（货币需求的利率敏感程度）的值？

g. 利用问题 a 和 d 的答案，推导总需求曲线的表达式。你的表达式应该将 Y 表示成 P、外生政策变量 M、G 和 T 以及模型参数的函数，不应包含 r。

h. 利用 g 的答案，证明总需求曲线的斜率为负。

i. 利用 g 的答案，证明 G 和 M 的增加以及 T 的减少使总需求曲线向右移动。如果参数 f（货币需求的利率敏感程度）等于零，这一结果如何改变？对你的答案提供直观解释。

【重要级别】4　　　　　【难度级别】4

【考查要点】用 IS-LM 模型推导总需求曲线

【参考答案】a. $Y = C + I(r) + G = a + b(Y-T) + c - dr + G$

b. IS 曲线的斜率为 $(b-1)/d$，d 越大，则其斜率的绝对值越小，IS 曲线越平缓，相对一定的产出变化，利率的变化越小；反之，若 d 越小，则其斜率的绝对值越大，IS 曲线越陡峭，这时 Y 的变化值一定，利率变化越大。

c. 政府乘数为 $1/(1-MPC)$，税收乘数为 $-MPC/(1-MPC)$，则 100 单位的减税能使 IS 曲线向右水平移动 $100MPC/(1-MPC)$，100 单位的政府购买增加能使 IS 曲线向右水平移动 $100/(1-MPC)$。由于边际消费倾向 MPC 是小于 1 且大于 0 的，所以增加政府购买引起的移动更大。

d. $L(r, Y) = eY - fr = (M/P)^d$ 为实际余额需求，M/P 为实际货币余额供给。由 $M/P = (M/P)^d = eY - fr$ 推出，$r = eY/f - M/Pf$。

e. LM 曲线的斜率为 e/f，f 越大，则曲线斜率越小，这时 LM 曲线越平坦；f 越小，则曲线斜率越大，这时 LM 曲线越陡。

f. Ⅰ. 在货币市场中增加 100 单位货币供给，此时若物价不变，f 越大，则货币余额需求曲线 $r = eY/f - M/Pf$ 的斜率越小，曲线越平坦。

图 12.36 中 $f_1 > f_2$，则(A)图中货币需求曲线比(B)图中要平坦。LM 模型中对于给定的 Y，由于 M 会改变其利率，且 $\Delta r_1 < \Delta r_2$，则 f 越大，LM 曲线向右下方移动的规模越小。

Ⅱ. 货币市场中，e 的变化不会影响货币余额需求曲线的斜率，即 e 的变化不会出现上述图中不同的利率差。对于给定的 Y、M 的变动引起的 LM 曲线移动的规模是一样的。

g. 由 IS 曲线 $Y = a + b(Y-T) + c - dr + G$ 和 LM 曲线 $r = eY/f - M/Pf$ 联立可得：

$$Y = \frac{z(a+c)}{1-b} + \frac{z}{1-b}G + \frac{-zb}{1-b}T + \frac{d}{(1-b)[f+de/(1-b)]}\frac{M}{P}$$

其中，$z = f/[f+de/(1-b)]$，其值在 0~1。

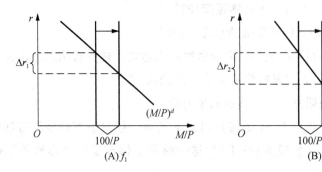

图 12.36

h. 令 $A = \frac{z(a+c+G-bT)}{1-b}$，令 $B = \frac{d}{(1-b)[f+de/(1-b)]}$，易证 $A > 0, B > 0$，则总需求曲线可转化为：$Y = A + BM/P$。其斜率为 $-\frac{BM}{(Y-A)^2}$，恒为负。得证。

i. 由 g 中的总需求曲线可得，当 P 不变、G 增加时，总需求方程的右边会变大，从而 Y 也会变大，则总需求曲线向右移动。同样的道理，M 的增加及 T 的减少都会使给定 P 不变下的 Y 增大，从而使得总需求曲线向右移动。

若 f 等于零，则 LM 方程为 $M/P = eY$，IS 方程为 $Y = a+b(Y-T)+c-dr+G$，可得 $Y = M/eP$。在这种情况下，r 不再作为传导机制，G 的增加和 T 的减少不会对 Y 有影响，而 M 的增加会引起 Y 的增加。

【补充训练】

1. 假定经济处于"流动性陷阱"中，政府购买支出乘数为 5，政府为了搞基础设施建设而支出了 40 亿元人民币，这会引起收入(　　)。

A. 增加将超过 200 亿元人民币　　B. 增加 200 亿元人民币
C. 增加将小于 200 亿元人民币　　D. 增加多少不确定

【重要级别】2　　　　　　　　【难度级别】3

【考查要点】宏观经济政策对 IS-LM 模型的影响/极端情况

【参考答案】B。经济处于"流动性陷阱"中，此时 LM 曲线呈水平状，货币政策无效，财政政策将完全有效，挤出效应为零。因此，政府支出多少，收入就增加多少。

2. 根据 IS-LM 模型，财政扩张通常使收入增加，但是(　　)。

A. 它只有与货币政策相结合时才可能

B. 如果经济处于流动性陷阱,则结果将不同

C. 利率将上升,导致储蓄水平下降

D. 产出构成会发生变动

【重要级别】2　　　　　　　　【难度级别】2

【考查要点】宏观经济政策对 IS-LM 模型的影响

【参考答案】D。财政扩张虽然增加了国民收入,但由于利率的提高使一部分私人投资被挤出,所以产出的构成发生了变化。而利率对储蓄水平的影响是不确定的,C 错。经济处于流动性陷阱时,财政政策效果极为有效,财政扩张同样会使收入增加,B 错。

【科兴点评】在不同的假设条件下,财政政策对 IS-LM 的影响出现了变化。

3. 假设货币需求函数为 $L=0.5Y$,货币供给量为 5 000 元,消费函数为 $C=800+0.75Y^d$,税收为 400 元,投资函数为 $I=1\ 600-2\ 000r$,政府支出 $G=600$ 元。问:当 G 增加 400 美元时是否存在挤出效应?

【重要级别】2　　　　　　　　【难度级别】2

【考查要点】宏观经济政策对 IS-LM 模型的影响/财政政策对 IS 曲线及短期均衡的影响

【参考答案】政府购买增加之前:

IS 曲线:$Y=C+I+G=800+0.75(Y-400)+(1\ 600-2\ 000r)+600$

整理得:$Y=10\ 800-8\ 000r$　　①

LM 曲线:$L=0.5Y=5\ 000$　　②

联立①②,并解出 $Y=10\ 000$,$r=10\%$

政府购买增加之后:

IS 曲线:$Y=C+I+G=800+0.75(Y-400)+(1\ 600-2\ 000r)+1\ 000$

整理得:$Y=12\ 400-8\ 000r$　　③

LM 曲线:$L=0.5Y=5\ 000$　　④

联立③④,并解出 $Y=10\ 000$,$r=30\%$

可见,在政府购买增加后,国民收入保持不变,仅利率上升,因而存在完全挤出效应。

【科兴点评】关于挤出效应,曼昆教材讲述得不太详细,但这却是一个很重要的概念,也是考试重点。

4. 假定经济体为 IS-LM 所刻画,政策当局执行了扩展性的财政政策,画图分析以下几种情形下可能存在的挤出效应:

(1) 当经济体处于流动性陷阱时;

(2) 当政策当局紧盯利率时;

(3) 当政策当局同时采用货币政策调节时。

【重要级别】3　　　　　　　　【难度级别】2

【考查要点】宏观经济政策对 IS-LM 模型的影响

【参考答案】(1) 流动性陷阱是指当利率水平极低时,人们对货币需求趋于无限大,货币当局即使增加货币供给也不能降低利率,从而不能增加投资的一种经济状态。

当经济体处于流动性陷阱时,完全没有挤出效应。如图 12.37 所示,政策当局执行扩张性的财政政策,使 IS_1 曲线移动到 IS_2。因为经济处于流动性陷阱中时,LM 曲线是水平的,所以收入增加、利率不变,完全没有挤出效应。

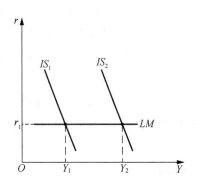

图 12.37　经济处于流动性陷阱时的财政政策效果

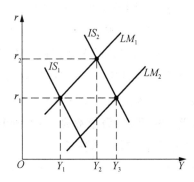

图 12.38　当局紧盯利率时的财政政策效果

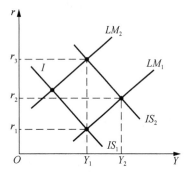

图 12.39　财政政策和货币政策的共同作用效果

(2) 如图 12.38 所示,当经济当局紧盯利率时,扩张财政政策使得利率上升,所以必然会增加货币供给,保持利率水平不变、收入水平增加,从而挤出的部分由货币供给增加而消失,即完全无挤出效应。

(3) 当政策当局同时采用货币政策和财政政策调节时,可能没有挤出效应,也可能有更大的挤出效应。

如果货币当局执行扩张性货币政策,如图 12.38 所示,LM 曲线右移,导致利率下降,挤出效应被扩张性货币政策抵消或部分抵消。

如果货币当局执行紧缩性货币政策,如图 12.39 所示,LM 曲线左移,导致利率进一步上升,此时挤出效应更大。

5. 某国经济中,消费函数为 $C=150+0.8Y$,投资函数为 $I=50-6r$,政府购买支出为 50,货币需求函数为 $L=0.2Y-4r$,名义货币供给量为 150,求:

(1) 总需求曲线;

(2) 若该国经济的总供给曲线 AS 为:$Y=800+150P$,求均衡收入和均衡价格。

【重要级别】2　　　　　【难度级别】2

【考查要点】用 IS-LM 模型推导总需求曲线

【参考答案】(1) IS 曲线:$Y=C+I+G=(150+0.8Y)+(50-6r)+50$

整理得:$Y=1\,250-30r$

LM 曲线:$M/P=L \Rightarrow 150/P=0.2Y-4r$

整理得:$r = 0.05Y - 150/(4P)$

把 r 代入 IS 曲线并化简得:$Y = 500 + 450/P$

即得到总需求曲线。

(2) 将求得的 AD 曲线:$Y = 500 + 450/P$ 与 AS 曲线联立,并解出 Y 与 P,得:

$$Y = 950, \quad P = 1$$

13 重访开放经济：蒙代尔-弗莱明模型与汇率制度

【学习精要】

一、学习重点

1. 小型开放经济
2. 蒙代尔-弗莱明模型
3. 浮动汇率与固定汇率
4. 不同汇率制度下宏观政策的影响
5. 利率差
6. 物价水平变动下的蒙代尔-弗莱明模型
7. 大型开放经济

二、知识脉络图

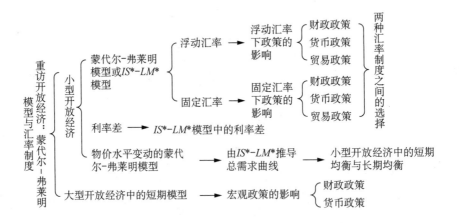

三、理论精要

▶ 知识点一　蒙代尔-弗莱明模型的建立

蒙代尔-弗莱明模型：将封闭经济的宏观分析工具 IS-LM 模型扩展到开放经济下，对固定汇率制与浮动汇率制下财政政策和货币政策的作用机制、政策效力进行了分析和研究,是从货币金融角度为开放经济进行宏观分析的基本分析框架。

1. 模型的假设

(1) 资本完全流动的小型开放经济,即该经济中利率等于世界利率($r=r^*$),这意味着国际资本流动之迅速,足以使国内利率等于世界利率。

(2) 因为研究的是短期,所以国内与国外的物价水平都是固定的。因此,实际汇率与名义汇率就是同比例的,这样纵轴的汇率就可以直接用名义汇率来表示。

2. 产品市场与 IS^* 曲线

该曲线的代数表达式为 $Y=C(Y-T)+I(r^*)+G+NX(e)$,其图形推导如图13.1所示。在图(A)中,汇率从 e_1 上升为 e_2,使净出口从 $NX(e_1)$ 减少为 $NX(e_2)$;在图(B)中,净出口的减少使计划支出曲线向下移动,从而使收入从 Y_1 减少为 Y_2;图(C)的 IS^* 曲线概括了汇率 e 和收入 Y 之间的这种关系,即汇率越高,收入水平越低。推导过程同时解释了 IS^* 曲线为何向右下方倾斜。

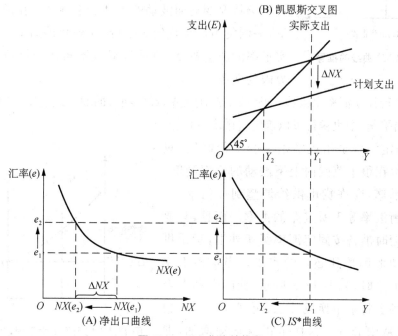

图 13.1　IS^* 曲线的推导

3. 货币市场与 LM^* 曲线

该曲线的代数表达式为 $M/P=L(r^*,Y)$,可见,汇率 e 并没有进入该曲线方程,因此,LM^* 曲线是垂直的。其图形推导如图13.2所示。图(A)表示标准的 LM 曲线和代表世界利率 r^* 的水平线。无论汇率如何,这两条曲线的交点决定了收入水平,正如图(B)所示,LM^* 曲线是垂直的。

4. IS^*-LM^* 模型

联立下面两个方程:

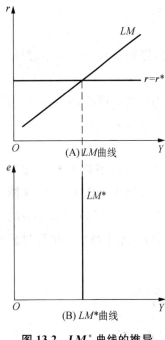

图 13.2　LM^* 曲线的推导

$$Y = C(Y-T) + I(r^*) + G + NX(e)$$
$$M/P = L(r^*, Y)$$

所得结果为满足产品市场和货币市场均衡的收入水平和汇率水平。也可以把上面推导的 IS^* 和 LM^* 曲线结合在一个坐标系中，得到蒙代尔-弗莱明模型，两条线的交点表示满足产品市场和货币市场均衡的收入水平和汇率水平。

方程中，外生变量是财政政策 G、T，货币政策 M，物价水平 P 以及世界利率 r^*。内生变量是收入 Y 和汇率 e。

▶ **知识点二　浮动汇率与固定汇率**

（1）浮动汇率是指现实汇率不受平价的限制，随外汇市场状况变动而波动的一种汇率制度。在浮动汇率制下，一国货币不再规定金平价、对外货币的中心汇率及现实汇率的波动幅度，货币当局也不再承担维持汇率波动界限的义务。

一国实行浮动汇率意味着：国际收支差额为零，经常项目的顺差或逆差必须由资本的流入或流出平衡；中央银行可以确定货币供应量。

（2）固定汇率是指现实汇率受平价制约，只能围绕平价在很小范围内上下波动的汇率制度。中央银行承诺，允许货币供给调整到任何水平，以保证均衡汇率等于所宣布的汇率。而且，只要中央银行随时准备按固定汇率买卖外汇，货币供给就会自动地调整到必要的水平。当均衡汇率大于固定汇率时，如图 13.3 所示，此时套利者会在外汇市场上将本币换成外汇，再把外汇卖给中央银行，以从中套利。这样本币就自动增加，即货币供给增加，LM^* 曲线向右移动直到固定汇率为止。读者可自行分析当均衡汇率小于固定汇率时的情况。

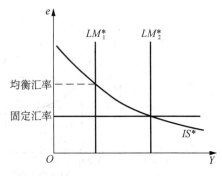

图 13.3　均衡汇率大于固定汇率时货币供给的变化

▶ **知识点三　浮动汇率下各种宏观经济政策对经济的影响**

1. 财政政策

如图 13.4 所示，政府购买增加或减税会使 IS^* 曲线向右移动，这提高了汇率，但对收入没有影响。对于开放经济中浮动汇率下财政政策无力影响收入而封闭经济中却可以，有两种解释：

（1）封闭经济中收入增加，利率上升，是因为更高的收入增加了对货币的需求；而小型开放经济中收入增加，利率上升，只要 r 上升到 r^* 以上，资本就从国外流入→外汇市场上对本币通货需求增加→抬高本币价值，汇率上升，本币升值→国内产品相对于国外产品更昂贵→净出口减少→抵消扩张性财政政策对收入的影响。

（2）从货币市场方程式角度解释。小型开放经济中，r 固定为 r^*，$M/P=L(r^*,Y)$ 唯一地取决于 Y，因而满足方程的收入水平只有一个，财政政策不改变收入水平。

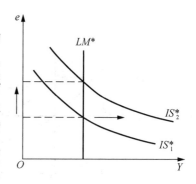

图 13.4　浮动汇率下的财政扩张

2. 货币政策

如图 13.5 所示，货币供给增加→给国内利率 r 以下降的压力，但 $r=r^*$ →资本外逃（将本币换成外币），阻止了 r 下降→国内通货供给增加，本币贬值，汇率下降→国内产品相对于国外便宜→净出口增加→货币政策最终使收入增加，汇率降低。这与封闭经济一样，但与货币传导机制不同，货币政策的传导机制是指货币政策发生作用的过程。封闭经济中通过利率传递，开放经济中通过汇率传递。

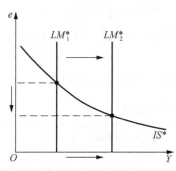

图 13.5　浮动汇率下的货币扩张

3. 贸易政策

以实行保护主义政策为例，假设政府通过实行进口配额或关税来减少对进口产品的需求→净出口增加（净出口曲线向右移动）→计划支出增加→ IS^* 曲线向右移动（类似图 13.4），汇率上升但收入不变。因此，贸易限制并不影响收入、消费、投资和政府购买，所以贸易政策也不影响贸易余额。尽管净出口曲线的移动会增加 NX，但汇率上升又等量地减少了 NX。

▶ 知识点四　固定汇率下各种宏观经济政策对经济的影响

1. 财政政策

如图 13.6 所示，财政扩张使 IS^* 曲线右移 → 对汇率产生向上的压力 → 由于中央银行随时准备按固定汇率对外币与本币进行兑换，套利者对汇率上升做出迅速反应，即将外汇卖给中央银行 → 货币自动扩张 → LM^* 曲线右移→总收入增加。

2. 货币政策

如图 13.7 所示，货币扩张使 LM^* 曲线右移，汇率降低 → 套利者对汇率下降做出迅速反应，即向中央银行出售本币，资本外逃 → 货币供给减少 → LM^* 回到初始位置→固定汇率下货币政策无效。

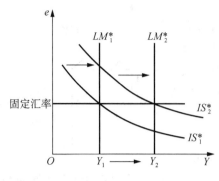
图 13.6　固定汇率下的财政扩张

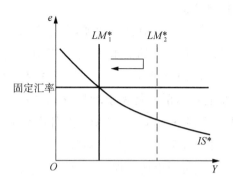
图 13.7　固定汇率下的货币扩张

3. 贸易政策

假设政府实行进口配额或关税来减少对进口产品的需求→净出口曲线右移→ IS^* 曲线右移→汇率上升，为使汇率保持在固定水平上，必须增加货币供给→ LM^* 曲线右移→总收入增加（类似图 13.6）。

浮动汇率制度下与固定汇率制度下各种宏观经济政策对经济的影响见表 13.1。

表 13.1　两种汇率制度下各种宏观经济政策对经济的影响

宏观政策	浮动汇率制度下			固定汇率制度下		
	收入(Y)	汇率(e)	净出口(NX)	收入(Y)	汇率(e)	净出口(NX)
财政扩张	不变	上升	减少	增加	不变	不变
货币扩张	增加	下降	增加	不变	不变	不变
贸易限制	不变	上升	不变	增加	不变	增加

结论：固定汇率制下，财政政策相对有效，货币政策相对无效，但可以改变基础货币的构成；浮动汇率制下，货币政策相对有效，财政政策相对无效，但可以改变总支出构成。

▶ 知识点五　外生变量变动对蒙代尔-弗莱明模型的影响

1. 利率差（国际利差）及世界利率

（1）利率差。导致利率差的原因主要有两个：国家风险和预期汇率变动。通常情况下，欠发达国家（革命或动乱风险大）支付的利率较高，预期通货会贬值，其利率会更高。一般用 θ 表示这种利率差，又叫风险贴水。加入 θ 后，一国利率 $r=r^*+\theta$。显然，利率较无风险贴水时高，在理论上会引起投资减少和货币需求减少，使 IS^* 左移、LM^* 右移，从而使收入增加和通货贬值。但由于中央银行为逃避通货贬值而减少货币供给；国内通货贬值会突然提高进口产品价格，导致物价上升；当风险贴水增加时，本国居民的反应可能是增加货币需求，因为通货是最安全的资产。上述这些使得收入增加，在实际中并不会出现,因此,风险增加并不是合意的。在短期,它会使通货贬值,并通过以上三个渠道使收入减少;在长期,较高利率减少了投资及资本积累,降低了经济增长率。如果投资者对持有一个国家的资产比较小心,该国的利率就会比世界利率高出某个风险贴水。根据蒙代尔-弗莱明模型,风险贴水的提高引起利率上升和该国通货的贬值。

(2) 世界利率。世界利率是世界储蓄和世界投资需求均衡时的利率。任何减少世界储蓄或增加世界投资需求的事件都会提高世界利率。

在浮动汇率下,世界利率升高的影响:IS^* 和 LM^* 曲线都发生了移动。IS^* 曲线左移,因为更高的利率导致投资 $I(r^*)$ 减少。LM^* 曲线右移,因为更高的利率减少了货币需求。从图13.8中可以看出,产出增加而汇率下降,因而贸易余额上升。

在固定汇率下,世界利率的影响:IS^* 和 LM^* 曲线都发生了移动。IS^* 曲线左移,因为更高的利率导致投资减少。LM^* 曲线左移,因为汇率下降的压力迫使中央银行买入美元、卖出外汇,这减少了货币供给 M 并使 LM^* 曲线左移,LM^* 曲线必须移到图中 LM_2^* 位置上,这里固定汇率线和新的 IS^* 曲线相交(见图13.9)。

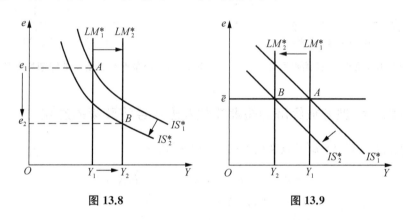

图 13.8   图 13.9

2. 物价水平变动

(1) 从蒙代尔-弗莱明模型推导总需求曲线。如图13.10所示,图(A)表示,当物价水平下降时,LM^* 线向右移动,均衡收入水平提高。图(B)的总需求曲线便概括了价格与收入之间的这种负相关关系。可见,正如 IS-LM 模型解释了封闭经济中的总需求曲线一样,IS^*-LM^* 模型解释了小型开放经济中的总需求曲线。

我们可以把蒙代尔-弗莱明模型写为:

$$Y = C(Y-T) + I(r^*) + G + NX(\varepsilon) \qquad IS^* \text{曲线}$$
$$M/P = L(r^*, Y) \qquad LM^* \text{曲线}$$

(2) 开放经济中的短期均衡与长期均衡。在图13.11中,K 点表示物价水平固定在 P_1 这个凯恩斯主义假设下的短期均衡。C 点表示物价水平调整到使收入保持在其自然率 $\bar{Y}$ 这个古典假设下的长期均衡。

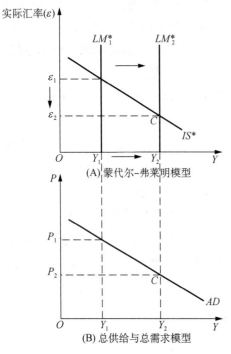
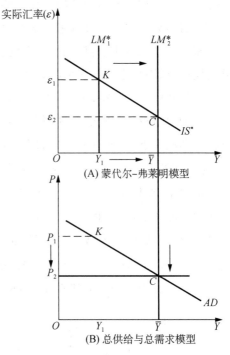

图 13.10　蒙代尔-弗莱明模型　　　图 13.11　小型开放经济中的短期均衡与长期均衡

▶ 知识点六　大型开放经济的短期模型及宏观经济政策的影响

大型开放经济的 IS-LM 短期模型的三个方程式为：

$$Y = C(Y-T) + I(r) + G + NX(e)$$
$$M/P = L(r, Y)$$
$$NX(e) = CF(r)$$

贸易余额 NX 等于资本净流出 CF，而资本净流出取决于国内汇率。其相互关系可用图 13.12 来表示。图（A）表示 IS 曲线和 LM 曲线决定了 r_1 和 Y_1；图（B）表示 r_1 决定资本净流出 CF_1；图（C）表示 CF_1 和净出口曲线决定汇率 e_1。

（1）财政政策。如图 13.12 所示，在图（A）中，财政扩张使 IS 曲线向右移动到 IS'，收入从 Y_1 增加到 Y'，利率从 r_1 上升到 r'；图（B）中，利率上升，引起资本净流出从 CF_1 减少为 CF'；图（C）表示资本净流出的下降减少了货币供给，这导致汇率从 e_1 上升为 e'。

（2）货币政策。如图 13.12 所示，在图（A）中，货币扩张使 LM 曲线向右移动到 LM''，收入从 Y_1 增加到 Y''，利率从 r_1 下降到 r''；图（B）中，利率下降，引起资本净流出从 CF_1 增加为 CF''；图（C）表示资本净流出的上升增加了货币供给，这导致汇率从 e_1 下降为 e''。

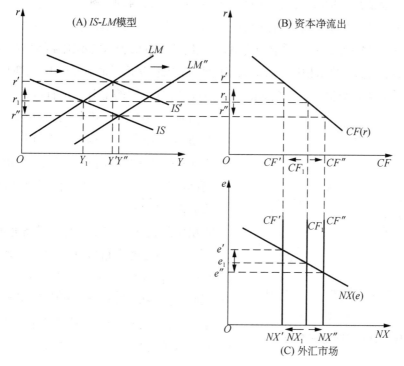

图13.12 大型开放经济的短期模型及财政、货币扩张

【习题解析】

一、关键概念

1. 蒙代尔-弗莱明模型：将封闭经济的宏观分析工具 IS-LM 模型扩展到开放经济下，对固定汇率制与浮动汇率制下财政政策和货币政策的作用机制、政策效力进行了分析和研究，是从货币金融角度为开放经济进行宏观分析的基本分析框架。该模型被描述为研究开放经济下货币和财政政策的主导政策范式。它的分析对象是一个资本完全流动的小型开放经济国家。分析的关键假设是：总供给曲线是水平的；即使在长期，购买力平价也不存在，汇率完全依据国际收支状况进行调整；不存在汇率将发生变动预期，投资者风险中立。得出的结论是：固定汇率制下，财政政策相对有效，货币政策相对无效，但可以改变基础货币的构成；浮动汇率制下，货币政策相对有效，财政政策相对无效，但可以改变总支出的构成。

2. 浮动汇率是指本国货币与其他国家货币之间的汇率不由官方制定，而由外汇市场供求关系决定，可自由浮动。在这种情况下，汇率 e 调整到产品市场与货币市场同时均衡。当某种力量偶然改变均衡时，允许汇率运动到新的均衡值。

3. 固定汇率是相对于浮动汇率的一种汇率制度，在固定汇率制下，中央银行宣布一个汇率值，并随时准备买卖本币把汇率保持在宣布的水平上。

247

4. 货币贬值是与货币升值相对的,指通货的官方价值的下跌。在直接标价法下,货币贬值时,汇率的数量增加;在间接标价法下,货币贬值时,汇率的数量更少。货币贬值后,本国货币只能兑换数量更少的其他国家的货币,因此用外国货币表示的本国商品与劳务的价格下降,使本国商品与劳务价格相对于其他国家更便宜,因此,货币贬值能促进出口、抑制进口。

5. 货币升值是与货币贬值相对的,指通货的官方价值的上升。在直接标价法下,货币升值时,汇率的数量减少;在间接标价法下,货币升值时,汇率的数量增加。货币升值后,本国货币能兑换数量更多的其他国家的货币,使本国的商品与劳务价格相对于其他国家昂贵,因此,货币升值会抑制出口、鼓励进口。一国货币升值通常由国际收支持续顺差、外汇储备充足造成。

6. 不可能三角形:指一国(或地区)不可能同时拥有自由的资本流动、固定汇率和独立的货币政策这一事实,有时也被称为国际金融三难困境。一国(或地区)必须选择这个三角形的一边,放弃对角的制度特征。如图13.13所示。

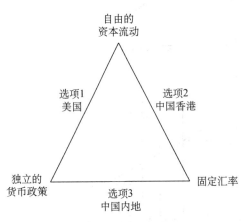

图 13.13 不可能三角形

二、复习题

1. 在浮动汇率的蒙代尔-弗莱明模型中,解释当税收增加时,总收入、汇率和贸易余额会发生什么变动?如果汇率是固定的而不是浮动的,会发生什么变动?

【重要级别】3 　　　　　　　　【难度级别】2

【考查要点】浮动汇率下各种宏观经济政策对经济的影响/财政政策;固定汇率下各种宏观经济政策对经济的影响/财政政策

【参考答案】(1)在浮动汇率下的蒙代尔-弗莱明模型中,当税收增加时,IS^*曲线向左移动,LM^*曲线是不受影响的,汇率下降,同时总收入不变。汇率下降引起贸易余额增加,如图13.14所示。

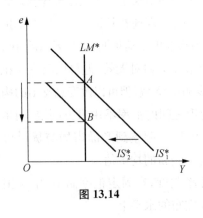

图 13.14

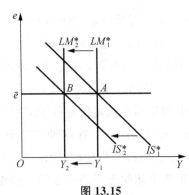

图 13.15

(2) 如果汇率是固定的,当 IS^* 曲线向左移动时(见图13.15),为了保持原来的汇率不变,只能减少货币供给量,使得 LM^* 曲线从 LM_1^* 移到 LM_2^*,产出下降。

我们由此得出结论:在开放经济中,财政政策在固定汇率制下能够有效地影响产出,但在浮动汇率制下,财政政策并不能影响产出。

【科兴点评】蒙代尔-弗莱明模型的关键假设:资本完全流动的小型开放经济。这个假设意味着该经济中的利率 r 是由世界利率 r^* 决定的。

2. 在浮动汇率的蒙代尔-弗莱明模型中,解释当货币供给减少时,总收入、汇率和贸易余额会发生什么变动?如果汇率是固定的而不是浮动的,会发生什么变动?

【重要级别】3　　　　　　　　【难度级别】3

【考查要点】浮动汇率下各种宏观经济政策对经济的影响/货币政策;固定汇率下各种宏观经济政策对经济的影响/货币政策

【参考答案】(1) 在浮动汇率的蒙代尔-弗莱明模型中,减少货币供给就降低了实际货币余额 M/P,引起 LM^* 曲线向左移动。如图13.16所示,这导致了一个更低的收入(产出)和更高的汇率,汇率升高,降低了贸易余额。

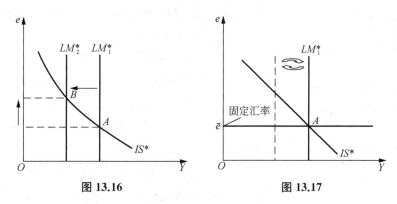

图13.16　　　　　　　　图13.17

(2) 如果汇率是固定的,货币供给减少之初,会使 LM^* 曲线向右移动,降低了汇率。但由于中央银行承诺按固定汇率交易本国和外国通货,套利者对汇率下降作出的迅速反应是向中央银行出售本国通货,导致货币供给和 LM^* 回到其初始位置。如图13.17所示,均衡时,收入、汇率、贸易余额都不变。

我们由此得出结论:在开放经济中,货币政策在浮动汇率下能有效地影响产出,但在固定汇率下不能影响产出。

【科兴点评】本题主要是考查变量对蒙代尔-弗莱明模型的影响,做此类题型时,通过画图可以很清晰地找到答案。

3. 在浮动汇率的蒙代尔-弗莱明模型中,解释当进口汽车的配额被取消时,总收入、汇率和贸易余额会发生什么变动?如果汇率是固定的而不是浮动的,会发生什么变动?

【重要级别】3　　　　　　　　【难度级别】3

【考查要点】浮动汇率下各种宏观经济政策对经济的影响/贸易政策;固定汇率下各种宏观经济政策对经济的影响/贸易政策

【参考答案】(1) 在浮动汇率的蒙代尔-弗莱明模型中,取消对进口汽车的限额意味着进口的增加,使净出口曲线内移,如图 13.18 所示。

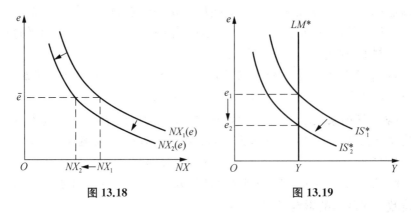

图 13.18　　　　　　　图 13.19

净出口曲线内移,引起 IS^* 曲线也向内移动,如图 13.19 所示,汇率下降而收入保持不变。因为 $NX(e)=Y-C(Y-T)-I(r)-G$,由于贸易限制并不影响收入、消费、投资和政府购买,所以对贸易余额也没有影响。这是尽管净出口曲线的移动会增加 NX,但汇率下降又等量地增加了 NX,使得贸易余额不变。

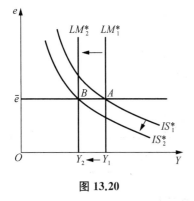

图 13.20

(2) 在固定汇率制下,IS^* 曲线的左移对汇率形成下降的压力,为了保持汇率固定,美联储被迫买入美元、卖出外汇,这样 LM^* 曲线向左移动,如图 13.20 所示。在均衡时,收入下降,汇率不变。贸易余额下降,因为在任何给定汇率的情况下,净出口减少。

【科兴点评】此题考查了贸易政策对蒙代尔-弗莱明模型的影响,画图是解决这类题型的直观方法。

4. 浮动汇率与固定汇率各有什么优点?

【重要级别】3　　　　　　【难度级别】3

【考查要点】浮动汇率与固定汇率;固定汇率下各种宏观经济政策对经济的影响/贸易政策

【参考答案】根据蒙代尔-弗莱明模型,进行分析可得到表 13.2。

表 13.2　浮动汇率与固定汇率的优、缺点

固定汇率		浮动汇率	
优点	缺点	优点	缺点
通过减少汇率的不确定性使国际贸易变得更容易。它约束了货币当局,防止货币的过度增长,作为一种货币制度容易执行	货币政策不能用于除了稳定汇率之外的其他政策目标,作为一种约束货币当局的方法,它可能导致收入和就业的更大的不稳定性	使货币政策能够追求除了汇率稳定之外的其他目标,比如,物价稳定和就业稳定	汇率不确定性增加,国际贸易更加困难

【科兴点评】读者要理清两者在蒙代尔-弗莱明模型中的表现。

5. 描述不可能三角形。

【重要级别】3　　　　　　　　　　【难度级别】2

【考查要点】浮动汇率与固定汇率

【参考答案】不可能三角形是对汇率制度研究出来的一个结论：你不能拥有全部汇率制度。即一国或地区不可能同时拥有自由的资本流动、固定汇率和独立的货币政策，如图13.13所示。

选项1是允许资本自由流动和实行独立的货币政策，就像美国2012年所做的那样。在这种情况下，不可能有固定汇率制。相反，汇率必须浮动，以平衡外汇市场。

选项2是允许资本自由流动和固定汇率，就像中国香港近些年所做的那样。在这种情况下，就失去了实行独立的货币政策的能力。货币供给必须调整到把汇率保持在其前定的水平上。在某种意义上，当一个经济体将其汇率与另一个经济体固定，它就是在采用别的经济体的货币政策。

选项3是限制国际资本流入和流出该经济体，就像中国内地近些年所做的那样。在这种情况下，汇率不再由世界汇率水平所固定，而是由经济体内力量所固定，就像完全的封闭经济的情况。这样就可能既固定汇率，又实行独立的货币政策。

【科兴点评】一国不可能同时拥有自由的资本流动、固定汇率和独立的货币政策。一国必须选择这个三角形的一边，放弃对角。这一部分的内容是新加进来的，读者要留心。

三、问题与应用

1. 用蒙代尔-弗莱明模型预测在浮动汇率和固定汇率下，对下面每一种冲击作出反应，总收入、汇率和贸易余额会发生什么变动？答案需包括图形。

a. 消费者对未来信心的降低导致消费者减少支出和增加储蓄。

b. 丰田新推出一款时尚车型使一些消费者偏好外国汽车而不是本国汽车。

c. 引进自动取款机减少了货币需求。

【重要级别】3　　　　　　　　　　【难度级别】3

【考查要点】浮动汇率下各种宏观经济政策对经济的影响；固定汇率下各种宏观经济政策对经济的影响

【参考答案】首先，我们可以用下列三个方程描述蒙代尔-弗莱明模型。

$$IS: Y = C(Y-T) + I(r) + G + NX(e)$$
$$LM: M/P = L(r, Y)$$
$$r = r^*$$

其次，我们假设短期中物价水平在国内和国外都是固定的。这意味着名义汇率 e 等于实际汇率ε(e 和 ε 之间的比例不变)。

a.（1）图 13.21 显示了浮动汇率下的情况，如果消费者的支出减少而储蓄更多，那么 IS^* 曲线左移。由于货币供给不变，LM^* 曲线也不变。由于 LM^* 曲线不变，产出 Y 也不变，汇率下降，贸易余额的增加量正好等于消费者的减少量。

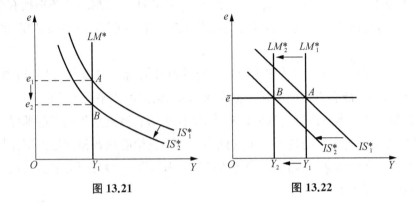

图 13.21   图 13.22

（2）图 13.22 显示了固定汇率下的情况，IS^* 曲线左移，为了保持汇率不变，只能减少货币供给，产出下降。由于汇率没有改变，从而贸易余额也不变。

实际上，计划支出下降对利率形成了下降的压力，进而也对汇率形成了下降的压力。如果采用固定汇率，那么中央银行就要购买投资者寻求兑换的本国货币，而提供外国货币。结果汇率没有改变，贸易余额也不变，因此，没有东西去抵消消费和产出的下降。

b. 如果消费者觉得对比福特和克莱斯勒汽车，他们更偏爱新颖的丰田车，那么进口增加，净出口减少。

（1）如图 13.23 所示，也就是说，净出口曲线向左移。

这同时使 IS^* 曲线左移，图 13.24 说明了浮动汇率的情况，由于 LM^* 固定，产出不变，而汇率下降（贬值）。虽然汇率下降，但贸易余额也不变。因为 $NX = S - I$，而储蓄和投资都不变。

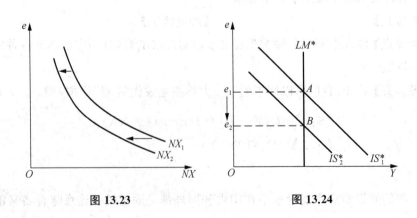

图 13.23   图 13.24

（2）图 13.25 显示了固定汇率的情况，IS^* 曲线的左移对汇率形成了下降的压力，中央银行买入美元而卖出外国货币，以保持汇率稳定。这减少了货币供给 M 而使 LM^* 曲线左移，结果产出下降，贸易余额下降，因为在任意给定的汇率水平上，净出口减少。

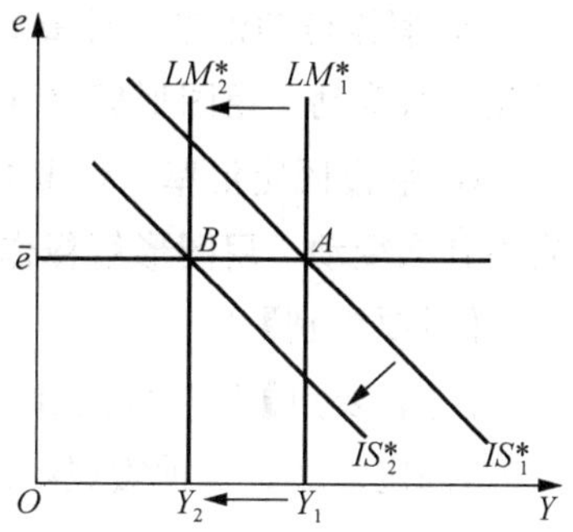

c. 引进自动取款机减少了货币需求。货币市场的均衡要求实际货币余额的供给 M/P 必须等于需求，即

$$M/P=L(r^*, Y)$$

图 13.25

由于收入和利率不变，货币需求的下降意味着方程的右边 $L(r^*, Y)$ 必须下降。而由于 M 和 P 都是固定的，所以方程的左边不能调整到使货币市场恢复均衡。又由于利率固定在世界利率水平，这意味着收入这个唯一可调整的变量必须上升，以增加货币需求，即 LM^* 曲线向右移动。

（1）在浮动汇率的情况下（见图 13.26），收入上升，汇率下降，贸易余额上升。

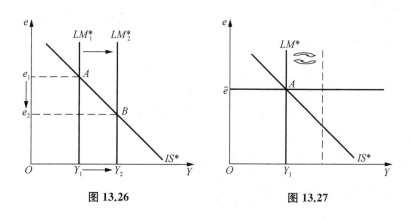

图 13.26　　　　图 13.27

（2）在固定汇率的情况下（见图 13.27），LM^* 左移，对国内利率形成下降的压力，并引起货币贬值。为了阻止汇率下降，中央银行买入美元、卖出外汇。这就减少了货币供给，而使 LM^* 又向右移动。LM^* 右移直到恢复初始均衡状态为止。

最后，收入、汇率和贸易余额都没有变。

【科兴点评】通过微观上的现象来发现宏观变量的变化，进而找到浮动汇率和固定汇率下蒙代尔-弗莱明模型的变化。

2. 某小型开放经济由如下方程描述：

$$C=50+0.75(Y-T); I=200-20r;$$

$$NX=200-50\varepsilon; M/P=Y-40r; G=200;$$

$$T=200; M=3\,000; P=3; r^*=5。$$

a. 推导 IS^* 曲线和 LM^* 曲线并绘图。

b. 计算均衡汇率、收入水平和净出口。

c. 假设浮动汇率。计算如果政府支出增加 50，汇率、收入水平、净出口和货币供给会发生什么变动。用图形解释你的答案。

d. 假设固定汇率。计算如果政府支出增加 50，汇率、收入水平、净出口和货币供给会发生什么变动。用图形解释你的答案。

【重要级别】3 【难度级别】3

【考查要点】IS^* 曲线和 LM^* 曲线的推导/浮动汇率下各种宏观经济政策对经济的影响，固定汇率下各种宏观经济政策对经济的影响

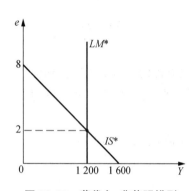

图 13.28 蒙代尔-弗莱明模型

【参考答案】a. IS^* 曲线可由 $Y = C(Y-T) + I(r^*) + G + NX(e)$ 求得。带入题中所给出的数据：$Y = 50 + 0.75(Y-T) + 200 - 20 \times 5 + 200 + 200 - 50e$。

整理得 IS^* 曲线方程为：$Y = 1\,600 - 200e$。

LM^* 曲线方程由实际货币余额供求决定：$M/P = 3\,000/3 = 1\,000$，令货币供求相等，整理得 LM^* 曲线方程：$Y = 1\,000 + 40r^*$。

将 $r^* = 5$ 带入 LM^* 曲线方程可得 $Y = 1\,200$，如图 13.28 所示。

b. 联立 IS^* 曲线和 LM^* 曲线方程 $\begin{cases} IS^*: Y = 1\,600 - 200e \\ LM^*: Y = 1\,200 \end{cases}$

解得均衡汇率为 2，收入水平为 1 200。又因为 $NX = 200 - 50e$，带入 $e = 2$，解得 $NX = 100$。因此净出口为 100。

c. 当政府支出增加 50 时，IS^* 曲线变为：$Y = 1\,800 - 200e$。

联立 S^* 曲线和 LM^* 曲线方程 $\begin{cases} IS^*: Y = 1\,800 - 200e \\ LM^*: Y = 1\,200 \end{cases}$

解得均衡汇率为 3，收入水平为 1 200。又因为 $NX = 200 - 50e$，带入 $e = 3$，解得 $NX = 50$。因此净出口为 50。当政府支出增加 50 时，IS^* 曲线向右平移，如图 13.29 所示。在浮动汇率下，LM^* 曲线不会改变。因此，货币攻击不变，总收入不变，均衡汇率从 2 增加到 3，净出口由 100 下降到 50。

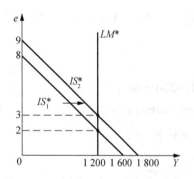

图 13.29 浮动汇率下政府购买增加

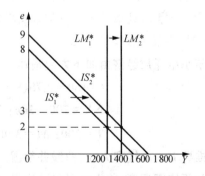

图 13.30 浮动汇率水平下政策的调整

d. 在固定汇率制度下,由 IS^* 曲线可得 $Y=1\,800-200\times 2$,有 $Y=1\,400$。LM^* 曲线方程为:$Y=200+M/3$。联立两个方程,解得 $M=3\,600$。因此,货币供给为 $3\,600$。如图 13.30 所示,在固定汇率下,IS^* 曲线右移,汇率有上升的压力。为了保持汇率不变,中央银行将抛出本币买进外币,LM^* 曲线右移,货币供给由 $3\,000$ 增加至 $3\,600$,总收入增加到 $1\,400$,均衡汇率不变,净出口不变。

【科兴点评】本题考查浮动汇率和固定汇率下的蒙代尔-弗莱明模型,属于一种综合题型,只要读者熟练掌握相关知识点和公式,此题很容易求解。

3. 一个实行浮动汇率的小型开放经济处于衰退但实现了贸易平衡。如果政策制定者希望达到充分就业同时保持贸易平衡,他们应选择什么样的货币政策和财政政策组合?要求使用图形,并指出每种政策的影响。

【重要级别】3　　　　　　【难度级别】3

【考查要点】浮动汇率下各种宏观经济政策对经济的影响

【参考答案】依题意,政策制定者要达到充分就业,也就是 LM^* 向外移动,同时要保持贸易平衡,也就是保持之前的汇率。因此,题目演变成固定汇率下的变化(如图 13.31 所示)。

因此要采用扩张性的货币政策和扩张性的财政政策。

【科兴点评】此题关键是理解贸易平衡的前提,就是保持汇率不变。

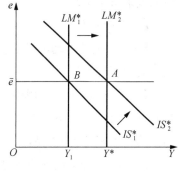

图 13.31

4. 蒙代尔-弗莱明模型把世界利率 r^* 视为外生变量。让我们考虑当这一变量变动时会发生什么。

a. 什么可能引起世界利率上升?(提示:世界是一个封闭经济。)

b. 如果经济实行浮动汇率,当世界利率上升时,总收入、汇率和贸易余额会发生什么变动?

c. 如果经济实行固定汇率,当世界利率上升时,总收入、汇率和贸易余额会发生什么变动?

【重要级别】4　　　　　　【难度级别】3

【考查要点】外生变量变动对蒙代尔-弗莱明模型的影响/利率差(国际利差)及世界利率

【参考答案】a. 蒙代尔-弗莱明模型把世界利率 r^* 作为外生变量,但是并不能期望世界利率总是固定的。在封闭经济中,储蓄和投资的均衡决定了实际利率。在长期的开放经济中,实际世界利率是世界储蓄和世界投资需求均衡时的利率。任何减少世界储蓄或增加世界投资需求的事件都会提高世界利率。另外,在短期,物价固定,任何增加对物品的全球性需求或减少全球性货币供给的事件也会引起世界利率的上升。

b. 在浮动汇率下,世界利率升高的影响见图 13.8。IS^* 和 LM^* 曲线都发生了移动。IS^* 曲线左移,因为更高的利率导致投资 $I(r^*)$ 减少。LM^* 曲线右移,因为更高的利率减少了货币需求。由于实际货币余额 M/P 是固定的,所以更高的利率导致了实际货币余额的过度供给。为了使货币市场均衡,收入必须上升。对货币需求的增加将一直持续到不再有货币过度供给。从图中可以看出,产出增加而汇率下降,因而贸易余额上升。

c. 在固定汇率下世界利率的影响见图13.9。IS^*和LM^*曲线都发生了移动。和b一样,IS^*曲线左移,因为更高的利率导致投资减少。LM^*曲线向左移动而不是向右移动。因为汇率下降的压力迫使中央银行买入美元、卖出外汇,这减少了货币供给M,并使LM^*曲线左移,LM^*曲线必须移到图中LM_2^*位置,这里固定汇率线和新的IS^*曲线相交。均衡时,产出下降而汇率不变,由于汇率不变,贸易余额也不变。

【科兴点评】世界利率作为蒙代尔-弗莱明模型的外生变量时,分析思路还是没有变,依然是通过变量对曲线的移动来获得答案。

5. 企业高管和政策制定者往往关心美国产业的"竞争力"(美国产业在世界市场上有盈利的销售产品的能力)。

a. 在价格具有黏性的短期,名义汇率的变动如何影响竞争力?

b. 假定你想使国内产业更具竞争力,但不想改变总收入。根据蒙代尔-弗莱明模型,你应该采用货币政策与财政政策的什么组合?要求使用图形,并指出每种政策的影响。

【重要级别】3　　　　　　　　　　　　【难度级别】3

【考查要点】浮动汇率下各种宏观经济政策对经济的影响;固定汇率下各种宏观经济政策对经济的影响

【参考答案】a. 货币贬值使该国物品更有竞争力。这是因为贬值意味着同样的美元只能兑换成更少的外国货币。即按照外国货币计算,美国的物品变得更加便宜了,以致外国人购买更多的美国物品。

b.(1)在浮动汇率的情况下,为了不改变总收入,则保持LM^*位置不变,因此,我们保持货币供给不变。要使汇率下降,我们可以运用财政政策使IS^*曲线左移(见图13.32),这可以通过减少政府开支或增税来达到。

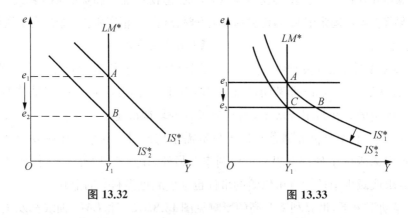

图13.32　　　　　　　　　　图13.33

(2)在固定汇率制下,要想增加竞争力,也要降低汇率。因此,我们必须把汇率固定在一个较低的水平上。首先使美元贬值,把汇率固定在合适的较低水平上,这可增加净出口并增加产出(见图13.33);然后我们可以用使IS^*曲线左移的紧缩性财政政策来抵消产出的增加。

【科兴点评】读者要读懂题意的深层含义,题目本身不难,只不过需要看清微观现象和宏观影响的联系。

6. 假定较高的收入意味着更多的进口,从而意味着更低的净出口。也就是说,净出口函数是:

$$NX = NX(e, Y)$$

考察在以下汇率制度下的小型开放经济中财政扩张对收入和贸易余额的影响:
a. 浮动汇率;
b. 固定汇率。
你的答案与(教材中)表 13.1 中的结果相比有什么不同?
【重要级别】4　　　　　　　　　【难度级别】4
【考查要点】浮动汇率下各种宏观经济政策对经济的影响;固定汇率下各种宏观经济政策对经济的影响

【参考答案】在教材中,我们假设净出口只取决于利率。这和在微观经济学中我们假设对物品的需求取决于价格是类似的。净出口的"价格"就是汇率。然而,我们也认为对物品的需求还取决于收入。在这里,这种说法也是正确的:当收入提高时,我们购买更多的物品,包括国内物品和进口物品。因此,当收入增加时,进口增加,净出口下降,这样,我们可以写出净出口关于汇率和收入的方程:$NX = NX(e, Y)$。

a. 在浮动汇率下财政扩张的影响如图 13.34 所示。财政扩张(政府支出增加或减税)使 IS^* 曲线右移。但由于是浮动汇率,LM^* 曲线不变,收入也不变。由于收入不变,净出口曲线不会移动,保持为原来的水平 $NX(Y_1)$。最终结果是收入不变,汇率从 e_1 上升到 e_2。净出口由于货币升值而下降。这样,我们的答案与教材中表 13.1 的答案是一致的。

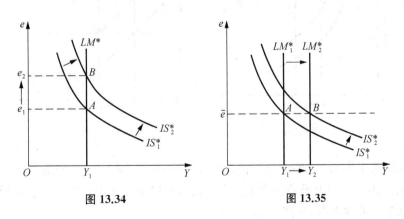

图 13.34　　　　　　　　　　图 13.35

b. 在固定汇率下财政扩张的影响如图 13.35 所示。财政扩张能使 IS^* 曲线右移,从 IS_1^* 移到 IS_2^*。和 a 一样,由于实际货币余额不变,因而汇率就有上升的压力。为了阻止货币升值,中央银行介入货币市场,卖出美元,收购外汇,这就增加了货币供给,使 LM^* 曲

线从 LM_1^* 移到 LM_2^*,产出增加而汇率不变。虽然汇率不变,但是更高的收入水平减少了净出口,因而净出口曲线内移(收入 Y 增加引起的内移)。

这样,我们的答案就和教材中表 13.1 中固定汇率下的答案不同,这里财政扩张降低了贸易余额。

7. 假定货币需求取决于可支配收入,因此,货币市场方程变为

$$M/P = L(r, Y-T)$$

分析在浮动汇率和固定汇率下小型开放经济中减税对汇率和收入的影响。

【重要级别】4　　　　　　　【难度级别】4

【考查要点】浮动汇率下各种宏观经济政策对经济的影响;固定汇率下各种宏观经济政策对经济的影响

【参考答案】货币市场方程式为:$M/P = L(r, Y-T)$,减税使 IS^* 曲线和 LM^* 曲线都发生移动。

(1) 在浮动汇率下的情况如图 13.36 所示,减税使得 IS^* 曲线右移,从 IS_1^* 移到 IS_2^*。LM^* 曲线左移,从 LM_1^* 移到 LM_2^*。我们知道,实际货币余额在短期内是固定的,而且利率固定在世界利率 r^* 的水平上。此时可支配收入是能够调整到使货币市场均衡的唯一变量。因此,LM^* 方程决定了可支配收入的水平。如果税收 T 降低,那么收入 Y 也必须下降,以使可支配收入固定不变。

图 13.36 中,我们从初始均衡点 A 移到新的均衡点 B,收入减少了同减税相等的量,而汇率上升。

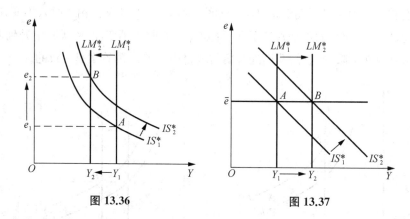

图 13.36　　　　　　　图 13.37

(2) 在固定汇率制下,此时 IS^* 曲线也往右移,但是 LM^* 曲线的最初移动(向左)是无关紧要的。因为汇率上升的压力迫使中央银行卖出美元而买入外汇。这就增加了货币供给而使 LM^* 曲线右移,如图 13.37 所示。

新的均衡点 B 是新的 IS^* 曲线即 IS_2^* 曲线和固定汇率的水平线的交点。这和货币需求取决于收入的标准模式是一样的。

【科兴点评】在不同的假设下,带来的模型变化是不一样的,关键是要找到它们之间的联系。

8. 假定与货币需求有关的价格水平包括进口产品的价格,并假定进口产品的价格取决于汇率。也就是说,货币市场可以这样描述:

$$M/P=L(r,Y)$$

式中,

$$P=\lambda P_d+(1-\lambda)P_f/e$$

此处,P_d 是国内产品价格,P_f 是用外国通货表示的外国产品的价格,e 是汇率。因此,P_f/e 是用国内通货表示的外国产品的价格,参数 λ 是国内产品在价格指数 P 中的份额。假设国内产品价格 P_d 和用国外通货表示的外国产品价格 P_f 在短期是有黏性的。

a. 假定我们针对 P_d 和 P_f 的给定值(而不是通常所用的 P)画出 LM^* 曲线。这条 LM^* 曲线还是垂直的吗?请解释。

b. 在这个模型中,在浮动汇率下,扩张性财政政策的效应是什么?请解释。与标准的蒙代尔-弗莱明模型进行比较。

c. 假定政治不稳定提高了该国的风险贴水,从而使利率上升。在这个模型中,对汇率、价格水平和总收入的效应是什么?与标准的蒙代尔-弗莱明模型进行对比。

【重要级别】4   【难度级别】4

【考查要点】蒙代尔-弗莱明模型的建立;浮动汇率下各种宏观经济政策对经济的影响;外生变量变动对蒙代尔-弗莱明模型的影响/利率差(国际利差)及世界利率

【参考答案】a. 更高的汇率使得外国商品更加便宜。人们消费外国商品的比重为 $(1-\lambda)$,本国总体物价的降幅取决于汇率的上升幅度和外国商品的比重。物价变动会使实际货币供应量发生增减。较低的价格水平增加了实际货币余额供给 M/P。为了保持货币市场均衡,需要提高收入,从而增加货币需求。均衡时,较高的汇率对应于较高的收入,这意味着 LM^* 曲线向右上方倾斜。

b. 在这个模型中,扩张性财政政策(减税或是增加政府支出)使 IS^* 曲线右移,从而汇率上升,收入增加,如图 13.38 所示,而在标准的蒙代尔-弗莱明模型中,浮动汇率下扩张性财政政策对产出没有影响。

c. 利用 IS-LM 进行分析时的一个重要假定是,价格水平在短期内固定不变。供给冲击会使 AS 曲线发生移动。如果价格水平 P 取决于汇率,那么如图 13.39 所示,汇率 e 的上升将导致价格水平 P 下降,即总供给曲线将从 AS_1 下移至 AS_2。总供给曲线的上述移动类似于经济冲

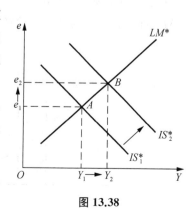

图 **13.38**

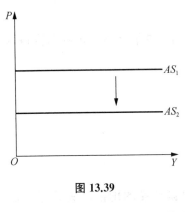

图 13.39

击的影响,区别仅在于考虑冲击时假定它们是外生的,这里的"冲击"是内生的。

【科兴点评】这类题型关键是从条件产生的表达式中找到变量的关系,在此基础上研究其对模型的影响。

9. 用蒙代尔-弗莱明模型回答下列有关加利福尼亚州(一个小型开放经济)的问题。

a. 加利福尼亚州和它的主要贸易伙伴(亚拉巴马州、阿拉斯加州、亚利桑那州……)之间的汇率系统属于哪一类?

b. 如果加利福尼亚州遭受衰退,州政府应该用货币政策还是财政政策刺激就业?请解释。(注意:对这个问题,假设州政府可以印发美元钞票。)

c. 如果加利福尼亚州禁止从华盛顿进口红酒,收入、汇率和贸易余额会发生什么变动?考虑短期与长期的影响。

d. 你认为加利福尼亚州的经济与(比如说)加拿大的经济有什么重要的不同特征可能使蒙代尔-弗莱明模型应用于加利福尼亚州时不如应用于加拿大时有用?

【重要级别】3　　　　　　　　【难度级别】3

【考查要点】浮动汇率下各种宏观经济政策对经济的影响;固定汇率下各种宏观经济政策对经济的影响

【参考答案】a. 根据蒙代尔-弗莱明模型,我们可以假设加利福尼亚州是一个小型开放经济并且可以发行钞票,然而,它的汇率和美国其他州的汇率是固定的,即一美元兑换一美元。

b. 在固定汇率的蒙代尔-弗莱明模型中,加利福尼亚州无法运用货币政策来影响产出,因为货币政策很难被运用于控制汇率。因此,如果加利福尼亚州想要刺激就业,就必须运用财政政策。

c.(1)在短期内,禁止进口,使 IS^* 曲线向外移动。这提高了对加利福尼亚州物品的需求并对汇率形成上涨的压力。为了对冲汇率上升,加利福尼亚州增加货币发行量,LM^* 曲线也向外移动。新的短期均衡分别见图 13.40(A)和(B)的交点。

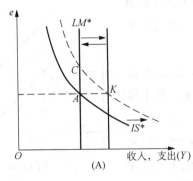 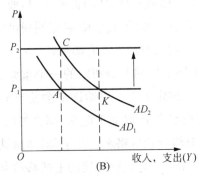

(A)　　　　　　　　　　　　　(B)

图 13.40

（2）如果我们从经济产出自然率开始分析。对加利福尼亚州物品需求的增加就会提高物品的价格。物价水平的提高降低了实际货币余额,使短期总供给曲线 $SRAS$ 向上移动,并使 LM^* 曲线内移,最终加利福尼亚州经济停止在 C 点,产出和贸易余额不变,但相对华盛顿有更高的实际汇率。

d. 相比加拿大,加利福尼亚州与其主要贸易伙伴之间所用的货币均为美元,所以对于加州而言,不存在实行浮动汇率政策的可能性,因此蒙代尔-弗莱明模型中的货币政策是失效的;同时,加州的财政政策和贸易政策也不是完全独立决定的,而加拿大拥有的是独立的货币政策、财政政策和贸易政策。从这个角度上说,蒙代尔-弗莱明模型应用于加拿大会更有用。

【科兴点评】这类题目本身难度不大,但我们要掌握模型在现实生活中的运用。

附录中的问题与应用

1. 设想你管理一个实行浮动汇率的大型开放经济的中央银行。你的目标是稳定收入,你相应地调整货币供给。在你的政策之下,作为对下列每一种冲击的反应,货币供给、利率、汇率和贸易余额会发生什么变动?

a. 政府提高税收以减少预算赤字。

b. 政府限制对外国汽车的进口。

【重要级别】3 　　　　　　　　【难度级别】4

【考查要点】大型开放经济的短期模型及宏观经济政策的影响

【参考答案】a. 政府提高税收使 IS 曲线向左移动,为了保持产出不变,中央银行必须提高货币供给,使 LM 曲线右移。在新的均衡点(C 点,见图 13.41),利率降低,汇率贬值,因此,贸易余额增加。

b. 限制进口外国汽车,就会使净出口曲线 $NX(e)$ 向外移动。这对 IS 和 LM 曲线没有影响,因为国外净投资 CF 不变。因此,产出不变,货币政策也就没有必要改变。如图 13.42 所示,利率和贸易余额不变,但是汇率上升。

2. 在过去几十年间,世界上各经济体在金融上日益融合,也就是说,各国的投资者变得更加愿意和能够利用国外的金融机会。考虑这种新发展对货币政策影响经济的能力有何影响?

a. 如果投资者更加愿意和能够在外国与本国资产之间进行替代,CF 函数的斜率会发生什么变动?

b. 如果 CF 函数这样变动,IS 曲线的斜率会发生什么变动?

c. IS 曲线的这种变动如何影响美联储控制利率的能力?

d. IS 曲线的这种变动如何影响美联储控制国民收入的能力?

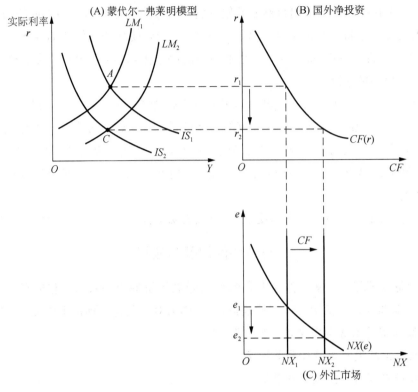

图 13.41

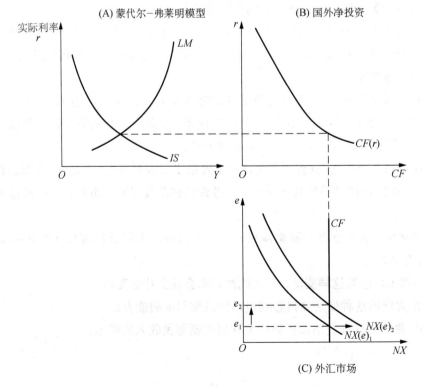

图 13.42

【重要级别】4　　　　　　　　　　【难度级别】4

【考查要点】大型开放经济的短期模型及宏观经济政策的影响

【参考答案】a. CF 曲线会变得更加平坦,因为现在利率的微小变动对资本流动有很大的影响。

b. 更平坦的国外净投资（CF）使 IS 曲线也更加平坦,斜率变小。

c. 图 13.43 说明对于陡峭和平坦的 IS 曲线,LM 曲线移动的不同影响,很明显,当 IS 曲线比较平坦时,货币供给的变化对利率的影响较小。因此,当投资者更愿意在外国和国内资产之间进行选择替代时,美联储对利率的控制力较弱。

d. 如图 13.43 所示,IS 曲线越平坦,货币供给变化对产出的影响就越大,因此,美联储对产出有较强的控制能力。

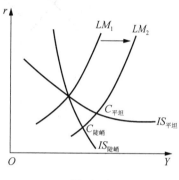

图 13.43

3. 假定一个大型开放经济的政策制定者想提高投资水平而不改变总收入或汇率。

a. 存在能达到这一目标的国内货币与财政政策的任何组合吗?

b. 存在能达到这一目标的国内货币、财政与贸易政策的任何组合吗?

c. 存在能达到这一目标的国内外货币与财政政策的任何组合吗?

【重要级别】3　　　　　　　　　　【难度级别】4

【考查要点】大型开放经济的短期模型及宏观经济政策的影响

【参考答案】a. 没有。在不影响收入水平或汇率的情况下,使用货币政策和财政政策来提高投资是不可能的。只有通过降低利率,才能够提高投资。不管使用什么政策去降低利率(扩张性货币政策和紧缩性财政政策),国外净投资都将增加,汇率下降。

b. 有。在不影响收入或汇率的情况下,用扩张性货币政策、紧缩性财政政策及进口限制政策可以提高投资水平。货币扩张政策和财政紧缩政策都会对利率形成下降的压力而刺激投资。这些政策的组合是必要的,这样才能相互抵消它们对收入的不同影响。更低的利率提高了国外净投资,这个只会对汇率形成下降压力。但是保护性政策又使净出口曲线外移,对汇率形成上升压力,这样就抵消了利率下降对汇率的影响。图 13.44 说明了这种政策组合。

c. 有。可以通过国内货币扩张和财政紧缩,配合较低的外国利率(国外货币扩张或财政紧缩),政策制定者可以在不影响收入或汇率的情况下提高投资水平。国内政策降低了利率,刺激了投资,国外政策使国外净投资曲线 CF 向内移动。这样即使有较低的利率,国外净投资也不会改变,不会对汇率形成下降的压力。这种组合政策体现在图 13.45 中。

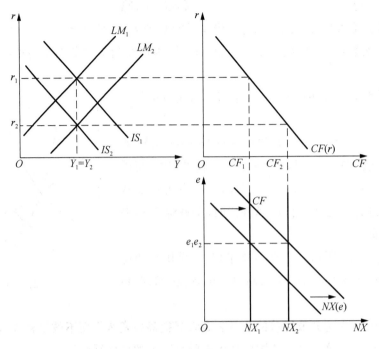

图 13.44

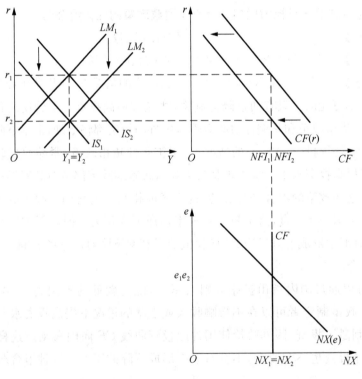

图 13.45

【科兴点评】这道题是一个经典题型,可以说这三个图表的联系是理解大型开放经济模型的重要基础。

4. 本附录考虑了一个实行浮动汇率制度的大型开放经济。现在假定该大型开放经济实行固定汇率。也就是说,中央银行宣布一个汇率目标并承诺调整货币供给以确保均衡汇率等于其目标。

a. 描述财政扩张(例如政府购买增加)会导致收入、利率和贸易余额如何变动。把你的答案与实行固定汇率的小型开放经济的情况进行比较。

b. 描述如果中央银行通过从公众手里购买债券来扩大货币供给会导致收入、利率和贸易余额如何变动。把你的答案与实行固定汇率的小型开放经济的情况进行比较。

【重要级别】4 　　　　　　【难度级别】4

【考查要点】大型开放经济的短期模型及宏观经济政策的影响

【参考答案】a. 扩张性财政政策使 IS 曲线右移,图 13.46 显示了一个固定汇率的大型开放经济财政扩张的影响,从而给利率造成上升的压力。这会使国外净投资 CF 减少并使美元升值。为了避免这种情况发生,中央银行会介入外汇市场,买进外币抛出美元,使 LM 曲线向右移动。在新的均衡点 C,利率和贸易余额不变,收入更高。这种影响和小型开放经济是一致的。

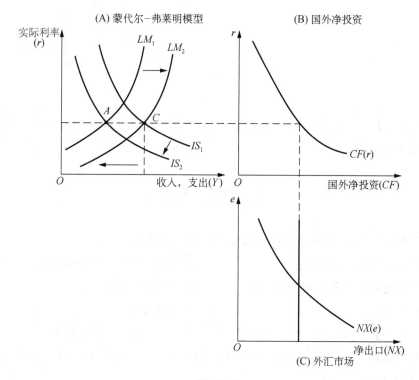

图 13.46

b. 扩张性货币政策使 LM 曲线右移,降低了利率(见图 13.47)。这会导致 CF 增加并使美元贬值。为稳定汇率,中央银行会买入美元而卖出外币,使 LM 曲线左移,回到原来的位置,因而收入、利率和贸易余额都不变。与小型开放经济一样,在固定汇率下,货币政策是无效的。

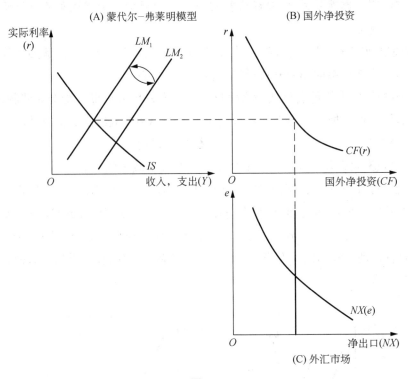

图 13.47

【科兴点评】又一道蒙代尔-弗莱明模型在大型开放经济体系中的运用,解题的关键还是把这三个图联系起来。

【补充训练】

1. 在浮动汇率下,贸易限制对收入没有影响,这是因为(   )。

A. 净出口增加,但投资减少　　　　B. 汇率上升,以抵消净出口最初的增加

C. 进口的减少与出口的增加相等　　D. 以上均正确

【重要级别】3　　　　　　　　　　【难度级别】2

【考查要点】浮动汇率下各种宏观经济政策对经济的影响/贸易政策

【参考答案】B。浮动汇率下,贸易限制尽管使净出口曲线的移动会增加 NX,但汇率上升又等量地减少了 NX。

【科兴点评】对于此类题,读者需要把握好三个信息点:一是汇率是浮动的还是固定的,二是资本是否完全流动(或经济体系是大型开放经济还是小型开放经济),三是政策类型。

2. 在资本完全流动的小型开放经济中,通常 $r=r^*$,如果加上风险贴水后,$r=r^*+\theta>r^*$,可见,利率提高,会引起投资减少和货币需求减少,使 IS^* 左移、LM^* 右移,从而使收入增加和通货贬值。从这个角度看,风险增加是可以的。(　　)

【重要级别】2　　　　　　　　【难度级别】3

【考查要点】外生变量变动对蒙代尔-弗莱明模型的影响/利率差(国际利差)及世界利率

【参考答案】错误。风险增加并不是合意的,虽然从理论上讲,风险增加可能会使收入增加,但在现实生活中,风险对短期和长期经济均不利,因为在短期,它会使通货贬值,并通过本知识点所提到的三个渠道使收入减少;在长期,较高的利率减少了投资及资本积累,降低了经济增长率。

3. 下列哪一项可能引起人民币贬值?(　　)

A. 出口需求减少　　　　　　　B. 进口需求减少
C. 紧缩性的货币政策　　　　　D. 扩张性的财政政策

【重要级别】3　　　　　　　　【难度级别】2

【考查要点】浮动汇率下各种宏观经济政策对经济的影响

【参考答案】A。出口需求减少说明国外对国内产品的需求下降,这样会减少对人民币的需求,从而降低人民币汇率,造成人民币贬值。进口需求的减少,使净出口曲线向右移动,汇率上升,人民币升值。而紧缩的货币政策使得国内的通货膨胀率小于国外的通货膨胀率,人民币升值。扩张的财政政策使得国民储蓄减少,从而资本净流出减少,汇率上升,人民币升值。

【科兴点评】我们平时就应该注意经济学和生活的联系,因为生活处处都是经济学。

4. 扩张性财政政策在固定汇率下要比在浮动汇率下更有效。(　　)

【重要级别】3　　　　　　　　【难度级别】2

【考查要点】浮动汇率下各种宏观经济政策对经济的影响;固定汇率下各种宏观经济政策对经济的影响

【参考答案】正确。假定资本完全流动,那么 BP 曲线为一条水平直线。扩张性财政政策导致国际收支盈余,在浮动汇率制下,货币将升值。货币升值,导致净出口下降,从而抵消扩张性财政政策;在固定汇率制下,中央银行为维持汇率稳定,将买进外汇,卖出本币,从而增加货币供给,因此中央银行被动地实施了扩张性货币政策,加强了财政政策的效果。因此,扩张性财政政策在固定汇率制下要比浮动汇率制下更有效。

【科兴点评】在资本不完全流动的条件下,分析方法类似,但是政策效果比资本完全流动条件要小。

5. 如果一国外汇市场实行间接标价法,而且该经济可以用浮动汇率下的蒙代尔-弗莱明模型准确描述,那么,在均衡状态下,给定其他条件不变,当增加国内税收时,会导致(　　)。

A. 总收入下降,汇率上升,贸易余额上升
B. 总收入不变,汇率上升,贸易余额下降
C. 总收入上升,汇率下降,贸易余额上升
D. 总收入不变,汇率下降,贸易余额上升

【重要级别】3　　　　　　　　　　【难度级别】2

【考查要点】浮动汇率下各种宏观经济政策对经济的影响/财政政策

【参考答案】D。假设资本完全流动,增加国内税收,IS 曲线向左下方移动。在国内均衡点,存在国际收支赤字。在浮动汇率制下,货币将贬值(汇率上升),贸易余额上升,IS 曲线向右上方移动,直到回到原来的位置,从而国民收入不变。

【科兴点评】在资本不完全流动的条件下,国内税收增加的影响有所不同。货币贬值(汇率上升),贸易余额增加,但是国民收入会降低。因此,严格地说,本题没有正确答案。

14 总供给与通货膨胀和失业之间的短期取舍

【学习精要】

一、学习重点

1. 黏性工资模型
2. 不完全信息模型
3. 黏性价格模型
4. 菲利普斯曲线

二、知识脉络图

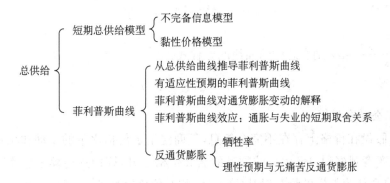

三、理论精要

▶ 知识点一　总供给模型

1. 黏性价格模型

该模型中的市场失灵是指产品市场的价格无法随需求变化而迅速调整——产品市场无法立即调整。如对一个厂商产品的需求下降,则产量减少,价格因为黏性而不变。

模型假设:

该模型说明产出与自然率的背离和物价水平与预期物价水平的背离是正相关的,假设这些企业至少对他们收取的价格有某种垄断控制,即企业有价格决定能力。

推导过程:

(1) 当价格有伸缩性时,企业的定价公式为:
$$p = P + a(Y - \bar{Y})$$

其中,p 为合意价格,P 为物价总水平,a 为合意价格对总产出变动$(Y-\bar{Y})$的反应程度。该式说明合意价格 p 取决于物价总水平 P 与总产出变动 $Y-\bar{Y}$,即:

$$\begin{cases} 物价高 \to 成本高 \to 定价高 \\ 高收入 \to 高需求 \to 高产出 \to 高边际成本(边际成本递增) \to 高价格 \end{cases}$$

(2) 价格黏性企业的定价公式为:
$$p = P^e + a(Y^e - \bar{Y}^e)$$

假设企业预期产出处于其自然率水平,从而 $Y^e = \bar{Y}^e$,则该类企业定价公式为 $p = P^e$,即价格黏性企业根据预期价格和自己的预期成本确定自己的价格。

(3) 考虑两种企业并存时的价格水平 P,运用加权思想得:
$$P = sP^e + (1-s)[P + a(Y - \bar{Y})]$$

其中,s 为价格黏性企业所占比例,$1-s$ 为价格有伸缩性的企业所占的比例。
整理该式,则可得:
$$P = P^e + \frac{a(1-s)}{s}(Y - \bar{Y})$$

令 $\frac{a(1-s)}{s} = \alpha$,则有总供给曲线的方程式:
$$Y = \bar{Y} + \alpha(P - P^e)$$

2. 不完全信息模型

该模型假设在价格上存在不完全信息,厂商混淆了价格水平的变动和相对价格的变动。如果生产者观察到自己生产的物品的名义价格上升,即使这纯粹是总体物价水平的上涨,他们也会认为他们的物品对其他物品的相对价格提高了,结果增加产量。

模型假设:
(1) 市场出清,所有工资和价格自由调整以平衡供求。
(2) 经济中每个供给者生产一种单一产品并消费多种产品。产品数量如此之多,供给者无法在所有时间中观察到所有价格,他们密切注视自己所生产的产品价格,但对其消费的所有产品的价格的关注较不密切。由于信息不完全,他们有时混淆了物价总水平的变动与相对价格的变动。这种混淆影响了供给多少的决策,并导致物价水平与产出之间在短期的正相关关系。

推导过程:当价格上升时→由于不完全信息→所有生产者都误以为其生产的产品的相对价格上升了→从而增加产出。

总之,不完全信息模型说明,当实际物价超出预期物价时,供给者增加其产出,即总供给曲线：
$$Y = \bar{Y} + \alpha(P - P^e)$$

当物价水平背离预期物价水平时，产出背离自然率。

3. 总结与含义

以上两个总供给在其假设和重点上不同，第一个模型假设工资是黏性的，第二个模型假设有关价格的信息是不对称的，尽管两个模型假设不同，但是它们都从不同角度说明了总供给曲线向右上方倾斜的原因。注意，它们是不排斥的，在一个经济中两种市场不完全性可能同时存在，使总供给曲线右上倾斜。

总之，两个总供给模型都说明产出与自然率的背离和物价水平与预期物价水平的背离是正相关的。概括为：
$$Y = \bar{Y} + \alpha(P - P^e)$$

注意，在总供给方程式中，P^e 决定了曲线的位置，P^e 变化则总供给曲线发生平移，$1/\alpha$ 为总供给曲线的斜率。

4. 长期的货币中性与短期的货币非中性的相容

教材中以短期总需求移动引起经济的波动的长、短期调整过程来说明长期的货币中性与短期的货币非中性是如何相容的。请读者要认真阅读和理解，这里不再重复。

▶ 知识点二　菲利普斯曲线

菲利普斯曲线描述了通货膨胀与失业之间反相关的关系。在经济中，经济政策制定者会发现低失业率和低通货膨胀率是很难统一的，从短期供给曲线中也可以看出，伴随失业率降低的产出的增加会引起物价上升，即通货膨胀。实际上，短期供给曲线和菲利普斯曲线反映了同样的宏观经济思想，但反映的关系和内容是不同的。

1. 从总供给曲线推导菲利普斯曲线

将总供给曲线 $Y = \bar{Y} + \alpha(P - P^e)$ 变形为 $P = P^e + 1/\alpha(Y - \bar{Y})$。

(1) "一加"。右边加上供给冲击 V，代表改变价格水平从而使总供给曲线移动的外生事件，则：
$$P = P^e + 1/\alpha(Y - \bar{Y}) + V$$

(2) "一减"。欲使物价水平变成通货膨胀率，需减去上一年的价格水平 P_{-1}：
$$P - P_{-1} = (P^e - P_{-1}) + 1/\alpha(Y - \bar{Y}), \text{即 } \pi = \pi^e + 1/\alpha(Y - \bar{Y}) + V \quad (1)$$

(3) "一代入"。运用奥肯定律，当产出高于自然率时，失业低于自然失业率，即把 $1/\alpha(Y - \bar{Y}) = -\beta(u - u^n)$ 代入(1)式，则得到菲利普斯曲线：
$$\pi = \pi^e - \beta(u - u^n) + V$$

通过该推导过程也可看出，菲利普斯曲线与短期总供给曲线是互通的，二者只是考虑的角度不同。同时，也可以看出通货膨胀率取决于三种力量：预期的通货膨胀率（π^e）、失业对自然失业率的背离$[\beta(u-u^n)]$（周期性失业）和供给冲击(V)。

另外，从菲利普斯方程可看出，失业与未预期到的物价水平变动相关。这种的相关关系只在短期中成立的。

2. 有适应性预期的菲利普斯曲线

它假设人们根据最近观察到的通货膨胀来形成他们的通货膨胀预期，即$\pi^e = \pi_{-1}$（上一年的通胀率），即有适应性预期的菲利普斯曲线为：

$$\pi = \pi_{-1} - \beta(u - u^n) + V$$

此时的自然失业率又被称为非加速通货膨胀的失业率，同时π_{-1}意味着通货膨胀有惯性。

适应性预期：它是根据以前的预期误差来修正以后的预期的方式。该模型中的预期变量依赖于该变量的历史信息。

3. 菲利普斯曲线对通货膨胀变动的解释

（1）$\beta(u-u^n)$即周期性失业——对通货膨胀施加向上或向下的压力。低失业率向上拉动了通货膨胀率，为需求拉动型通货膨胀（低失业引起高需求），又称超额需求通货膨胀。它是指总需求超过总供给所引起的一般价格水平的持续显著上涨。

（2）V表示供给对通货膨胀的影响。如世界石油价格上涨的不利冲击使V取正值，则通货膨胀增加，此时为成本推动型通货膨胀，又称成本通货膨胀或供给通货膨胀。它是指在没有超额需求的情况下，由于不利的供给冲击使生产成本的提高所引起的一般价格水平的持续显著地上涨。

菲利普斯曲线效应：通货膨胀与失业的短期取舍关系。

在短期，对于给定的预期通胀水平，政策制定者可调节总需求来选择向右下方倾斜的菲利普斯曲线上通货膨胀与失业的一组组合。短期菲利普斯曲线的位置取决于π^e，π^e越大，曲线就往右上方移动，政策制定者面临的取舍关系变得更不利。

4. 通货膨胀与失业的短期和长期

（1）在短期，对于给定的菲利普斯曲线，政策制定者可以通过政策影响总需求从而选择菲利普斯曲线上的某一通货膨胀率与失业率的结合点，即通货膨胀与失业的关系成立。如图14.1所示。

（2）在长期，由于人们可以随着时间调整自己的通货膨胀预期，决策者不能在通货膨胀与失业之间进行选择。古典二分法有效，失业回到自然率水平，通货膨胀与失业不存在取舍关系。

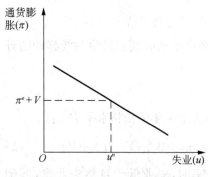

图14.1 通货膨胀与失业的短期取舍关系

▶ 知识点三 反通货膨胀

1. 牺牲率

牺牲率指通货膨胀每减少一个百分点所必须放弃的一年的实际GDP的百分比，或

GDP 损失的累积百分比与实际得到的通货膨胀的降低量之间的比率。

牺牲率也可以用失业率来表示。

反通货膨胀可以采用多种形式实现,迅速的反通货膨胀或"冻火鸡"式的解决方案、温和的反通货膨胀,或者是更加渐进的反通货膨胀。

2. 理性预期与无痛苦反通货膨胀

（1）理性预期：假设人们可以最好地利用所有可以获得的信息,包括关于现在政府政策的信息来预期未来。倡导者为托马斯·萨金特。根据该理论,货币或财政政策的变动将改变预期,因此,短期菲利普斯曲线并没有正确代表决策者可以利用的选择,在一种可信政策之下,降低通货膨胀的成本可能比牺牲率估算所表示的成本要低得多,即无痛苦反通货膨胀。

（2）无痛苦反通货膨胀的两个条件：第一是降低通货膨胀的计划在决定工资与价格的工人和企业形成预期之前宣布,第二是工人和企业必须相信这种宣布。

由于人们的理性预期,并且人们相信政策制定者的承诺计划,那么人们会降低自己的通货膨胀预期,菲利普斯曲线下移,从而在不提高失业率的基础上降低通胀,如图 14.2 所示。

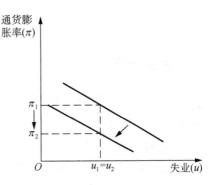

图 14.2　无痛苦反通胀

▶ **知识点四　自然率假说与滞后性**

1. 自然率假说

自然率假说是指总需求的波动仅仅在短期中影响产出与就业,而在长期中,经济回到古典模型所描述的产出、就业和失业水平。这是古典二分法的一种表达方式。根据自然率假说,任何一个资本主义社会都存在一个自然失业率,其大小取决于社会的技术水平、资源数量和文化传统。

2. 滞后性

滞后性是用来描述历史对自然率的长期影响的术语,指经济中存在若干机制,通过这些机制衰退可能通过改变自然失业率而给经济留下长期伤害。

如一次经济衰退可能会使工人失去工作技能,增加摩擦性失业,或一次衰退影响了实际工资的决策过程,使实际工资进一步提高从而增加了结构性失业等,这些机制都会改变自然失业率从而留下长期伤害。

▶ **知识点五　大型综合性模型**

模型有七个方程：

（IS）产品市场的均衡：$Y=C(Y-T)+I(r)+G+NX(\varepsilon)$

（LM）货币市场的均衡：$M/P=L(i,Y)$

外汇市场的均衡：$NX(\varepsilon)=CF(r-r^*)$

实际与名义利率的关系：$i=r+\pi e$

实际与名义汇率的关系：$\varepsilon=eP/P^*$

总供给：$Y=\bar{Y}+\alpha(P-Pe)$

自然产出水平：$\bar{Y}=F(\bar{K},\bar{L})$

在前面所学的各个模型都能用这个大型综合性模型表述出来，关键点是要了解每个具体的模型前提条件简化型假设是怎样，在每个具体模型中哪些是内生变量哪些是外生变量。

【习题解析】

一、关键概念

1. 黏性价格模型是解释短期中供给曲线向右上方倾斜的模型。它强调企业不能迅速地根据需求变动调整他们索取的价格。有时价格是企业与顾客之间的长期合约决定的。即使没有正式协议，企业也有可能保持价格的稳定，以避免用频繁的价格变动来打扰自己的长期顾客。一些价格有黏性是因为市场的构成方式：一旦企业印制并分发了它的目录或价格单，改变价格是有成本的。

2. 不完备信息模型是阐述经济主体在做出经济决策时，并不能掌握所有相关信息，从而影响总供给的模型。它假设市场出清，就是说所有工资和价格自由调整，以平衡供求。短期和长期总供给曲线的不同是因为对价格暂时的错觉。模型还假设，经济中的每个供给者生产一种单一产品并消费许多产品。由于产品数量如此之多，供给者无法在所有时间中观察到所有价格。他们密切注视他们所生产的产品价格，但对他们消费的所有产品的价格的关注较不密切。由于信息不完全，他们有时混淆了物价总水平的变动与相对价格的变动。这种混淆又影响了供给的决策。总之，不完全信息模型说明，当实际物价超过预期物价时，供给者增加其产出。

3. 菲利普斯曲线是表示通货膨胀率与失业率之间交替关系的曲线。它是由英国经济学家菲利普斯根据1861—1957年英国的失业率和货币变动率的经验统计资料提出来的，所以叫菲利普斯曲线。这条曲线表示，当失业率高时，通货膨胀率低；反之，当失业率低时，通货膨胀率高。

4. 适应性预期是假设人们根据最近观察到的通货膨胀来形成他们的通货膨胀预期。适应性预期在物价较稳定的时期能较好地反映经济现实，适应性预期的权数分布是既定的几何级数，没有利用与被测变量相关的其他变量，对经济预期方程的确定基本上是随意的，没有合理的经济解释。因此新古典宏观经济学派的"理性预期"逐渐取代了"适应性预期"。

5. 需求拉动型通货膨胀又叫超额需求拉动通货膨胀，又称菲利普斯曲线型通货膨胀。它是凯恩斯最先提出来的，认为总需求超过总供给，拉开"膨胀性缺口"，造成物价水平的普遍而持续的上涨，即以"过多的货币追求过少的商品"。具体解释是，当经济中实现了充分就业时，资源已得到充分利用，在此条件下，如果总需求继续增加，闲置的机器设备由于已全部使用，过度的需求不仅不会促使产量增加，反而引起物价上涨、产生通胀。当经济中未实现充分就业时，由于需求增加后，总供给的增加无法迅速满足总需求的要求，便产生了暂时的供给短缺，从而推高了价格水平，产生通胀。由于经济尚未达到充分就业，价格水平的上涨仍会刺激总供给逐渐增加，从而也使国民收入随之增加。

6. 成本推动型通货膨胀又称成本通货膨胀或供给通货膨胀，是指在没有超额需求的情况下，由于供给方面成本的提高所引起的一般价格水平持续和显著的上涨。成本推动型通货膨胀又可以分为工资推动型通货膨胀和利润推动型通货膨胀。前者是在不完全竞争的劳动市场上造成的过高工资所导致的一般价格水平的上涨，后者是指垄断企业和寡头企业利用市场势力牟取过高利润所导致的一般价格水平的上涨。

7. 牺牲率是指通货膨胀率每降低一个百分点所必须放弃的一年实际GDP的百分比。

8. 理性预期是假设人们可以最好地利用所有可以获得的信息，包括关于政府政策的信息，来形成未来预期。

9. 自然率假说是指总需求的波动仅仅在短期中影响产出与就业。在长期中，经济回到古典模型所描述的产出、就业和失业水平。自然率主要指自然失业率。自然率假说认为，只有竞争可以使整个经济处于充分就业状态，并且认为这种趋势是完全竞争的市场经济本身固有的属性，而经济活动出现非充分就业的原因不在于市场制度本身，而在于外界的干扰或人们对经济变量所作预期的误差。根据自然率假说，任何一个资本主义社会都存在一个自然失业率，其大小取决于社会的技术水平、资源数量和文化传统。

10. 滞后作用是用来描述历史对自然率的长期持续影响的术语。滞后性是一些经济学家向自然率假说提出挑战的一种机制。他们指出若干机制，通过这些机制衰退可能通过改变自然失业率给经济留下长期伤害。

二、复习题

1. 解释两种总供给理论。每一种理论依赖于什么样的市场不完全性？两种理论有什么共同之处？

【重要级别】3　　　　　　　　　　【难度级别】3

【考查要点】总供给模型

【参考答案】（1）本章有两种短期总供给模型。

第一个是黏性价格模型。该模型中的市场失灵是指产品市场的价格无法随需求变化而迅速调整，即产品市场无法立即调整。如对一个厂商产品的需求下降、产量减少，而价格因为黏性不变。

第二个是不完全信息模型。该模型假设了在价格上存在不完全信息。生产者混淆了价格水平的变动和相对价格的变动。如果生产者观察到自己生产的物品的名义价格上升了,即使这纯粹是总体物价水平的上涨,他们也会认为他们的物品对其他物品的相对价格提高了,结果增加产量。

(2) 所有这些模型都力求解释,在短期,经济为什么会背离其长期的"自然率"与充分就业和资本充分利用相一致的产出水平。这两种模型最后都导致总供给函数。当价格水平背离了预期的价格水平时,产出背离其自然率产出。

$$Y = \bar{Y} + \alpha(P - P^e)$$

2. 菲利普斯曲线与总供给是怎样相关的?

【重要级别】3　　　　　　　【难度级别】3

【考查要点】菲利普斯曲线/从总供给曲线推导菲利普斯曲线

【参考答案】(1) 我们论证了短期总供给取决于产出自然率和实际物价水平与预期物价水平之间的差异。这种关系可用总供给方程式表示:

$$Y = \bar{Y} + \alpha(P - P^e)$$

(2) 菲利普斯曲线是总供给的另一种表达方式。它为隐含在短期总供给曲线中的通货膨胀和失业之间的交替关系提供了一种简便的表达方式。菲利普斯曲线表明了通货膨胀(π)取决于预期通货膨胀(π^e)、周期性失业($\mu - \mu^n$)及供给冲击(ε)。

$$\pi = \pi^e - \beta(\mu - \mu^n) + \varepsilon$$

两个方程用不同的方式告诉我们相同的信息:两者隐含着实际经济活动和未预期到的价格变化之间的关系。

【科兴点评】我们可以注意到,菲利普斯曲线的现代形式说明了通货膨胀率取决于三种力量:(1)预期的通货膨胀;(2)失业与自然率的背离,被称为周期性失业;(3)供给冲击。

3. 为什么通货膨胀会有惯性?

【重要级别】3　　　　　　　【难度级别】3

【考查要点】菲利普斯曲线/有适应性预期的菲利普斯曲线

【参考答案】通货膨胀之所以有惯性,是因为人们形成了对通货膨胀的预期。假设人们的通货膨胀预期取决于近期观察到的通货膨胀是合理的,这些预期就会影响人们的工资和价格。比如,如果价格上涨得很快,人们就会预期它将继续快速上涨。这些预期将在人们制订合同时写入合同,所以真实工资和价格也将快速上涨。

4. 解释需求拉动型通货膨胀与成本推动型通货膨胀之间的差别。

【重要级别】3　　　　　　　【难度级别】3

【考查要点】菲利普斯曲线/菲利普斯曲线对通货膨胀变动的解释

【参考答案】(1) 需求拉动型通货膨胀起源于总需求的高涨。需求的增加拉动价格和产量增加。成本推动的通货膨胀起源于不利的供给冲击,从而推动生产成本的上升——20世纪70年代世界石油价格上涨就是个例子。

(2)菲利普斯曲线告诉我们,通货膨胀取决于预期的通货膨胀率、失业率和自然失业率的背离程度,以及供给冲击:

$$\pi = \pi^e - \beta(\mu - \mu^n) + \varepsilon$$

"$-\beta(\mu - \mu^n)$"就是需求推动型通货膨胀。由于失业率低于自然失业率($\mu < \mu^n$),通货膨胀率上升。供给冲击 ε 是成本推动型通货膨胀。

因此,需求拉动型通货膨胀与成本推动型通货膨胀的区别主要表现在两方面:第一,造成通货膨胀的原因不同;第二,对经济的影响不同。

【科兴点评】此类题型就是课本知识点的归纳,读者在平时学习的过程中应该养成边学边归纳的好习惯。

5. 在什么情况下降低通货膨胀而不引起衰退是可能的?

【重要级别】3　　　　　　　　【难度级别】3

【考查要点】反通货膨胀/理性预期与无痛苦反通货膨胀

【参考答案】假如可以不花成本地降低通货膨胀预期,则降低通货膨胀而不引起衰退也是可能的。具体分析如下:

菲利普斯曲线认为,通货膨胀不仅和预期的通货膨胀率有关,还和失业率与自然率的背离程度有关,所以降低通货膨胀的一种方法便是使经济衰退,使失业率升高到自然失业率之上。但是,如果我们能以较低代价降低人们的通货膨胀预期,则不用经济衰退就可以达到降低通货膨胀的目的。

按照理性预期理论,人们可以最好地利用获得的所有信息来形成他们的预期。为了降低人们的预期通货膨胀,我们要在人们形成预期之前(如在签订工资协议和价格合同之前)宣布降低通货膨胀的计划,并且使那些制定工资和价格的人相信所宣布的计划会得到实施。如果这两个条件都得到满足,那么预期通货膨胀将毫无成本地立即下降,这反过来带动真实通货膨胀的下降。

6. 解释衰退可能提高自然失业率的两种方式。

【重要级别】3　　　　　　　　【难度级别】3

【考查要点】滞后性与自然率假说

【参考答案】衰退对自然失业率的这种影响称为滞后性。衰退会提高自然失业率的原因有两个。

第一,衰退影响人们寻找工作的过程,增加了摩擦性失业的数量。比如,失业工人失去有价值的工作技能,降低其在衰退结束后找工作的能力。长期失业可能改变一个人对工作的态度,并降低其找工作的愿望。

第二,衰退可能会影响决定工资的过程,提高了等待性失业。工资谈判时,有工作的局内人处于有利地位,而失业者成为"局外人"。如果较小的局内人集团更多关心高的实际工资而不太关心高失业,那么衰退就会使实际工资一直高于均衡水平,从而增加了等待性失业的数量。

三、问题与应用

1. 在黏性价格模型中,描述下列特殊情况下的总供给曲线。与我们在第10章中讨论的短期总供给曲线相比,这些特例有何不同?

a. 没有一家企业有弹性价格($s=1$);

b. 合意价格不取决于总产出($a=0$)。

【重要级别】3 【难度级别】3

【考查要点】总供给模型/黏性价格模型

【参考答案】首先我们列出黏性价格模型中的物价总水平的表达式:$P = P^e + [(1-s) \times a/s](Y - \bar{Y})$,并且整理后 $Y = \bar{Y} + a(P - P^e)$。

a. 如果 $s=1$,则 $P = P^e$,$Y = \bar{Y}$;
b. 如果 $a=0$,则 $P = P^e$,$Y = \bar{Y}$。

因此,这两个条件下的结果其实是一样的,如图14.3所示。

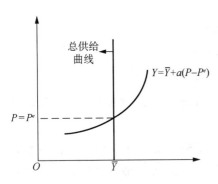

图 14.3 短期总供给曲线

2. 假设一个经济的菲利普斯曲线如下:

$$\pi = \pi_{-1} - 0.5(u - 5)$$

a. 自然失业率是多少?

b. 作图表示通货膨胀与失业之间的短期关系与长期关系。

c. 为了使通货膨胀减少4个百分点,必须有多少周期性失业?用奥肯定律计算牺牲率。

d. 通货膨胀率为6%,美联储想把它降到2%。给出两种能实现该目标的方案。

【重要级别】4 【难度级别】4

【考查要点】菲利普斯曲线

【参考答案】因为假设经济有以下菲利普斯曲线:

$$\pi = \pi_{-1} - 0.5(u - 5)$$

a. 自然失业率是通货膨胀率和预期通货膨胀率相一致时的失业率。这里,预期通货膨胀率就是上一期的真实通货膨胀率,即 $\pi = \pi_{-1}$,而 $u = 5$,所以自然失业率为5%。

b. (1) 在短期,预期通货膨胀率就是前一期的通货膨胀率水平 π_{-1},因此,短期通货膨胀和失业的关系如菲利普斯曲线所示:具有斜率 -0.5,并且通过($\pi = \pi_{-1}$,$u = 5$)这一点,如图14.4所示。

(2) 在长期时,预期通货膨胀率等于真实通货膨胀率,所以 $\pi = \pi_{-1}$,并且产出和失业等于它们各自的自然率。长期菲利普斯曲线在失业率为5%的位置竖直。

c. 为了使通货膨胀率降低4个百分点,必须有8个百分点的周期性失业率,牺牲率为4%。用该形式表示菲利普斯曲线:

$$\pi - \pi_{-1} = -0.5(u-5)$$

要让通货膨胀下降4%,即 $\pi - \pi_{-1} = -4$,把该式代入上述方程的左边得:

$$-4 = -0.5(u-5) \Rightarrow u = 13$$

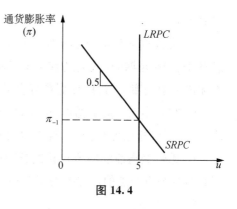

图 14.4

因此要有比5%的自然失业率高出8个百分点的年周期性失业。

奥肯定律说明,失业变动1个百分点,GDP就要变动2个百分点。因此,失业率上升8个百分点就导致GDP下降16个百分点。牺牲率是政府使通货膨胀率降低1个百分点必须放弃的GDP的一年实际增长的百分数。GDP下降16个百分点除以通货膨胀率下降4个百分点,得到16/4=4。

d. 要实现这个目标,至少有两种方案。一种是通货膨胀的激进式解决方案。比如,在一年中使产出降低16%,失业率上升8%。另一种是采用温和渐进的反通货膨胀方案。比如,在4年中每年使得产出降低4%,失业率增加2%。这两个方案都能把通货膨胀率从6%降到2%,但是速度不同。

【科兴点评】这类题型很经典,同时考查了好几个知识点,但都紧紧围绕着菲利普斯曲线的表达式。读者关键是要学会把题意转化成数学表达式。

3. 一个经济的菲利普斯曲线如下:

$$\pi = E\pi - 0.5(u-6)$$

人们形成通货膨胀预期的方式是取前两年通货膨胀的加权平均值:

$$E\pi = 0.7\pi_{-1} + 0.3\pi_{-2}$$

该经济的奥肯定律为:

$$(Y-Y_{-1})/Y_{-1} = 3.0 - 2.0(u-u_{-1})$$

该经济开始时的失业率等于自然失业率,通货膨胀率稳定在5%。

a. 该经济的自然失业率是多少?

b. 作图表示该经济面临的通货膨胀与失业之间的短期权衡。标出该经济的初始位置,标为 **A** 点。(要求给出 **A** 点的坐标)

c. 经济中总需求出现了下降,这导致了衰退,使失业率上升到高出自然失业率4个百分点。在b小问答案的图中,标出那一年该经济所处的位置,标为 **B** 点。(要求给出 **B**

点的坐标)

d. 失业连续两年(c 小问所描述的初始年份再加一年)处于这么高的水平。制作一张表格列出 10 年期间(从衰退前两年开始算起)每年的失业率、通货膨胀率、预期通货膨胀率和产出增长率。(这些计算最好在电子表格中进行)

e. 在 b 小问答案的图中,画出这 10 年期结束时该经济面临的短期权衡。标出该经济所处的位置,标记为 C 点。(要求给出 C 点的坐标。)

f. 比较衰退前的均衡和新的长期(时期 10)均衡。通货膨胀变动了多少?在过渡期间有多少个百分点的产出损失了?该经济的牺牲率是多少?

【重要级别】4　　　　　　　　【难度级别】4

【考查要点】菲利普斯曲线/奥肯定律

【参考答案】a. 自然失业率是通货膨胀率和预期通货膨胀率相一致时的失业率。这里,预期通货膨胀率就是上一期的真实通货膨胀率,即 $\pi = E\pi$,而 $u = 6$,所以自然失业率为 6%。

b. 开始时,经济通货膨胀率稳定在 5%,即 $E\pi = 5$,经济面临的短期菲利普斯曲线为 $\pi = 5 - 0.5(u - 6)$,如图 14.5 所示。

c. 由题得,在该衰退中失业率上升为 10,由于预期通货膨胀率此时仍为 5,计算可得通货膨胀率为 3。因此经济面临的短期权衡关系不变,该经济沿着菲利普斯曲线移动至 B 点,如图 14.5 所示。

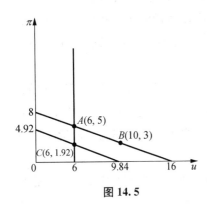

图 14.5

d. 失业率连续两年处于 10 的水平,之后又恢复为自然失业率 6,从衰退前两年开始算起,该经济每年的相关情况如表 14.1 所示。

表 14.1　各年份失业和通货膨胀的相关数据

年份	失业率	通货膨胀率	预期通货膨胀率	产出增长率
0	6	5.00	5.00	3
1	10	3.00	5.00	−5
2	10	1.60	3.60	−5
3	6	2.02	2.02	3
4	6	1.89	1.89	3
5	6	1.93	1.93	3
6	6	1.92	1.92	3
7	6	1.92	1.92	3
8	6	1.92	1.92	3
9	6	1.92	1.92	3
10	6	1.92	1.92	3

e. 10 年期结束时,经济的预期通货膨胀率变为 1.92,经济所面临的菲利普斯曲线发生移动,变为 $\pi=1.92-0.5(u-6)=4.92-0.5u$,新的均衡点为 C 点,失业率为 6%,如图 14.5 所示。

f. 根据表中的数据,通货膨胀率在过去 10 年中下降了 3.08 个百分点。同样基于这个表格,GDP 损失了 10 个百分点。牺牲率是指为了减少 1 个百分点的通货膨胀而必须放弃的一年 GDP 的百分比。将 GDP 下降 10 个百分点除以通货膨胀率下降 3.08 个百分点,得到牺牲比为 10/3.08=3.25。注意,在这个例子中,假设失业率只比自然失业率高 4 个百分点两年,然后失业率回落到自然失业率。结果,这两年的产出增长率下降到 −5%(1 年和 2 年),然后恢复到 3% 的长期增长率。

【科兴点评】该题紧紧围绕着菲利普斯曲线的表达式。读者关键是要学会把题意转化成数学表达式。

4. 根据理性预期方法,如果每个人都相信政策制定者致力于降低通货膨胀,那么,降低通货膨胀的代价——牺牲率——将低于如果公众怀疑政策制定者的意图的情形。为什么可能是这样?可信性如何获得?

【重要级别】3　　　　　　　　　　【难度级别】4

【考查要点】反通货膨胀/理性预期与无痛苦反通货膨胀

【参考答案】这种情况是正确的。因为降低通货膨胀的成本来自于改变人们对通货膨胀预期的成本。如果不花成本就改变了人们的预期,那么降低通货膨胀也是没有成本的。菲利普斯曲线的代数式 $\pi=\pi^e-\beta(\mu-\mu^n)$ 告诉我们:如果政府能够把预期通货膨胀 π^e 降到合意的通货膨胀水平,就不需要让失业率上升到高于自然失业率。

根据理性预期理论,人们用他们可以获得的各种信息来形成他们对通货膨胀的预期。如果大家都相信政府降低通货膨胀的承诺,那么预期的通货膨胀率就会立即下降。根据菲利普斯曲线,预期通货膨胀率 π^e 的立即下降,这样降低通货膨胀只有很小或者说没有经济成本了,即牺牲率非常小。

相反,如果人们不相信政府会实现降低通货膨胀的承诺,π^e 就不会下降。因为人们怀疑政府执行这些降低通货膨胀计划的意愿,所以预期没有改变。

再根据理性预期理论,降低通货膨胀的成本取决于政府的政策是否坚决可信。一个重要的观点是政府怎样才能使其降低通货膨胀的承诺更加可信。比如,一个方法是政府任命以反通货膨胀著称的人充当美联储主席。另一个方法是国会通过有关法律来要求美联储降低通货膨胀。当然,人们又会担心美联储是否会不理睬这样的法律或者政府会不会稍后又修改法律。第三种方法是通过宪法修正方案限制货币增长。人们会理性地认为宪法修正案是相对难以改变的。

5. 假定经济初始处于长期均衡位置。然后,美联储增加了货币供给。

a. 假设产生的任何通货膨胀都没有被预期到,解释这一货币扩张引起的 GDP、失业

和通货膨胀的任何变化。用三张图——IS-LM 模型、AD-AS 模型和菲利普斯曲线各一幅——来解释你的结论。

b. 假设产生的任何通货膨胀都被预期到了,解释这一货币扩张引起的 GDP、失业和通货膨胀的任何变化。再次地,用三幅图——IS-LM 模型、AD-AS 模型和菲利普斯曲线各一幅——来解释你的结论。

【重要级别】4 　　　　　　　　　【难度级别】4

【考查要点】总供给模型,菲利普斯曲线

【参考答案】a. (1) 对于 IS-LM 模型,首先由于货币供给增加使得 LM 曲线向右移动,如图 14.6 所示,从 LM_1 移动到 LM_2,其交点由 A 变为 B,产出 GDP 增大高于自然产出率。但在长期内,由于物价的上涨,使得 LM 曲线重新返回原有位置 A,产出 GDP 降低,回归自然产出率。

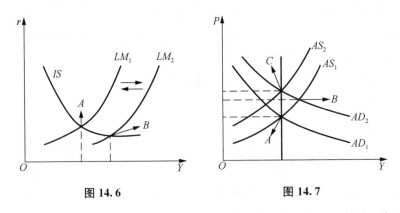

图 14.6　　　　　　　　　　图 14.7

(2) 对于 AD-AS 模型,货币扩张使得总需求增加,如图 14.7 所示,总需求曲线由 AD_1 移动到 AD_2。这时,由于通货膨胀率的变化没有被预期到,因而 AS 曲线 $Y = \bar{Y} + \alpha(P - P^e)$ 不变,其交点由 A 变为 B,此时产出增加,物价 P 也提高。但随之人们会提高其通货膨胀预期,从而使 AS_2 曲线向左移动,最终当总需求曲线和总供给曲线的交点为 C 点时进入长期均衡。

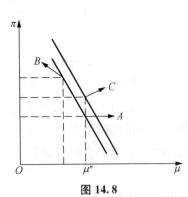

图 14.8

(3) 当货币当局增加货币供给前,经济体处于均衡状态,位于菲利普斯曲线的 A 点,如图 14.8 所示。当货币供给增加后,由于经济体需求增加,从而引起经济繁荣,使得失业率降低,μ 减小,菲利普斯曲线上的点由 A 变为 B。随之,由 AD-AS 模型可知,由于人们的通货预期上升,从而使得其菲利普斯曲线上移,在长期内,重新回到其均衡点 C,此时失业率恢复为自然失业率,但通货膨胀率会高于货币供给增加以前的水平。

综上所述,当货币供给增加,由于通货膨胀是没有被预期到的,总需求会增加,但是总供给不发生改变,从而实现经济的一定时期的繁荣。在这期间,产出增加,物价上涨,通货膨胀上涨,失业率下降。但随着人们对其通货预期发生改变,使得总供给曲线向左上方移动,最终使得经济重新恢复均衡状态,产出降至自然生产率,失业率也升至自然失业率,最终的物价会高于原来的物价,通货膨胀率也会高于原有的通膨率。

b. (1) 如图 14.9 所示,当货币供给增加时,由于通货膨胀是可以被预期到的,M 变化,P 也发生了相同比例的变化,LM 曲线不发生变动,IS 曲线也不发生变动,从而交点不发生变化,产出仍然为自然产出率。在 IS-LM 模型中,P 和 M 都是参数,两者的共同变化会引起 LM 曲线不变。

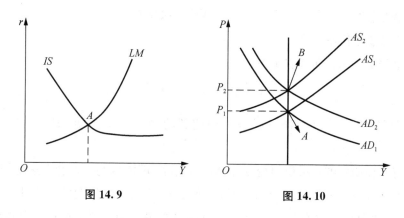

图 14.9　　　　　　　　　图 14.10

(2) 如图 14.10 所示,当货币供给增加时,会使总需求曲线向右上方移动。同时,由于通货膨胀是可以预期的,物价变化由 P_1 变为 P_2,物价预期由 P_1 也变为 P_2 从而 AS 曲线 $Y = \bar{Y} + \alpha(P - P^e)$ 会由于其预期的改变而向左上方移动,其交点由 A 点变为 B 点。在这个过程中,产出没有发生改变,但是物价 P 发生了变化。在 AD-AS 模型中,P 是变量,从而 P 的改变不会引起曲线的移动,但是 M 和 P^e 的变动会使曲线发生改变。

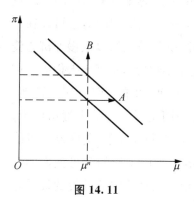

图 14.11

(3) 如图 14.11 所示,由于人们的通货膨胀预期发生了改变,使得其菲利普斯曲线向左上方移动,但是其失业率仍然为其自然失业率,但是其通货膨胀率增加。

综上所述,如果通货膨胀可以预期的,那么产出和失业率都不会变化,都保持原有的自然产出率和自然失业率上,但是通货膨胀率会增大。

【科兴点评】要明晰在通货膨胀可以预期和通货膨胀不可预期的条件下,各个模型由参数变化而引起的变化。

6. 假设人们有理性预期,经济由黏性价格模型所描述。解释为什么以下每一命题都是正确的。

a. 只有未预期到的货币供给的变动影响实际 GDP。在价格设定时预期到的货币供给的变动没有任何实际影响。

b. 如果美联储在人们确定价格的同时选择货币供给,从而每个人都对经济状况都有同样的信息,那么,货币政策就不能系统地运用于稳定产出。因此,保持货币供给不变的政策与根据经济状况调整货币供给的政策有同样的实际影响。[这被称为政策无关论(policy irrelevance proposition)。]

c. 如果美联储在人们已经设定价格之后设定货币供给,从而美联储收集了有关经济状况的更多信息,那么,货币政策就可以系统地运用稳定产出。

【重要级别】3　　　　　　　　【难度级别】4
【考查要点】总供给模型
【参考答案】总供给曲线表示为:

$$Y = \bar{Y} + \alpha(P - P^e)$$

它说明了货币政策只能通过影响未预期到的物价水平变动($P - P^e$)来影响实际 GDP。

a. 只有未预期到的货币供给变动才会影响实际 GDP,因为人们会考虑他们所能得到的所有信息,在形成预期价格水平 P^e 时,他们已经考虑了可预期的货币供给变动的影响。因为没有意外的价格变动,$P - P^e = 0$,如果美联储货币供给增加超过预期水平,人们预期货币增长 10% 而实际上货币增长了 15%,$P > P^e$,产出上升。但这只是未预期到的货币供给增加提高了产量。

b. 保持货币供给不变的政策与根据经济状况调整货币供给的政策有同样的实际效应。原因是:美联储通常在产出冲击和失业之间寻求稳定经济的方法。比如,它可以在经济萧条时增加货币供给以刺激经济,也可以在经济繁荣时减少货币供给以放慢经济。美联储只能通过货币供给的意外变动来稳定经济:衰退时,它希望物价水平高于人们的预期水平;繁荣时,它希望物价水平低于人们的预期水平。无论如何,如果人们有理性预期,则他们也预期美联储会这么做。所以,经济繁荣时,人们预期美联储会减少货币供给;经济衰退时,人们预期美联储将增加货币供给。在上述任何一种情况下,美联储不可能系统改变 $P - P^e$,因而 $P - P^e = 0$。因为人们已经考虑了货币系统的和可预期的变动,以及产出系统性的影响,所以积极政策的作用和保持货币供给稳定的政策的效果是一样的。

c. 如果美联储在人们确定工资和价格之后决定货币供给,那么美联储就可以系统地运用货币政策来稳定产出。理性预期假设人们可以充分利用各种信息形成对价格水平的预期,包括对经济状况的信息和美联储对该经济状况所采取的措施。但这并不是说人们知道未来经济状况将会怎样,他们也无法确切知道美联储要采取什么样的行动,他们只是作出最好的预测。

随着时间的推移,美联储获得了一些制定价格和工资的人所不知道的经济信息。在这一点上,由于合同中已经规定了工资和价格,人们已经形成了预期物价水平 P^e。所以,美联储可以用货币政策去影响真实的价格水平 P,从而能够系统地影响产出。

【科兴点评】本题所有的分析几乎都是通过总供给曲线的数学表达式把物价和产出联系起来的。读者在处理类似问题的时候也应该学习这种技巧。

7. 假定经济的菲利普斯曲线是 $\pi = \pi_{-1} - 0.5(u - u^n)$,而且自然失业率是过去两年失业的平均数:

$$u^n = 0.5(u_{-1} + u_{-2})$$

a. 为什么自然失业率可能取决于最近的失业(如前面方程中所假设的那样)?

b. 假定美联储遵循永久性地降低通货膨胀 1 个百分点的政策。随着时间的推移,该政策对失业率有什么效应?

c. 这个经济中的牺牲率是多少?请解释。

d. 这些方程式对通货膨胀与失业之间的短期和长期取舍关系意味着什么?

【重要级别】4   【难度级别】4

【考查要点】菲利普斯曲线,反通货膨胀,滞后性与自然率假说

【参考答案】该模型中,自然失业率是过去两年中失业的平均数,因此,如果衰退提高了某一年的失业率,那么自然失业率也会提高。这说明了该模型表现出了滞后性:短期的周期性失业影响长期的自然失业率。

a. 由滞后性理论,自然失业率取决于最近的失业,至少有以下两个原因。

第一,近期的失业率可能影响摩擦性失业的水平。失业工人可能失去工作技能而更难找到工作,也可能失去寻找工作的热情而不易努力找工作。

第二,近期失业率可能影响等待性失业的水平。如果在劳务谈判中局内人比局外人更有发言权,那么局内人可能会提高工资水平。这样,工作岗位就会变少。这种情况在工业企业和工会的谈判中很容易发生。

b. 如果美联储持续 1% 的低通货膨胀,在第一个时期内,由菲利普斯曲线可得:

$$\pi_1 - \pi_0 = -1 = -0.5(\mu_1 - \mu_1^n) \Rightarrow$$
$$(\mu_1 - \mu_1^n) = 2$$

也就是说,我们要有比初始自然失业率 μ_1^n 高出 2 个百分点的失业率。然而在下一个时期,由于周期性失业率的提高,自然失业率也提高,新的自然失业率为:

$$\mu_2^n = 0.5(\mu_1 + \mu_1^n) = 0.5[(\mu_1^n + 2) + \mu_1^n]$$
$$= \mu_1^n + 1$$

因此,自然失业率上升 1 个百分点。如果美联储要把通货膨胀率保持在新的水平上,那么第二时期的失业率就应该等于新的自然失业率 μ_2^n,因此 $\mu_2 = \mu_2^n = \mu_1^n + 1$。

在以后的每个时期,失业率仍然要等于自然失业率。这个自然失业率绝不可能回到其最初水平。这点我们可以从下列的失业率得到:

$$\mu_3 = \left(\frac{1}{2}\right)\mu_2 + \left(\frac{1}{2}\right)\mu_1 = \mu_1^n + 1\frac{1}{2}$$

$$\mu_4 = \left(\frac{1}{2}\right)\mu_3 + \left(\frac{1}{2}\right)\mu_2 = \mu_1^n + 1\frac{1}{4}$$

$$\mu_5 = \left(\frac{1}{2}\right)\mu_4 + \left(\frac{1}{2}\right)\mu_3 = \mu_1^n + 1\frac{3}{8}$$

失业率总是处在其最初自然失业率之上。实际上,我们发现失业率至少高于最初的自然失业率1个百分点。这样,为了使通货膨胀率降低1个百分点,在第一个时期失业水平提高2个百分点,而在随后的每一年中至少提高1个或更高的百分点。

c. 这个经济的牺牲率是4。因为失业一直等于其初始水平,产出总是低于其应有的水平,因此牺牲率是很大的。(又是高失业,又是低产出)

d. 如果没有滞后性,可以发现通货膨胀与失业在短期有交替关系而在长期没有。如果有滞后性,在长期通货膨胀与失业也有交替关系:即若要降低通货膨胀,失业必须持续升高。

8. 一些经济学家相信税收对劳动供给有重要的影响。他们认为,更高的税收使人们想工作得更少,更低的税收使人们想工作得更多。考虑这种影响如何改变税收变动的宏观经济分析。

a. 如果这种观点正确,减税如何影响自然产出水平?

b. 减税如何影响总需求曲线?如何影响长期总供给曲线?如何影响短期总供给曲线?

c. 减税对产出和价格水平的短期影响是什么?你的回答与没有题中所述的劳动供给影响的情况有什么不同?

d. 减税对产出和价格水平的长期影响是什么?你的回答与没有题中所述的劳动供给影响的情况有什么不同?

【重要级别】3   【难度级别】4

【考查要点】总供给模型

【参考答案】a. 减税会使得产出的自然率上升。因为产出自然率是由生产函数 $\bar{Y} = F(\bar{K}, \bar{L})$ 决定的。如果减税提高工人的努力程度,那么 $\bar{L}$ 提高,就提高了产出自然率。

b. 因为减税使可支配收入增加,进而消费增加,总需求曲线向外移动;并且减税使产出自然率升高,使长期总供给曲线也向外移动。

减税对短期总供给曲线(SRAS)的影响取决于你使用的是哪一种模型。劳动供给曲线会外移,因为在任何给定的实际工资水平下工人愿意提供更多的劳务,然而劳动需求曲线不变。在黏性工资或黏性价格模型中,雇佣的劳动数量是由需求决定的,所以SRAS

曲线没有移动。相比之下，信息不完全模型假设劳动市场总是出清的，所以更大的劳动供给立即引起更高的就业，SRAS 曲线外移。

c. 如果我们使用黏性工资和黏性价格模型，那么短期分析与没有劳动供给影响的传统模型是一样的。也就是说，当短期总供给不变时，因为总需求的上升，产出和价格都上升。如果使用信息不完全模型，短期总供给曲线向外移动，对比其他传统模型，减税在该模型中更具有产出扩张和降低通货膨胀的作用。图 14.12 说明了在上述两种模型中减税对经济的影响，点 A 是初始均衡状态，点 SW 是黏性工资模型中新的均衡状态，点 II 是不完全信息模型的新的均衡点。

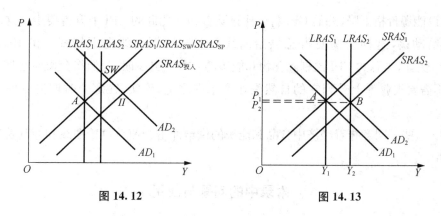

图 14.12　　　　　图 14.13

d. 如图 14.13 所示，在长期，减税会使产出增加，对物价水平的影响不确定。在没有劳动供给效应的情况下，减税使产出增加。

【科兴点评】找到税收如何影响 AS-AD 模型中的变量，继而通过移动曲线就能得到答案了。

9. 登录劳工统计局网站(www.bls.gov)。找出过去 5 年的每一年用包括所有产品的消费者价格指数衡量的通货膨胀率[有时被称为整体通货膨胀(headline inflation)]和用剔除食品和能源的 CPI 衡量的通货膨胀率[有时被称为核心通货膨胀(core inflation)]。比较通货膨胀的这两个衡量指标。为什么它们可能不同？关于总供给曲线的移动和短期菲利普斯曲线的移动，这些差别可能告诉你什么？

【重要级别】3　　　　　【难度级别】3

【考查要点】菲利普斯曲线

【参考答案】(1) 从劳工统计局网站(www.bls.gov)上，有多种方法获得消费者价格指数(CPI)数据。我所使用的方法(2002 年春)是先链接到消费者价格指数，再链接到最近的(当前的)经济新闻发布。我获得了一张目录表，并且使用第一个链接获得了消费者价格指数摘要(这个链接地址是 http://www.bls.gov/news.release/cpi.nr0.htm)。信息发布的中间是一张表明 1996—2001 年"截止于每年 12 月份的变化百分比"表格，表格如下：

年份	1996	1997	1998	1999	2000	2001
总的 CPI	3.3	1.7	1.6	2.7	3.4	1.6
排除食物和能源的 CPI	2.6	2.2	2.4	1.9	2.6	2.7

（2）我们可以发现，总的 CPI 很明显比排除食物和能源的 CPI 更不稳定。例如，总的 CPI 从 1998—1999 年急剧上升，从 2000—2001 年急剧下降（而剔除食物和能源的 CPI 并没有明显的趋势）。两者的不同反映了高度易变的食物价格特别是能源价格的震荡。

假设能源价格下降，总的 CPI 将会比排除食物和能源的 CPI 上升得要少。这表明了一种供给动荡，这种动荡使得总供给曲线和菲利普斯曲线向下转变。在 1997 年和 1998 年，例如，当总的 CPI 比剔除食物和能源的 CPI 上升少时，我们将会预期通货膨胀的下降，不需要失业率上升到它的自然失业率水平之上，确实，在那个时期失业率一直在下降。

（3）这些不同意味着经济中食品和能源的供给冲击会使总供给曲线和菲利普斯曲线移动。①

附录中的问题与应用

1. 让我们考虑这一大型模型的更多特例。从这个综合模型开始，你需要作出哪些额外的假设才能得到以下的每一个模型：

a. 第 6 章附录中的古典大型开放经济模型。

b. 第 11 章前半部分的凯恩斯交叉。

c. 第 13 章附录中的大型开放经济的 IS-LM 模型。

【重要级别】3   【难度级别】4

【考查要点】大型综合性模型

【参考答案】a. 为了得到第 6 章附录中的古典开放经济模型，需要做以下假设：$P^e = P$，$L(i, Y) = (1/V)Y$，并且 $CF = CF(r - r^*)$，以及无弹性的国际资本流动。

b. 要得到第 11 章前半部分的凯恩斯交叉，应该具备的条件为：经济是封闭的，所以 $CF(r-r^*)=0$；$I(r)=I$，所以投资是外生给定的；并且 α 是无穷的，所以短期的总供给曲线是水平的。在这种特殊情况下，产出单独由商品和劳务决定。

c. 为了得到第 13 章附录中开放经济的 IS-LM 模型，需要有以下假设：α 是无穷的，并且 $CF=CF(r-r^*)$ 是无限弹性的。在这种情况下，短期的总供给曲线是水平的，而资本流动对国内外利率差的反应不是很强烈。

【科兴点评】注意几个经济模型之间的联系和相关假设。

---

① 数据已经陈旧，但美国劳工统计局网站已无法登陆，仅供参考。

【补充训练】

1. 价格水平的非预期上升会使向上倾斜的总供给曲线移动,而价格水平预期中的上升则只会是均衡点沿原总供给曲线移动。( )

【重要级别】2　　　　　　　　【难度级别】2

【考查要点】总供给模型

【参考答案】错误。向上倾斜的总供给曲线方程式为 $Y=\bar{Y}+\alpha(P-P^e)$。式中,只有 Y 和 P 是内生变量,$\bar{Y}$、α、P^e 均为外生变量。内生变量(如实际物价水平 P)的变化会导致曲线上的点沿原曲线移动;外生变量(如预期物价水平 P^e)的变化会导致曲线位置的改变。因此,价格水平的非预期上升(即 P 上升)会使均衡点沿原总供给曲线右移;价格水平预期中的上升(即 P^e 上升)会使原总供给曲线向左移。

2. 假定某国为了把通货膨胀率从 30% 降低到 5%,使得失业率从 2% 增加到了 17%,且奥肯定律表示失业率每增加 1 个百分点,GDP 损失 2 个百分点,则该经济中降低通货膨胀率的牺牲率为 0.6。( )

【重要级别】2　　　　　　　　【难度级别】2

【考查要点】反通货膨胀/牺牲率

【参考答案】错误。失业率增加了 15%,根据奥肯定律,GDP 损失了 2×15%=30%,通货膨胀率降低了 25%,所以牺牲率=30%/25%=1.2。

【科兴点评】本题展示了牺牲率也可以用失业率来表示,但要注意计算方法。

3. 在下列选项中,可能造成总供给曲线向右上方倾斜的是( )。

A. 在所有产品提价时,劳动者认识到自己生产的产品的相对价格没有发生变化

B. 政府实行投资津贴政策

C. 政府扩大基础设施建设

D. 物价黏性

【重要级别】3　　　　　　　　【难度级别】2

【考查要点】总供给模型

【参考答案】D。提示:A 选项,工人认识到相对价格未变从而信息是相对完全的,这就有可能使总供给曲线不向右上方倾斜;B 选项,作为总供给模型的外生变量,可能引起总供给曲线向右下方移动;C 选项是对总需求的影响。

4. 在治理通货膨胀时,如果采用"冷火鸡"式,就意味着政府需要较长的时间来治理通货膨胀,将其降到所需要的状态。( )

【重要级别】2　　　　　　　　【难度级别】2

【考查要点】反通货膨胀/牺牲率

【参考答案】错误。治理通货膨胀的方式一般有两种:"冷火鸡"式和渐进式。前者是

指在较短时间内把通货膨胀降下来,即以较高的失业率和较短的时间来降低通货膨胀,这将造成较大规模的经济衰退,又叫激进主义。而后者则是以较小的失业和较长的时间来降低通胀,这种方式一般不会对经济与自然失业率偏离太远。

5. 假设一个经济有以下的菲利普斯曲线:$\pi = \pi_{-1} - 0.4(u - 0.05)$,描述短期和长期菲利普斯曲线的形状。

【重要级别】3 　　　　　　　【难度级别】2

【考查要点】菲利普斯曲线

【参考答案】自然失业率是指通货膨胀率与预期通货膨胀率不发生偏离时的失业率。在本题中,预期通货膨胀率等于上一期的实际通货膨胀率。因此,假设 $\pi = \pi_{-1}$,则可得自然失业率为5%。

描述短期菲利普斯曲线的形状。短期内,预期通货膨胀率固定在前一期通货膨胀水平 π_{-1}。因此,短期菲利普斯曲线的形状是:以失业率为横坐标、通货膨胀率为纵坐标,斜率为 -0.4,并且经过点 $(0.05, \pi_{-1})$ 的一条直线。

描述长期菲利普斯曲线的形状。长期内,预期通货膨胀率等于实际通货膨胀率,即 $\pi = \pi_{-1}$,从而产出和失业等于其自然率。因此,长期菲利普斯曲线是失业率为5%的一条垂线。

【科兴点评】区分短期和长期菲利普斯曲线的形状取决于预期通货膨胀率与实际通货膨胀率的差别。

15 一个经济波动的动态模型

【学习精要】

一、学习重点

1. AD-AS 模型的五个方程
2. 动态总供给曲线
3. 动态总需求曲线
4. 动态 AD-AS 短期均衡

二、知识脉络图

一个总供给和总需求的动态模型
- 模型要素
  - 对产品与服务的需求
    $Y_t = \bar{Y}_t - \alpha(r_t - \rho) + \varepsilon_t$
  - 实际利率：费雪方程
    $r_t = i_t - E_t \pi_{t+1}$
  - 通货膨胀：菲利普斯曲线
    $\pi_t = E_{t-1}\pi_t + \phi(Y_t - \bar{Y}_t) + v_t$
  - 预期的通货膨胀：适应性预期
    $E_t \pi_{t+1} = \pi_t$
  - 名义利率：货币政策规则
    $i_t = \pi_t + \rho + \theta_\pi(\pi_t - \pi_t^*) + \theta_Y(Y_t - \bar{Y}_t)$
- 模型求解
  - 动态总需求曲线
  - 动态总供给曲线
  - 短期均衡与长期均衡
- 运用模型 → 长期增长、总供给冲击、总需求冲击、货币政策变动
- 产出可变性和通货膨胀可变性之间的权衡
- 泰勒原理与泰勒规则

三、理论精要

▶ 知识点一 模型的要素

1. 对产品与服务的需求方程

$$Y_t = \bar{Y}_t - \alpha(r_t - \rho) + \varepsilon_t$$

式中，$\bar{Y}_t$ 为经济的自然产出水平；Y_t 为产品与服务的总产出；r_t 为实际利率；ε_t 为随机的需求冲击，可以是影响对产品与服务的需求的财政政策的变化，也可以是消费者的消费观念的变化等；α 代表需求对实际利率的变化有多敏感；ρ 是在没有任何冲击是对产品与服务的需求等于自然产出水平所对应的实际利率。

这个方程显示了实际利率和对产品与服务的需求 Y_t 之间的负相关关系。

2. 实际利率：费雪方程

$$r_t = i_t - E_t \pi_{t+1}$$

式中，$E_t\pi_{t+1}$ 代表时期 t 形成的对时期 $t+1$ 的通货膨胀的期望，变量 r_t 是事前实际利率。

3. 通货膨胀：菲利普斯曲线

$$\pi_t = E_{t-1}\pi_t + \phi(Y_t - \bar{Y}_t) + v_t$$

式中，通货膨胀率 π_t 取决于预期通货膨胀 $E_{t-1}\pi_t$；$Y_t - \bar{Y}_t$ 衡量产出对其自然水平的偏离；参数 ϕ 既反映了边际成本对经济活动状态的反应有多大，又反映了企业通过调整价格对成本的变化所作出的反应有多快；供给冲击 v_t 刻画了通货膨胀预期和短期经济条件以外的所有影响通货膨胀的因素，如石油价格的推高从而增加全面的通货膨胀。

4. 预期的通货膨胀：适应性预期

$$E_t \pi_{t+1} = \pi_t$$

假定人们急于用观察到的通货膨胀来形成其通货膨胀预期，这个假设并没有考虑在前面所涉及的理性预期，但用这个方法依然可以得到很多有用的结论。

5. 名义利率：货币政策规则

$$i_t = \pi_t + \rho + \theta_\pi(\pi_t - \pi_t^*) + \theta_Y(Y_t - \bar{Y}_t)$$

式中，π_t^* 代表中央银行的通货膨胀目标，θ_π 与 θ_Y 是两个关键的政策参数，这两个参数会影响到动态总供给曲线的斜率，同时其取值的大小会影响最后的政策效果。θ_π 越大，中央银行对通货膨胀偏离目标值的反应越敏感；θ_Y 越大，中央银行对收入偏离其自然水平的反应越敏感。

将上述方程转变形式可得 $i_t - \pi_t = \rho + \theta_\pi(\pi_t - \pi_t^*) + \theta_Y(Y_t - \bar{Y}_t)$，若采用适应性预期，则会有：

$$i_t - \pi_t = r_t = \rho + \theta_\pi(\pi_t - \pi_t^*) + \theta_Y(Y_t - \bar{Y}_t)$$

同时，ρ 是自然利率，当通货膨胀率或者产出偏离其自然水平时，中央银行会通过调节其名义利率来对实际利率进行调整，从而对产品与服务的需求形成影响，进行宏观调控。

6. 要素方程中的参数和变量

内生变量：	外生变量：	荷定变量	参数：
Y_t	$\bar{Y}_t$	π_{t-1}	α
π_t	π_t^*		ρ
r_t	ε_t		ϕ
i_t	v_t		θ_π
$E_t\pi_{t+1}$			θ_Y

▶ 知识点二 建立动态 AD-AS 模型

1. 动态总供给模型

由菲利普斯方程 $\pi_t = E_{t-1}\pi_t + \phi(Y_t - \bar{Y}_t) + v_t$ 和费雪方程 $r_t = i_t - E_t\pi_{t+1}$ 可以推导出以 Y_t 和 π_t 为变量的动态总供给方程：$\pi_t = \pi_{t-1} + \phi(Y_t - \bar{Y}_t) + v_t$。这条曲线的斜率为 ϕ 恒为正，是向上倾斜的，反映了菲利普斯曲线：其他条件相同时，经济活动的高水平和高通货膨胀相联系。

如图 15.1 所示，DAS 曲线是在过去的通货膨胀率 π_t、自然产出水平 $\bar{Y}_t$ 和供给冲击 v_t 的取值给定的情况下作出的。如果这三个变量的任何一个改变了，则 DAS 曲线就会移动。

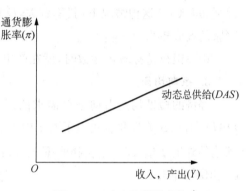

图 15.1 动态总供给曲线

2. 动态总需求曲线

联合本模型中的四个方程：

$$E_t\pi_{t+1} = \pi_t$$
$$r_t = i_t - E_t\pi_{t+1}$$
$$Y_t = \bar{Y}_t - \alpha(r_t - \rho) + \varepsilon_t$$
$$i_t = \pi_t + \rho + \theta_\pi(\pi_t - \pi_t^*) + \theta_Y(Y_t - \bar{Y}_t)$$

可得出动态总需求曲线：

$$Y_t = \bar{Y}_t - \frac{\alpha\theta_\pi}{1+\alpha\theta_Y}(\pi_t - \pi_t^*) + \frac{1}{1+\alpha\theta_Y}\varepsilon_t,$$

如图 15.2 所示。

这条曲线的斜率 $-(\alpha\theta_Y+1)/\alpha\theta_\pi$ 恒为负，所以是向下倾斜的，从机制方面来探讨其向下倾斜的原因为：当通货膨胀上升时，中央银行采用其规则，通过提高名义利率来做出反应。由于该规

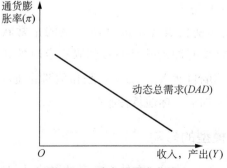

图 15.2 动态总需求曲线

则指定中央银行提高名义利率的量要超过通货膨胀增加的量,实际利率也随之上升。实际利率的上升降低了产品与服务的需求,通过中央银行政策而产生的通货膨胀与需求数量之间的这种负相关,使得动态总需求曲线向下倾斜。DAD 曲线是在自然产出水平 $\bar{Y}_t$、通货膨胀目标 π_t^* 和需求冲击 ε_t 为常数的情况下作出来的。如果这三个变量中的任何一个改变,DAD 曲线会发生移动。

同时,由于动态总需求曲线的斜率中的 θ_Y 和 θ_π 是由中央银行选择的,而在选择的过程中会有产出可变性和通货膨胀可变性之间的权衡。

一方面,假定中央银行设定利率时对通货膨胀的反应较强(θ_π 大)而对产品的反应较弱(θ_Y 小)。这种情况下,斜率较小,DAD 较平坦。即通货膨胀的一个较小改变对产出就有一个较大的效应,供给冲击对产出的效应较大而对通货膨胀的效应较小。

另一方面,假定中央银行设定利率时对通货膨胀的反应较弱(θ_π 小)而对产品的反应较强(θ_Y 大)。这种情况下,斜率较大,DAD 较陡峭,供给冲击对产出的效应较小,对通货膨胀的效应较大。

中央银行选择政策参数时,就在产出可变性和通货膨胀可变性之间权衡。

3. 短期均衡

经济的短期均衡由动态总需求曲线和动态总供给曲线的交点决定,在任意时期 t,DAD 和 DAS 方程联合决定了两个内生变量:通货膨胀 π_t 和产出 Y_t。方程组的解取决于其他的外生变量:前期通货膨胀率 π_{t-1}、自然产出水平 $\bar{Y}_t$、目标通货膨胀率 π_t^*、需求冲击 ε_t 和供给冲击 v_t。

短期均衡的产出水平可能低于其自然产出水平,也可能高于其自然水平,或者正好与其相等。同时,短期均衡决定的不只是产出水平,还有通货膨胀率,影响下一期动态供给曲线的位置。

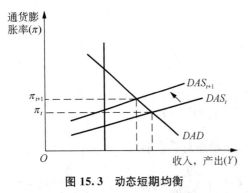

图 15.3 动态短期均衡

如图 15.3 所示,在 t 时期,DAS_t 由前期通货膨胀率 π_{t-1} 影响,与总需求曲线相互作用形成了本期通货膨胀率 π_t;而在 $t+1$ 期,DAS_{t+1} 由 π_t 影响在原 DAS_t 曲线基础上进行移动,与总需求曲线作用形成了当期的通货膨胀率 π_{t+1}。以此类推,直至达到长期均衡为止。

4. 长期均衡

长期均衡代表经济波动所围绕的正常状态,也就是没有冲击并且通货膨胀稳定时的状态。在长期均衡的情况下,产出和实际利率等于它们的自然水平,通货膨胀和预期的通货膨胀等于通货膨胀的目标值,名义利率等于自然利率加上目标通货膨胀率。

▶ 知识点三 外生变量变动对动态 *AD-AS* 模型的影响

为了简化起见,假设经济总是从长期均衡开始,然后受到一个外生变量的影响,同时假设其他外生变量保持不变。

1. 长期增长

由于人口的增长、资本积累和技术进步,经济的自然产出水平随着时间而变化。由于变量既影响 DAD 又影响 DAS,两条曲线都发生移动。实际上,它们都向右移动,移动的大小正好是增加的数量,且通货膨胀率没有变化。

当自然产出水平增加时,经济能够生产出更多的产品,这由 DAS 的右移来表示(见图 15.4)。同时,自然产出水平的增加使人们变得更加富裕,在其他条件相同的情况下,人们会购

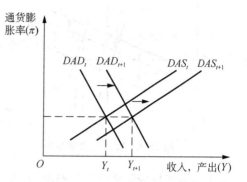

图 15.4 自然产出水平的增加

买更多的产品与服务。DAD 的右移代表供给和需求的同时移动增加了经济的产出,而没有给通货膨胀向上或向下的压力。因此,经济能够实现长期的增长和稳定的通货膨胀率。

2. 总供给冲击

(1) 给定一个正的总供给冲击 v_t,该冲击维持一个时期。在时期 t,冲击发生,动态总供给曲线从 DAS_{t-1} 上移到 DAS_t。DAD 曲线保持不变。因此,经济沿着动态总需求曲线从 A 点到 B 点。如图 15.5 所示,通货膨胀率上升到 π_t,产出降低至 Y_t。在时期 $t+1$,供给冲击消失,此时,由于预期的通货膨胀变高,使得 DAS 下降的幅度会小于在 t 时期的上升幅度,从 DAS_t 下降到 DAS_{t+1}。经济沿着动态总需求曲线从 B 点到 C 点,通货膨胀下降为 π_{t+1},产出上升至 Y_{t+1}。

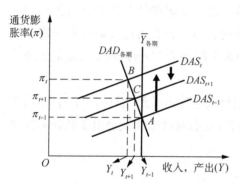

图 15.5 暂时性供给冲击

当总供给曲线在 DAS_{t+1} 时,在方程中的前期预期通货膨胀率为 π_t,形成的新通货膨胀率是 π_{t+1},小于原来的预期 π_t,从而形成新的预期通膨率,使得 DAS 进一步下降,直至最后达到长期均衡,使得预期通货膨胀率等于形成的实际通货膨胀率。

在遭遇供给冲击的时期,产出降到最低值,通货膨胀率达到最高,同时此时由于货币政策,使得名义利率和实际利率也到达最高。冲击消失至经济恢复的期间,产出逐渐增长至自然水平;通货膨胀率逐渐降至最初的水平,即目标通货膨胀率;实际利率逐渐降至自然利率;名义利率逐渐降至自然利率与目标通货膨胀率之和。

(2) 如果对经济的供给冲击是永久的,那么由上述暂时性供给冲击可进行推断,若仍然采取原有的货币规则不会使经济体恢复均衡,那么在这种情况下,改变中央银行的货币规则,对目标通货膨胀率 π_t^* 和 θ_π、θ_Y 进行修改才有可能使经济体恢复均衡。

3. 总需求冲击

(1) 假设一个对总需求为 2 个时期的正的总需求冲击。如图 15.6 所示,在时期 t,冲击发生,动态总需求曲线由 DAD_{t-1} 右移到 DAD_t,此时动态总供给曲线不移动,因此,经济沿着动态总供给曲线由 A 移动到 B,产出增加至 Y_t,通货膨胀率上升至 π_t。在时期 $t+1$,由于这个冲击维持两个时期,所以,动态总需求曲线与 t 时期相同,而总供给曲线

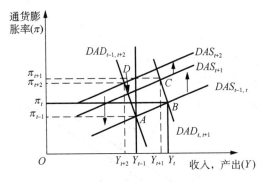

图 15.6 暂时性需求冲击

由于预期通货膨胀率的上升而由 $DAS_{t-1,t}$ 上移至 DAS_{t+1},经济沿着总需求曲线由 B 点移动到 C 点,产出减少,通货膨胀率增加。在时期 $t+2$,需求冲击消失,总需求曲线回到原来的位置 DAD_{t-1},同时总供给曲线由于预期通货膨胀率的增加而继续上升至 DAS_{t+2},经济由 C 点移动到 D 点,此时产出会减少至 Y_{t+2},通货膨胀下降至 π_{t+2}。在以后的时期里,由于在 $t+2$ 期实际形成的通货膨胀小于其预期,使得 DAS 逐渐下移,直到恢复至原来的长期均衡位置 A。

事实是,并不是在 $t+2$ 时期,通货膨胀率随着动态总需求曲线的下降和总供给曲线的上升会变小,从而产生一种使经济恢复长期均衡的力量。也可能此时通货膨胀率依然高于预期,那么这时可以通过改变目标通货膨胀率来影响 DAD 的移动,从而促进经济达到均衡。

(2) 假定一个对总需求正的永久性冲击与暂时性需求冲击类似,但在 $t+2$ 时期,由于冲击是永久的,所以 DAD 曲线不会下移至初始位置,动态总供给曲线会由于预期通胀率的增大而不断上移。

4. 货币政策变动的冲击

如图 15.7 所示,原目标通货膨胀为 π_{t-1},在 t 期,改变原货币政策,设定新的目标通货膨胀率为 $\pi_{终}$,小于原来的通货膨胀率,则动态总需求曲线由 DAD_{t-1} 变为 $DAD_{t,t+1\cdots}$,而动态总供给曲线不变,经济沿着 DAS_{t-1} 由 A 点移动到 B 点,通货膨胀率由 π_{t-1} 下降到 π_t,自然产出也下降到自然产出水平以下。在 t 期形成预期通货膨胀率 π_t 小于原来的预期通货膨胀率 π_{t-1},从而使总供给曲线下移,继而产生新的低于前期的通货膨胀率和预期通货膨胀率,使得总供给曲线一直下移到 Z 点,形成新的长期均衡。在 Z 点,产出等于自然产出,通货膨胀率和预期通货膨胀率都等于新的目标通货膨胀率。

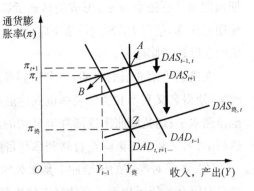

图 15.7 目标通货膨胀降低

知识点四 泰勒规则和泰勒原理

1. 泰勒规则

经济学家约翰·泰勒为联邦基金利率提出了如下的规则：

名义联邦基金利率＝通货膨胀＋2.0＋0.5×（通货膨胀－2.0）＋0.5×GDP 缺口

GDP 缺口是实际 GDP 偏离其自然水平的估计值的百分比，如果 GDP 超出其自然水平，则 GDP 缺口为正，如果低于其自然水平，则 GDP 缺口为负。

2. 泰勒原理

货币规则方程为 $i_t=\pi_t+\rho+\theta_\pi(\pi_t-\pi_t^*)+\theta_Y(Y_t-\bar{Y}_t)$，由于假设两个政策参数都大于零，通货膨胀率 π_t 上升 1 个百分点引起名义利率 i_t 上升 $1+\theta_\pi$，即无论通货膨胀率何时上升，中央银行提高名义利率的量都会更大。

假定货币政策参数将小于零，则动态总需求曲线的斜率－$(\alpha\theta_Y+1)/\alpha\theta_\pi$ 为正，DAD 将向上倾斜，最终将导致不稳定的通货膨胀率。如图 15.8 所示，假定在时期 t 对总需求的一次性正向冲击，动态总需求曲线向右移动至 DAD_t，经济从 A 点移动到 B 点，产出和通货膨胀率上升。在 $t+1$ 时期，由于更高的通货膨胀率提高了预期通货膨胀率，动态总供给曲线向上移动到 DAS_{t+1}，同时由于需求冲击消失，动态总

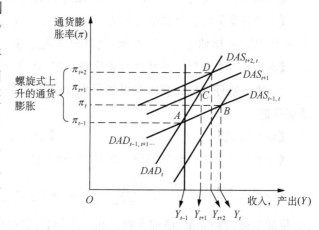

图 15.8 泰勒原理的重要性

需求曲线回到原位置，经济从 B 点移动到 C 点。但由于假定动态总需求曲线向上倾斜，产出仍然会高于其自然水平，通货膨胀率再次上升，使得 DAS 曲线在下一时期进一步上移，经济移动到 D 点……通货膨胀率继续上升，看不到尽头。

动态 AD-AS 模型导致了一个结论即泰勒原理：为了稳定通货膨胀率，对于通货膨胀率上升，中央银行必须通过将名义利率提高更多来应对。

【习题解析】

一、关键概念

1. 泰勒规则：使实际联邦基金利率（即名义利率减通货膨胀率）对通货膨胀率和 GDP 缺口做出反应。根据这一规则，当通货膨胀率为 2%、GDP 等于其自然率时，实际联邦基

金利率等于 2%。通货膨胀率在 2% 以上每上升 1 个百分点,实际联邦基金利率上升 0.5 个百分点。GDP 在其自然率以下每下降 1 个百分点,实际联邦基金利率下降 0.5 个百分点。如果 GDP 的增长高于其自然率,则 GDP 缺口是负的,实际联邦基金利率相应地上升。

2. 泰勒原理:为了稳定通货膨胀率,对于通货膨胀率上升,中央银行必须通过将名义利率提高更多来应对。

二、复习题

1. 在一幅仔细标记横轴和纵轴的图上作出动态总供给曲线。解释为什么它的斜率是那样的。

【重要级别】2 　　　　　　　　【难度级别】2

【考查要点】建立动态 AD-AS 模型/动态总供给曲线

【参考答案】动态总供给方程为 $\pi_t = E_{t-1}\pi_t + \phi(Y_t - \bar{Y}_t) + v_t$,如图 15.1 所示,纵轴为通货膨胀率,横轴为收入和产出,则其斜率应为 ϕ 大于零。

【科兴点评】了解动态总供给曲线的方程,注意横纵坐标的标记。

2. 在一幅仔细标记横轴和纵轴的图上作出动态总需求曲线。解释为什么它的斜率是那样的。

【重要级别】2 　　　　　　　　【难度级别】2

【考查要点】建立动态 AD-AS 模型/动态总需求曲线

【参考答案】$Y_t = \bar{Y}_t - \frac{\alpha\theta_\pi}{1+\alpha\theta_Y}(\pi_t - \pi_t^*) + \frac{1}{1+\alpha\theta_Y}\varepsilon_t$ 为动态总需求方程,如图 15.2 所示,纵轴为通货膨胀率,横轴为收入和产出,则其斜率应为 $-(\alpha\theta_Y+1)/\alpha\theta_\pi$。

【科兴点评】了解动态总需求曲线的方程,注意横、纵坐标的标记。

3. 中央银行新行长决定将目标通货膨胀率从 2% 提高到 3%。用一幅动态 AD-AS 模型图来表示这一变化的影响。这一政策变动刚刚发生时,名义利率会发生什么变化?在长期,名义利率会发生什么变化?请解释。

【重要级别】3 　　　　　　　　【难度级别】3

【考查要点】外生变量变动对动态 AD-AS 模型的影响/货币政策变动的冲击

【参考答案】假定在时期 $t-1$,经济体处于长期均衡,如图 15.9 所示,在 t 时期,货币政策发生改变,原来的目标通货膨胀率为 π_{t-1},现更改为 π_t,则动态总供给曲线由 DAD_{t-1} 右移到 DAD_t,经济沿着动态总供给曲线由 A 点移动到 B 点,产出增加,通货膨胀率增大。在 $t+1$ 时期,由于 t 期通货膨胀率变大而导致本期的预期通膨率变大,动态总供给曲线左移到 DAS_{t+1},动态总需求曲线不变。经济沿着总供给曲线由 B 点移动到 C 点,通货膨胀率进一步增大,从而引起动态总供给曲线进一步左移。直至达到经济的长期均衡点 Z 点,此时通货膨胀率、目标通货膨胀率和预期通货膨胀率一致,产出为自然产出水平。当这一政策刚刚发生时,名义利率由 $i_t = \pi_t + \rho + \theta_\pi(\pi_t - \pi_t^*) + \theta_Y(Y_t - \bar{Y}_t)$ 确定,目标通货膨胀率变大,则在 t 期,名义利率变小,但在长期来看,最终通货膨胀率是要等于预期通货膨胀率,则名义利率 $i_\text{终} = \pi_\text{终} + \rho$ 是要大于初始的名义利率的。

【科兴点评】首先了解基本的动态 AD-AS 模型运动规律,其次是了解题意,弄清楚改变的外生变量时哪个,然后进行分析求解。

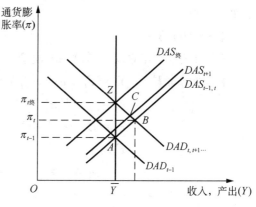

图 15.9 货币政策的改变

4. 中央银行新行长决定增加利率对通货膨胀率的反应。这一政策变动会如何改变经济对供给冲击的反应?通过图形来回答并给出更加直观的经济学解释。

【重要级别】3　　　　　　　　【难度级别】3

【考查要点】建立动态 AD-AS 模型/动态总需求曲线

【参考答案】动态总需求曲线方程为 $Y_t = \bar{Y}_t - \dfrac{\alpha\theta_\pi}{1+\alpha\theta_Y}(\pi_t - \pi_t^*) + \dfrac{1}{1+\alpha\theta_Y}\varepsilon_t$。斜率为 $-(\alpha\theta_Y + 1)/\alpha\theta_\pi$,中央银行新行长决定增加利率对通货膨胀率的反应,即增大 θ_π,则这样会使斜率变小、总需求曲线变得更平坦。假定经济本来处于长期均衡,则如图 15.10 所示,原本动态总需求曲线为 DAD_1,现在由于政策参数的改变,动态总需求曲线变为 DAD_2,这样,当发生一个同样正的供给冲击时,原来的政策环境下,经济沿着 DAD_1 由 A 点移动到 B 点,在现在的货币政策环境下,经济沿着 DAD_2 由 A 点移动到 C 点。在图中进行比较可得,通过增加利率对通货膨胀率的反应,在遇到供给冲击时,通货膨胀率变大的程度要比改变之前小,而产出减小的程度要比改变之前大。

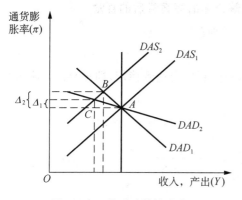

图 15.10 货币政策的改变

用更直观的经济学进行解释,当经济遇到推高通货膨胀的供给冲击时,中央银行的政策要求它用一个更高的利率做出有利的反应。急剧升高的利率显著降低了对产品与服务的需求,从而导致较大的衰退。衰退又抑制了冲击的通货膨胀影响,从而采取较高的参数 θ_π,经济通货膨胀较稳定,但是产出容易变动。

二、问题与应用

1. 推导动态 AD-AS 模型的长期均衡。假设没有需求或供给冲击($\varepsilon_t = v_t = 0$),通货膨胀率稳定($\pi_t = \pi_{t-1}$),利用(教材中)表 15.1 的五个方程求出模型中每个变量的值。写

出每一步骤。

【重要级别】3　　　　　　　　　【难度级别】2

【考查要点】建立动态 AD-AS 模型/长期均衡

【参考答案】

$$Y_t = \bar{Y}_t - \alpha(r_t - \rho) + \varepsilon_t \qquad ①$$

$$r_t = i_t - E_t\pi_{t+1} \qquad ②$$

$$\pi_t = E_{t-1}\pi_t + \phi(Y_t - \bar{Y}_t) + v_t \qquad ③$$

$$E_t\pi_{t+1} = \pi_t \qquad ④$$

$$i_t = \pi_t + \rho + \theta_\pi(\pi_t - \pi_t^*) + \theta_Y(Y_t - \bar{Y}_t) \qquad ⑤$$

$$\varepsilon_t = v_t = 0 \qquad ⑥$$

$$\pi_t = \pi_{t-1} \qquad ⑦$$

将④代入②，⑥代入①③，⑦代入③，可得：

$$Y_t = \bar{Y}_t - \alpha(r_t - \rho); \quad r_t = i_t - \pi_t; \quad \pi_t = E_{t-1}\pi_t + \phi(Y_t - \bar{Y}_t)$$

则可得：

$$Y_t = \bar{Y}_t; \quad r_t = \rho; \quad i_t = \pi_t + \rho$$

【科兴点评】理解并记住五个 AD-AS 模型要素方程，同时充分把握题意给出的已知条件进行求解。

2. 假定货币政策规则用了一个错误的自然利率。也就是说，中央银行采用的规则是：

$$i_t = \pi_t + \rho' + \theta_\pi(\pi_t - \pi_t^*) + \theta_Y(Y_t - \bar{Y}_t)$$

式中，ρ' 不等于商品需求方程中的自然利率 ρ。动态 AD-AS 模型的其他部分都和本章所讲到的相同。求出这一政策规则下的长期均衡。解释你的答案背后的直觉。

【重要级别】3　　　　　　　　　【难度级别】3

【考查要点】建立动态 AD-AS 模型

【参考答案】要达到长期均衡，则如上题所述，最终利率会达到稳定，即 $\pi_t = \pi_{t-1}$，同时没有需求或供给冲击，即 $\varepsilon_t = v_t = 0$。

动态总需求方程为

$$Y_t = \bar{Y}_t - \frac{\alpha\theta_\pi}{1+\alpha\theta_Y}(\pi_t - \pi_t^*) + \frac{1}{1+\alpha\theta_Y}\varepsilon_t \qquad ①$$

动态总供给方程为

$$\pi_t = \pi_{t-1} + \Phi(Y_t - \bar{Y}_t) \qquad ②$$

同时，利率稳定：

$$\pi_t = \pi_{t-1} \qquad ③$$

可得出长期均衡为：

$$Y_t = \bar{Y}_t;\ \pi_t = \pi_t^* + (\rho - \rho')/\theta_\pi;\ i_t = \pi_t^* + (\rho - \rho')/\theta_\pi + \rho$$

如图 15.11 所示,假定原来经济处于均衡状态,现在货币规则采用一个错误的自然利率会使得动态总需求曲线移动。现假设,货币规则采用一个大于实际的自然利率的错误自然利率,则在这期根据改变后的货币规则,名义利率会增大,实际利率也会增大,从而总需求减少,总需求方程下移,这与上述的总需求方程①一致。而由于预期通货膨胀率与实际通货膨胀率的不一致,使得总供给曲线不停下移,值得达到最终的长期均衡点 Z。最终的通货膨胀率会小于设

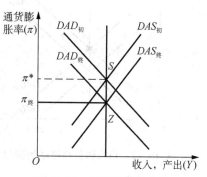

图 15.11 货币政策的变动

定的通货膨胀目标。原因是现在采用的自然利率大于实际值,若通货膨胀率等于目标通货膨胀率,实际利率会等于错误的自然利率,经济在此时是不会处于均衡的;而当通货膨胀率小于目标通货膨胀率时,为 $\pi_t = \pi_t^* + (\rho - \rho')/\theta_\pi$,中央银行按照货币政策规则使得 $i_t = \pi_t^* + (\rho - \rho')/\theta_\pi + \rho$,此时实际利率为正确的自然利率,经济可以维持均衡状态。

3. "如果中央银行想实现更低的名义利率,它就不得不提高名义利率。"解释这一说法在哪方面是有道理的。

【重要级别】2　　　　　　　　　　【难度级别】2

【考查要点】模型的要素/名义利率:货币政策规则

【参考答案】当中央银行提高名义利率时,自然利率保持不变,此时通货膨胀率还没来得及改变,实际利率增大,抑制了总需求,使得总需求减小,DAD 曲线下移,但 DAS 曲线尚未发生改变,从而经济沿着 DAS 曲线移动,产出减少,通货膨胀率降低。于是,人们的通货预期也会下降,使得动态总供给曲线一直下移,直至经济达到最终的长期均衡点。在这个长期均衡点处,产出等于自然产出水平,实际利率等于自然利率,通货膨胀率降低,而名义利率等于实际利率加上通货膨胀率也降低了。(可参考图 15.11)

4. 牺牲率是中央银行降低通货膨胀目标 1 个百分点所造成的产出累计损失。对于正文中模拟部分采用的参数(参见本章"参考资料"),所隐含的牺牲率是多少?请解释。

【重要级别】3　　　　　　　　　　【难度级别】2

【考查要点】外生变量变动对动态 AD-AS 模型的影响/货币政策变动的冲击

【参考答案】如图 15.12 所示,$\bar{Y}_t = 100$, $\pi_t^* = 2.0$, $\alpha = 1.0$, $\rho = 2.0$, $\phi = 0.25$, $\theta_\pi = 0.5$, $\theta_Y = 0.5$,则在 $t-1$ 期均衡点为 A、目标通货膨胀率没有改变时,动态总需求曲线代入数字为:$Y_t = 100 - (\pi_t - 2)/3$。此时经济为长期均衡,产出为自然产出,等于 100。

在 t 期,目标通货膨胀率改变为 1.0,则动态总需求曲线为:$Y_t = 100 - (\pi_t - 1)/3$　　①

动态总供给曲线为:$\pi_t = 2 + (Y_t - 100)/4$　　②

联立上述两式,在 t 期的短期均衡点 B,为 $Y_t = 1\,296/13$,$\pi_t = 25/13$。

在 $t+1$ 期中,动态总需求曲线保持不变,而动态总供给曲线随着预期通货膨胀率的

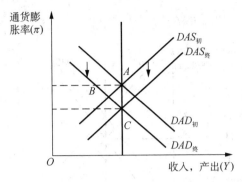

图 15.12 目标通货膨胀率的变化

改变而不断向下移动,直至达到最后的长期均衡点 C。

由于中央银行降低通货膨胀目标而引起的产出累计损失实际就是由三角形 ABC 的面积,AC 长度为1,B 点到自然产出线的垂直距离为 $(100-1\ 296/13)=4/13$,则三角形面积为 $2/13$。则隐含的牺牲率为 $2/13$。

5. 正文分析了对产品与服务需求的暂时冲击的情况。但是,现在假定 ε_t 永久增加。随着时间的推移,经济会发生什么变化? 特别地,通货膨胀率在长期是否会回到其目标? 为什么? (提示:求出没有 $\varepsilon_t=0$ 的假设下的长期均衡可能是有帮助的。)中央银行可能会如何改变它的政策规则来应对这一问题?

【重要级别】3 【难度级别】3

【考查要点】外生变量变动对动态 AD-AS 模型的影响/总需求冲击

【参考答案】如图 15.13 所示,初始时期,经济处于原有的长期均衡点 Z,发生一个正的永久性需求冲击,从而使得动态总需求曲线由 $DAD_初$ 上移到 $DAD_终$,这样的总需求增加会使通货膨胀率增加、产出增加,也使得实际利率和名义利率增加,经济沿着 $DAS_初$ 由 Z 点移动到 P 点。而在接下来的时期里,由于通货膨胀率的增加而使预期通货膨胀率增加,使得总供给曲线连续上移,直至最终达到长期均衡点 S。在这个过程中,产出逐渐减少,但通货膨胀率仍然不断拔高,实际利率逐渐减少。在其他条件不变的前提下,通货膨胀率

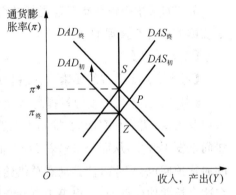

图 15.13 永久性需求冲击

不会回到原有的水平,因为对总需求的冲击是永久的,高的通货预期会一步一步拉高动态总供给曲线,直至最后到新的均衡点 S。若中央银行恢复原来的通货膨胀率,那么应该改变其货币政策参数,如进一步降低目标通货膨胀率。

6. 假定中央银行不满足泰勒原理;特别地,假设 θ_π 小于零,从而,虽然名义利率随通货膨胀上升而上升,但它上升的量小于通货膨胀上升的量。用一幅类似于(教材中)图 15.13 的图分析供给冲击的影响。这一分析与作为货币政策设计准则的泰勒原理相互矛盾还是强化了该原理?

【重要级别】3 【难度级别】4

【考查要点】泰勒规则和泰勒原理/泰勒原理

【参考答案】泰勒原理是为了稳定通货膨胀,对于通货膨胀的上升,中央银行必须通

过将名义利率上升得更多来应对。即货币政策θ_π大于零,不然,DAD曲线会向右上方倾斜,最终导致不稳定的通货膨胀率。

若θ_π小于零,则动态总需求曲线的斜率$-\dfrac{\alpha\theta_Y+1}{\alpha\theta_\pi}$大于零,DAD是向右上方倾斜的,假设经济体的动态AD-AS模型如图15.14所示。在$t-1$期,经济体处于长期均衡点A,在t期经济受到一个正的供给冲击,从而DAS向上移动1个单位,DAD保持不变。经济沿着DAD从A点移动到B点,产出增加,与$t-1$期相比,通货膨胀率上升超过1个单位。在$t+1$期,供给冲击消失,使得DAS向下移动1个单位,但由于预期通货膨胀率上升超过1个单位,最终DAS仍然会上升,从而使得在$t+1$期的通货膨胀率上升。之后,由于通货膨胀率和预期通货膨胀率不断上升,经济不能达到均衡。这一分析加强了作为货币政策设计准则的泰勒原理。

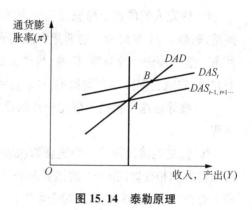

图15.14 泰勒原理

7. 正文假设自然利率ρ是一个常数。假定与之相反,它随着时间的推移而变化,因此现在可将它写成ρ_t。

　　a. 这一改变会如何影响动态总需求方程和动态总供给方程?

　　b. 对ρ_t的冲击会如何影响产出、通货膨胀、名义利率和实际利率?

　　c. 如果ρ_t随着时间的推移而变化,中央银行可能会面临什么样的实际困难?

【重要级别】3　　　　　　　　　【难度级别】3

【考查要点】建立动态AD-AS模型

【参考答案】a. 当自然利率为一个常数时,动态总需求曲线方程和动态总供给曲线方程中都是不含有自然利率的。在本题中,若自然利率是可以变动的,那么运用课本中的5个方程进行推断,仍会得到相同的结论,即两个动态方程中不包含变动的自然利率,不会对两个方程产生影响。

b. 例如,经济本来处于长期均衡状态,发生一个对ρ的冲击,那么由于两个动态曲线方程中都不包含这个变量,不会使经济偏离原均衡水平,也不会引起产出和通货膨胀的变化,产出仍等于自然产出水平,通货膨胀率仍等于目标通货膨胀率。但是名义利率$i_t=\pi_t+\rho_t+\theta_\pi(\pi_t-\pi_t^*)+\theta_Y(Y_t-\overline{Y}_t)$会由于自然利率的变化而发生改变。同样,实际利率等于自然利率也会发生变化。

c. ρ_t随着时间的推移而变化,我们学习到中央银行的货币政策是以自然利率为基础而对名义利率进行调节,从而达到调控宏观经济的目的。ρ_t不再是一个常数,且随时间的推移而变化,这意味着中央银行必须准确计量自然利率的各次变动,并相应地调整其货币政策。这会是一个非常大的难题,因为自然利率的测定本身就具有很大的不确定性。

【科兴点评】要解决这道题,应该对本章的核心知识动态AD-AS模型充分理解,对于各个外生变量的改变会如何影响内生变量有一个清晰的认识,充分利用图形来分析。

8. 假定人们的通货膨胀预期受到随机冲击的影响。也就是说,不再是简单的适应性预期,时期$t-1$对时期t的通货膨胀的预期$E_{t-1}\pi_t = \pi_{t-1} + \eta_{t-1}$,式中$\eta_{t-1}$是一个随机冲击。这一冲击一般为零,但是,当过去的通货膨胀以外的某些事件引起预期的通货膨胀变化时,它就会偏离零。类似地,$E_t\pi_{t+1} = \pi_t + \eta_t$。

a. 推导在这个稍微一般化一点的模型中的动态总需求DAD方程和动态总供给DAS方程。

b. 假定经济经历了一场通货膨胀恐慌(inflation scare)。也就是说,在时期t,由于某些原因人们相信时期$t+1$的通货膨胀将会更高,因此η_t大于零(只是在这个时期)。时期t的DAD曲线和DAS曲线会发生什么变化?该时期的产出、通货膨胀、名义利率和实际利率会发生什么变化?请解释。

c. 时期$t+1$的DAD曲线和DAS曲线会发生什么变化?该时期的产出、通货膨胀、名义利率和实际利率会发生什么变化?请解释。

d. 在接下来的时期里,经济会发生什么变化?

e. 在何种意义上,通货膨胀恐慌自我实现了?

【重要级别】3 【难度级别】4

【考查要点】建立动态AD-AS模型

【参考答案】a. 由于$E_t\pi_{t+1} = \pi_t + \eta_t$,使得动态总供给曲线方程和动态总需求曲线方程发生改变。动态DAD为:$Y_t = \bar{Y}_t - \alpha[\theta_\pi(\pi_t - \pi_t^*) + \theta_Y(Y_t - \bar{Y}_t) - \eta_t] + \varepsilon_t$。

动态DAS为:$\pi_t = \pi_{t-1} + \eta_{t-1} + \phi(Y_t - \bar{Y}_t) + v_t$。

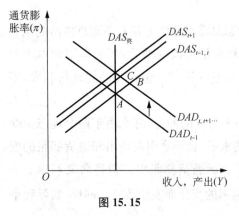

图15.15

b. 假定$t-1$期经济处于长期均衡点A,在t期,η_t不等于零,同时η_{t-1}仍然为零。由图15.15可知,动态DAS曲线由于η_{t-1}为零,所以不发生变化,而动态DAD曲线由于η_t大于零,从而向右上方移动,形成新的短期均衡点B。从A点到B点,产出增加;通货膨胀率上升;名义利率根据货币规则,由于通货膨胀率和产出的增加以及目标通胀率的不变而增加;实际利率等于名义利率减去通货膨胀率也是增加的。

c. 在$t+1$期,动态DAD由于本期没有发生其他引起预期通货膨胀变化的事件从而保持不变,$\pi_{t+1} = \pi_t + \eta_t + \phi(Y_{t+1} - \bar{Y}_{t+1}) + v_{t+1}$,由于$t$期的通货膨胀率上升,同时大于零,两者都会使得动态DAS向左上方移动,从而形成新的短期均衡C点。由B点到C点的过程中,产出减少;通货膨胀率上升;名义利率的变化不确定,因为$i_t = \pi_t + \rho + \theta_\pi(\pi_t - \pi_t^*) + \theta_Y(Y_t - \bar{Y}_t)$,$t+1$期的名义利率会因为当期的通货膨胀率上升和与目标通货膨胀率的偏离增大而有向上的趋势,但同时,由于 C 期的产出会小于 B 期的产出,从而使得名义利率有降低的趋势,则最终要视货币政策的参数来判定最终名义利率的变化;实际利率同样不确定。

d. 在接下来的时期里,由于没有发生引起预期通货膨胀变化的事件,动态 DAD 不变,而动态 DAS 曲线由于预期通货膨胀率的上升而不断向左上方移动,直至最后经济达到长期均衡点 D。在这个过程中,产出逐渐减小直至恢复自然产出水平,通货膨胀率不断上升,实际利率逐渐稳定在自然利率的水平。

e. 人们预期通货膨胀率会上升,即货币会贬值,这样会促进消费。

9. 利用动态 **AD-AS** 模型将通货膨胀表示成只包含滞后通货膨胀和供给与需求冲击的函数。(假设目标通货膨胀为常数。)

a. 根据你得到的方程,通货膨胀在冲击之后会回到其目标值吗?(提示:看一下滞后通货膨胀的系数。)

b. 假定中央银行不对产出的变化作出反应而只对通货膨胀的变化作出反应,从而 $\theta_Y = 0$。这一事实会怎样改变问题 a 的答案(如果会改变的话)?

c. 假定中央银行不对通货膨胀的变化作出反应而只对产出的变化作出反应,这一事实会怎样改变问题 a 的答案(如果会改变的话)?

d. 假定中央银行不遵从泰勒原理,而是对于通货膨胀每增加 1 个百分点只将名义利率提高 0.8 个百分点。在这种情况下,θ_π 的值是多少?需求或供给冲击会如何影响通货膨胀路径?

【重要级别】3 　　　　　　　　【难度级别】4
【考查要点】建立动态 AD-AS 模型
【参考答案】DAD 曲线方程为 $Y_t = \bar{Y}_t - \frac{\alpha \theta_\pi}{\alpha \theta_Y + 1}(\pi_t - \pi_t^*) + \frac{\varepsilon_t}{\alpha \theta_Y + 1}$,DAS 曲线方程为 $\pi_t = \pi_{t-1} + \phi(Y_t - \bar{Y}_t) + v_t$。联立两个方程可得:

$$\pi_t \left(1 + \frac{\alpha \theta_\pi}{\alpha \theta_Y + 1}\right) = \pi_{t-1} + \frac{\phi \varepsilon_t}{\alpha \theta_Y + 1} + \frac{\alpha \theta_\pi}{\alpha \theta_Y + 1} \pi_t^* + v_t \quad ①$$

同时令 $A = 1 + \frac{\alpha \theta_\pi}{\alpha \theta_Y + 1}$。

a. 假定在 $t-1$ 期,经济处于均衡状态,在 t 期经济体受到供给冲击。

(1) 且此次冲击是暂时的,此时 $\pi_{t-1} = \pi_t^*$,根据 ① 可以推知:$\pi_t = \pi_t^* + v_t/A$ 是大于原来的均衡通货膨胀率。

在 $t+1$ 期,同样利用①,可以得知:

$$\pi_{t+1} = \pi_t^* + v_t/A^2$$

……

则 $\pi_{t+n} = \pi_t^* + v_t/A^{n-1}$

由于 A 是大于 1 的,则易推知,在长期内,当时间足够久时,通货膨胀率能够回到其目标值。

(2) 假定此次冲击是永久的,则在 t 期利用,可以推知: $\pi_t = \pi_t^* + v_t/A$

在 $t+1$ 期,同样可以得知:

$$\pi_{t+1} = \pi_t^* + v_t/A^2 + v_t/A$$

……

则 $\pi_{t+n} = \pi_t^* + v_t/A^{n-1} + v_t/A^{n-2} + \cdots + v_t/A^2 + v_t/A = \pi_t^* + v_t \dfrac{1-(1/A)^{n-1}}{A-1}$

同上述,由于 A 大于 1,则在长期内,经济是可以回到均衡的,但是并不能回到原来的均衡值。

b. 根据题意,则 $\theta_Y = 0$,采用 a 中的方法会发现,A 仍然大于 1,则对通货膨胀的变化路径不会产生影响。

c. 根据题意,则 $\theta_Y = 0$,采用 a 中的方法会发现,A 等于 1。

(1) 若经济受到的供给冲击是暂时的,则根据 a 中的方法会发现,通货膨胀在经济体受到冲击后一直保持为 $\pi_t = \pi_t^* + v_t$ 不变。即经济体可以回到均衡,但是不能回到原来的均衡值。

(2) 若经济受到的冲击供给是永久的,则由 a 可推知: $\pi_{t+n} = \pi_t^* + nv_t$,即经济体不能回到一个均衡值,其通货膨胀会随着时间不断变大。

d. 通货膨胀率每增加一个百分点,中央银行只将名义利率提高 0.8 个百分点,则根据货币政策 $i_t = \pi_t + \rho + \theta_\pi(\pi_t - \pi_t^*) + \theta_Y(Y_t - \bar{Y}_t)$,可推出 $\theta_\pi = -0.2$,此时 A 是小于 1 的。

(1) 若经济受到的供给冲击是暂时的,采用 a 中的方法,得 $\pi_{t+n} = \pi_t^* + v_t/A^{n-1}$,由于 A 是小于零的,则这种货币政策的参数取值使得通货膨胀率不断增加,改变了原来的路径。

(2) 若经济受到的供给冲击是永久的,同理,可得 $\pi_{t+n} = \pi_t^* + v_t \dfrac{1-(1/A)^{n-1}}{A-1}$,同样,由于 A 的取值,使得通货膨胀率不断上升,经济不会回到原来的均衡值,路径被改变。

【补充训练】

1. 假定经济体原本处于长期均衡,在 t 期经济受到一个正的总供给冲击,使得产出增加,通货膨胀率上升,名义利率上升,实际利率上升。(　　)

【重要级别】2　　　　　　　【难度级别】2

【考查要点】外生变量变动对动态 AD-AS 模型的影响/总供给冲击

【参考答案】错误。当经济收到一个正的总供给冲击,会使 DAS 曲线向左上方移动,形成的短期均衡相对于原来的均衡,产出减少,通货膨胀率上升,名义利率上升,实际利率上升。

【科兴点评】对于总供给冲击和总需求冲击带给动态 AD-AS 模型的影响要了解。

2. 如果中央银行对通货膨胀不够有力,如应对通货膨胀 1 个百分点的上升使名义利率的提高小于 1 个百分点,经济会变得不稳定。(　　)

【重要级别】2　　　　　　　　【难度级别】1

【考查要点】外生变量变动对动态 AD-AS 模型的影响/总供给冲击

【参考答案】正确。如果应对通货膨胀 1 个百分点的上升使名义利率的提高小于 1 个百分点,根据货币规则 $i_t = \pi_t + \rho + \theta_\pi(\pi_t - \pi_t^*) + \theta_Y(Y_t - \bar{Y}_t)$ 可推知 θ_π 小于零,从而不满足泰勒原理,冲击会使通货膨胀螺旋式上升,失去控制。

3. 根据泰勒规则,GDP 缺口为 1.0,通货膨胀为 3.0,则中央银行规定的名义利率是(　　)。

A. 5.0　　　　B. 6.0　　　　C. 6.5　　　　D. 7.0

【重要级别】2　　　　　　　　【难度级别】1

【考查要点】泰勒规则和泰勒原理/泰勒规则

【参考答案】B。泰勒规则为:名义联邦基金利率＝通货膨胀＋2.0＋0.5×(通货膨胀－2.0)＋0.5×GDP 缺口,在本题中通货膨胀为 3.0,GDP 缺口为 1.0,则代入得到名义利率为 6.0。

4. 假定经济体原本处于长期均衡,中央银行调整期货币政策参数 θ_Y 变大,在 t 期经济受到一个正的供给冲击,那么相对于原来的货币政策,经济的产出和通货膨胀的变化会发生怎样的改变?

【重要级别】2　　　　　　　　【难度级别】2

【考查要点】建立动态 AD-AS 模型/动态总需求曲线

【参考答案】动态总需求曲线的斜率为 $-(\alpha\theta_Y+1)/\alpha\theta_\pi$,银行改变其货币政策参数使 θ_Y 变大,斜率的绝对值变大使得动态总需求曲线变得更陡峭,如图 15.16 所示,由 DAD 变为 DAD'。在 t 期,经济受到一个正的供给冲击,使得 DAS 曲线向左上方移动。

若银行不改变其货币政策,则这个正的供给冲击会使经济沿着 DAD 由 A 移动到 B;若银行改变其货币政策,则这个正的供给冲击会使经济沿着 DAD' 由 A 移动到 C。对于更高的 θ_Y,正的供给冲击使得通货膨胀的变化增大,产出的变动减小。

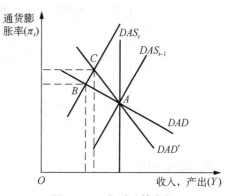

图 15.16　货币政策参数

16 理解消费者行为

【学习精要】

一、学习重点

1. 凯恩斯的猜测及消费之谜
2. 费雪的模型与时际预算
3. 生命周期假说
4. 永久收入假说
5. 随机游走理论
6. 即时满足的吸引力

二、知识脉络图

消费
- 凯恩斯消费函数：消费=f(现期收入)
- 新的消费函数：消费=f(现期收入，财富，预期未来收入，利率)
- 凯恩斯 → 凯恩斯的猜测 → 消费主要取决于现期收入
- 费雪 → 费雪的模型
  - 跨期预算约束：根据预期一生中的资源做选择
  - 借款约束：消费只取决于现期收入
- 莫迪利阿尼 → 生命周期假说 → 消费既取决于收入又取决于财富
- 弗里德曼 → 永久收入假说 → 消费主要取决于永久收入
- 霍尔 → 随机游走假说 → 消费遵循随机游走
- 大卫·莱布森 → 即时满足的吸引力 → 心理效应的重要性

三、理论精要

▶ **知识点一 凯恩斯消费函数**

凯恩斯的三大猜测(假设)：(1)边际消费倾向在 0 和 1 之间；(2)平均消费倾向随收入增加而下降；(3)现期收入是消费的主要决定因素，利率没有重要作用。

根据三大猜测，凯恩斯消费函数形式：$C=C_0+\beta Y$，$C_0>0$，$0<\beta<1$。此消费函数

满足凯恩斯的猜测：

（1）β 是边际消费倾向（边际消费倾向是指每增加 1 单位收入引起的消费的变化，它等于消费的增加比收入的增加），$0<\beta<1$。

（2）平均消费倾向 $APC=C/Y=C_0/Y+\beta$，随着 Y 增加，APC 下降。

（3）Y 是可支配收入，只有现期收入 Y 才决定消费，利率对消费不起重要作用，但是古典经济学家认为较高的利率鼓励储蓄而抑制消费。

边际消费倾向是消费函数的斜率，从图 16.1 看出，边际消费倾向是递减的，即当人们收入增加时，消费也会随之增加，但增加的幅度却不断下降；平均消费倾向等于从原点到消费函数上一点画出的直线的斜率。

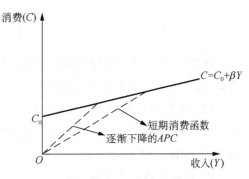

图 16.1 凯恩斯消费函数

知识点二 消费之谜

1. 长期停滞假说

按照凯恩斯主义消费函数，随着收入的增加，家庭收入中用于消费的比例越来越小，储蓄会不断增加，低消费将会引起物品与劳务需求不足，一旦战时需求停止，就会引起衰退。如果没有采用财政政策扩大总需求，经济将处于长期衰退。

2. 库茨涅兹消费之谜

经济学家库茨涅兹通过对实际经济数据的研究发现，从一个 10 年到另一个 10 年，消费与收入的比率是稳定的。

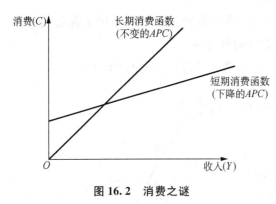

图 16.2 消费之谜

长期停滞假说的失败和库茨涅兹的发现表明，在长期中平均消费倾向是相当稳定的。

3. 消费之谜

短期消费函数和长期消费函数是不一样的。短期消费函数有下降的平均消费倾向，长期消费函数有不变的平均消费倾向。凯恩斯主义消费函数类似短期消费函数。

知识点三 费雪的模型

1. 费雪的模型

费雪的模型是用来分析理性的、向前看的消费者在不同时期面临时际预算约束时，如何根据自己的偏好在消费和储蓄之间做出选择。

时际预算约束是指人们的消费取决于可用于现在和未来消费的总资源,它是费雪模型中的一个概念。时际预算约束可用于衡量现在与未来消费的总资源。

预算限制表达式为:

$$C_1 + \frac{C_2}{1+r} = Y_1 + \frac{Y_2}{1+r}$$

注意点:(1)费雪的模型类似微观经济学研究消费者行为采用的方法,即在时际预算约束、消费者偏好下进行最优化选择,由此可以联系微观经济学中的跨期选择部分。

(2)预算约束表达式中,r 是实际利率。

(3)费雪的模型中,消费者所选择的两个时期的消费要使边际替代率等于1加实际利率,即 $MRS = 1 + r$。

2. 收入变动对消费的影响

消费平稳化是指无论收入增加发生在第一期还是第二期,消费者把它分摊于两个时期的消费。这说明消费者是理性的、向前看的,消费不单纯取决于现期的收入,而是取决于现期与未来收益的现值。

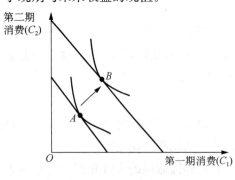

图16.3 收入增加

收入增加对消费的影响是:起初消费均衡点是 A,收入增加后的消费均衡点是 B,如图16.3所示。

前提假设条件为:

(1)第一期与第二期消费的都是正常商品;

(2)第一期或第二期收入增加都会使预算限制线向外移动;

(3)收入增加提高了两个时期的消费。

注意点有:

(1)正常商品的消费与收入同方向变化,即 $\Delta X/\Delta M > 0$。

(2)预算约束线横轴的截距是 $Y_1 + Y_2/(1+r)$,纵轴的截距是 $(1+r)Y_1 + Y_2$,所以不论是 Y_1 增加还是 Y_2 增加,预算约束线都会向外移动。

3. 实际利率变动对消费的影响

(1)消费者起初是储蓄者的情况下,如图16.4所示,起初消费均衡点是 A,利率上升后消费均衡点是 B。

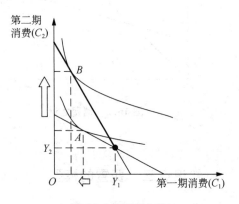

图16.4 利率上升

实际利率对消费的影响分解为两种效应：收入效应和替代效应。收入效应是指一种商品价格下降可能产生消费者实际收入提高的效应，因为消费者因价格下降而导致购买力提高，使得他有可能改变商品的购买量；替代效应是指一种商品的价格下降将引起消费者用该种商品去替代那些价格未下降或上升的商品。

由于消费者起初是储蓄者，利率上升，消费者还是会选择作为储蓄者，这样他的状况会变好。即利率上升后，消费者最优化选择是在图示的粗线部分。

收入效应使消费者想在两个时期都能增加消费，因为作为储蓄者，实际利率上升可以增加收入，而且两个时期的消费都是正常商品，收入效应为正。利率上升，替代效应使消费者在第二期多消费、在第一期少消费，因为实际利率上升，相对于第一期消费，第二期消费更便宜。

结论：消费者起初是储蓄者时，实际利率上升，第二期消费会增加，而第一期消费可能会减少，也可能会增加，这取决于第一期消费收入效应和替代效应的强弱。

（2）消费者起初是借贷者的情况下，实际利率上升后，消费者如果继续选择作为借贷者，如图16.5所示。

由于消费者起初是借贷者，利率上升，消费者如果继续选择作为借贷者，这样他的状况会变坏；如果选择作为储蓄者，他的状况可能变好，也可能变坏，这时与无差异曲线的形状有关。

收入效应使消费者在两个时期都会减少消费，因为作为借贷者，实际利率上升，利息支出会增加。替代效应使消费者在第二期多消费，在第一期少消费。因为实际利率上升，相对于第一期消费，第二期消费更便宜。

结论：消费者起初是借贷者时，实际利率上升，第一期消费会减少，而第二期消费可能会减少也可能会增加，这取决于第二期消费收入效应和替代效应的强弱。

4. 借款约束

费雪的模型假设消费者可以借贷和储蓄，即有借贷能力使消费者现期消费可以大于现期收入。现在假设如果消费者不能借贷，那么消费者的预算约束线如图16.5所示，借款约束（或称为流动性限制）就是消费者第一期的消费一定小于或等于第一期收入。借款约束可以表示为 $C \leqslant Y$。

在有借款约束的情况下：第一，对于现期消费小于现期收入的消费者，借款约束没有约束性；第二，对于现期消费大于现期收入的消费者，借款约束有约束性，此时消费者的最佳选择是使第一期消费恰好等于第一期收入。

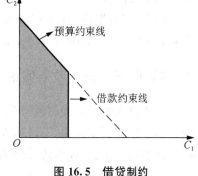

图 16.5　借贷制约

▶ **知识点四　生命周期假说**

生命周期假说是由美国经济学家弗朗科·莫迪利阿尼、理查德·布伦伯格和阿尔伯特·安东提出的一种消费函数理论。它是指在人一生中的各个阶段，个人消费占其一生收入现值的比例是固定的。消费不取决于现期收入,而主要取决于一生收入。

生命周期假说指出,在人的一生中,收入是变动而且可以预期的,储蓄的目的是把一生中收入高时的资源转到收入低时,这样可以使一生的消费水平保持稳定。

消费函数:$C=\alpha W+\beta Y$ 或 $C=(1/T)W+(R/T)Y$,其中 W 为最初的财富,Y 为从现在到退休时每年赚到的收入,α 是财富的边际消费倾向,β 是收入的边际消费倾向,R 是工作年份,T 是生活年份。如图 16.6 所示。

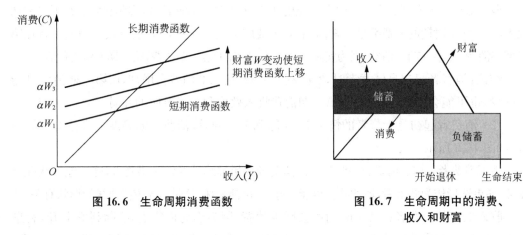

图 16.6 生命周期消费函数　　　　图 16.7 生命周期中的消费、收入和财富

同时,生命周期模型还做出了其他许多预测。最重要的是,它预测储蓄在人的一生中会发生变动,如图 16.7 所示。

生命周期模型解开消费之谜:

(1) 由凯恩斯消费函数可知,消费只取决于现期收入,而生命周期消费函数指出,消费取决于财富 W 和收入 Y。

(2) 由凯恩斯消费函数得出平均消费倾向 $APC=C/Y=\bar{C}/Y+\beta$,由生命周期消费函数得出平均消费倾向 $APC=\alpha(W/Y)+\beta$。

结论:在短期内,财富 W 不变,生命周期消费函数与凯恩斯消费函数一样;在长期,财富和收入同时增加,W/Y 不变,平均消费倾向也不变。

知识点五　永久收入假说

永久收入假说是美国经济学家 M.弗里德曼提出的一种消费函数理论。永久收入假说不同于生命周期假说,不认为人一生收入的变动是有规律的,而是认为人的收入都会有暂时性变动。于是,现期收入分为永久收入和暂时收入两部分,即 $Y=Y^P+Y^T$。

永久收入 Y^P 是在收入中人们预期持续到未来的那一部分。

暂时收入 Y^T 是在收入中人们并不预期可以持续的那一部分。

弗里德曼消费函数为 $C=\alpha Y^P$,弗里德曼认为,消费主要取决于永久收入,因为消费者对收入暂时变动的反应是通过储蓄和借贷来稳定消费。

平均消费倾向 $APC=\alpha(Y^P/Y)=\alpha[Y^P/(Y^P+Y^T)]$,从弗里德曼消费函数和平均消

费倾向 APC 的式子可以得出：

（1）永久收入较高的家庭有同比例较高的消费，平均而言，高收入家庭的平均消费倾向较低。

（2）平均消费倾向取决于永久收入和现期收入的比率。

（3）当现期收入暂时高于永久收入时，平均消费倾向暂时下降；当现期收入暂时低于永久收入时，平均消费倾向暂时上升。

（4）在短期，收入波动是由暂时收入决定的，所以高收入年份也是平均消费倾向低的年份；在长期，收入变动是由永久收入决定的，平均消费倾向是不变的。

永久收入假说建立在这样的思想上：向前看的消费者的消费决策不仅根据现期收入而且还根据他们预期未来将得到的收入，因此，永久收入假说强调了消费取决于人们的预期。

▶ 知识点六　随机游走假说

随机游走假说提出当影响消费的一种变量的变动是不可预测时，消费时间的推移发生的变动是不可预测的。它是经济学家罗伯特·霍尔提出的。根据他的观点，永久收入假说与理性预期的结合意味着消费遵循随机游走，这时消费者的消费变动也是无法预期的。

理性预期对制止通货膨胀的成本有深远影响，同样它对消费也有深远的影响。

随机游走理论的前提是：永久收入假说正确，消费者有理性预期，永久收入假说与理性预期结合。

随机游走理论的结论如下：

（1）消费的变动是不可预期的；

（2）消费者改变自己的消费是得到了引起他们预期改变的信息；

（3）只有未预期到的政策变动才会影响消费；

（4）如果消费者有理性预期，政策制定者不仅可以通过自己的行为影响经济，而且还可以通过公众对政策行为的预期来影响经济；

（5）然而，预期是无法直接观察到的，因此，往往难以知道财政政策的变动如何改变及何时改变总需求。

▶ 知识点七　即时满足的吸引力

把心理学引入经济学的子领域称为行为经济学，研究消费的最著名的行为经济学家是大卫·莱布森。他提出，心理效应对理解消费者的行为是重要的。特别地，由于人们对即时满足有着强烈的欲望，他们可能显示出时间不一致性的行为，结果储蓄可能比意愿的要少。

对于如何使人更多地储蓄，行为经济学提供了一些答案：一种方法是使储蓄成为阻力最小的路径。另一种方法是赋予人们控制他们的即时愉快欲望的机会,如让人们事先承诺把未来工资增长的一部分放入一个退休储蓄账户,当一个工人签字时,并没有以减少今天的消费为代价,而是承诺降低未来消费的增长速度。

【习题解析】

一、关键概念

1. 边际消费倾向是指增加的一单位收入中用于增加的消费部分的比率,其数值在 0~1。边际消费倾向是消费曲线的斜率,它的数值通常是大于 0 且小于 1 的正数,这表明,消费是随收入增加而相应增加的,但消费增加的幅度低于收入增加的幅度,即边际消费倾向是随着收入的增加而递减的。

2. 平均消费倾向是指消费在收入中所占的比例,其数值在 0~1 波动。凯恩斯断言,平均消费倾向是随收入的增加而下降的。

3. 跨期预算约束是指人们的消费取决于可用于现在和未来消费的总资源,它是费雪模型中一个概念。时际预算约束表示为 $C_1 + \dfrac{C_2}{1+r} = Y_1 + \dfrac{Y_2}{1+r}$,这说明两个时期的消费和两个时期的收入有关,简言之,消费者面临他们可以支出多少的限制。

4. 贴现:在本教材中,贴现是指根据终值求现值。消费者在决定今天消费多少与未来储蓄多少时,会衡量未来的收入在当前的价值。

5. 无差异曲线:微观经济中是一条表示线上所有各点两种物品不同数量组合给消费者带来的满足程度相同的线。在本章中,它表示使消费者同样消费的第一期与第二期消费的组合。它具有三个特点:(1)由于通常假定效用函数的连续性,所以,同一坐标中有无数条无差异曲线,而且离原点越远的无差异曲线代表的效用水平越高。(2)在同一坐标平面中,两条无差异曲线不会相交。(3)无差异曲线凸向原点。这一特点是由商品边际替代率递减规律决定的。

6. 边际替代率是指无差异曲线中任何一点上的斜率,表示为了补偿第一期消费减少的一单位,消费者要求得到的第二期消费是多少。

7. 正常品是指需求量随消费者收入的增加而增加,随消费者收入减少而减少的物品。正常物品的替代效应与价格成反方向变动,收入效应也与价格成反方向变动,在它们的共同作用下,总效应必定与价格成反方向变动,从而使得正常物品的需求曲线是向右下方倾斜的。

8. 收入效应是指向更高的无差异曲线运动所造成的消费的变动。微观中是指一种商品价格下降可能产生消费者实际收入提高的效应,因为消费者因价格下降而导致购买力提高,使得他有可能改变商品的购买量。

9. 替代效应是两个时期消费的相对价格的变动所造成的消费的变动。微观中是指一种商品的价格下降将引起消费者用该种商品去替代那些价格未下降或上升的商品。

10. 借款约束是指消费者在不能借贷时,第一期消费必须小于或等于第一期收入。借款约束可以表示为 $C \leqslant Y$。在存在借款约束时,消费者选择的现期和未来的消费组合必须既满足时际预算制约,又满足借款约束。

11. 生命周期假说是由美国经济学家弗朗科·莫迪利阿尼、理查德·布伦伯格和阿尔伯特·安东提出的一种消费函数理论。它是指在人一生中的各个阶段,个人消费占其一生收入现值的比例是固定的。消费不取决于现期收入,而主要取决于一生收入。理性的消费者要根据一生的收入来安排自己的消费与储蓄,使一生的收入与消费相等。

12. 预防性储蓄是指为了在将来支付各种不可预测的开支必须拥有的额外储蓄。老年人担心预料不到的花费,一般会较多地持有预防性储蓄。一个原因是寿命可能比预期长,从而要为长于平均退休的时期提供生活费;另一个原因是生病和大额医疗账单的可能性。老年人这种不确定的反应可能是更多的储蓄,以便更好地应付突发事件。

13. 永久收入假说是美国经济学家 M.弗里德曼提出的一种消费函数理论。他认为,人们的收入可以分为两部分:一部分是永久收入,另一部分是暂时收入。它强调人们经历年度之间随机的、暂时性的收入变动。

14. 永久收入是美国经济学家 M.弗里德曼提出的永久收入假说中的一个概念。它与暂时性收入相对,是指人们预期持续到未来的那一部分收入。

15. 暂时收入是美国经济学家 M.弗里德曼提出的永久收入假说中的另一个概念。它是指人们预期不能持续的那一部分收入。弗里德曼把现期收入看作永久收入与暂时收入之和,认为永久收入是平均收入,而暂时收入是对平均值的随机偏差。弗里德曼还认为暂时收入不会影响人们的消费,它的消费函数只是永久收入的函数。

16. 随机游走是指当影响消费的一种变量的变动不可预测时,消费随着时间的推移发生的变动是不可预测的。它是经济学家罗伯特·霍尔提出的。根据他的观点,永久收入假说与理性预期的结合意味着消费遵循随机游走。

二、复习题

1. 凯恩斯关于消费函数的三个猜测是什么?

【重要级别】3　　　　　　　　【难度级别】2

【考查要点】凯恩斯消费函数/凯恩斯的三大猜测(假设)

【参考答案】凯恩斯关于消费函数的三个猜测是:

第一,凯恩斯假设边际消费倾向(每增加 1 美元中用于消费的数量)是介于 0~1 的。这意味着如果某人的收入增加 1 美元,消费和储蓄都将增加。

第二,凯恩斯假设消费在收入中的比例(即平均消费倾向)随着收入的上升而下降。这说明收入高的人比收入低的人储蓄更多。

第三，凯恩斯假设收入是消费的主要因素，尤其认为利率对于消费并没有重要的影响。

根据上面三个假设得出的消费函数是：

$$C = C_0 + \beta Y$$

其中，C_0 是一个固定的消费值；Y 是可支配收入；β 是边际消费倾向，数值介于 0～1。

【科兴点评】一个具有凯恩斯猜测的三个性质的消费函数要注意两点：第一，边际消费倾向 MPC 是消费函数的斜率；第二，平均消费倾向 $APC = C/Y$ 等于从原点到消费函数上的一点的直线的斜率。

2. 说明与凯恩斯的猜测一致的证据，以及与凯恩斯的猜测不一致的证据。

【重要级别】2　　　　　　　　【难度级别】3

【考查要点】消费之谜

【参考答案】(1) 与凯恩斯的预测一致的证据是：

它来自对居民家庭数据和短期时间序列的研究。在对居民家庭的数据研究中，可以看到：第一，收入更高的家庭消费更多，储蓄也更多，也就是说，边际消费倾向介于 0～1；第二，较高收入的家庭将其收入中较大的部分储蓄起来，这就证实了平均消费倾向随着收入的增加而下降。

从短期时间序列的研究中可以看到三点：第一，在收入低的年份，消费和储蓄都低，这说明边际消费倾向介于 0～1；第二，在收入较低的年份，消费对收入的比率更高，这说明平均消费倾向随着收入的增加而降低；第三，收入和消费之间的关系是如此密切，看来没有其他变量对解释消费是更重要的，即收入是消费者选择消费多少的主要决定因素。

(2) 与凯恩斯的预测不一致有下面几个依据：

第一个与凯恩斯预测不一致的异常现象是第二次世界大战期间的一个错误预测。根据凯恩斯的消费函数，一些经济学家认为，随着收入的增加，储蓄率也会增加。他们担心没有足够的投资项目来吸收储蓄，经济将陷入长期停滞。但是这并没有发生。

第二个与凯恩斯预测的不一致来自对消费和收入的长期时间序列研究。西蒙·库茨涅兹发现，几十年来，消费占收入的比例是非常稳定的，也就是说，平均消费倾向随收入增加而下降的猜测不能成立。

【科兴点评】这是对书本知识的一个总结。

3. 生命周期假说和永久收入假说如何解释有关消费行为看似相互矛盾的证据？

【重要级别】3　　　　　　　　【难度级别】3

【考查要点】生命周期假说，永久收入假说

【参考答案】因为生命周期假说和永久收入假说强调，个人消费的时间周期要长于一年，因此，消费并不仅仅是现时收入的一个函数。

第一，生命周期假说强调一个人一生中的收入水平是变化的。生命周期假说认为，消

费取决于财富和收入,因为这些决定了一个人一生中的可用资源。因此,消费函数是:

$$C = \alpha W + \beta Y$$

在短期内,当财富固定时,我们得到一个简易的凯恩斯消费函数;在长期内,财富是增长的,所以短期消费函数向上移动,如图 16.8 所示。

第二,永久收入假说也说明,人们会尝试消费平稳化,但它与生命周期假说所强调的也有点不同。永久收入假说强调,在不同年份之间,人们会经历随机和暂时的收入变动。永久收入假说将现时收入看作永久收入 Y^P 和暂时收入 Y^t 之和,米尔顿·弗里德曼认为消费应该主要取决于永久性收入:

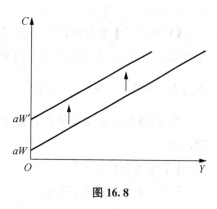

图 16.8

$$C = aY^P$$

永久收入假说通过提出凯恩斯主义消费函数使用了错误的变量而揭开了消费之谜。研究者们发现,高收入家庭使得边际消费倾向平均来说是较低的。如果每年影响收入的因素中,多数都是暂时性的因素,那么上面的结论在短期中也是适用的。在长期中,收入的变量大多是永久性的,因此消费者不会将增加的收入都储蓄起来,而是选择消费。

4. 用费雪的消费模型分析第二期收入的增加。比较消费者面临紧的预算约束的情况和非紧的预算约束的情况。

【重要级别】3 【难度级别】3

【考查要点】费雪的模型/收入变动对消费的影响;费雪的模型/借贷限制

【参考答案】我们根据费雪的消费模型可以发现:费雪的消费模型分析涉及两个时期的消费者如何作出选择,以使得效果最大化。图 16.9(A)表明了在消费者不受预算约束的情况下,第二期收入增加的影响。预算线向外移动,第一期和第二期的消费都增加。

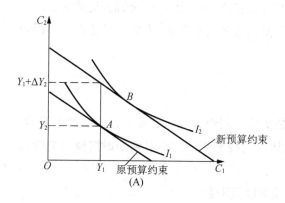
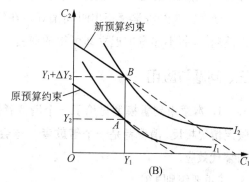

图 16.9

图 16.9(B)说明有预算约束的情况。消费者想要借贷以增加第一期消费,却借不到。如果收入在第二期有所增加,消费者无法增加第一期消费。因此,消费者在每一期消费其这个时期的全部收入。

【科兴点评】费雪的消费模型可以这么理解:消费者面临他们可以支出多少的限制,称为预算约束;当他们决定今天消费多少与为未来储蓄多少时,他们面对时际预算约束。公式表述为 $C_1 + \frac{C_2}{(1+r)} = Y_1 + \frac{Y_2}{(1+r)}$。

5. 解释为什么如果消费者遵循永久收入假说而又有理性预期,消费的变动就是不可预测的。

【重要级别】3　　　　　　　　【难度级别】3

【考查要点】随机游走假说

【参考答案】因为永久收入假说表明消费者会试图使消费平稳化,所以现期消费是建立在对一生中收入预算的基础上的。消费的变动反映了人的一生中收入的起伏变化。如果消费者有理性预期,那么这些起伏都是不能预料的,因此,消费的变化也是难以预料的。

6. 举例说明某人可能显示时间不一致偏好。

【重要级别】1　　　　　　　　【难度级别】2

【考查要点】费雪的模型

【参考答案】时间偏好不一致是指人们的行为往往只考虑眼前的、近期的消费和给自己带来的效用,而很少考虑长远的后果。

萨缪尔森首次提出了规范的时间偏好理论模型——指数贴现效用模型,将人们的时间偏好等心理因素用一个客观的、固定的贴现率来表示。他在其实验中发现,在参与者获得 15 美元奖券时,他们可以立即拿到 1 美元,参与者写出他们愿意的金额为 5 美元,也可以等待一段时间再领取更多的钱,实验者要求参与者写出他们愿意为推迟获得收入而要求补偿的金额,延长的时间段分别为 1 个月、1 年、10 年,结果,参与者对应要求的金额(平均)为 20、50、100 美元,按复利贴现计算的贴现率分别为 354%、126%和 19%。很明显,随着时间的推移,贴现率呈现递减的趋势。这表明人们的时间偏好是不一致的,是递减的。

众多古典经济学家指出时间偏好存在的原因:在进行选择时,人们总是希望越早得到收益越好,而不愿意推迟立即可得的消费。

三、问题与应用

1. 本章用费雪模型讨论了一个消费者把他第一期部分收入储蓄起来时的利率变动。假定情况相反,消费者是一个借款者。这会如何改变分析?讨论对两个时期消费的收入和替代效应。

【重要级别】3　　　　　　　　【难度级别】4

【考查要点】费雪的模型/实际利率变动对消费的影响

【参考答案】图 16.10 显示了利率上升给第一期借款者所造成的影响。实际利率的上升使得预算约束线围绕点 (Y_1, Y_2) 旋转,变得更加陡峭。

我们可以把实际利率上升对消费的影响分解为两种效应:收入效应和替代效应。

(1) 收入效应是移动到不同的无差异曲线引起的消费变动。由于消费者是借贷者,利率的上升使消费者的状况变坏,也就是说,他不能达到原先的无差异曲线。如果在每个时期所消费的都是正常物品,那么 C_1 和 C_2 都会减少。

(2) 替代效应是两个时期消费相对价格变动所引起的消费变动。利率的上升使得第二期的消费变得相对便宜,消费者会在第一期消费更少,在第二期消费更多。

因此,对于一个借贷者来说,当实际利率上升时,第一期消费毫无疑问会下降,因为收入效应和替代效应的作用方向一致。但是第二期收入可能上升,也可能下降,这要取决于哪种效应的作用更强。在图 16.10 中,画出了替代效应更强的情况,此时 C_2 是增加的。

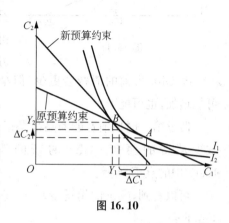

图 16.10

【科兴点评】把储蓄换成借贷,改变了曲线,但分析方法不变。

2. Gabe 和 Gita 都遵循两个时期的费雪消费模型。Gabe 在第一期收入 100 美元,在第二期也收入 100 美元。Gita 在第一期没有收入,而在第二期收入 210 美元。他们俩都可以按利率 r 借款或贷款。

a. 你观察到 Gabe 和 Gita 都是在第一期消费了 100 美元,并在第二期消费了 100 美元。利率 r 是多少?

b. 假设利率上升了,Gabe 第一期的消费会发生什么变化?Gabe 的境况比利率上升之前变好了还是变坏了?

c. 假定利率上升了,Gita 第一期的消费会发生什么变化?Gita 的境况比利率上升之前变好了还是变坏了?

【重要级别】4 　　　　　　**【难度级别】**3

【考查要点】费雪的模型

【参考答案】a. 根据费雪模型中消费者的最优化选择解出利率:

$$C_1 + \frac{C_2}{(1+r)} = Y_1 + \frac{Y_2}{(1+r)}$$

$$100 + \frac{100}{(1+r)} = 0 + \frac{210}{(1+r)}$$

$$r = 10\%$$

Gita 在第一期借贷 100 美元用来消费,在第二期还款 110 美元,消费 100 美元。

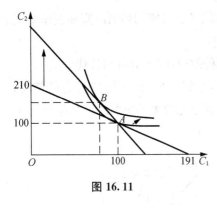

图 16.11

b. 利率上涨后,Gabe 会减少当期消费,进而在未来消费更多。这是由于替代效应:今天消费代价会更高,因为机会成本更高。如图 16.11 所示。

同时可以发现 Gabe 的情况变好了,因为它处于更高的无差异曲线上。

在新的利率下,他们仍然可以在每个时期都消费 100 美元。只有出现一种新的消费方式,能够使得他的情况变好时,Gabe 才会改变他目前的消费方式。

c. Gita 目前的消费会更少,但是他未来的消费可能增加,也可能减少。

假设第一时期消费的商品都是正常商品,会产生减少消费的愿望。Gita 的新的消费选择如图 16.12 中的点 B 所示。

可以看到,Gita 的情况变坏了,它处于更低的无差异曲线上。

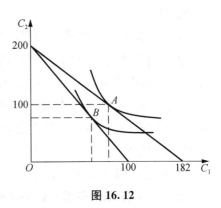

图 16.12

因为在此之前他就可以选择 B 点的消费组合(不需要花掉第二期的全部收入),而他没有选择 B 却选择 A,因为 A 点处的效用更高。

【科兴点评】这一部分就是微观经济在宏观经济中的运用。

3. 本章分析了在消费者可以按利率 r 储蓄或借款的情况下的费雪模型,以及消费者可以按照这种利率储蓄但根本不能借款的情况下的费雪模型。现在考虑消费者可以按照利率 r_s 储蓄和按照利率 r_b 借贷($r_s < r_b$)的中间情况。

a. 在消费者第一期消费小于第一期收入的情况下,消费者的预算约束是什么?把答案写成一个方程。

b. 在消费者第一期消费大于第一期收入的情况下,消费者的预算约束是什么?把答案写成一个方程。

c. 在同一幅图上画出 a 和 b 两小问中两条预算约束线并用阴影面积表示消费者可以选择的第一期与第二期消费的组合。

d. 现在在图中加上消费者无差异曲线。说明三种可能的结果:第一种是消费者储蓄,第二种是消费者借款,第三种是消费者既不储蓄也不借款。

e. 什么决定了这三种情况中每一种情况下的第一期消费。

【重要级别】4   【难度级别】4

【考查要点】费雪的模型

【参考答案】a. 在第一期消费小于收入的是储蓄者,面对利率 r_s,他的预算约束是:

$$C_1 + \frac{C_2}{(1+r_s)} = Y_1 + \frac{Y_2}{(1+r_s)}$$

b. 消费大于收入的是借贷者,即在消费者第一期消费大于第一期收入的情况下,面对利率 r_b,他的预算约束是:

$$C_1 + \frac{C_2}{(1+r_b)} = Y_1 + \frac{Y_2}{(1+r_b)}$$

c. 图 16.13 画出了两条预算线,它们相交在点 (Y_1, Y_2),此时消费既不是借方,也不是贷方。阴影部分是消费者可以选择的第一期和第二期的组合。点 (Y_1, Y_2) 的左边,利率是 r_b。

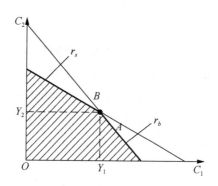

图 16.13

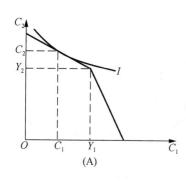 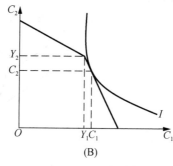 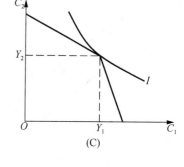

图 16.14

d. 图 16.14 描绘出了三种情况。

图 16.14(A)中,有储蓄的消费者的无差异曲线和预算约束线在点 (Y_1, Y_2) 的左边相切。

图 16.14(B)中,有借贷的消费者的无差异曲线和预算约束线在点 (Y_1, Y_2) 的右边相切。

图 16.14(C)中,对于无储蓄又无借贷的消费者,他能达到的效用水平最高的无差异曲线是通过点 (Y_1, Y_2) 的那一条。

e. 如果消费者有储蓄,则第一期消费取决于 $\frac{(Y_1+Y_2)}{(1+r_s)}$,也就是说,取决于 Y_1,Y_2 和利率 r_s。

如果消费者有借贷,则第一期消费取决于 $\frac{(Y_1+Y_2)}{(1+r_b)}$,也就是说,取决于 Y_1,Y_2 和利率 r_b。注意:借贷者的未来收入比储蓄者贴现更多。

如果消费者既不是借贷者也不是储蓄者,那么第一期消费只取决于 Y_1。

【科兴点评】这是对费雪基本模型的扩展,把经济理论转化成数学表达式,然后在图表中展示出来,可以很清晰地分析和解决问题。

4. 解释下列两种情况下借款约束增加还是减少了财政政策影响总需求的效力:

a. 暂时减税;

b. 宣布未来减税。

【重要级别】3　　　　　　　　　　【难度级别】3

【考查要点】费雪的模型/借款约束,费雪的模型/收入变动对消费的影响

【参考答案】财政政策影响总需求的潜力取决于对消费的影响:如果消费改变得很多,那么财政政策有一个较大的乘数;如果消费改变得很少,乘数也会相应地比较小。也就是说,如果边际消费倾向很高,财政政策乘数也会很大。

a. 暂时减税情况下,考虑两个时期的费雪模型。暂时减税意味着第一期的可支配收入 Y_1 增加。图 16.15(A)显示了减税对不受借款约束的消费者的影响。图 16.15(B)显示了对受到借款约束的消费者的影响。

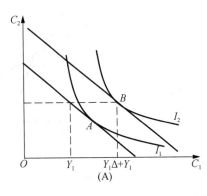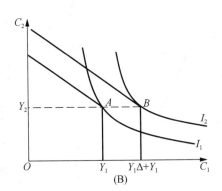

图 16.15

受到约束的消费者想要借贷来增加 C_1,却做不到。暂时减税增加了可支配收入:如图 16.15 所示,减税多少,消费就增加多少。受到约束的消费者比没有受到限制的消费者更多的增加第一期的消费 C_1,也就是说,对于受到约束的消费者,边际消费倾向更高。因此,财政政策在受到借款约束的情况下更有力。

b. 宣布未来减税时,继续沿用两个时期的费雪模型。宣布未来减税将增加 Y_2。图 16.16(A)显示了未来减税对不受借款约束的消费者的影响。图 16.16(B)显示了对受到

借款约束的消费者的影响,没有受到约束的消费者马上增加了 C_1,因为可支配收入并没有发生改变。因此,如果消费者是受到借款约束的,宣布未来减税对消费和总需求是没有影响的,财政政策的影响潜力较小。

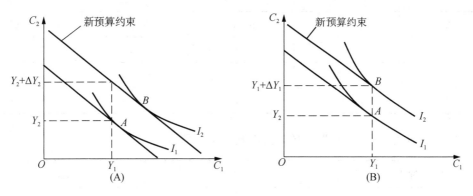

图 16.16

【科兴点评】借款约束会放大或者缩小财政政策的影响

5. Albert 和 Franco 都遵循生命周期假说:他们尽可能平滑消费。他们每人生活 5 个时期,最后 2 个时期为退休状态。他们各期赚的收入如下,单位为美元:

时期	Albert	Franco
1	100 000	40 000
2	100 000	100 000
3	100 000	160 000
4	0	0
5	0	0

他们都在第 6 期初死亡。为了简单起见,假设储蓄和借款的利率都为零,且寿命是完全可预测的。

a. 计算每个个体活着时每期的消费和储蓄。

b. 计算他们每期(包括时期 6)开始时的财富(也就是累积的储蓄)。

c. 以时期为横轴,画出每个个体的消费、收入和财富。将你画的图与(教材中的)图 16.12 进行比较。

d. 现在假定消费者不能借款,因此其财富不能为负。这会如何改变 c 小问的答案?如果有必要,画一幅新的图形。

【重要级别】3　　　　　　　　【难度级别】3

【考查要点】生命周期假说中收入和消费的关系

【参考答案】(1) 每个个体活着时每期的消费和储蓄情况如下表所示:

	Albert		Franco	
	消费 c	储蓄 s	消费 c	储蓄 s
1	60 000	40 000	60 000	−20 000
2	60 000	40 000	60 000	40 000
3	60 000	40 000	60 000	100 000
4	60 000	−60 000	60 000	−60 000
5	60 000	−60 000	60 000	−60 000

（2）Albert 和 Franco 每期开始时的财富如下表所示：

时期	Albert	Franco
1	0	0
2	40 000	−20 000
3	80 000	20 000
4	120 000	120 000
5	60 000	60 000
6	0	0

（3）Albert 和 Franco 的财富、消费和收入的图形如图 16.17 和 16.18 所示。

Albert 每年收入是等额的，因此他的图形和教材中是一样的；Franco 的情况和教材中不同，因为他的收入是递增的。

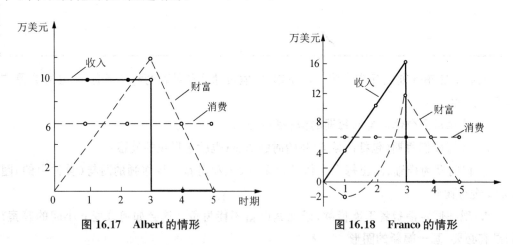

图 16.17　Albert 的情形　　　　图 16.18　Franco 的情形

（4）如果消费者不能借款，对于 Albert 来说是没有影响的，因为他不需要借款；而对于 Franco 来说，因为他第一期不能借款所以只能消费 40 000 美元，之后每期消费 650 000 美元，如图 16.19 所示。

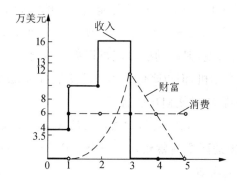

图 16.19 Franco 在不能借贷下的情形

6. 人口学家预测老年人在人口中的比例在未来 20 年中将上升。生命周期模型预测这种人口统计上的变化对国民储蓄率会有什么影响?

【重要级别】3　　　　　　　　【难度级别】3

【考查要点】生命周期假说

【参考答案】用生命周期模型预测,这种人口变化会使国民储蓄率下降。

因为生命周期假说认为,储蓄的重要来源是人们在工作年份所进行的积累,用来支付退休以后的消费。如果人口中老年人的比例在未来 20 年中提高,当老年人退休以后,他们开始使用之前的储蓄,消费那些储蓄的财富以支付退休后的消费,因此,整个国家的储蓄率将有所下降。

7. 本章的一个案例研究表明,老年人的负储蓄并没有生命周期模型所预测的那么多。

a. 描述对这种现象的两种可能的解释。

b. 一项研究发现,那些没有子女的老年人的负储蓄的速率与那些有子女的老年人大体相等。对这两种解释的正确性,这一发现可能意味着什么? 为什么这个结论可能是不确定的。

【重要级别】3　　　　　　　　【难度级别】3

【考查要点】生命周期假说

【参考答案】(1) 本章探讨了老年人进行负储蓄的速度为什么不像生命周期假设所设想的那样快的两种解释。

第一,因为可能出现不能预期的花费很大的特殊事件,老年人会留额外一些储蓄,如果他们的寿命更长,或者有大额医疗账单需要支付,就可以用这些储蓄来支付。第二,老年人也许想要给自己的子女,亲属或者慈善机构留下一些遗产,因此他们不会在退休后花掉他们的全部积蓄。

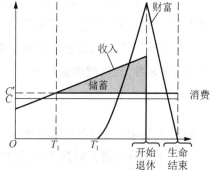

图 16.20

(2) 这一发现意味着 a 中的两种解释都可能是正确的。如果没有子女的老年人的负储蓄和有子女的老年人的负储蓄比率相同,则说明进行较低负储蓄的原因是预防动机。对于那些有子女的老年人来说,遗产动机可能显得更为重要。也许有子女并不会增加储蓄。例如,子女增加了遗产动机,但也降低了预防性储蓄的动机;如果出现经济困难,可以依靠子女来解决。这两种影响可能相互抵消了。

【科兴点评】虽然动机原因可能不同,但最后的结果其实比较接近。

8. 考虑支付同样利率的两个储蓄账户。一个账户允许你需要时随时提款。第二个账户要求你提款提前 30 天通知。

  a. 你偏好哪一个账户?

  b. 你可以想象有人可能作出相反的选择吗?请解释。

  c. 关于本章讨论的消费函数理论,这些选择说明了什么?

【重要级别】3 　　　　　【难度级别】4

【考查要点】即时满足的吸引力

【参考答案】a. 如果你是一个完全理性并且前后一致的消费者,你当然会偏好于可以在需要时能把钱取出来的那种储蓄存款。因为你不仅可以在那个账户上拥有相同的报酬,而且还可以在遇到意外情况时用账户里的存款来解决消费上的资金紧张问题。这就是阿尔文·费雪、弗朗科·莫迪利阿尼以及米尔顿·弗里德曼的时际选择模型。

  b. 如果你面临着"即时愉快的吸引力",就会更偏好于需要在提款前 30 天通知银行的那种存款。这样,你就预先承诺了不会用这笔钱来满足即时的愉快。

  c. 对于不同的消费函数理论,预先委托提供了一种克服时间矛盾问题的方法,但是在任何特定时刻,他们都有一个强烈的满足即时愉快的渴望,以至于他们常常放弃储蓄而转为消费,这就是大卫·莱布森的消费理论类型。

9. 本题运用微积分比较消费者最优化的两种情形。

  a. Nina 的效用函数如下:

$$U = \ln(C_1) + \ln(C_2) + \ln(C_3)$$

她的初始财富为 120 000 美元,没有任何额外收入,所面临的利率为零。三个时期中每期她消费多少?(提示:任何两个时期的消费的边际替代率是边际效用占比。)

  b. David 总是从当前消费得到更多的效用,除此以外他和 Nina 没什么不同。从时期 1 的视角来看,他的效用函数为:

$$U = 2\ln(C_1) + \ln(C_2) + \ln(C_3)$$

在时期 1,David 决定每期消费多少?第一期过后他剩下多少财富?

  c. 当 David 进入时期 2 时,他的效用函数变为:

$$U = 2\ln(C_1) + 2\ln(C_2) + \ln(C_3)$$

在时期 2 和时期 3,他每期消费多少？你此处的答案与 b 小问中 David 的决策有何不同？

d. 如果 David 在时期 1 能够限制他在时期 2 的选择,他会怎么做？把这个例子与本章讨论的某个消费理论联系起来。

【重要级别】4 　　　　　　　　【难度级别】3

【考查要点】效用最大化理论

【参考答案】a. Tina 的效用最大化问题为：

$$\max U = \ln(C_1) + 2\ln(C_2) + \ln(C_3)$$
$$\text{s.t. } C_1 + C_2 + C_3 = 120\ 000$$

运用拉格朗日乘数法解得：

$$C_1 = C_2 = C_3 = 40\ 000$$

b. 在时期 1,David 的效用最大化问题为：

$$\max U = 2\ln(C_1) + \ln(C_2) + \ln(C_3)$$
$$\text{s.t. } C_1 + C_2 + C_3 = 120\ 000$$

运用拉格朗日乘数法解得：

$$C_1 = 6\ 000;\ C_2 = C_3 = 30\ 000$$

c. 在时期 2,David 的效用最大化问题为：

$$\max U = \ln(60\ 000) + 2\ln(C_2) + \ln(C_3)$$
$$\text{s.t. } C_2 + C_3 = 60\ 000$$

运用拉格朗日乘数法解得：

$$C_2 = 40\ 000;\ C_3 = 20\ 000$$

d. 如果 David 能在时期 2 限制他的选择,他更愿意在时期 2 消费 3 万美元,在时期 3 消费 3 万美元。考虑效用函数,他更愿意第一年消费 6 万美元,第二年每年消费 3 万美元。大卫的偏好是即时满足模型的一个例子。大卫可能知道他不是一个完美的决策者,所以他可能更愿意限制自己未来的决定。

【科兴点评】考察微观经济在宏观经济中的运用。

【补充训练】

1. 长期消费函数比短期消费函数更陡。（　　）

【重要级别】2 　　　　　　　　【难度级别】2

【考查要点】消费之谜

【参考答案】正确。短期消费函数有下降的平均消费倾向,长期消费函数有不变的平均消费倾向。

2. 消费者起初是储蓄者,实际利率上升后,第一期消费(　　)。

A. 不变　　　　B. 增加　　　　C. 减少　　　　D. 不一定

【重要级别】3　　　　　　　　　【难度级别】3

【考查要点】费雪的模型/实际利率变动对消费的影响

【参考答案】D。消费者起初是储蓄者,实际利率上升后,收入效应使第一期消费增加,替代效应使第一期消费减少。如果收入效应强于替代效应,第一期消费增加;如果替代效应强于收入效应,第一期消费减少。

【科兴点评】消费者起初是储蓄者时,实际利率上升,第二期消费会增加,而第一期消费可能减少也可能增加,这取决于第一期消费的收入效应和替代效应的强弱。

3. 消费者起初是借贷者,实际利率上升,消费者继续作为借贷者,则他的境况会(　　)。

A. 变好　　　　B. 变差　　　　C. 不变　　　　D. 不一定

【重要级别】3　　　　　　　　　【难度级别】3

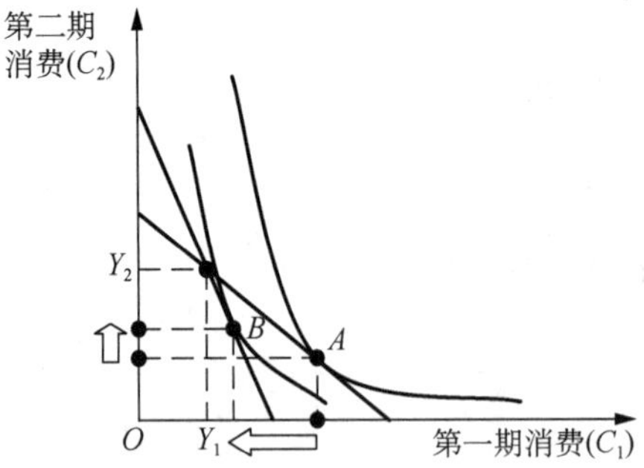

【考查要点】费雪的模型/实际利率变动对消费的影响

【参考答案】B。如图16.21所示,实际利率上升后,预算约束线变得更陡,如果消费者继续作为借贷者,则在新的预算约束下做最优化选择,在原有预算约束下是可以支付得起,但它没有被选择,说明消费者更偏好原有预算约束下的选择,因此,这种变动使得消费者境况变差。

图 16.21 利率上升

【科兴点评】消费者起初是借贷者时,实际利率上升,第一期消费会减少,而第二期消费可能减少也可能增加,这取决于第二期消费的收入效应和替代效应的强弱。

4. 现期收入暂时高于永久收入时,平均消费倾向会暂时(　　)。

A. 下降　　　　B. 不变　　　　C. 上升　　　　D. 不一定

【重要级别】2　　　　　　　　　【难度级别】2

【考查要点】永久收入假说

【参考答案】A。平均消费倾向 $APC=\alpha(Y^P/Y)$,当 $Y>Y^P$ 时,$APC<\alpha$,α 表示永久收入用于消费的部分;当 $Y<Y^P$ 时,$APC>\alpha$,即现期收入暂时低于永久收入时,平均消费倾向会暂时上升。

【科兴点评】永久收入假说建立在这样的思想上:向前看的消费者的消费决策不仅根据现期收入,还根据他们预期未来将得到的收入,因此,永久收入假说强调了消费取决于人们的预期。

5. 下列哪种消费理论,暂时性减税对消费影响最大?（   ）

A. 生命周期理论　　　　　　　　B. 凯恩斯消费理论

C. 永久收入消费理论　　　　　　D. 随机游走假说

【重要级别】2　　　　　　　　　　【难度级别】2

【考查要点】凯恩斯消费函数,生命周期假说,永久收入假说,随机游走假说

【参考答案】B。凯恩斯消费理论用于分析短期。

6. 试利用费雪模型分析消费者最初作为一个借贷者,在利率下降时,他的消费是如何变化的,并讨论两个时期中的收入和替代效应。

【重要级别】3　　　　　　　　　　【难度级别】3

【考查要点】费雪的模型/实际利率变动对消费的影响

【参考答案】如图 16.22 所示,A 点为利率变动前的消费组合,利率下降使得预算约束绕点 (Y_1, Y_2) 逆时针旋转。B 点为利率变动后的最优消费组合。

利率下降,收入效应使得消费者减少第一期消费,而替代效应使得消费者增加第一期消费。利率的下降可能使第一期消费增加,也可能减少。而两种效应都使得消费者减少第二期消费。

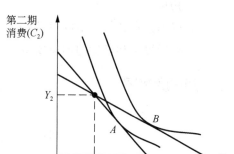

图 16.22　利率下降

17 投资理论

【学习精要】

一、学习重点

1. 企业固定投资和新古典投资模型
2. 托宾 q
3. 居民投资和住房市场模型
4. 存货投资和存货的加速模型

二、知识脉络图

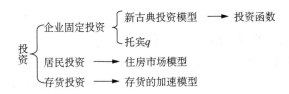

三、理论精要

▶ **知识点一 企业固定投资的标准模型——新古典投资模型**

企业固定投资包括企业购买用于生产的设备和建筑物。企业固定投资分为以维护原有固定资产水平弥补损耗的重置投资和用于增加固定资产的净投资。重置投资与原有资本存量和折旧率成正比,原有的固定投资多、折旧率高,企业重置投资也就大。净投资取决于投资边际收益和边际成本,即投资后的产量和利率水平。预期产量越大,投资越多;利率水平越低,投资越多。

新古典投资模型考察企业拥有资本品的收益与成本,它说明投资水平如何与资本的边际产量、利率及影响企业的税收相关。

1. 资本的实际租赁价格 R/P(生产企业角度)

生产企业决定租赁多少资本品是通过比较每单位资本的成本与收益。每单位资本的实际成本是租金率除以企业产品的市场价格,即 R/P;每单位资本的实际收益是资本的边际产量,即 MPK。

企业要实现利润最大化,必须满足 $MPK = R/P$。

资本的实际租赁价格调整使资本需求(由资本的边际产量决定)与固定的资本供给均衡。

2. 资本的实际成本(租赁企业角度)

租赁企业承担三种成本:(1)购买资本品的贷款利息或机会成本,记为 iP_K;(2)资本品价值的损失或收益,记为 $-\Delta P_K$;(3)折旧,记为 δP_K,δ 是折旧率。

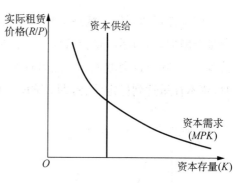

图 17.1 资本的实际租赁价格

$$\text{资本的成本} = iP_K - \Delta P_K + \delta P_K = P_K(i - \Delta P_K/P_K + \delta)$$

假设资本的价格随一般物价变动,则 $\Delta P_K/P_K$ 等于通货膨胀率 π。

根据费雪定理,实际利率 $r = i - \pi$,资本的成本 $= P_K(r + \delta)$。

资本的实际成本是指租赁企业用经济的产出单位衡量功能购买并出租一单位资本的成本。资本实际成本取决于资本品的相对价格,实际利率以及折旧率。

代数式为:

$$\text{资本的实际成本} = (P_K/P)(r + \delta)$$

3. 投资函数

租赁企业决定投资决策是通过比较每单位资本的成本与收益。租赁企业单位资本的实际收益等于生产企业实际的租赁价格 R/P,实际成本是 $(P_K/P)(r+\delta)$,则单位资本实际利润为:

$$\text{利润率} = \text{收益} - \text{成本} = R/P - (P_K/P)/(r+\delta) = MPK - (P_K/P)(r+\delta)$$

如果资本的边际产量大于资本的实际成本,企业就获利,企业增加资本品是有利可图的;如果资本的边际产量小于资本的实际成本,企业会亏损,企业减少资本品可以降低亏损。于是,净投资的资本存量变动取决于资本的边际产量和资本成本之间的差额,如果 $\text{In}[\ ]$ 是表示对投资的激励会引起多少净投资的函数,那么,$\Delta K = \text{In}[MPK - (P_K/P)/(r+\delta)]$。企业固定投资的总量是净投资和折旧之和。

$$\text{投资函数 } I = \text{In}[MPK - (P_K/P)/(r+\delta)] + \delta K$$

根据投资函数,实际利率下降减少资本的成本,增加了企业从拥有资本中得到的利润,从而使得投资增加;同样,实际利率上升增加了资本的成本,使得投资减少。因此,投资和利率呈反方向变化。

注意:(1)图 17.2(A)表示实际利率与投资之间的负相关关系;(2)图 17.2(B)表示投资函数由于外生变量而发生移动,如边际产量增加,在实际利率一定的情况下,投资会增加。

资本存量达到稳定状态水平的过程:(1)如果开始时,边际产量大于资本的成本,资本存量会增加,而边际产量会减少;(2)如果开始时,边际产量小于资本的成本,资本存量会减少,而边际产量会增加;(3)随着资本存量的调整,资本的边际产量等于资本的边际成本时,资本存量达到稳定状态,即 $MPK=(P_K/P)/(r+\delta)$。

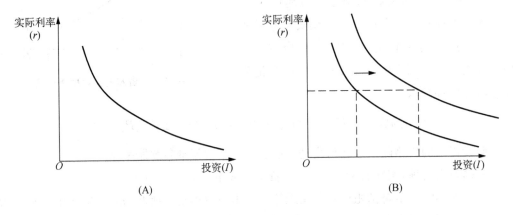

图 17.2 投资函数

结论:在长期中,资本的边际产量等于资本的实际成本。向稳定状态调整的速度取决于调整资本存量的速度,这种调整又取决于建造、交付、安装新资本的成本是多少。

▶ **知识点二 投资与税收**

公司所得税对投资的影响取决于对利润的定义以及对折旧的处理。如果定义利润是用资本的租赁价格减资本的成本,那么这时公司所得税不会改变投资激励。对折旧成本是采用历史成本还是重置成本,往往会产生会计利润和经济利润的差异。在通货膨胀时期,由于对折旧成本采用历史成本,这时公司所得税会抑制投资。

投资税收抵免是一种鼓励积累资本的税制。对于花在投资品上的每一美元,投资税收抵免减少了企业一定量的税负,可以鼓励投资,可以减少每单位资本的实际购买价格 P_K,同样的利率增加了投资。投资税收抵免使投资曲线右移。

▶ **知识点三 投资与融资约束**

融资约束是对企业在金融市场上能够筹集到的资金数额的限制。当一个企业无法在金融市场上筹集到资金时,它能在新资本品上支出的数额就受到了它于现期赚到的数额的限制。

假定一次短时间衰退对投资支出的效应:衰退使资本的租赁价格和利润下降。如果企业预期衰退是短期的,那么短暂的衰退对于托宾 q 值影响很小,从而对于那些能在金融市场上筹集资金的企业影响很小。但对于面临融资约束的企业,由于衰退而形成现期利润的减少,从而限制了企业能够在新资本品上的投资数额。

知识点四　托宾 q

$$托宾 q = 已安装资本的市场价值/已安装资本的重置成本$$

式中，分子由股票市场决定经济中资本的价值，分母是现在购买此类资本的价格。净投资取决于 q 大于 1 还是小于 1：如果 q 大于 1，投资会增加；如果 q 小于 1，投资会减少。

托宾 q 用于研究企业投资决策和衡量企业投资效果，由美国经济学家托宾于 20 世纪 60 年代提出。托宾 q 反映了资本预期的未来获利性和现期获利性。

托宾 q 理论认为，投资不仅取决于现在的经济政策，还取决于预期未来的经济政策。

托宾 q 与新古典投资理论实质上完全相同。如果资本的边际产量大于资本的成本，企业从已安装的资本中获利，企业获利将会提高企业股票的市场价值，即 q 值高；如果资本的边际产量小于资本的成本，企业将亏损，这会降低企业股票的市场价值，即 q 值低。

托宾 q 值是企业追加单位资本在股票市场上所预期的未来边际收益的贴现值，当其大于 1 时，市场价值高于重置成本，则追加资本的成本将小于资本收益现值的市场评价，因而投资者感到有利可图而增加投资；反之，则会减少投资，而 1 就是它的均衡值。

知识点五　居住投资

居住投资包括人们买来住和房东买来出租的新住房。

住房市场模型包括：(1)现在住房存量决定均衡的住房价格；(2)住房价格决定居住投资的流量。

住房供给者的收益取决于住房的价格 P_H，成本取决于物价总水平 P。于是住房的相对价格 P_H/P 越高，所建造的房子越多。

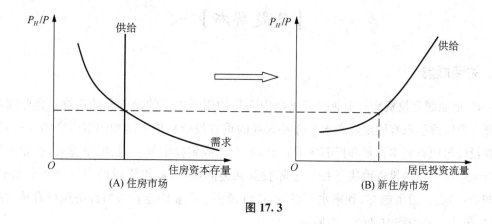

图 17.3

注意：(1)图 17.3(A)表示住房资本存量市场在住房相对价格 P_H/P 调整下达到均衡；(2)图 17.3(B)表示相对价格 P_H/P 决定了居民投资。

住房需求的影响因素有：(1)经济扩张。经济扩张增加了国民收入，从而增加了住房需求，需求的扩张提高了住房存量的市场均衡价格，鼓励居住投资的增加。(2)实际利率。

购买房子一般要贷款,利率是贷款的成本。利率下降增加了住房需求,提高了住房价格,最终使得居民投资增加。(3)个人所得税。个人所得税鼓励家庭投资于住房。

▶ 知识点六　存货投资

存货投资是指产量超过实际销售量时发生的存货积累,以及为保持生产连续性而准备的各种原材料等。存货投资分为合意的存货投资和非合意的存货投资。

持有存货的动机有如下4种:

(1) 生产平稳化。企业会经历销售暂时的高涨和低落,存货可以起到调节作用,以避免生产的波动。

(2) 存货作为一种生产要素。

(3) 避免脱销。

(4) 生产过程中的产品即在制品。有些生产需要许多工序,每道工序会产生半成品是企业生产所必需的。

三种类型的投资模型总结如下:

(1) 投资与实际利率负相关。较高的利率增加了企业的资本成本,增加买房者贷款的成本,增加了持有存货的机会成本。

(2) 对投资的影响因素。技术进步增加资本的边际产量,增加了企业固定投资;人口增加或较高的收入可以提高住房需求、增加居民投资;更高的产出增加了企业持有的存货量,刺激了存货投资。

(3) 税收与投资的关系。投资减免税可以鼓励投资,个人所得税可以刺激住房投资。

【习题解析】

一、关键概念

1. 企业固定投资是指企业投资支出中购买的用于生产的设备和建筑物。企业固定投资分为以维护原有固定资产水平弥补损耗的重置投资和用于增加固定资产的净投资。重置投资与原有资本存量和折旧率成正比,原有的固定投资越多,折旧率越高,企业重置投资也就越大。净投资取决于投资边际收益和边际成本,即投资后的产量和利率水平。预期产量越大,投资越多;利率水平越低,投资越多。企业固定投资对经济运行有重大影响,并被认为是经济波动的主要原因。

2. 住房投资是指人们为居住而购买的和房东为出租而购买的新住房。居住投资取决于住房相对价格,住房的相对价格又取决于住房需求。

3. 存货投资包括企业持有的作为储备的产品,包括原材料与补给品、加工中的产品和成品。存货投资分为合意的存货投资和非合意的存货投资。

4. 新古典投资模型是企业固定投资的标准模型。它考察了企业拥有资本品的收益和成本。说明了投资水平(资本存量的增加)如何与资本的边际产量、利率以及影响企业的税法相关。新古典模型假设经济中有两种企业:生产企业用它们租来的资本生产产品与服务;租赁企业购买资本,并把资本转租给生产企业。

5. 折旧是指资本租出时的磨损和消耗,是固定资产在使用过程中因损耗而转移到产品中的那部分价值的一种补偿方式。

6. 资本的实际成本是指租赁企业用经济的产出的单位衡量的购买并租出一单位资本的成本。可以表示为 $\frac{P_K}{P} \times (r+\delta)$。

这个式子说明资本实际成本取决于资本品的相对价格、实际利率以及折旧率。

7. 净投资是指为增加资本存量而进行的投资支出,即实际资本的净增加,包括建筑、设备与存货的净增加。企业净投资的决策取决于资本的边际产量与资本成本之间的差额。

8. 公司所得税是指国家对企业的生产经营所得和其他所得征收的一种税。发达国家一般实行法人所得税制度,即以法人组织作为纳税人。《中华人民共和国企业所得税法》规定,企业和取得收入的其他组织为纳税人,改变了现行内资企业所得税以独立核算组织(如分公司)作为纳税人的做法。

9. 投资税收抵免是一种鼓励企业积累资本的税制。对于花在投资品上的每一美元,减少了企业一定量的税负。由于较低的税收补偿了企业对新资本的一部分支出,这种扣除减少了每单位资本的实际购买价格 P。这样,投资扣除减少了资本的成本并增加了投资。

10. 股票是股份有限公司发给投资者证明其向公司投资并拥有所有权益的有价证券。它反映了在公司所有权中的份额。

11. 股票市场是已经发行的股票转让、买卖和流通的场所,包括交易所市场和场外交易市场两大类。由于它是建立在发行市场基础上的,因此又称二级市场。

12. 托宾 q 值是企业资产的市场价值与其重置成本的比率。q=已安装资本的市场价值/已安装资本的重置成本。式中,分子是由股票市场决定的经济中资本的价值,分母是现在购买这种资本的价格。托宾 q 用于研究企业投资决策和衡量企业投资效果,由美国经济学家托宾于 20 世纪 60 年代提出。q 值就是企业追加单位资本在股票市场上所预期的未来边际收益的贴现值,当其大于 1 时,市场价值高于重置成本,则追加资本的成本将小于资本收益现值的市场评价,因而投资者感到有利可图而增加投资,反之,则会减少投资,而 1 就是它的均衡值。托宾通过 q 值把金融市场和实际经济活动联系起来,推进了传统投资理论的发展。

13. 有效市场假说给定当前有关公司的经营前景的信息,公司股票的市场价格是对公司价值的充分的理性估价。这一假说是建立在这两个基本原则的基础上的。第一,在主要股票交易所上市的每一家公司被许多专业基金经理人密切关注;第二,股票价格是由供给与需求的均衡确定的。

14. 融资约束是指企业在金融市场上筹集到的资金数额有限,不能获得所需要的所有资金的一种现象。筹资制约会影响企业的投资行为,使企业不是根据预期获利性来决定投资量,而是根据其现期的现金流量来决定当期投资。

15. 生产平滑化是企业持有存货的一个原因,企业持有存货可使生产水平平稳,避免生产水平大起大落带来的额外成本。当销售低落时,企业的生产多于销售,把额外的产品作为存货;当销售高涨时,企业的生产少于销售,把一部分存货用于销售。

16. 把存货看作一种生产要素是企业持有存货的第二个原因,持有存货可以使企业的运转更有效率。企业把存货作为一种生产要素会增加企业持有的存货量,同时产出也会增多。

17. 避免脱销是企业持有存货的第三个原因,是指企业为避免销售意外高涨时产品脱销而持有一部分存货。由于企业根据产品需求的预期来决定产量,这就可能和实际的产品需求不符,如果需求大于生产而没有存货,该产品将会在一个时期内脱销,企业将损失销售收入和利润,企业为了防止这种情况发生而持有存货的动机称为避免脱销。

18. 在制品是企业持有存货的第四个原因。许多产品在生产中要求有许多道工序,因此,生产需要时间。当一种产品部分完成时,其部件被作为企业存货的一部分。这种存货称为生产过程中的产品,即在制品。

二、复习题

1. 在企业固定投资的新古典模型中,在什么条件下企业发现增加自己的资本存量是有利可图的?

【重要级别】3　　　　　　　【难度级别】3

【考查要点】企业固定投资的标准模型——新古典投资模型/投资函数

【参考答案】根据新古典企业固定投资模型,如果企业资本的边际产量大于资本的成本,那么企业增加资本存量是有盈利的;如果边际产量小于资本成本,那么企业增加资本存量就会亏损。

因为在新古典企业固定投资模型中,其利润函数为:

$$利润率 = MPK - (P_K/P)(r+\delta)$$

均衡时,资本收益(实际租赁价格)等于资本的边际产量,因此 MPK 为资本的收益;而 $(P_K/P)(r+\delta)$ 为租赁企业拥有资本的成本。企业的净投资函数为资本收益和资本成本两者差额的函数,即净投资 $= \Delta k = \ln[MPK - (P_K/P) \times (r+\delta)]$。

所以当资本的边际产量大于资本的成本时,企业发现增加自己的资本存量是有利的,就会有正的净投资;如果资本的边际产量小于资本的成本时,企业就会减少自己的资本存量。

【科兴点评】注意对该模型下利润函数的理解,特别是要记住$(P_K/P)(r+\delta)$为租赁企业拥有资本的成本。

2. 什么是托宾 q 值?它与投资有什么关系?

【重要级别】3　　　　　　　　【难度级别】3

【考查要点】托宾 q

【参考答案】(1) 托宾 q 指的是已安装资本的市场价值与其重置成本的比率:

$$q = \frac{\text{已安装资本的市场价值}}{\text{已安装资本的重置成本}}$$

(2) 托宾 q 是企业做出投资决策的比例依据,它的分子是由股票市场决定的经济中资本的价值,分母是现在购买这种资本的价格。托宾的推理是,净投资应该取决于 q 大于 1 还是小于 1。如果 q 大于 1,那么已安装资本的股票市场价值就大于其重置资本,在这种情况下,企业增加投资;如果 q 小于 1,那么资本的股票价值小于其重置成本,在这种情况下,当资本损耗时,企业也不会更换资本,资本存量减少。

【科兴点评】注意理解什么是已安装资本的市场价值和重置成本。

3. 为什么利率上升减少了住房投资量?

【重要级别】3　　　　　　　　【难度级别】3

【考查要点】居住投资

【参考答案】因为居住投资取决于住房价格,住房价格又取决于住房需求和现期固定的住房供给。住房需求的一个重要决定因素是实际利率 r。这是由于许多人用贷款购买房子,而利率是贷款的成本。即使少数不必借贷买房的人也将对利率作出反应。因为利率是以住房持有财富而不把财富存入银行的机会成本。因此,利率上升增加了贷款成本或者说买房的机会成本,从而减少了住房需求,这就降低了住房价格,减少了居住投资量。

【科兴点评】现有住房存量市场决定了均衡的住房价格;住房价格决定了居住投资的流量。

住房的相对价格做出调整,使现有住房资本存量市场的供求均衡。然后这种相对价格决定居住投资,即建筑企业所建设的新住房的流量。

4. 列出企业可能持有存货的四个理由。

【重要级别】3　　　　　　　　【难度级别】3

【考查要点】存货投资

【参考答案】存货指企业持有的作为储备的产品,包括原料与产品、加工中的产品和成品。

企业持有存货可能出于以下四种原因:第一,平稳某一时期的生产水平,又称生产平稳化动机。第二,使企业更有效率地经营,在某些方面可以把存货当作一种生产要素,即企业持有的存货量越大,生产的产出也越多。第三,当销售意外高涨时避免产品脱销,又称避免脱销动机。第四,为生产过程所做的储备。许多产品在生产中有许多道工序,因此,生产需要时间。当一种产品仅仅是部分完成时,其部件也被称作企业存货的一部分。

二、问题与应用

1. 用新古典投资模型解释下列每个事件对资本的租赁价格、资本成本以及投资的影响:

a. 反通货膨胀的货币政策提高了实际利率;

b. 一次地震摧毁了部分资本存量;

c. 外国移民增加了劳动力规模;

d. 计算机技术的进步提高了生产效率。

【重要级别】4　　　　　　　　【难度级别】3

【考查要点】企业固定投资的标准模型——新古典投资模型

【参考答案】根据新古典投资模型,资本的实际租赁价格等于资本的边际产量,而净投资是资本边际产量和资本成本之差的函数。

a. 当反通货膨胀的回避政策提高了实际利率时,随着实际利率升高,资本成本增加,如果经济初始处于均衡状态,则由于资本成本增加,资本成本大于边际产量,净投资为负值。所以投资减少,相应地,资本边际产量提高,直到等于新的更高的资本成本。

b. 当地震摧毁了一部分资本存量时,资本的边际产量提高,资本的租赁价格也相应提高,在资本成本不变的情况下,企业就会增加对资本的投资。

c. 外国移民导致劳动力规模的扩大,提高了资本的边际产量,所以资本的租赁价格提高,在资本成本不变的情况下,企业也会增加对资本的投资。

d. 计算机技术进步提高了生产效率,从而使得资本的边际产品增加,所以资本的租赁价格上升,而决定资本成本的各因素没变,从而资本成本不变。资本的边际产品相对于资本成本上升,投资增加。

【科兴点评】这类题重在理解经济现象导致的变量变化,进而分析模型受到的影响。

2. 假定政府对石油公司征收的税等于该公司石油储量价值的一个比例(政府向企业保证这一税收是一次性的),根据新古典模型,这次征税对这些企业的企业固定投资有什么影响?如果这些企业面临融资约束呢?

【重要级别】3　　　　　　　　【难度级别】3

【考查要点】投资与税收,投资与融资约束

【参考答案】(1)根据新古典投资理论,这种税不会影响企业固定投资。因为企业固定投资的规模会一直持续到资本的边际产量(资本实际收益)等于资本成本。当政府实施税收增加了企业的资本成本时,资本边际产量也必须相应提高,而要提高资本的边际产量只有靠拥有较少的资本存量来实现,这样就减弱了企业对固定投资的激励,投资减少。

(2)如果企业面临筹资制约,那么即使面临着利润潜力巨大的项目,企业也可能因为筹集不到足够的资金而导致最终放弃该项目,企业也就不能进行有利的投资,所以投资量也会下降。

【科兴点评】税收影响的是资本成本,需要提高的是边际产量,而不是固定投资。

3. 在第 11 章与第 12 章中建立的 IS-LM 模型假设投资只取决于利率。然而我们的投资理论提出,投资可能还取决于国民收入:更高的收入可能促使企业投资更多。

a. 解释为什么投资可能取决于国民收入。

b. 假定投资由下式决定:

$$I = \bar{I} + \alpha Y$$

式中,α 为介于 0~1 的常数,它衡量国民收入对投资的影响。在投资如此确定的情况下,凯恩斯交叉图模型中的财政政策乘数是多少? 请解释。

c. 假定投资既取决于收入又取决于利率。也就是说,投资函数是:

$$I = \bar{I} + \alpha Y - br$$

式中,α 为介于 0~1 的常数,它衡量国民收入对投资的影响;b 为一个大于零的常数,它衡量利率对投资的影响。用 IS-LM 模型考虑政府购买的增加对国民收入 Y、利率 r、消费 C 和投资 I 的短期影响。这种投资函数会如何改变基本 IS-LM 模型所蕴含的结论?

【重要级别】4　　　　　　　　　　【难度级别】4

【考查要点】企业固定投资的标准模型——新古典投资模型

【参考答案】a. 投资可能取决于国民收入的原因有:(1)更高的产出增加了企业的利润,从而放松了一些企业面临的筹资限制。(2)更高的收入增加了住房需求,这又提高了住房价格,从而增加了居住投资。(3)更高的产出也增加了企业希望持有的存货量,从而刺激企业进行存货投资。

b. 根据国民收入核算恒等式 $Y = C + I + G$,把 $C = \bar{C} + MPC \times (Y - T)$,$I = \bar{I} + \alpha Y$,代入恒等式得 $Y = \bar{C} + MPC \times (Y - T) + \bar{I} + \alpha Y + G$,整理得 $(1 - MPC - \alpha)Y = \bar{C} + \bar{I} + G - MPC \times T$。

通过微分推导,两大财政政策乘数分别为:

(1) 政府购买乘数:$\dfrac{\partial Y}{\partial G} = \dfrac{1}{1 - MPC - \alpha}$

(2) 税收乘数:$\dfrac{\partial Y}{\partial T} = -\dfrac{MPC}{1 - MPC - \alpha}$

c. 由国民收入核算恒等式 $Y = C + I + G$,$C = \bar{C} + MPC \times (Y - T)$,$I = \bar{I} + \alpha Y - br$,可得 $Y = \bar{C} + MPC \times (Y - T) + \bar{I} + \alpha Y - br + G$,进而可得 IS 曲线如下:

$$Y = \frac{\bar{C} + \bar{I}}{1 - (MPC + \alpha)} + \frac{1}{1 - (MPC + \alpha)}G - \frac{MPC}{1 - (MPC + \alpha)}T - \frac{b}{1 - (MPC + \alpha)}r$$

在以往的结论中：

由于边际消费倾向 $MPC<1$，所以政府购买增加是扩张性政策，税收增加是紧缩性政策，产出和利率成反向变动。但是现在的问题是分母中多了一个正的系数 α。

如果 $MPC+\alpha<1$，那么原来传统的结论不会改变，只是政策对经济的影响程度受到一定的影响。一旦系数 α 足够大，使得 $MPC+\alpha>1$，那么传统的结论都要颠倒过来才是正确的，而且 IS 曲线的斜率也不再为负值，而是正值。

【科兴点评】这题同时结合考查了投资和 IS-LM，体现了数学在经济中的重要运用，通过经济理论，来理清表达式之间的关系。

4. 当股票市场崩盘时，它对投资、消费和总需求有什么影响？为什么？美联储应该如何应对？为什么？

【重要级别】2　　　　　　　　【难度级别】2

【考查要点】托宾 q

【参考答案】当股票市场像 1929 年 10 月和 1987 年 10 月那样崩盘时，美联储应该扩大货币供给。

由于资本的重置成本是比较稳定的，依据托宾 q 理论，股票市场暴跌往往与托宾 q 的下降相关。q 的下降反映了投资者对资本的现期或未来的获利性表示悲观。这就意味着投资函数向内移动：在任何一个既定的利率水平，投资都减少了。因此，物品和劳务的总需求都减少了，这就引起了产出和就业的下降。

此外，还有两个理由说明股票价格与经济活动的关系。第一，由于股票是家庭财富的一部分，所以股票价格暴跌，使人们变穷，从而压低了消费者的消费支出，同时减少了总需求。第二，股票价格下跌也反映了有关技术进步和长期经济增长的坏消息。

因此，在这种情况下，美联储所采取的政策应该是使经济尽快走出低迷，恢复投资者的信心，进而扩大投资需求和总需求。所以美联储应该扩大货币供给，表明要支持经济复苏。

5. 这是一个选举年，经济处于衰退中。反对党总统候选人以通过投资税收抵免作为竞选纲领，投资税收抵免将在她当选的下一年将生效。这种竞选承诺对当年的经济状况会有什么影响？

【重要级别】2　　　　　　　　【难度级别】2

【考查要点】投资与税收

【参考答案】这种竞选中的承诺会使当年经济恶化，因为投资税收抵免是一种鼓励积累资本的税制。由于企业的较低税收补偿了一部分对新资本的支出，所以这种税收抵免减少了每单位资本的实际购买价格，从而减少了资本成本并刺激了投资。当宣布下一年实施投资税收抵免时，当年的很多投资活动就会顺延到下一年以获取这种投资税收抵免优惠，所以当年投资减少、经济恶化，但是下一年的投资增多。

【科兴点评】对未来的预期影响人们当期的选择。

6. 20世纪50年代，美国经历了出生人数的大幅度增加。在70年代，"婴儿潮"一代成年了，开始组织自己的家庭。

　　a. 用住房投资模型预测这一事件对住房价格和住房投资的影响。

　　b. 访问美联储经济数据（Federal Reserve Date，FRED）的网站获取数据，计算1970年和1980年住房的实际价格（用住房投资平减指数除以GDP平减指数来衡量）。你发现了什么？这一发现与模型一致吗？

【重要级别】3　　　　　　　　【难度级别】2

【考查要点】居住投资

【参考答案】a. 由居住投资模型预测，这一事件使住房价格上升和居住投资增加。

　　因为人口的大幅度增加会增加住房需求，根据居住投资模型，住房价格将会上涨，这同时带动了居住投资的增加，如图17.4所示。

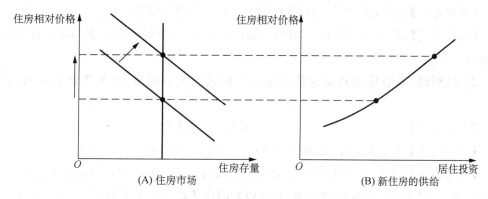

图17.4　居住投资的增加

　　b. 根据1999年总统经济报告的数据，在20世纪80年代，由于20世纪70年代新住房的供给已经增加了整个住房存量。住房市场的均衡价格下降，居住投资减少，这时可以认为居住投资平减指数等于GDP平减指数。所以，在以居住投资平减指数除以GDP平减指数来衡量的住房实际价格上，70年代的住房实际价格高于80年代的住房实际价格。这和模型的预测是一致的。

【科兴点评】与居住投资模型相关的两张图要牢记，图形对解题很有帮助。

7. 美国的税法鼓励对住房的投资（比如通过在计算应纳税收入时扣除贷款利息）并抑制企业资本投资（比如通过公司所得税）。这种政策的长期影响是什么？（提示：考虑劳动市场。）

【重要级别】3　　　　　　　　【难度级别】3

【考查要点】居住投资，投资与税收

【参考答案】这种政策的长期影响是导致经济增长速度放缓。因为美国税法的这种规定，使得美国国内对住房的投资相对于其他形式的资本显得太多，由于对住房的投资过多，住房存量也大。而企业资本投资的减少导致劳动力的边际产量下降，劳动所获得的收入减少,于是劳动者对住房的需求就下降。这样,住房供给的膨胀和劳动者对住房有效需求的下降共同使得住房市场的均衡价格下降,最终抑制了新住房的投资。所以从长期来看,各项投资均不足,社会总需求下降,经济增长速度放缓。

同时从劳动力市场的角度来看,每个工人的资本占有量减少使得劳动的边际产品减少。从长期来看,工人的实际工资也是下降的。

【科兴点评】读者需要思考下,这种政策一般是在什么时期才会出现?

【补充训练】

1. 判断题: 某区民工的大量拥入,降低了该区资本的均衡实际租赁价格。( )

【重要级别】2 　　　　　　　　【难度级别】2

【考查要点】企业固定投资的标准模型——新古典投资模型

【参考答案】错误。由 $R/P = MPK = \alpha A(L/K)^{1-\alpha}$,劳动量越多,资本的实际租赁价格越高。

2. 判断题: 政府增加总需求的政策若不能改变实际利率,也就不能影响到投资。( )

【重要级别】2 　　　　　　　　【难度级别】2

【考查要点】企业固定投资的标准模型——新古典投资模型,居住投资

【参考答案】错误。国民收入的变化也会对投资产生影响。如在固定投资模型中,较高的就业、较高的收入增加住房需求,企业较高的产出增加企业的存货量等,这些都会刺激投资。

3. 关于托宾 q 理论,下列错误的是( )。

A. 反映了资本现在以及未来的预期收益

B. 如果 $q>1$,企业已有资本的证券市场价值大于其重置成本

C. 托宾 q 对短暂的衰退更为敏感

D. 其他条件一定时,企业是否投资取决于股票价格的高低

【重要级别】3 　　　　　　　　【难度级别】3

【考查要点】托宾 q

【参考答案】C。企业预期衰退是短暂时,仍然会继续投资,因为企业会认为现在投资对未来是有利的,所以暂时的衰退对托宾 q 的影响不大。

【科兴点评】托宾 q 考虑的是未来的现值。

4. 下列哪项不会引起居民投资的增加?( )。

A. 利率下降 　　　　　　　　B. 住房租金上升

C. 政府征收个人所得税 　　　D. 一般物价水平上升

【重要级别】2 　　　　　　　　【难度级别】2

【考查要点】居住投资

【参考答案】D。物价水平的上升使得住房相对价格 PH/P 降低,不会增加住宅投资。

5. 某国资本在 GDP 中的份额为 25%,资本-产出比率为 2.5,资本折旧率为 3%,实际利率 5%,且该国产品与服务价格水平为 1,求当资本存量达到稳定状态水平时一单位资本的购买价格。

【重要级别】3　　　　　　　　【难度级别】2

【考查要点】企业固定投资的标准模型——新古典投资模型

【参考答案】柯布-道格拉斯生产函数的形式是 $Y=AK^{\alpha}L^{1-\alpha}$,其中,$\alpha$ 表示资本收入占总收入的份额。本题中,$\alpha=0.25$,且资本产出比 $K/Y=2.5$,可得 $MPK=\alpha Y/K=0.1$。

当资本存量达到稳定状态时,$MPK=(PK/P)(r+\delta)$。

$R=0.05$,$\delta=0.03$,$P=1$,代入得 $PK=1.25$。

【科兴点评】读者要理解从生产函数中推导出来的投资模型及其变量的表达。

6. 下列哪一项会降低资本的租用价格?(　　)

A. 预期通货膨胀率上升　　　　B. 折旧率提高
C. 名义利率上升　　　　　　　D. 实际利率上升

【重要级别】3　　　　　　　　【难度级别】2

【考查要点】企业固定投资的标准模型——新古典投资模型

【参考答案】A。资本的单位租用成本(即租用价格)$=\dfrac{P_K}{P(r+\delta)}$,可见,预期通货膨胀率 δ 上升,即价格指数上涨,其倒数引起成本的减少。

7. 下列哪一项将会提高企业的投资激励?(　　)

A. 资本折旧率提高　　　　　　B. 实际利率上升
C. 通货膨胀率上升　　　　　　D. 名义利率上升

【重要级别】3　　　　　　　　【难度级别】2

【考查要点】企业固定投资的标准模型——新古典投资模型

【参考答案】C。通货膨胀率上升,资本租用成本下降,提高企业投资激励。

18 关于稳定化政策的不同观点

【学习精要】

一、学习重点

1. 积极的政府政策(支持稳定政策)
2. 消极的政府政策(反对稳定政策)
3. 斟酌处置政策
4. 固定政策规则
5. 前后不一致性和通货膨胀与失业之间的取舍

二、知识脉络图

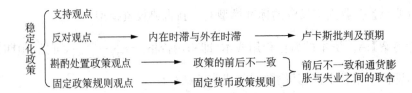

三、理论精要

▶ **知识点一 积极的政府政策与消极的政府政策(支持稳定政策与反对稳定政策)**

1. 稳定政策支持者的观点

经济随时都会受到冲击,冲击可能引起衰退,而衰退是高失业、低收入和经济困苦增加的时期,所以政府必须用财政政策和货币政策来进行调整,即实施积极的政府政策,以防止冲击带来不必要的产出和就业波动甚至衰退。他们相信经济政策在稳定经济上是成功的。

2. 稳定政策反对者的观点

财政政策和货币政策会有时滞,人们对经济的认识又有局限,因此稳定政策可能难有成效,拙劣的政策甚至会成为经济波动的源泉,政府应该采取对宏观经济政策不管的方法。具体地讲,反对理由主要包括以下四个方面。

(1) 内在时滞:经济冲击与对这种冲击做出反应的政策行动之间的时间间隔,主要指财政政策。产生原因是政策制定者在冲击发生与认识冲击并开始行动之间需要时间,他们首先是认识到冲击已经发生,然后才实施适当政策。

(2) 外在时滞:政策实施与政策对经济产生影响之间的时间间隔,主要指货币政策。产生原因是政策并不能立即影响支出、投资、消费、收入、就业等。这同时说明了货币政策效果的间接性。

内在时滞与外在时滞的区分如下图所示:

图 18.1

自动稳定器:是指在对税收支出和财政支出做出一定的制度安排的前提下,财政对社会经济具有内在的自动稳定功能。财政的自动稳定功能主要通过两个方面来实现:自动调整的税收和财政转移支付的自动增减。财政的内在稳定器作用的大小取决于税收结构、转移支付结构及其水平。但总的说来,它的作用很有限。内在稳定器只能对经济的剧烈波动起到某种节制作用、缓解作用,但不能改变经济波动的大趋势。

自动稳定器政策旨在减少与稳定政策相关的时滞。

(3) 棘手的预测工作:由于政策只有在长久的时滞之后才影响经济,成功的稳定化政策要求有准确预测未来经济状况的能力。但遗憾的是,给定现在我们对经济的理解情况,经济发展常常无法预测。预测者做出前瞻的一种方法是观察领先指标,另一种方法是使用宏观经济计量模型。

(4) 卢卡斯批判:传统的政策评估方法,如依靠标准经济计量模型的方法,没有充分考虑到政策变动对人们预期的影响。

① 卢卡斯强调了人们如何形成未来预期的问题,认为预期在经济中起着至关重要的作用,因为预期影响着各种经济行为。因此,当政策制定者估算任何一种政策变动的效应时,他们需要知道人们的预期会对政策变动作出什么反应。卢卡斯认为,传统的政策评估方法(如依靠标准宏观经济计量模型的方法)没有充分考虑到政策对预期的这种影响。这种对传统政策评估的批评就是卢卡斯批评。

② 卢卡斯批判给我们的两个教训。

狭义的:评价不同政策的经济学家需要考虑政策如何影响预期,从而影响行为。

广义的:政策评估是困难的,所以,从事这项工作的经济学家应该表现出必要的谦虚。

3. 理性预期:对反通货膨胀的分析

传统观点:认为降低通货膨胀的成本通常用牺牲率衡量,而这样估算出来的牺牲率往往很大。

理性预期派:认为牺牲率的这些估算要受到卢卡斯批判的制约,并不可靠。传统的牺牲率估算是根据适应性预期，即根据预期通货膨胀取决于过去通货膨胀的假设。在某些情况下，适应性预期可能是一个合理的前提，但如果政策制定者做出了可信的政策变动，决定工资和物价的工人和企业都会通过适当地调整他们的通货膨胀预期而做出理性反应。通货膨胀预期的这种变动将迅速改变通货膨胀和失业之间的短期取舍关系。结果，降低通货膨胀的成本可能要比传统牺牲率估算的少得多。

▶ 知识点二　斟酌处置政策与固定政策规则

1. 斟酌处置政策

（1）斟酌处置政策观点：认为决策者应该在事件发生时自由做出判断并选择当时看来合适的政策。这种政策对不可预期的情况作出反应时更具有灵活性，但是也可能导致一些问题，如由于政府的前后不一致引起的政治失信等。

（2）斟酌处置政策的前后不一致：指政策制定者可能愿意提前宣布他们将遵循的政策，以便影响私人政策制定者的预期，但后来当私人政策制定者根据他们的预期行事后，由于政策制定者的斟酌处置权，这些政策制定者可能会受到某种诱惑而违背自己的宣言，采取另一种与所宣布的政策不同的政策，从而政策制定者在前后的政策不一致导致政策的不可信。

对于斟酌处置权所导致的前后不一致的分析得出令人惊讶的结论：有时通过取消决策者的斟酌处置权会更好地达到目标。

2. 固定政策规则

（1）固定政策规则观点：认为政治过程是不可信任的，在实施经济政策过程中，政治家们经常犯错误，所以应以某种政策规则（如货币供给、名义 GDP 和物价水平/通货膨胀）作为目标，这样可以避免政治过程和政治目的的经济化，解决前后不一致的问题。

（2）货币政策规则：货币主义者（代表人物 M.弗里德曼）认为，货币供给的波动导致了经济中大多数重大的波动，缓慢而稳定不变的货币供给增长会产生稳定的产出、就业和物价。

三种货币政策规则：第一，恒定的缓慢的货币供应增长率；第二，以名义 GDP 作为目标。当名义 GDP 大于目标 GDP 时，就减少货币供给；反之，则增加货币供给；第三，以一定的通货膨胀率为目标。当实际通货膨胀率背离这一目标时，调整货币供给。

▶ 知识点三　前后不一致和通货膨胀与失业之间的取舍

前后不一致是指政策制定者提前宣布政策以影响私人政策制定者的预期，然后在这些预期形成并发生作用后又采用不同政策的倾向。一般是指在通货膨胀严重时，政府向公众承诺采取政策来对付通货膨胀，公众相信了政府的承诺，从而降低通货膨胀预期，由于通货膨胀预期降低，缓解了通货膨胀压力，此时政府可能采取扩张性的政策来对付失业，这就造成了政府的前后不一致。所谓的"动态不一致性"，是指政策当局在 t 时按最优

化原则制定一项 $t+n$ 时执行的政策,但这项政策在 $t+n+1$ 时已非最优选择。

首先,将菲利普斯曲线 $\pi=\pi^e-\beta(u-u^n)+V$ 转换为 $u=u^n-\alpha(\pi-\pi^e)$,联立下面两个方程:

$$\begin{cases} 菲利普斯曲线:u=u^n-\alpha(\pi-\pi^e) \\ 损失函数:L(u,\pi)=u+\gamma\pi^2 \end{cases}$$

1. 考虑固定政策规则

规则把中央银行约束在特定的通货膨胀水平,只要私人主体相信中央银行对这个规则做出的承诺,则 $\pi^e=\pi$,从而 $u=u^n$。

所以在固定政策规则下,最优规则是:中央银行实行零通货膨胀。

2. 考虑斟酌处置的货币政策

将菲利普斯曲线代入损失函数,则:

$$L(u,\pi)=u^n-\alpha(\pi-\pi^e)+\gamma\pi^2$$

两边对 π 求导,则:

$$\frac{\mathrm{d}L}{\mathrm{d}\pi}=-\alpha+2\gamma\pi=0$$

所以当 $\pi=\alpha/(2\gamma)$ 时,损失最小,而理性的私人主体将预期中央银行选择这一通货膨胀水平,即

$$\pi^e=\pi=\alpha/(2\gamma)$$

从而,$u=u^n$。

可见,两种政策下,u 相同,而第二种政策下的通货膨胀率 π 显然大于第一种政策下的 π。

因此,第一种政策将优于第二种政策。但是,如果中央银行对通货膨胀的厌恶远远大于它对失业的厌恶,即 $\gamma\to\infty$,则两种政策将达到同样的效果。

【习题解析】

一、关键概念

1. 内在时滞是经济冲击与对这种冲击做出反应的政策行动之间的时间。这种时滞的产生是因为政策制定者需要时间,首先认识到冲击已经发生,然后实施适当的政策。

2. 外在时滞是政策行动与其对经济影响之间的时间。这种时滞的产生是因为政策并不能立即影响支出、收入和就业。

3. 自动稳定器是指当必要时不用采取任何有意的政策变动就可以刺激或抑制经济

的一些制度。财政的自动稳定功能主要通过两个方面来实现：自动调整的税收和财政转移支付的自动增减。财政的内在稳定器作用的大小取决于税收结构、转移支付结构及其水平。但总的说来，它的作用很有限。内在稳定器只能对经济的剧烈波动起到某种节制作用和缓解作用，而不能改变经济波动的大趋势。

4. 卢卡斯批判：卢卡斯认为，传统的政策评估方法，如依靠标准宏观经济计量模型的方法，没有充分考虑到政策对预期的影响。由于人们在对将来的事态做出预期时，不但要考虑过去，还要估计现在的事件对将来的影响，并且根据他们所得到的结果而改变他们的行动。这就是说，他们要估计当前经济政策对将来事态的影响，并且按照估计的影响采取政策，即改变他们的行为，以便取得最大的利益。行为的改变会使经济模型的参数发生变化，而参数的变化又是难以衡量的。因此经济学者用经济模型很难评价经济政策的效果。

5. 政治性经济周期是指为选举利益而操纵经济所引起的产出和就业的波动。当政策制定者的目标与公众福利发生冲突时，就产生了经济政策中的机会主义。一些经济学家担心，政治家把宏观经济政策用于他们的竞选目的。如果公民是根据大选时存在的经济状况投票，那么政治家就有动机在选举年实施使经济看好的政策。一个总统会在当选后为降低通货膨胀而很快引起衰退，然后在下一次大选接近时为了降低失业而刺激经济，这就确保了在选举年通货膨胀和失业都低。

6. 时间不一致性是指在某些情况下，政策制定者可能愿意提前宣布他们将遵循的政策，以便影响私人政策制定者的预期，但后来，在私人政策制定者根据他们的预期行事之后，这些政策制定者可能会受到某种诱惑而违背自己的宣言。一般是指在通货膨胀严重时，政府向公众承诺采取政策来对付通货膨胀，公众相信了政府的承诺从而降低通货膨胀预期，由于通货膨胀预期降低，缓解了通货膨胀压力，此时政府可能采取扩张性的政策来对付失业，这就造成了政府的前后不一致。

7. 货币主义者是指那些信奉货币学派主张的经济学家。货币主义又称货币学派。货币学派在理论上和政策主张方面，强调货币供应量的变动是引起经济活动和物价水平发生变动的根本的和起支配作用的原因。货币主义的基本理论是新货币数量论或自然率假说。货币主义认为货币数量是解释价格水平涨落的基本因素。货币主义否定凯恩斯主义财政政策的有效性，反对相机抉择的货币政策，主张单一货币规则。

8. 通货膨胀目标制：根据这种财政规则，联邦将宣布通货膨胀率目标（通常是低的），然后当实际通货膨胀率背离这一目标时调整货币供应。与名义 GDP 目标一样，通货膨胀率目标也把经济与货币流通速度的变动分开。此外，通货膨胀率目标在政治上的优点是易于向公众做出解释。

二、复习题

1. 什么是内在时滞与外在时滞？哪一种政策内在时滞更长——货币政策还是财政政策？哪一种政策外在时滞更长？为什么？

【重要级别】3　　　　　　　　　　【难度级别】2

【考查要点】积极的政府政策与消极的政府政策（支持稳定政策与反对稳定政策）

【参考答案】(1) 内在时滞是指经济冲击与对这种冲击做出反应的政策行为之间的时间间隔。这种时滞产生的原因是因为政策制定者首先要认识到冲击已经发生，然后实施适当的政策需要时间。外在时滞是指政策行为与其对经济发生影响之间的时间间隔。这种时滞的产生是因为政策并不能立即影响支出、收入和就业。

(2) 内在时滞长是用财政政策稳定经济的中心问题，这使财政政策成为一种不准确的稳定经济的工具。货币政策的内在时滞比财政政策短得多，但是外在时滞很长，货币政策通过改变货币供给从而改变利率，利率又影响投资，从而影响产出，但是许多投资决策都是事先做出的，货币政策对下期投资决策才会有较大的影响。

2. 为什么更准确的经济预测使政策制定者稳定经济更为容易？描述经济学家试图预测经济发展的两种方法。

【重要级别】3　　　　　　　　　　【难度级别】3

【考查要点】积极的政府政策与消极的政府政策（支持稳定政策与反对稳定政策）

【参考答案】(1) 更为准确的经济预测使决策者更容易稳定经济的原因是：与货币和财政政策相关的长而多变的时滞使稳定经济更为困难。由于这些时滞，一些稳定经济的努力可能是破坏稳定。因此，成功的稳定政策要求有准确预测未来经济状况的能力。如果我们不能预期未来6个月或1年之内的经济将是繁荣还是衰退，我们就不能评价货币政策与财政政策应该扩大还是紧缩总需求。

(2) 经济学家试图预测经济发展的方法有两种：一种方法是观察前导指标，前导指标是先于经济而波动的一个数据系列。前导指标的大幅度下降预示着经济很可能会衰退。另一种方法是使用宏观经济计量模型。这些模型得出关于失业、通货膨胀以及其他内生变量的预测。

3. 叙述卢卡斯批判。

【重要级别】3　　　　　　　　　　【难度级别】3

【考查要点】积极的政府政策与消极的政府政策（支持稳定政策与反对稳定政策）

【参考答案】卢卡斯认为，由于政策改变了人们的预期，人们会随着经济环境的变化而调整他们的预期和行为。其结果是政策的变化会改变计量模型的参数。于是利用既定的模型就无法准确预测政策变化后的经济效果。这种对传统政策评估方法的批评就是卢卡斯批判。

4. 一个人对宏观经济历史的解释如何影响他对宏观经济政策的观点？

【重要级别】2　　　　　　　　　　【难度级别】3

【考查要点】积极的政府政策与消极的政府政策（支持稳定政策与反对稳定政策）

【参考答案】如果经济经历了许多大的总供给和总需求冲击，而且政策成功地使经济免受这些冲击的伤害，那么支持积极政策就是显而易见的。

如果经济经历的大冲击很少,而且我们所观察到的波动可以追溯到不适当的政策,那么支持消极政策就是显而易见的。

5. 经济政策的"时间不一致性"指什么？为什么政策制定者可能想违背他们以前所做的公告？在这种情况下,政策规则的优点是什么？

【重要级别】3　　　　　　　　　　　【难度级别】3

【考查要点】前后不一致和通货膨胀与失业之间的取舍

【参考答案】(1)"前后不一致"是指这样的一种情况:在某些情况下,政策制定者可能愿意提前宣布他们将遵循的政策,以便影响私人政策制定者的预期,但后来,在私人政策制定者根据他们的预期行事之后,这些政策制定者可能会受到某种诱惑而违背自己的宣言。

(2)在这种情况下,可信的固定政策规则就成了更好的选择,因为这可以消除人们对政策的不信任,从而维护政策的有效性。因此,政府应该在公众中树立可信的形象,减少前后不一致。政府按政策规则行事就可避免前后不一致,提高可信度和降低政策成本。

【科兴点评】(1)如果政策制定者事前宣布政策如何对各种情况做出反应,并承诺始终遵循这种宣布,那么,政策就是按规则实施的。

(2)如果政策制定者在事件发生时自由地做出判断并选择当时看来合适的政策,政策就是斟酌处置的。

6. 列出美联储可能遵循的三个政策规则。在这些规则中你支持哪一种？为什么？

【重要级别】3　　　　　　　　　　　【难度级别】3

【考查要点】斟酌处置政策当固定政策规则

【参考答案】美联储可能遵循的货币政策规则有:(1)稳定不变的货币供应增长率。(2)以名义GDP作为目标。当名义GDP大于目标GDP时,就减少货币供给;反之,则增加货币供给。(3)以一定的通货膨胀率为目标。当实际通货膨胀率背离这一目标时,调整货币供给。

我比较支持第三种政策规则,即以通货膨胀率为目标。因为通货膨胀最大的特点是实现了规则性和灵活性的统一,从而克服了传统框架下单纯盯住某种特定金融变量的弊端。

三、问题与应用

1. 假定失业与通货膨胀之间的权衡由菲利普斯曲线决定:

$$u = u^n - \alpha(\pi - \pi^e)$$

式中,u为失业率,u^n为自然失业率,π为通货膨胀率,π^e为预期的通货膨胀率。此外,假定民主党总是遵循高货币增长的政策,共和党总是遵循低货币增长的政策。你预测在以下条件下会出现什么样的通货膨胀和失业的"政治性经济周期"？

a. 每 4 年,根据随机抛掷硬币的结果,其中一个政党执政。(提示:在大选之前预期的通货膨胀将为多少?)

b. 两党轮流执政。

c. 你上面的答案支持"货币政策应该由独立的中央银行设定"这个结论吗?

【重要级别】3 　　　　　　　【难度级别】3

【考查要点】时间不一致和通货膨胀与失业之间的取舍

【参考答案】a. 若根据一枚硬币的随机抛掷来决定执政党,则两党当选的概率是一样的。人们事先无法确知是谁执政,所以预期民主党执政的人预期经济将有较高的通货膨胀率,而预期共和党执政的人预期经济将有较低的通货膨胀率,在这种情况下,可以认为社会总的通货膨胀预期为中间水平。当事实上由民主党执政时,民主党将一如既往实施高货币增长政策,从而通过提高通货膨胀来降低失业率。当事实上由共和党执政时,遵循低货币增长政策可能会带来较高的失业和经济衰退。

b. 当两党轮流执政时,人们事先知道了两党的当选顺序。当民主党执政时,由于人们事先有较高的通货膨胀预期,所以要达到一定的低失业率目标,就需要更高的通货膨胀率。而当共和党执政时,由于人们事先预期通货膨胀率会比较低,所以事实上不需要太高的通货膨胀率就能达到同样的低失业率目标。

c. 我上面的答案支持"货币政策应该由独立的中央银行设定"这个结论。若是随机抛硬币来选择执政党,失业率和通货膨胀率会随着抛硬币的结果和时间的推移不断变化。若是采取两党轮流执政的方式,则失业率会稳定在自然失业率水平上,但是通货膨胀率会因为执政党的不同而不同。如果货币政策是由中央银行设定的,那么中央银行可以实施稳定连贯的货币政策,这样就可以避免由于执政党的变化而导致的"政治性经济周期"所带来的不稳定的问题。

【科兴点评】从菲利普斯曲线表达式可以看出,失业率的影响取决于人们对通货膨胀的预期。

2. 当城市通过限制房东收取的公寓租金的法律时,这些法律通常适用于已有的房屋,而不适用于任何还没有建筑的房屋。租金控制的提倡者认为,这种免除保证了租金控制不会抑制新房建设。根据时间不一致性问题评价这种观点。

【重要级别】3 　　　　　　　【难度级别】3

【考查要点】时间不一致和通货膨胀与失业之间的取舍

【参考答案】时间不一致性是指在某些情况下,政策制定者可能愿意提前宣布他们将遵循的政策,以便影响私人政策制定者的预期,但后来,在私人政策制定者根据他们的预期行事之后,这些政策制定者可能会受到某种诱惑而违背自己的宣言。

在房屋未建设之前,租金限制法案的确不会针对这些未建的房屋。这在一定程度上不会抑制新房建设的积极性。但是新房一旦建好,政府可能考虑到应该给一些低收入者制定较低的租房价格所以又对新房启用租金限制法案,这就造成了政策的前后不一致。

如果房东事先就意识到这一点,那么他们投资建设新房的积极性就要受到抑制。

【科兴点评】这就是为什么政府有时不可信的缘故。

3. 某中央银行决定采取通货膨胀目标制,现在正在争论把通货膨胀率目标设定为 5% 还是 0。该经济由如下的菲利普斯曲线描述:

$$u = 5 - 0.5(\pi - \pi e)$$

式中,u 和 π 为用百分点衡量的失业率和通货膨胀率。失业和通货膨胀的社会成本由如下损失函数描述:

$$L = u + 0.05\pi^2$$

中央银行希望损失越小越好。

a. 如果该中央银行致力于实现 5% 的通货膨胀目标,预期通货膨胀率为多少?如果该中央银行坚决执行计划,失业率为多少?通货膨胀和失业造成的损失为多少?

b. 如果该中央银行致力于实现零通货膨胀目标,预期通货膨胀率为多少?如果该中央银行坚决执行计划,失业率为多少?通货膨胀和失业造成的损失为多少?

c. 基于 a 和 b 两小问的答案,你推荐哪个通货膨胀目标?为什么?

d. 假定该中央银行选择零通货膨胀目标,预期通货膨胀率为 0。但是,该中央银行突然出乎意料地选择了 5% 的通货膨胀率。在这个未预期到的通货膨胀时期,失业率为多少?通货膨胀和失业造成的损失为多少?

e. d 小问的答案说明了什么问题?

【重要级别】3 　　　　　　　　　【难度级别】3

【考查要点】时间不一致和通货膨胀与失业之间的取舍

【参考答案】a. 如果该中央银行致力于实现 5% 的通货膨胀目标,那么公众预期的通货膨胀率也为 5%。如果该中央银行坚决执行计划,则失业率 $u = 5 - 0.5 \times 0 = 5$,通货膨胀和失业造成的损失为 $L = 5 + 0.05 \times 5^2 = 6.25$。

b. 如果该中央银行致力于实现零的通货膨胀目标,那么公众预期的通货膨胀率也为零。如果该中央银行坚决执行计划,则失业率 $u = 5 - 0.5 \times 0 = 5$,通货膨胀和失业造成的损失为 $L = 5 + 0.05 \times 0^2 = 5$。

c. 在失业率相同的情况下,0 通货膨胀率造成的社会损失更小,因此我更推荐零通货膨胀目标。

d. 当公众的预期通货膨胀率为 0,而中央银行出乎意料地选择了 5% 的通货膨胀率时,失业率 $u = 5 - 0.5 \times 5 = 2.5$,通货膨胀和失业造成的损失为 $L = 2.5 + 0.05 \times 5^2 = 3.75$。

e. d 小问的答案说明了政策的时间不一致性。中央银行可能想要宣布一个零通货膨胀目标,这样人们就会根据这个宣布的目标形成他们的预期。之后,中央银行可能会试图改变这一政策,允许更高的通货膨胀,从而降低失业率。如果中央银行经常这样做,那么它的声明将不再可信。

【科兴点评】这类题型在真题中时常考查，读者要引起重视。

4. 每次政策会议之后，美联储发布一个声明（有时候称为新闻稿），这些声明可以在美联储的网站(http://www.federalreserve.gov/monetarypolicy/fomccalendars.htm)找到。阅读最近的声明。它说了些什么？美联储在做什么？为什么？你对美联储最近的政策决定有何看法？

【重要级别】1　　　　　　　　　【难度级别】2

【考查要点】时间不一致和通货膨胀与失业之间的取舍

【参考答案】(1) 可以从国会预算办公室网站(www.cbo.gov)找到相关预测。在2017年1月24日发布的"The Budget and Economic Outlook：2017 to 2027"中，美国国会预算办公室预测将来10年美国政府债务占GDP的百分比将不断上升，从2017年末的77%上升到2027年的89%，这将是自1947年以来政府债务占GDP百分比的最高值。

(2) 关于政府支出、税收和经济增长有以下假设：①CBO（国会预算办公室）假设在老龄化和政府债务利息不断增长的推动下，政府支出在2017—2027年会比GDP的增长速度还快，将从目前占GDP 21%左右的数值增加至2027年占GDP 23.4%的数值；②CBO假定将来的税收是由当前法律所确定的且法律保持不变。③CBO猜测未来十年内产出的增长速度介于1.9%~2.1%。

(3) 实际情况可能与这些预测不同。因为随着时间的流逝和经济自身的增长，政策制定者可能会改变政府支出，也可能改变税收；而且如果美国经历了生产率增长的下降，并因此使得税收收入增长放慢，未来的政府负债可能会比现在计算的还要大。

附录的问题与应用

1. 在20世纪70年代的美国，通货膨胀率和自然失业率都上升了。让我们用下面的时间不一致性模型来考察这一现象。假设政策是斟酌处置的。

a. 在到现在为止所建立的模型中，当自然失业率上升时，通货膨胀率会发生什么变动？

b. 现在，让我们通过假定美联储的损失函数是通货膨胀和失业的二次函数来略微改变模型。也就是说：

$$L(u, \pi) = u^2 + \gamma \pi^2$$

按照与正文中相似的步骤解出斟酌处置政策下的通货膨胀率。

c. 现在，当自然失业率上升时，通货膨胀率会发生什么变动？

d. 1979年，吉米·卡特总统任命了保守派的中央银行家保罗·沃尔克为美联储主席。根据这个模型，通货膨胀和失业应该发生什么变动？比较该模型的预测和实际发生的情况。

【重要级别】4　　　　　　　　　【难度级别】4

【考查要点】时间不一致和通货膨胀与失业之间的取舍

【参考答案】a. 菲利普斯曲线描述了通货膨胀与失业之间的关系,当自然失业率上升时,为了维持与原来相同的失业率水平,通货膨胀率就要上升。

b. 若美联储想要低失业率和低通货膨胀率,根据假设,美联储的损失函数中通货膨胀和失业都是二次,略微改变模型,把 $u=u^n-\alpha(\pi-\pi^e)$ 代入损失函数 $L(u,\pi)=u^2+\gamma\pi^2$ 中,得到:

$$L(u,\pi)=[u^n-\alpha(\pi-\pi^e)]^2+\gamma\pi^2$$

对 π 求导,得到:

$$dL/d\pi=-2\alpha[u^n-\alpha(\pi-\pi^e)]+2\gamma\pi$$

令其等于零,得到:

$$\pi=(\alpha u^n+\alpha^2\pi^e)/(\gamma+\alpha^2)$$

c. 由 b 中 $\pi=(\alpha u^n+\alpha^2\pi^e)/(\gamma+\alpha^2)$ 可知,当自然失业率上升时,通货膨胀率也上升。

d. 更关注通货膨胀的保守派中央银行领导人倾向于低通货膨胀率,这个对失业的影响取决于预期通货膨胀的调整速度,如果公众能够迅速调整通货膨胀预期,那么不会对失业产生影响,失业率仍维持在自然失业率水平;如果通货膨胀预期调整缓慢,那么较低的货币供给政策带来较低的通货膨胀率,这样就选择了较高的失业率。这个由菲利普斯曲线可得到。

实际上,公众并不能迅速调整通货膨胀预期,因此根据模型可以预测在 1979 年后的几年中美国的失业率上升,通货膨胀率下降。事实上,与模型预测的一样,美国在 20 世纪 80 年代初期,通货膨胀率下降明显,失业率上升明显。

【科兴点评】本题展现了数学分析在经济学中的运用,读者可以通过数学表达式更好地理解这些经济理论。

【补充训练】

1. 有关财政政策与货币政策的时滞的说法中,错误的是(　　)。
A. 财政政策的内在时滞大于货币政策的内在时滞
B. 财政政策的外在时滞小于货币政策的外在时滞
C. 两种政策均有内在时滞与外在时滞,只是长度有所不同
D. 两种政策各不相同,因此其时滞也不具有可比性

【重要级别】2　　　　　　　　　　【难度级别】2

【考查要点】积极的政府政策与消极的政府政策(支持稳定政策与反对稳定政策)

【参考答案】D。两种政策都具有内在时滞与外在时滞,但是一般情况下,财政政策的

内在时滞要大于货币政策,货币政策几乎没有内在时滞,因而当提到内在时滞时,通常是针对财政政策的;货币政策的外在时滞大于财政政策,财政政策几乎没有外在时滞,因而当提到外在时滞时,通常是针对货币政策的。

2. 下列哪种情况可以使动态不一致降到最低?(　　)

A. 更关心短期结果,而非长期结果

B. 政策制定者希望保持政策一致性的声誉

C. 采用对现时波动有效但偏离长期目标的政策

D. 不宣布任何将采取的政策行动

【重要级别】2　　　　　　　　【难度级别】3

【考查要点】前后不一致和通货膨胀与失业之间的取舍

【参考答案】B。斟酌处置决策具有很强的灵活性。政策不一致是指政府在经济决策时可能会提前宣布他们将遵循的政策,以便影响私人政策制定者的预期。但后来,在私人政策制定者根据他们的预期行事之后,他们又会因为某些因素而违背自己的宣言。A、C、D都是相机抉择政策的一个方面,都会导致动态不一致。

【科兴点评】"动态不一致"又叫"前后不一致",注意与"时间不一致"这个概念相区别。

3. 中央银行要控制通货膨胀,已经知道经济中的失业率和通货膨胀的关系为:

$$u = 5\% - 0.5(\pi - 2\%)$$

在这里,u^n为自然失业率,等于5%;π^e为经济主体对通货膨胀的预期,等于2%。已知中央银行的成本损失函数为$L(u, \pi) = u + 0.2\pi^2$。求出相机抉择政策下的通货膨胀率和失业率。

【重要级别】3　　　　　　　　【难度级别】3

【考查要点】斟酌处置政策与固定政策规则

【参考答案】将菲利普斯曲线代入损失函数,则:

$$L(u, \pi) = 5\% - 0.5(\pi - 2\%) + 0.2\pi^2$$

两边对π求导,则:

$$\frac{dL}{d\pi} = -0.5 + 0.4\pi = 0$$

∴ 当$\pi = 1.25\%$时,损失最小。

而理性的私人主体将预期中央银行选择这一通货膨胀水平,即$\pi^e = \pi = 1.25\%$,从而$u = u^n = 5\%$。

4. 积极政策的支持者对时滞的看法是(　　)。

A. 政策只有内在时滞,没有外在时滞

B. 政策不存在任何时滞,因此稳定经济是完全可能的

C. 多变的时滞使稳定经济更为困难,因此成功的稳定政策几乎是不可能的

D. 政策存在时滞,政策制定者应当对此更为谨慎,但这并不意味着无须采取任何政策

【重要级别】2　　　　　　　　　　【难度级别】2

【考查要点】积极的政府政策与消极的政府政策(支持稳定政策与反对稳定政策)

【参考答案】D。提示:积极政策的支持者同样承认政策存在内在时滞和外在时滞,这些时滞要求政策制定者更为谨慎,但并非意味着政策应该完全是消极的,尤其是在面临较严重而持久的经济衰退时。

5. 一般而言,经济政策的动态一致性要求实施( )。

A. 相机抉择的经济政策　　　　　B. 固定不变的经济政策

C. 有欺骗性的经济政策　　　　　D. 无欺骗性的经济政策

【重要级别】2　　　　　　　　　　【难度级别】2

【考查要点】前后不一致和通货膨胀与失业之间的取舍

【参考答案】D。经济政策的动态一致性实际上是自由主义的思想体现,如货币学派、理性预期学派,尤其是后者。要保持公众对政策的稳定预期,必须保持动态条件下政策变动的有规律性,即没有意外的突变,保证公众预期稳定且长期一致,因此,没有欺骗性的经济政策即稳定或公开变动路径的政策是必然要求。所谓固定不变的经济政策,只是没有欺骗性的经济政策的一种。而在货币政策中,经济政策的动态一致性则要求货币供应量以与实际 GDP 增速相当的速度上涨,而非每年的货币供应量不变,因此 B 是错误的。

19 政府债务和预算赤字

【学习精要】

一、学习重点

1. 政府债务规模
2. 债务规模的衡量问题：通货膨胀、资本资产、未计算的负债、经济周期
3. 传统的政府债务观点
4. 李嘉图等价
5. 最优财政政策思想（功能财政政策）

二、知识脉络图

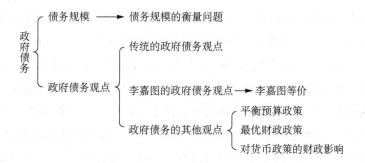

三、理论精要

▶ **知识点一　政府债务规模及其衡量问题**

$$政府债务规模＝政府债务/GDP$$

用预算赤字来衡量政府债务存在以下四个问题：

（1）通货膨胀，即一般所衡量的预算赤字并没有对通货膨胀进行校正。

（2）资本资产，即没有用政府资产的变动来抵消政府债务的变动。而采用资本预算则既衡量负债又衡量资产。按照这种观点，预算赤字应当用债务变动减去资产变动。

（3）未计算的负债，即预算赤字会遗漏一些负债，如社会保障体系、养老金等。

（4）经济周期，即预算赤字没有对经济周期影响进行校正。赤字增加可能来自政策

变动,也可能来自经济周期的变动。

充分就业预算赤字 BS^* 是对经济周期进行了调整的预算赤字,是基于经济在其产出和就业的自然水平运行时政府支出和税收收入的估算。其计算公式为:

$$BS^* = BS + t(y^* - y)$$

式中,y^* 表示充分就业时的国民收入,t 为边际税率。

▶ 知识点二 传统的政府债务观点与李嘉图的政府债务观点

1. 传统的政府债务观点

债务筹资的减税刺激了消费者支出并减少了国民储蓄。消费的增加在短期内会增加总需求和收入,但从长期看,会挤出资本、压低经济增长。

2. 李嘉图的政府债务观点

(1) 主要内容:政府今天的借贷意味着未来更高的税收,用债务筹资的减税并不会减少税收,它仅仅是重新安排税收时间。因此,不会鼓励消费者更多支出。

(2) 李嘉图等价:减税并不会引起消费增加,家庭会把额外的可支配收入储蓄起来,以应付未来税收的增加。这时,私人储蓄的增加正好抵消了公共储蓄的减少,国民储蓄(等于私人储蓄和公共储蓄之和)保持不变。因此,减税并没有传统分析所预言的影响。

(3) 传统债务观点对此的批判:由于"目光短浅""借贷制约""子孙后代担税"等原因,他们相信未来税收前景对现期消费的影响并不像李嘉图观点所假设的那么大。

上述的每种观点都有自己的理由。如果你相信传统的观点,那么你就会相信债务筹资的减税刺激了消费,降低了国民储蓄。这样认为可能是因为如下理由:第一,消费者可能是目光短浅或不理性的,以致他们认为自己的永久性收入已经提高了。第二,消费者可能面临借贷约束,因此他们只能消费现期的收入。第三,消费者可能认为隐含的税收负担会落在子孙后代身上,并且这些消费者可能对下一代不够关心,而没有留下遗产以抵消这种税收负担。

如果相信李嘉图的观点,那么你相信消费者是有远见的,能够明白政府今天的借债意味着未来的税收负担将落在他们或下一代身上。因此,债务筹资只是给消费者暂时的收入,最终还是要通过税收取回的。结果,消费者把他们得到的收入储蓄起来,以抵消未来的税收负担。

▶ 知识点三 平衡预算政策与最优财政政策(功能财政政策思想)

平衡预算政策,即要求量入为出,无债务的观点。

最优财政政策,即功能财政思想,认为可以盈余,可以赤字,原因有三个:

(1) 稳定。预算赤字或盈余可以帮助稳定经济。

(2) 稳定税收。预算赤字或盈余可以保持税收稳定。如为了保持税收稳定,在不寻常的低收入(衰退)或不寻常的高支出(战争)年份,赤字是必要的。

(3) 代际再分配。赤字可以实现代际再分配,即税收负担从上一代转移到下一代(如上代为自由而战,后代应负担一部分战争成本,即赤字战争筹款)。

▶ **知识点四　政府债务对货币政策的财政影响**

(1) 巨额债务或赤字可能导致过度的货币扩张,从而引起更高的通货膨胀。

(2) 预算赤字的可能性会鼓励政治家在确定政府支出与税收时把过多的负担放在子孙后代身上。

(3) 政府债务的高水平可能有资本外逃的风险,并减少一国在世界上的影响。

【习题解析】

一、关键概念

1. 资本预算是一种既衡量负债又衡量资产的预算程序。采用资本预算,净国债等于政府资产减去政府负债。按现行的预算程序,当政府出售其资产时,预算赤字会减少。但在资本预算中,从出售中得到的收入并没有减少赤字,因为债务的减少被资产的减少抵消了;同样,政府借贷为购买资本品筹资并不会增加赤字。

2. 周期调整性预算赤字有时也称为充分就业预算赤字,它是基于经济在其产出和就业的自然率水平运行时政府支出与税收收入的估算。对周期调整的预算赤字是一个有用的衡量指标,因为它反映了政策的变动,但并不反映经济周期当前阶段的影响。

3. 李嘉图等价是指英国经济学家李嘉图提出的一种理论。根据李嘉图的观点,消费者是向前看的,因此,他们的支出不仅基于其现期收入,而且还基于其预期的未来收入。在政府支出一定的情况下,政府采取征税或发行公债来筹措资金,其效应是相同的,即税收和债务等价。

二、复习题

1. 1980—1995 年美国财政政策的不寻常之处在哪里?

【重要级别】2　　　　　　　　【难度级别】2

【考查要点】政府债务规模及其衡量问题

【参考答案】自从 1980 年以来,美国财政政策的不正常体现在和平与繁荣的时期,政府的债务却大量增加。

在美国历史上,联邦政府债务相对 GDP 的比率有过重大变动。历史上,债务相对 GDP 的比率总是在主要战争中迅速上升,而在和平时期又缓慢回落。而 20 世纪 80 年代和 90 年代,美国历史上的政府债务和 GDP 的比率在和平时期却大幅度增加,这不正常。

2. 为什么许多经济学家预测在接下来几十年中预算赤字和政府债务会增加?

【重要级别】2　　　　　　　　　　　【难度级别】2

【考查要点】政府债务规模及其衡量问题

【参考答案】因为人口年龄层次的变化,所以许多经济学家预言在几十年中预算赤字和政府债务会增加。寿命的提高及生产率的下降导致人口老龄化程度严重。越来越多的人成为社会保障和医疗的"有资格的领取者",政府开支将随时间而被迫增加,另外由于在税收和政府开支方面的变化,所以政府债务也将迅速上升。

3. 描述影响政府预算赤字衡量的四个问题。

【重要级别】3　　　　　　　　　　　【难度级别】3

【考查要点】政府债务规模及其衡量问题

【参考答案】现在所衡量的赤字并不是财政政策状态的一个好指标。预算赤字既不能准确地测量财政政策对当前经济的影响,又不能准确地测量它加在子孙后代身上的负担。主要基于以下四个原因。

第一,争议最小的是对通货膨胀的校正。所衡量的赤字应该等于政府实际债务的变动,而不是其名义债务的变动。第二,这些衡量方法并没有用债务变动和资产变动做相应的抵消,在衡量政府的整个负债时,应当用政府债务减去政府资产。因此,应该用债务变动减去资产变动来衡量预算赤字。第三,这些衡量方法遗漏了政府的一些重要负债,比如,政府工作人员的养老金和积累的未来社会保障津贴。第四,没有修正经济周期的影响。

【科兴点评】政府预算赤字等于政府支出减去政府收入,它又等于政府为其运行筹资所需要发行的新债务量。

4. 根据传统的政府债务观点,用债务融资的减税如何影响公共储蓄、私人储蓄和国民储蓄?

【重要级别】3　　　　　　　　　　　【难度级别】3

【考查要点】传统的政府债务观点与李嘉图的政府债务观点

【参考答案】根据传统的政府债务观点,公共储蓄是收入和购买之间的差值,由于税收总量的减少,因而债务筹资的减税就减少了公共储蓄。减税还提高了个人可支配收入。根据传统的观点,由于边际消费倾向介于0～1,所以消费和私人储蓄均增加。消费增加,私人储蓄的增加小于税收的减少量,而国民储蓄是公共储蓄和私人储蓄之和。因为公共储蓄的减少大于私人储蓄的增加量,故国民储蓄减少。

【科兴点评】传统的政府债务观点:当政府减税并有预算赤字时,消费者对他们税后收入的增加的反应是更多地支出。

5. 根据李嘉图学派政府债务观点,用债务融资的减税如何影响公共储蓄、私人储蓄和国民储蓄?

【重要级别】3　　　　　　　　　　　【难度级别】3

【考查要点】传统的政府债务观点与李嘉图的政府债务观点

【参考答案】根据李嘉图的观点,债务筹资的减税并不会刺激消费,因为它不能提高永久收入,向前看的消费者理解政府今天举债意味着将来更高的税收。因此减税没有改变消费,家庭把额外的可支配收入储蓄起来以支付此时减税所将带来的未来税收负担。私人储蓄的增加量正好等于减税的数量,这种私人储蓄的增加正好抵消了政府公共储蓄的减少。因此,减税对国民储蓄没有影响。

【科兴点评】李嘉图的政府债务观点:消费者是向前看的,因此,他们的支出不仅基于其现期收入,还基于其预期的未来收入。

6. 你认为传统的政府债务观点还是李嘉图学派政府债务观点更可信?为什么?

【重要级别】2　　　　　　　　　　【难度级别】3

【考查要点】传统的政府债务观点与李嘉图的政府债务观点

【参考答案】消费者行为决定了我支持哪一种政府债务观点。

(1) 如果我持有传统的观点,认为消费者行为是这样的:第一,消费者可能是目光短浅或不理性的,以致他们认为其永久性收入已经提高了,虽然事实并非如此。第二,消费者可能面临借贷约束,因此他们只能消费现期的收入。第三,消费者可能认为隐含的税收负担会落在子孙后代身上,并且这些消费者可能对下一代不够关心,而没有留下遗产抵消这种税收负担。那么,我会相信债务筹资的减税刺激了消费而降低了国民储蓄。

(2) 如果我持有李嘉图的观点,便会相信消费者是有远见的,能够明白政府今天的借债意味着未来的税收负担将落在自己或下一代身上。因此,债务筹资只是给消费者暂时的收入,最终还是要通过税收取回的。结果,消费者把他们得到的收入储蓄起来以抵消未来的税收负担。

7. 给出预算赤字可能是好的政策选择的三个原因。

【重要级别】3　　　　　　　　　　【难度级别】3

【考查要点】平衡预算政策与最优财政政策(功能财政政策思想)

【参考答案】预算赤字可能是好的政策选择的三个原因如下。

(1) 预算赤字可以稳定经济。一个严格的平衡预算规则会要求政府在衰退时增税或减少支出,这些行动将进一步压低总需求。

(2) 预算赤字可以用于降低税收系统产生的激励扭曲。要保持税率稳定,在不寻常的低收入(衰退)或不寻常的高支出(战争)的年份,赤字是必要的。

(3) 预算赤字可以用于把税收负担从当前一代转移到子孙后代。如在战争年代,要转移战争成本,当前一代可以通过预算赤字来为战争筹款。

8. 为什么政府债务水平会影响政府发行货币的激励?

【重要级别】3　　　　　　　　　　【难度级别】3

【考查要点】政府债务对货币政策的财政影响

【参考答案】政府的债务水平可能激励政府进行货币制造,因为政府债务是按照名义项目规定的。当物价水平上升时，政府债务的实际价值减少。因此高水平的政府债务就会鼓励政府发行货币，提高物价水平，从而减少其债务的实际价值。

【科兴点评】政府债务水平与货币创造的关系在高水平的政府债务下形成恶性循环，导致高通货膨胀。

三、问题与应用

1. 1996年4月1日，快餐连锁店塔克钟(Taco Bell)通过如下的新闻在《纽约时报》上做了一整版的广告："为了努力帮助国家减少国债，塔克钟愉快地宣布，我们已经同意购买我国最具历史意义的国宝之一：自由钟。现在将它更名为塔克自由钟，仍然向美国公众开放参观，我们希望我们的举动会促使其他公司采取类似的行动，以减少国家的债务。"按照现在的衡量方法，美国公司的这种行动实际上减少了国债吗？如果美国政府实行资本预算，你的回答有什么改变？你认为这些行动代表了政府负债的真正减少吗？你认为塔克钟对这个计划是认真的吗？（提示：注意日期。）解释你的答案。

【重要级别】2 　　　　　　　　【难度级别】3

【考查要点】政府债务规模及其衡量问题

【参考答案】(1) 按照现在的衡量标准，政府购买减去政府收入就是预算赤字。卖自由钟给塔克钟能够增加美国政府的收入，进而减少了赤字。更小的预算赤字使政府借贷越少，其结果是国家债务下降了。

(2) 如果美国政府采用资本预算化，净国债就相应被定义为政府的资产（学校、军人、公园等）减去政府的负债（最主要是公债）。出售自由钟将使政府的债务减少了和自由钟同样卖价的数量，并使政府的资产减少同样价值的数量。假如塔克钟支付了公平的价格，政府的债务减少了相同的量，但净国债不变。

(3) 但是当你在为塔克自由钟担忧之前，请注意这则广告是在愚人节即4月1日刊登的。

【科兴点评】衡量标准不同，分析的结果也是不一样的。

2. 起草一封给19.3节中所描述的给参议员的信，解释李嘉图学派的政府债务观点并评价它的实用性。

【重要级别】3 　　　　　　　　【难度级别】3

【考查要点】传统的政府债务观点与李嘉图的政府债务观点

【参考答案】信件可以写以下内容。

亲爱的参议员先生：

在我前一封信中，我假设了债务筹资的减税刺激了消费的开支。许多经济学家做出这样的假设，是因为他们认为人们这样的消费行为是合理的。如果人们拥有更多的现期收入，那么他们就会消费更多。其结果就是消费增加而国民储蓄下降。

李嘉图学派经济学家认为我的观点是不正确的。虽然债务筹资的减税提高了当期可支配收入,但它同时意味着在未来某个时候,政府必须增加税收以偿还债务和利息。因此,减税只是给消费者暂时增加收入,最终还是要拿回去的。如果人们明白这一点,他们就知道其实他们永久的资源并没有改变。因此,减税对消费没有影响,家庭将把他们的额外可支配收入储蓄起来以偿还未来的税收负担。由于减税对消费没有影响,对国民储蓄也没有影响。

如果国民储蓄不变,那么预算赤字就没有我所列出的那些影响。特别是,产出、就业、外债和利率在短期和长期都不受影响,减税对社会经济福利也没有影响。

但是也有一些原因可能使李嘉图观点失效。第一,消费者的短见和不理性。他们可能并没有充分意识当前的减税意味着未来税收的增加。第二,一些人可能面临借贷约束,减税实际上给这些纳税人一笔他们现在无法得到的贷款。第三,消费者可能预期未来的隐含税收不会落在他们身上,而是落在他们并不关心其消费水平的后代身上。

委员会必须知道,您是如何看待消费者面对债务筹资减税时的行为,特别是,他们的消费是否会增加。

您忠实的仆人
CBO 经济学家

3. 社会保障体系向工人征税并给老年人支付津贴。假设国会既增加税收又增加津贴。为了简单起见,假设国会宣布,税收和津贴的增加只持续一年

　　a. 你认为这种变动如何影响经济?(提示:考虑年轻人和老年人的边际消费倾向。)

　　b. 你的回答取决于各代人之间是否有利他主义的联系吗?

【重要级别】3　　　　　　　　　　　【难度级别】3

【考查要点】传统的政府债务观点与李嘉图的政府债务观点

【参考答案】a. 国会既增加税收又增加津贴,会使社会的消费增加、储蓄减少。

因为当我们假设生命周期模型成立,并且人们希望保持尽可能平稳的消费。这意味着收入暂时性变化对消费的影响将波及人的余生。为简单起见,我们同时假设利率为零。

一个简单的例子,令 T 为一次性强加在年轻人身上的暂时税收的数量,令 B 为一次性支付给老年人的津贴数量,这里 $B=T$。假如一个典型的老年人退休后再活 10 年,那么暂时性津贴使老年人的现时消费提高了 $\frac{B}{10}$,如果一个典型的工人可以再活 30 年,那么加税使他们的现时消费减少了 $\frac{T}{30}$,总体消费变化量为:

$$\Delta C = \frac{B}{10} - \frac{T}{30} = \frac{B}{15}$$

财富向老年人转移使净消费提高了,而储蓄减少了。这是因为老年人增加的消费量比工人多,老年人有更高的边际消费倾向。

　　b. 我的回答取决于代际是否存在利他关系。如果各代人之间有利他主义联系,那么

老年人就不会因社会保障津贴而觉得福利改善了,因为税收和津贴的增加对一个典型家庭的永久收入没有影响。它只是把资源从家庭这一代人转到另一代人。如果老年人不想利用这种机会消费子孙后代的资源,就会留给子孙一些礼物或遗产以抵消加税对年轻人的影响。在这个意义上,它减轻了税收变化对消费和储蓄的影响。

【科兴点评】经济学在日常生活中的反应也大多表现为代际存在利他关系,尤其是在中国。

4. 一些经济学家提议周期调整性预算赤字应该永远保持平衡的规则。将这一提议与严格的预算平衡规则相比较。哪一种更可取?你认为要求平衡的周期性调整预算这一规则有什么问题吗?

【重要级别】3　　　　　　　　　　【难度级别】3

【考查要点】平衡预算政策与最优财政政策(功能财政政策思想)

【参考答案】(1) 我认为对周期调整的预算赤字规则更可取(至少部分地),为获得平衡预算规则的前两个障碍在本章提及过。因为第一,这个规则允许政府为了稳定经济而运行反经济周期的财政政策。即政府在不景气时可采取赤字政策,此时税收自动下调且支出自动上升。这些自动调节稳定器影响了赤字但并不影响可调整的循环赤字。第二,当收入特别高或特别低时,这个规则允许政府随着时间的推移而逐渐使税率变得稳定——在萧条时提高税率或在繁荣时削减税率都是不必要的。

(2) 这个规则只是部分地克服了这两个障碍,因为政府只能使用赤字或同样程度的某种政策,这些政策影响都不够大。而且一个循环的可调整的平衡预算并不允许政府在支出变得极高或极低时稳定税率,正如在战争或和平时期一样。(我们或许可以考虑在特殊情况下,如战争时,允许暂时不使用平衡预算规则。)这个规则无法使得政府克服本章提到的第三个障碍,因为政府不能将支出的负担从一代转移到另一代,即使这是被批准的。

5. 找到一些近年来关于美国政府债务占GDP百分比的未来路径的预测。关于政府支出、税收和经济增长做出了哪些假设?你认为这些假设是合理的吗?如果美国经历了生产率的减缓,实际情况与这一预测会有什么不同?(提示:可以找到这些预测的一个好地方是www.cbo.gov。)

【重要级别】2　　　　　　　　　　【难度级别】3

【考查要点】传统的政府债务观点与李嘉图的政府债务观点

【参考答案】(1) 根据CBO的预测,联邦预算赤字在2020年为1.0万亿美元,在2021—2030年平均为1.3万亿美元。预计赤字将从2020年GDP的4.6%增长到2030年的5.4%。

(2) 关于政府支出、税收和经济增长有以下假设。第一,CBO假设所谓的任意的政府花费(如防御费、管理费、同样的约占1/3比例的联邦支出)仅以通货膨胀的速度增长。因为整个经济比通货膨胀增长得快,这就暗示CBO的联邦支出相对于GDP来说处于稳定下降的状态。第二,CBO假设将来的税收将会像当前法律所说的那样(如CBO不会执行任何立法者在将来通过的那些改变)。第三,CBO 关于将来的产出增长做了一个有根据的推测,从现在起到下一个十年计划以 3.2% 的速率增长。

(3) 但是实际情况可能与这些预测不同。因为随着时间的推移,当经济逐渐增长时,政策制定者会增加任意项目的真实支出,这种假设或许是合理的。他们或许会改变税收,尽管方向很难预测。如果美国经历了生产率的减缓,那么产出增长和税收增长都会减少;将来的政府债务会比当前计划的要多。

【补充训练】

1. 下列哪一项不是用预算赤字来衡量政府债务所存在的问题?(　　)

A. 没有对通货膨胀进行校正　　B. 多计算了政府的资产变动

C. 多计算了一些负债,如社会保障等　　D. 没有对经济周期的影响进行校正

【重要级别】2　　【难度级别】2

【考查要点】政府债务规模及其衡量问题

【参考答案】C。因为社会保障等是用预算赤字来衡量政府债务所遗漏的一些负债。

2. 关于功能财政思想和平衡预算政策思想,下列说法中错误的是(　　)。

A. 功能财政思想是对平衡预算政策思想的否定

B. 功能财政思想就是随心所欲,想赤字时就赤字,想盈余时就盈余,无须实现年度预算平衡

C. 功能财政思想强调财政预算的平衡,盈余和赤字只是手段

D. 平衡预算政策思想要求预算赤字等于 0

【重要级别】2　　【难度级别】2

【考查要点】平衡预算政策与最优财政政策(功能财政政策思想)

【参考答案】B。功能财政思想虽然不要求预算平衡,但并不是说就可以随心所欲,而是该盈余时就盈余、该赤字时就赤字。

【科兴点评】要考虑政策带来的多方面的影响。

3. 假设一国经济中有如下的关系(单位是 10 亿美元):

消费 $C=100+0.8Y_d$,投资 $I=50$,政府购买支出 $G=200$,政府转移支出 $T_r=62.5$,边际税率 $t=0.25$。

(1) 求预算盈余 BS。

(2) 若投资增加到 $I'=100$ 时,预算盈余有何变化? 为什么会发生这种变化?

(3) 若充分就业收入 $Y^*=1\,200$,当投资分别为 50 和 100 时,充分就业时,预算盈余 BS^* 是多少?

(4) 若 $I=50$, $G'=250$, Y^* 仍然为 $1\,200$,则 BS^* 为多少?

(5) 解释为什么要用 BS^* 而不是 BS 去衡量财政政策的方向?

【重要级别】 2　　　　　　　　**【难度级别】** 3

【考查要点】 政府债务规模及其衡量问题

【参考答案】 (1) $Y = C + I + G = 100 + 0.8(Y - 0.25Y + 62.5) + 50 + 200$

∴ $Y = 1\,000$

∴ $BS = T - T_r - G = tY - T_r - G$

　　　$= 0.25 \times 1\,000 - 62.5 - 200 = -12.5$

(2) 当投资增加到 100 时，

$Y' = C + I' + G = 100 + 0.8(Y' - 0.25Y' + 62.5) + 100 + 200$

∴ $Y' = 1\,125$

∴ $BS' = T' - T_r - G = tY' - T_r - G$

　　　$= 0.25 \times 1\,125 - 62.5 - 200 = 18.75$

可见，当投资增加时，国民收入 Y 增加，从而 tY 增加，BS 增加。这说明经济本身波动会导致 BS 发生变化。

(3) 当 $I = 50, Y^* = 1\,200$ 时，

$BS^* = tY^* - T_r - G = 0.25 \times 1\,200 - 62.5 - 200 = 37.5$

当 $I' = 100, Y^* = 1\,200$ 时，

$BS^{*'} = tY^* - T_r - G = 0.25 \times 1\,200 - 62.5 - 200 = 37.5 = BS^*$

可见，只有投资增加时，BS^* 不变，即经济本身的波动不会导致充分就业预算盈余发生变化。

(4) 当 $I = 50, G' = 250, Y^* = 1\,200$ 时，

$BS^{*''} = tY^* - T_r - G' = 0.25 \times 1\,200 - 62.5 - 250 = -12.5$

与(3)中计算出的 BS^* 和 $BS^{*'}$ 相比较，显然在经济有或无波动的情况下，只要财政政策改变(如增加政府购买)，就会导致充分就业预算盈余发生变化。

(5) 由上面的计算结果可以看出：充分就业预算盈余 BS^* 可以剔除经济本身波动所带来的收入变化，因而应当用 BS^* 替代 BS 来衡量财政政策的方向。

【科兴点评】 这种数量表达式上的问题，一般是由前面知识点导出的表达式来计算的，要熟记。

20 金融系统：机会与危险

【学习精要】

一、学习重点

1. 金融系统的功能
2. 金融危机的特征
3. 对危机的反应
4. 预防危机的政策

二、知识脉络图

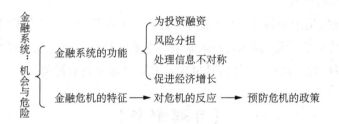

三、理论精要

▶ **知识点一 金融系统的功能**

金融系统是指经济中促进储蓄者和投资者之间资金流动的机构。

金融系统的功能有：

1. 为投资融资

金融系统的中心目的是将储蓄者的资源引导到有投资项目、需要融资的借款人手里。有时候这个任务是通过股票和债券市场直接完成的，有时候是通过银行等中介间接完成的。

2. 风险分担

金融系统的另一个目的是在市场参与者之间配置风险。金融系统使得个体通过多元化降低风险。

3. 处理信息不对称

金融安排充满不对称信息。由于企业家对其项目的内在质量比提供融资的人了解得更多，因此存在逆向选择问题。由于企业家对其做的决策和采取的行动了解得更多，因此存在道德风险问题。银行等金融中介减轻了不对称信息导致的问题。

4. 促进经济增长

由于资本的积累和配置是经济增长的一个源泉，因此，运行良好的金融系统是长期经济繁荣的一个关键要素。

▶ 知识点二　金融危机

1. 金融危机的概念和表现

金融危机是妨碍经济在想储蓄的人和想借钱投资的人之间充当中间人的能力而导致的一种重大的金融系统崩溃。金融危机通常有以下共同特征：(1)资产价格的大涨和大跌；(2)金融机构破产；(3)信心下降；(4)信贷紧缩；(5)衰退；(6)恶性循环。

2. 对金融危机的反应

政策制定者有三种方法应对金融危机。第一，他们使用传统的货币政策和财政政策扩大总需求。第二，中央银行可以作为最后贷款人提供流动性。第三，政策制定者可以使用公共资金支持金融系统。

3. 预防危机的政策

预防金融危机是困难的，但是政策制定者已经采取各种措施力图降低未来危机的可能性：更多地关注对影子银行的监管；限制金融企业的规模；力图限制过度冒险；改革对金融系统进行监督的监管机构，监督监管机构时采取更加宏观的视角。

【习题解析】

一、关键概念

1. 金融系统是有关资金的流动、集中和分配的一个体系，是由连接资金盈余者和资金短缺者的一系列金融中介机构和金融市场共同构成的一个有机体。

2. 金融市场指以金融资产为交易对象而形成的供求关系及其机制的总和，主要包括货币市场和资本市场。

3. 债券是一种金融契约，是政府、金融机构、工商企业等直接向社会筹借资金时，向投资者发行，同时承诺按一定利率支付利息并按约定条件偿还本金的债权债务凭证。

4. 股票是股份有限公司发给投资者证明其向公司投资并拥有所有权益的有价证券，反映了在公司所有权中的份额。

5. 债务融资是指企业通过举债筹措资金、资金供给者作为债权人享有到期收回本息的融资方式。

6. 股权融资是指资金不通过金融中介机构,借助股票这一载体直接从资金盈余部门流向资金短缺部门,资金供给者作为所有者(股东)享有对企业控制权的融资方式。这种控制权是一种综合权利,如参加股东大会、投票表决、参与公司重大决策、收取股息、分享红利等。

7. 金融中介是指在金融市场上资金融通过程中,在资金供求者之间起媒介或桥梁作用的人或机构。

8. 厌恶风险是指在其他条件相同的情况下,投资者不喜欢关于其未来经济结果的不确定性。

9. 多元化是通过持有许多不完全相关的资产来降低风险的做法。多种多样的金融机构为多元化投资提供了便利。

10. 共同基金是向储蓄者出售份额然后用储蓄者的资金购买多元化资产池的金融中介。

11. 不对称信息是指经济交易的一方比另一方拥有更多关于该交易的信息。不对称信息会导致逆向选择和道德风险。

12. 逆向选择指的是这样一种情况,市场交易的一方如果能够利用多于另一方的信息使自己受益而对方受损时,信息劣势的一方便难以顺利地做出买卖决策,于是价格便随之扭曲,并失去了平衡供求、促成交易的作用,进而导致市场效率的降低。

13. 道德风险是在信息不对称条件下,不确定或不完全合同使得负有责任的经济行为主体不承担其行动的全部后果,在最大化自身效用的同时,做出不利于他人行动的现象。

14. 投机性泡沫是指一种与基本经济变量不一致的汇率运动,并且这种运动具有自我强化的性质。投机泡沫可以分为理性投机泡沫和非理性投机泡沫,两者的共同点在于都重视预期的作用,区别在于:前者以理性预期假说为基本前提,而后者以否定理性预期的假说为出发点。

15. 杠杆指出于投资的目的,用借来的钱补充现有的资金。杠杆放大了资产回报对银行财务状况的积极和消极影响。

16. 降价销售是指由于危机期间难以找到风险资产的买者,因此资产价格暴跌的现象。

17. 流动性危机是指有偿还能力的银行没有充足的资金满足其储户提现的现象。

18. 最后贷款者即最后贷款人,即在出现危机或者流动资金短缺的情况时,负责应付资金需求的机构(通常是中央银行)。

19. 影子银行是指游离于银行监管体系之外、可能引发系统性风险和监管套利等问题的信用中介体系(包括各类相关机构和业务活动)。影子银行引发系统性风险的因素主要包括四个方面:期限错配、流动性转换、信用转换和高杠杆。

20. 微观审慎监管是指从微观层面对金融机构防范和控制风险的能力和状况的监督

和管理。微观审慎监管着眼于个体机构和评估每家机构面临的风险,采取的是自下而上的方法。

21. **宏观审慎监管**是指从宏观层面对金融机构防范和控制风险的能力和状况的监督和管理。宏观审慎监管着眼于整体情况和评估能够同时影响许多金融机构的风险,采取的是自上而下的方法。

二、复习题

1. 解释债务融资和股权融资之间的差别。

【重要级别】2　　　　　　　　【难度级别】2

【考查要点】金融系统的功能

【参考答案】股权融资和债务融资的差别有:

(1) 风险不同。股权融资的风险通常小于债务融资。

(2) 融资成本不同。从理论上讲,股权融资的成本高于债务融资。

(3) 对控制权的影响不同。股权融资会削弱股东对企业的控制力,债务融资则不会。

(4) 对企业的作用不同。股权融资无须还本,债务融资需还本付息但具抵税作用。

2. 持有股票型共同基金与持有单只股票相比有什么主要优势?

【重要级别】2　　　　　　　　【难度级别】1

【考查要点】金融系统的功能

【参考答案】持有股票型共同基金与持有单只股票相比,其优势主要体现在多元化,即通过持有许多不完全相关的资产来降低风险。相对而言,单只股票在给定的时间里,收益表现并不稳定。

3. 什么是逆向选择和道德风险?银行如何减轻这些问题?

【重要级别】2　　　　　　　　【难度级别】2

【考查要点】金融系统的功能

【参考答案】逆向选择指的是这样一种情况,市场交易的一方如果能够利用多于另一方的信息使自己受益而对方受损时,信息劣势的一方便难以顺利地做出买卖决策,于是价格便随之扭曲,并失去了平衡供求、促成交易的作用,进而导致市场效率的降低。

道德风险是在信息不对称条件下,不确定或不完全合同使得负有责任的经济行为主体不承担其行动的全部后果,在最大化自身效用的同时,做出不利于他人行动的现象。

银行解决逆向选择和道德风险的方法有:信用审核、贷款专业化、限制性条款、与客户建立长期关系、贷款承诺、抵押和补偿性余额。

4. 杠杆率如何影响金融机构在应对坏经济消息时的稳定性?

【重要级别】2　　　　　　　　【难度级别】2

【考查要点】金融危机

【参考答案】杠杆率是银行资产与银行资本的比率。杠杆率为 20 意味着银行资产是银行资本的 20 倍。在这种情况下,每 1 美元的银行资本允许银行借 19 美元。杠杆率越高,金融机构的稳定性就越低。假设银行的资本为 10 美元,其资产为 200 美元。如果糟糕的经济消息将银行资产的价值降低 5%,便相当于 10 美元银行资本。除此之外,金融机构没有足够的资金偿还未来债权人。

5. 解释金融危机如何减少产品和服务的总需求?

【重要级别】2　　　　　　　　　【难度级别】1

【考查要点】金融危机

【参考答案】在金融危机期间,消费者和企业难以获得贷款和融资。贷款减少将减少支出和对产品、服务的总需求,导致总需求曲线向左移动。

6. 中央银行扮演最后贷款者的角色是什么意思?

【重要级别】2　　　　　　　　　【难度级别】1

【考查要点】金融危机

【参考答案】最终贷款人是指在危机时刻中央银行应尽的融通责任,它应满足对高能货币的需求,以防止由恐慌引起的货币存量的收缩。当一些商业银行有清偿能力但暂时流动性不足时,中央银行可以通过贴现窗口或公开市场购买两种方式向这些银行发放紧急贷款,条件是他们有良好的抵押品并缴纳惩罚性利率。最后贷款人若宣布将对流动性暂时不足的商业银行进行融通,就可以在一定程度缓和公众对现金短缺的恐惧,足以制止恐慌而不必采取行动。

7. 在危机中利用公共资金支持金融系统的优点和缺点是什么?

【重要级别】2　　　　　　　　　【难度级别】1

【考查要点】金融危机

【参考答案】利用公共资金支撑陷入危机的金融体系的好处在于它有助于维持对金融体系的信心。运作良好的金融体系有助于促进经济增长。使用公共资金拯救金融体系的一个问题是不公平,纳税人等于为别人的错误埋单。此外,如果政府提供救助,那么可能导致未来的道德风险问题。人们可能相信自己可以参与,因为政府会在危机中救助他们,所以他们会冒险行事。

三、问题与应用

1. 确定以下每种情况中的问题是逆向选择还是道德风险,并解释你的答案。问题可以如何处理?

a. Rick 得到了写一本教材的一大笔预付款。钱到手了,他就偏好出海扬帆而不是坐在办公室写书。

b. Justin 正在争取写一本教材的预付款。他知道他的 SAT 考试写作部分表现很糟糕,但出版社不知道。

c. Mai 在购买寿险保单。她知道她的家庭成员大都英年早逝。

d. Erich 有一份金额很大的寿险保单,他度假时喜欢做他最感兴趣的活动:滑雪、蹦极和斗牛。

【重要级别】2　　　　　　　　　【难度级别】2

【考查要点】金融系统的功能

【参考答案】a. 这是道德风险的问题。一旦 Rick 获得贷款,他就改变了自己的行为,不遵循他写这本书的承诺。这个问题可以这样解决:让 Rick 承诺截止日期。

b. 这是逆向选择的问题。相对而言,Justin 比出版社更了解自己写作能力差的事实。这个问题可以这样解决:在支付预付款之前,出版商应采取措施评估 Justin 的写作能力。

c. 这是逆向选择的问题。Mai 了解她的家族历史,保险公司却不知道。这个问题可以这样解决:保险公司事先询问 Mai 家族历史。

d. 这是道德风险的问题。Erich 在获得人寿保险后改变了他的行为政策。这个问题可以通过在某些条件下限制付款来解决。

【科兴点评】事前的信息不对称可能产生逆向选择问题,事后的信息不对称可能产生道德风险问题。

2. A 国的金融系统很发达,资源能流向边际产量最高的资本投资。B 国的金融系统欠发达,有些本来会成为投资者的人会被排除在外。

a. 你预期哪个国家会有更高的全要素生产率水平?请解释。(提示:全要素生产率的定义见第 9 章附录)

b. 假定这两个国家有相同的储蓄率、折旧率和技术进步率。根据索洛模型,比较这两个国家的人均产出、人均资本和资本-产出比。

c. 假设生产函数为柯布-道格拉斯形式。比较两国的实际工资和实际资本价格。

d. 谁从更发达的金融系统中获益?

【重要级别】2　　　　　　　　　【难度级别】2

【考查要点】金融系统的功能

【参考答案】a. 国家 A 将具有更高水平的全要素生产率。全要素生产率增长率是指全部生产要素(包括资本、劳动)的投入量都不变时,而生产量仍能增加的部分。金融市场发达的国家,资金融通比较顺畅。需要借款的企业能够迅速从金融市场上获得资金,从而改善和提高生产过程。在像国家 B 这样的国家,金融体系欠发达,有些好投资项目可能不会发生,因为无法筹集资金。

b. 索洛增长模型假设只有一种资本。在这种情况下,如果两国的储蓄率、折旧率和技术进步率是一样的,那么它们将在人口增长率相同的前提下,向相同的稳定状态汇聚。两国之间每名工人的产出水平、资本和资本产出率将相同。但是,如果两国的资本不一致,那么金融系统更加发达的 A 国会将资金引导到那些能够带来更高的总额要素生产率的项目。因此,A 国的人均产出和人均资本更高些。

c. 假设柯布-道格拉斯生产函数由 $y = AL^{1-\alpha}K^{\alpha}$ 给出,其中 y 表示产出,L 是劳动,K

是资本存量，A 是全要素生产率。从第 3 章开始，我们知道实际要素价格等于相应要素的边际产量。因此：

$$MPL = (1-\alpha)AL^{1-\alpha}K^{\alpha} = W$$
$$MPK = \alpha AL^{1-\alpha}K^{\alpha-1} = R$$

由于 A 国金融系统更发达，具有更高的全要素生产率，因此实际工资和实际价格水平更高。

d. 劳动力和资本所有者都受益于发达的金融体系，因为他们的收入更高。

3. 一些评论员认为，在金融危机中，当一家金融企业受到政府救助时，该企业的股权持有者应该被弃之不顾，但企业的债权人应该受到保护。这解决了逆向选择问题吗？为什么？

【重要级别】2　　　　　　　　　　　【难度级别】2

【考查要点】金融系统的功能

【参考答案】如果人们相信政府会在金融危机爆发时采取措施拯救公司，他们就有了从事更危险行为的动机。这是道德风险问题。然而，如果政府不拯救股权持有人，结果他们失去了所有投入公司的资产，就可以解决一些道德风险问题。如果你是一个资产持有者，并且你知道政府不会在金融危机发生时救你，那么你有动机确保金融公司不从事过度风险行为。如果公司的债权人相信政府会为他们提供保释，也可能会采取过度冒险的行为。如果一有危机政府就出面，债权人在决定购买哪种资产时可能过于乐观。因此，股权持有人和债权人都有可能做出过度冒险的行为。

4. 正如本章所描述的，近些年里，美国和希腊都经历了政府债务的增加和一场严重的经济衰退。这两个国家的局面在哪些方面相似？在哪些方面不同？为什么这两个国家可以支配的政策选项不同？

【重要级别】2　　　　　　　　　　　【难度级别】2

【考查要点】金融系统的功能

【参考答案】美国和希腊的经济衰退有相似的原因。在美国，房价下跌导致许多金融公司的资产价值下跌。因为人们对抵押贷款支持证券失去了信心，这些证券的价值进一步下跌，结果是美国财政系统压力更大。在希腊，政府一直在发行主权债务。一段时间以来这些债券被认为是无风险的。当人们知道希腊债务已经增加到国内生产总值的 116% 时，人们对持有这些债券失去了信心。希腊债券价值的下降引发一些金融机构的破产。信用评级下降也是两国发生金融危机的原因。金融危机的爆发导致了公共开支的减少和产出的下降。

这两种情况的区别在于，谁应该对危机负责。在希腊，金融危机是政府行为的结果；而在美国，这是私人金融公司行为的结果。此外，希腊政府债务的增加是金融危机的原因，而美国政府债务的增加是帮助缓解危机的努力的结果。

另外，这两个国家应对危机可以支配的政策选项也不同。由于美国具有货币政策独立性，因此美联储能够采取量化宽松等手段来刺激经济。而希腊由于是欧盟成员国，不能采用货币政策来调节国内经济运行，只能呼吁欧盟帮助其解决财政危机。

【补充训练】

1. (   )是金融市场最主要、最基本的功能。

A. 货币资金融通功能　　　　　　　　B. 资源配置功能

C. 经济调节功能　　　　　　　　　　D. 风险分散与风险管理功能

【重要级别】2　　　　　　　　　　　【难度级别】1

【考查要点】金融系统的功能

【参考答案】A。货币资金融通是金融市场最主要、最基本的功能：一方面为资金不足者提供资金，一方面为资金剩余者提供投资机会。这也是金融市场产生的最初原因和动力，其他功能都是随着金融市场的不断发展并出现新的要求而逐渐产生的。

2. 第一代金融危机理论认为金融危机爆发的根源是(   )。

A. 信息不对称　　　　　　　　　　　B. 金融中介的道德风险

C. 宏观经济政策的过度扩张　　　　　D. 金融体系的自身不稳定性

【重要级别】2　　　　　　　　　　　【难度级别】1

【考查要点】金融危机

【参考答案】C。第一代货币危机模型认为：扩张性的宏观经济政策导致巨额财政赤字；为了弥补财政赤字，政府只好增加货币供给量，同时为了维持汇率稳定而不断抛出外汇储备；一旦外汇储备减少到某一临界点时，投机者会对该国货币发起冲击，在短期内将该国外汇储备消耗殆尽；政府要么让汇率浮动，要么让本币贬值；最后，固定汇率制度崩溃，货币危机发生。

3. 美国次贷危机的三个阶段依次为(   )。

A. 信用危机 流动性危机 债务危机　　B. 债务危机 流动性危机 信用危机

C. 流动性危机 债务危机 信用危机　　D. 流动性危机 信用危机 债务危机

【重要级别】2　　　　　　　　　　　【难度级别】2

【考查要点】金融危机

【参考答案】B。美国次贷危机总共分为三个阶段：第一个阶段是由于房地产价格下跌、利率上升导致次级房贷的贷款人不能按时还本付息而引发的危机，即债务危机。第二个阶段是由于债务危机导致相关金融机构流动性不足，不能及时应付债权人变现的要求，即发生流动性危机。第三个阶段是投资者对建立在信用基础上的金融活动产生怀疑，引发全球范围内的金融恐慌，即信用危机。

上海财经大学801经济学考研 2020—2021年课程设置

随着学术硕士的减招，801经济学的考生逐年减少，面授课程的边际成本也会随之逐年增加。为此，在2020年，我们决定采用网课＋直播的方式为大家提供支持。这样一方面可以减轻我们的辅导成本，另一方面也可以降低学员的学费；最关键的一点在于，能使远在千里之外的考生，也能第一时间获取我们的课程和服务。

本次课程分为基础班、提高班、专项冲刺班三个阶段，具体设置如下：

班次		课时	价格	方式	上课时间	授课内容
春季基础班		60	750	网课	2020年2～6月	教材知识点精讲
暑期提高班		40	500	网课	2020年8月	重难点模块精讲
冲刺班	习题精讲	16	1 980	直播	国庆	解题技巧精讲
	真题精讲	16	1 980	直播	国庆	2019—2020真题精讲
	模考精讲	8	1 080	直播	2020年12月	考前预测模拟讲解
全程优惠价：4 880元						

本次网课授课老师张老师是科兴特聘的经济学辅导老师，2014年上海财经大学经济学考研状元，总分436。张老师自2014年以来一直在科兴授课，其独到的教学模式引领众多学弟学妹步入上海财经大学的校园。由于冲刺班直播课程需要更加深入地挖掘和分析近几年考试动态和命题规律，我们一般会延请该年度的状元级优秀学长为大家上课。想要更近一步了解课程内容的同学可以电话咨询：021-6511-1511。

关 于 科 兴

上海杨浦区科兴进修学校成立于 2000 年,主要涉足考研和插班生等大学生考试培训项目。科兴自成立以来,一直谨守精细化、个性化和专业化的服务理念,深受广大学子信赖。2014 年 2 月 1 日,科兴学校正式收购翔高教育,进一步完善了考研课程辅导体系,形成公共课、专业课和一对一个性化辅导齐头并进的局面。翔高是国内最专业、最权威的专业课考研培训机构之一,尤其擅长上海财经大学和复旦大学经济类相关专业的课程辅导。

科兴考研下设经济学、金融学、计算机、心理学、教育学、新闻学、法学、会计学、管理学等 10 余个专业课教学研究中心。经济学教学研究中心是成立最早的教学研发部门,独立从事经济学教学研究和图书研发。迄今为止,已出版经济类教辅用书 40 余个品种,深受业内好评。

电话:021-6511-1511

地址:上海市杨浦区五角场翔殷路 1128 号沪东金融大厦 20 楼 A

图书在版编目(CIP)数据

曼昆《宏观经济学》(第9版)学习精要·习题解析·补充训练/科兴教育经济学教学研究中心编. —上海：复旦大学出版社，2020.9
(经典经济学管理学教材习题详解丛书)
ISBN 978-7-309-15208-1

Ⅰ.①曼… Ⅱ.①科… Ⅲ.①宏观经济学-研究生-入学考试-题解 Ⅳ.①F015-44

中国版本图书馆 CIP 数据核字(2020)第 134241 号

曼昆《宏观经济学》(第9版)学习精要·习题解析·补充训练
科兴教育经济学教学研究中心　编
责任编辑/张美芳

复旦大学出版社有限公司出版发行
上海市国权路 579 号　邮编：200433
网址：fupnet@fudanpress.com　http://www.fudanpress.com
门市零售：86-21-65102580　团体订购：86-21-65104505
外埠邮购：86-21-65642846　出版部电话：86-21-65642845
上海四维数字图文有限公司

开本 787×1092　1/16　印张 24　字数 511 千
2020 年 9 月第 1 版第 1 次印刷

ISBN 978-7-309-15208-1/F·2723
定价：59.00 元

如有印装质量问题，请向复旦大学出版社有限公司出版部调换。
版权所有　侵权必究